CB140956

INTRODUÇÃO À SOCIOLOGIA

CIP–Brasil. Catalogação-na-Fonte
Câmara Brasileira do Livro, SP

Introdução à sociologia / planejamento e editoração A. Guilherme Galliano ; consultoria técnica Lysias Nogueira Negrão ; equipe editorial J. Gabriel de La Roque Romeiro, Regina Festa, Ricardo Ferraz Vespucci. –– São Paulo : Harper & Row do Brasil, 1981.

1. Sociologia I. Galliano, Alfredo Guilherme, 1931–

80–1697 CDD–301

Índice para catálogo sistemático:
1. Sociologia 301

INTRODUÇÃO À SOCIOLOGIA

Planejamento e editoração
A. Guilherme Galliano

Consultoria técnica
Lysias Nogueira Negrão

Equipe editorial
J. Gabriel de La Roque Romeiro
Regina Festa
Ricardo Ferraz Vespucci

editora HARBRA ltda.

EQUIPE RESPONSÁVEL

Supervisão: Maria Pia Castiglia
Revisão de Estilo: Jamir Martins
Assistente Editorial: Vera Lucia Juriatto
Capa: Cláudio Aurélio Rocha Franco
Composição e Fotolitos: Programa Produções Gráficas Ltda. S/C
Impressão:

INTRODUÇÃO À SOCIOLOGIA

Rua Joaquim Távora, 629 – Vila Mariana – 04015-001 – São Paulo – SP
Promoção: (011) 5084-2482 e 571-1122. Fax: (011) 575-6876
Vendas: (011) 549-2244 e 571-0276. Fax: (011) 571-9777

Impresso no Brasil *Printed in Brazil*

Conteúdo

Prefácio

Este livro não surgiu por acaso. Na verdade, não cremos que em toda a história da humanidade algum livro tenha surgido por acaso. Também não é obra de qualquer vaidade intelectual condenável, embora não poucos casos dessa natureza tenham produzido infindáveis páginas impressas. E, igualmente, não foi motivado por necessidades materiais de seus autores, embora estes, como tantos e tantos outros, não tenham suas necessidades materiais plenamente satisfeitas. De fato, este livro resulta de motivo bem diverso dos citados, pois é fruto exclusivo do sentimento de solidariedade.

Explicamos.

Todos os anos milhares de estudantes iniciam cursos básicos em faculdades brasileiras. Não poucos desses cursos incluem a Sociologia como matéria obrigatória. Ora, como a tantos outros observadores do fenômeno, dói-nos o fato de que esses jovens venham a sofrer nos bancos universitários as conseqüências de seu despreparo intelectual. Vítimas que foram de um sistema de ensino caótico, continuam sendo vítimas agora que passam a conviver com a metodologia acadêmica.

Testemunhamos o desconcerto e a angústia que se abatem sobre esses jovens despreparados. Vivemos sua ansiedade, o desespero de que são tomados por não disporem de meios que lhes permitam seguir o raciocínio exposto nas aulas. São incapazes até de assimilar as informações que recebem aos borbotões através da leitura obrigatória. Para esses rapazes e moças, que até ontem consideravam importantes apenas os fatos e idéias mais diretamente ligados ao seu mundo de sensações do cotidiano, o súbito ingresso no pensamento acadêmico é demasiado doloroso. Conhecemos o seu aflitivo debater-se nas trevas, enfrentando conceitos e vocábulos que parecem pertencer a outras galáxias.

O que este livro realmente pretende é ajudar esses jovens a entrarem no reino da Sociologia. Não se trata de um instrumento acabado, para uso dos iniciados. Acreditamos que instrumentos desse gênero sejam mais adequados a etapas posteriores, quando o estudante já aprendeu a dominar o essencial. Este é, portanto, um livro despretensioso que deve servir de ponte entre os estudos realizados no segundo grau e o início da vida universitária.

Aqui você encontrará conceitos emitidos de forma muito simples. Essa simplicidade se faz necessária para assegurar perfeita compreensão. Outras vezes, encontrará conceituação bem mais elaborada, requerendo maior grau de abstração. Tal diversidade é uma contingência da proposta a que nos atemos: este livro, para servir como ponte, deve partir da simplicidade para conduzir o estudante a idéias mais elaboradas.

De pouco vale falarmos aqui do nosso esforço, horas roubadas ao convívio familiar, dúvidas, discussões, soluções encontradas. É melhor que o resultado final fale por si. Mas não podemos deixar de mencionar um fato da maior importância: tudo o que há de correto nas páginas que seguem devemos à boa vontade, à experiência e ao conselho sensato do Professor Lysias Nogueira Negrão – o que há de mal realizado e, possivelmente, confuso deve ser debitado a nossa responsabilidade e incapacidade.

Enfim, esperamos sinceramente que este livro dê o fruto esperado e que você, leitor, possa saboreá-lo com proveito.

A Equipe Editorial

Seres humanos em interdependência – formação de agrupamentos estáveis onde se dá o encontro do homem com o homem.

Fotografia ABRIL PRESS / Célio Apolinário

capítulo 1

A Sociologia: Caracterização Geral

Plano do capítulo

1. **A SOCIOLOGIA: O QUE ESTUDA E COMO SE RELACIONA COM AS DISCIPLINAS AFINS**

   - *Sociologia: Estudo da Interdependência*
   - *Organização Social e Reciprocidade*
     Ação Social
     Organização Social
     Reciprocidade
   - *Estabilidade e Mudança Social*
     Os Desvios das Normas
   - *Sociologia: Estudo da Ordem e da Desordem Social*
   - *Sociologia: Ciência dos Grupos Sociais*
     Grupos Sociais
     Grupo e Indivíduo
     Grupos e Subgrupos
     Grupo e Sociedade
     Importância da Sociedade
   - *Sociologia e Disciplinas Afins*
     Filosofia Social
     História
     Psicologia Social
     Ciências Sociais Concretas
   - *Sociologia: Ciência Social Unificadora*

2. **A SOCIOLOGIA: HISTÓRICO, PRINCIPAIS ABORDAGENS, DIVISÕES E PROBLEMAS**

   - *Os Precursores: Ponto de Vista Normativo e Finalista*
   - *Os Fundadores: Leis Naturais e Positivismo*
     Da Filosofia à Ciência
     Novas Diretrizes
   - *A Sociologia no Século XX*
   - *Relativismo*
     Fatores Sócio-Culturais
     Fatores Intelectuais
     O Sistema das Ciências
   - *Teoria e Empirismo*
     Orientação Geral
     A Elaboração de Conceitos Sociológicos
     Generalização Empírica
     A Elaboração de Teoria Científica
   - *Sociologia Pura e Sociologia Crítica*
   - *Divisão da Sociologia*
     Divisão Metodológica
     Divisão pela Magnitude do Objeto

Este livro é uma introdução à Sociologia.

Os homens sempre tiveram de refletir sobre os fatos e problemas da sua vida social. Desde o passado mais remoto, no entanto, as idéias correntes a esse respeito assumiam a forma de concepções religiosas ou filosóficas. Só a partir do século passado, por circunstâncias que examinaremos mais adiante, os esforços no sentido de compreender a vida social começaram a utilizar os métodos característicos da investigação científica. É a partir daí que se constitui a Sociologia.

Assim, ao darmos o primeiro passo no estudo dessa disciplina, é preciso ter em mente estes dois fatos:

1º a Sociologia é (ou se esforça para ser) um ramo da ciência, diferente, portanto, da religião, da filosofia e de outras formas de conhecimento;

2º a Sociologia é uma disciplina relativamente nova, que na verdade ainda não superou inteiramente sua fase de formação enquanto ciência.

Se a Sociologia é uma disciplina científica, seu estudo deve necessariamente começar por uma definição clara daquilo que ela estuda, ou seja, do seu *objeto;* sem isto seria impossível distingui-la de outros ramos da ciência. Neste primeiro capítulo você começará a se familiarizar com o objeto da Sociologia, a partir de uma definição preliminar segundo a qual esse objeto *são os homens em interdependência.*

Como, porém, a Sociologia ainda luta para se constituir plenamente como ciência, há muita controvérsia entre os sociólogos quanto à melhor forma de abordar esse objeto comum, os homens em interdependência. Na seqüência do capítulo você tomará conhecimento dos principais problemas que alimentam essa controvérsia.

Além disso, trataremos também, em linhas muito gerais, do desenvolvimento da reflexão humana sobre a vida social através da história, antes e depois do aparecimento da Sociologia. Analisaremos as relações da Sociologia com outras disciplinas científicas que também se interessam pela interdependência humana, procurando demonstrar que ela é a ciência social unificadora. E apresentaremos, por fim, algumas propostas de divisão da Sociologia.

1. A Sociologia: O que estuda e como se relaciona com as disciplinas afins.

A palavra *Sociologia* é de origem tão recente quanto a disciplina que designa. É palavra híbrida (composta de elementos de línguas diversas) criada pelo francês Augusto Comte em 1839. Comte tomou do latim o termo *socio*, que exprime a idéia de "social", e do grego o termo *logos*, que exprime a idéia de "palavra" ou "estudo". Etimologicamente falando, portanto, Sociologia viria a ser simplesmente "o estudo do social" ou "o estudo da sociedade".

– SOCIOLOGIA: ESTUDO DA INTERDEPENDÊNCIA.

É claro que a etimologia da palavra está longe de ser suficiente para nos fazer entender o que é a Sociologia. Dizendo que Sociologia é o estudo da sociedade, a definição etimológica nos leva naturalmente a perguntar: e o que é esta "sociedade" estudada pela Sociologia?

Ora, acontece que, como veremos, diferentes teorias sociológicas apresentam concepções diferentes a respeito da natureza da sociedade. Desse modo, correríamos o risco de cair num círculo vicioso logo no início de nossa caminhada: a Sociologia, diríamos nós, define-se como ciência da sociedade, enquanto que a sociedade, por sua vez, precisa ser definida pela Sociologia . . .

Em vez disso, adotaremos uma definição preliminar a partir da seguinte constatação: quando se fala de sociedade, o que se tem em mente é sempre a idéia de *homens (seres humanos) em interdependência.* A noção de interdependência diz respeito, aqui, ao fato básico de que os homens não vivem isolados, mas juntos; à formação de agrupamentos estáveis onde se dá o encontro do homem com o homem; ao estabelecimento de relações de cooperação, luta e domínio entre os homens no interior desses agrupamentos; e ao desenvolvimento ou destruição das culturas humanas que decorrem de tais relações.

Com o objeto da nossa disciplina assim caracterizado, estamos em condições de defini-la da seguinte maneira:

Sociologia é o estudo dos homens em interdependência.

Embora seja muito simples, nossa definição permite dar um decidido passo à frente: com ela podemos distinguir claramente a Sociologia de outras ciências que estudam os homens enquanto indivíduos, ou mesmo enquanto conjuntos de indivíduos, mas sem se preocupar com sua interdependência no sentido indicado.

Considere, por exemplo, a Anatomia. Ela estuda a estrutura do corpo humano tal como se repete em todos os homens, mas não se preocupa com a interdependência humana. O mesmo se pode dizer da Fisiologia, que estuda o funcionamento do corpo humano. A Antropologia Física estuda as variações que a estrutura do corpo humano apresenta no tempo e no espaço, mas não vai além de estabelecer grupos dotados de traços hereditários semelhantes e externamente reconhecíveis. Finalmente, a Psicologia (exceto no ramo híbrido chamado Psicologia Social) estuda os processos mentais do indivíduo, buscando determinar como um ser humano reage a sensações, forma conceitos, etc. Tudo isso – a estrutura do corpo humano, o funcionamento de seus órgãos, os processos mentais humanos – está fora do campo de interesse da Sociologia. Pois esta não parte nunca do indivíduo isolado, mas, no mínimo, da existência de alguma forma de relacionamento entre indivíduos.

A Sociologia não é, porém, a única ciência que trata da interdependência humana. Conseqüentemente, para podermos distingüi-la das disciplinas afins que também se interessam por essa interdependência, teremos de aprofundar a caracterização do seu objeto. Nas páginas seguintes você travará contato com alguns conceitos básicos a respeito da interdependência humana. De posse deles, poderemos, finalmente, determinar a posição da Sociologia no conjunto das chamadas Ciências Sociais.

– ORGANIZAÇÃO SOCIAL E RECIPROCIDADE.

Ação Social

Descrevemos a interdependência humana como uma idéia geral associada à palavra sociedade. Esclareceremos melhor essa idéia partindo da seguinte experiência: feche os olhos e tente evocar a *sua* idéia pessoal de sociedade, não em palavras mas em imagens. O que você "vê" com os olhos da imaginação quando pensa em sociedade?

Inevitavelmente, o que nos passa pela cabeça nessa experiência são visões da nossa *realidade imediata* enquanto membros de uma dada sociedade: ruas, praças e prédios da nossa cidade com o movimento das pessoas e veículos; homens e mulheres trabalhando em fábricas ou escritórios; estudantes em salas de aula; multidões reunidas nos cinemas ou em estádios de futebol. Em suma, um número maior ou menor de seres humanos entregues a toda sorte de atividade.

Indivíduos em ação: é esta, igualmente, a única realidade imediata que se apresenta a quem se propõe estudar as sociedades humanas. Em outras palavras, tudo o que pode ser *diretamente observado* na vida social é o comportamento de indivíduos.

Pense na série inumerável de ações que se pode observar numa rua a qualquer hora do dia-a-dia da cidade. Aqui um carteiro entrega um telegrama; adiante um homem pára na banca e pede um jornal; ali uma mulher com uma receita médica entra na farmácia; na próxima esquina um policial fala com o comando pelo rádio de sua motocicleta.

À primeira vista, aí não há nada além disto: indivíduos realizando ações diretamente observáveis por qualquer pessoa atenta.

Vejamos entretanto o que se passa. Depois de receber o telegrama, o destinatário vai a uma agência bancária e manda uma ordem de pagamento para o filho, que estuda em outra cidade; o jornaleiro entrega ao freguês o jornal solicitado, recebe o pagamento, faz o troco; na farmácia, um funcionário aplica à mulher a injeção indicada na receita; o policial, atendendo a um chamado, parte para registrar uma ocorrência alguns quarteirões adiante.

Desse modo, cada ação observada liga-se a novas ações, também diretamente observáveis, envolvendo outros indivíduos. Normalmente as cadeias de ações assim inter-relacionadas vão muito mais longe do que se pode perceber de imediato. Na simples ação de levar uma receita médica à farmácia, por exemplo, percebe-se facilmente que há pelo menos três pessoas cujas ações se inter-relacionam: o médico que passou a receita, a cliente que a recebeu e o funcionário que a atende na farmácia. Mas também poderiam ser incluídos nessa cadeia de ações o representante do laboratório que apresentou ao médico o remédio receitado, outro que forneceu o mesmo remédio à farmácia, o fiscal da saúde pública que visitará a farmácia dias depois para verificar se a receita médica foi realmente apresentada, e assim por diante.

Verificamos, portanto, que por meio de suas ações se estabelecem múltiplas relações entre os indivíduos, na medida em que as ações de uns afetam outros e os levam a também agir. Nessa medida a ação individual assume característica de ação social.

Onde quer que isso aconteça – como é o caso da quase totalidade das ações que praticamos no cotidiano – é possível constatar a existência de relacionamentos complexos como os que acabamos de mencionar.

É sempre possível observar diretamente cada uma das ações assim encadeadas, ou seja, cada um dos "elos" das cadeias de ações sociais. As relações entre essas ações podem não ser diretamente observáveis, mas podem ser *inferidas* pelo observador. Não é preciso ser sociólogo para fazer esse tipo de inferência. A toda hora nós a fazemos, mesmo sem nos dar conta disto.

Voltemos um pouco ao exemplo da farmácia. Quando a mulher se dirige ao balcão, e o funcionário, depois de examinar a receita médica, vai procurar o remédio nas prateleiras, parece evidente que as ações de ambos estão relacionadas. No entanto, não há nenhum objeto ou acontecimento observável que possamos isolar e apontar, dizendo: "*Aqui* está a relação entre as ações destes dois indivíduos!" A existência de uma relação é inferida, quer dizer, tiramos a conclusão de que existe uma relação, baseando-nos nas ações diretamente observáveis da mulher e do balconista, bem como em nosso conhecimento prévio do que vem a ser uma farmácia, uma receita médica, um remédio, etc.

Organização Social

Mas, que conhecimento prévio é esse que nos permite inferir relações a partir da ação observável?

Ainda dentro do nosso exemplo, imagine se, em vez de ir prôcurar o remédio receitado, o balconista da farmácia subisse no balcão e começasse a cantar, digamos, um bolero. Na certa não é impossível acontecer isso, mas é altamente improvável. Por quê? Por duas razões muito simples. Primeiro, porque existem *normas* que se aplicam ao comportamento dos balconistas de farmácia quando atendem os fregueses (eles devem ser atenciosos, fornecer prontamente os remédios solicitados), e estas normas não prevêem, em absoluto, que se cante um bolero quando o freguês pede um remédio. Segundo, porque tais normas são *cumpridas* na maioria dos casos (embora não em todos), de modo que o comportamento previsto pelas normas corresponde às ações efetivas de milhares de balconistas em situações anteriores.

Generalizando, podemos afirmar que as ações sociais estão sujeitas a normas de vários tipos: regras explícitas ou implícitas, planos, regulamentos, estatutos, leis.

As normas que se aplicam à ação social não devem ser entendidas apenas como proibições ou mandamentos, embora muitas vezes sejam explicitadas dessa forma. Mais freqüentemente, não passam de preferências indicadas pelo modo de agir predominante num dado agrupamento humano. Em nossa sociedade, por exemplo, nada há que proíba a um homem casar-se com uma mulher mais velha. No entanto, observando-se a grande maioria dos casais é possível verificar uma clara preferência pela situação oposta – o marido é mais velho que a mulher. O casamento com mulher mais moça pode, então, ser considerado uma norma. Nesses casos, as normas são mais comumente chamadas *padrões sociais.*

É a existência de normas compartilhadas pelos indivíduos pertencentes a um dado agrupamento social o que possibilita o encadeamento de suas ações em séries contínuas. É a existência de normas, portanto, o que permite que a ação individual se caracterize como ação social, por meio da qual os indivíduos se relacionam como membros de um dado agrupamento social.

Ora, na medida em que manifesta a existência de normas compartilhadas pelos membros de um agrupamento, o conjunto das ações sociais que se desenrolam nesse agrupamento em dado momento constitui sua organização social.

Note, porém, que a palavra organização é aqui empregada num sentido que foge ao habitual. Geralmente, quando se diz: "Vamos organizar isto ou aquilo", o que se tem em mente é apenas um aspecto da organização social: o estabelecimento das normas que regerão a atividade de um agrupamento humano qualquer, seja ele um casal e filhos ou uma gigantesca empresa multinacional. Mas, para haver, de fato, organização, não basta existirem normas aceitas pelos indivíduos. É preciso também que as normas sejam cumpridas, se não por todos, ao menos pela maioria.

Em outras palavras, para haver organização social é preciso que as normas sejam continuamente confirmadas pela ação social efetiva dos indivíduos.

Reciprocidade

Organizar, nesse sentido, é uma atividade contínua que constitui a essência mesma da vida social. Sem organização não há sociedade; ela deixa de existir.

Por outro lado, não há organização social *duradoura* sem que pelo menos outro requisito geral seja preenchido: que os direitos e obrigações decorrentes das normas sociais sejam sempre recíprocos, vale dizer, que impliquem sempre uma relação de dar e receber em troca.

A "lei da reciprocidade" está presente em toda a rede de relações entre os membros dos agrupamentos humanos organizados. Assim, são recíprocos os direitos e obrigações entre marido e mulher, pais e filhos, empregador e empregado, médico e paciente, professor e alunos, etc.

Inegavelmente, a afirmação acima dá margem a algumas dúvidas e objeções que precisaríamos examinar antes de prosseguir.

Para começar, talvez lhe pareça estranha a idéia de que relações tão íntimas e carregadas de afeto, como entre pais e filhos, possam ser inequivocamente definidas em termos de direitos e obrigações recíprocos. Em tais situações, no entanto, pode simplesmente ocorrer que a reciprocidade não apareça como requisito *explícito* da relação, ou que não implique qualquer forma de *retribuição imediata;* isso não significa que não esteja presente.

Considere, por exemplo, a regra sutil que governa a troca de presentes na época do Natal. Quando damos um presente de Natal a um amigo, não estamos, em absoluto, propondo uma troca comercial na base do toma-lá-dá-cá. Nesse caso, como se costuma dizer, "o que vale é a intenção": o presente vale como prova de carinho, admiração, respeito ou algo assim. Por isso mesmo, nem nos passa pela cabeça cobrar do amigo um presente do mesmo preço, na mesma hora. Contudo, normalmente há a expectativa de que, naquela ou em outra ocasião, o amigo retribua o presente, como uma forma de exprimir que aceita nossa amizade e a corresponde. Acontece apenas que essa expectativa fica sempre implícita; a maioria das pessoas ficaria até muito constrangida de confessá-la.

A própria relação entre pais e filhos ilustra muito bem o outro aspecto que pode mascarar o requisito da reciprocidade: a ausência de retribuição imediata. É uma norma praticamente universal que os pais se responsabilizem pelo sustento dos filhos até certa idade, dedicando boa parte de seu tempo e energia ao cumprimento dessa obrigação, mas sem esperar qualquer retribuição equivalente nessa fase. Só mais tarde, quando os pais ficam muito velhos para se sustentarem, espera-se que os filhos por sua vez assumam a obrigação de lhes dar amparo.

Há situações em que se combinam formas de retribuição imediata e adiada. É o que ocorre no Brasil com o mutirão, onde o indivíduo ou a família que recebe ajuda dos vizinhos para a realização de determinada tarefa retribui, geralmente, de duas maneiras: imediatamente, oferecendo comida e bebida aos participantes do mutirão; posteriormente, prestando ajuda em outros mutirões que se realizarem na vizinhança.

O exemplo do mutirão serve ainda para ilustrar um terceiro aspecto da reciprocidade: muitas vezes ela se manifesta, não nas relações de indivíduo para indivíduo, mas de um indivíduo para um grupo inteiro. No caso, a obrigação de prestar ajuda em mutirões futuros é assumida pelo promotor do mutirão, não diante de cada vizinho individualmente, mas diante da vizinhança em geral.

Outras relações de indivíduo para grupo, como as de chefia e de dominação, podem também ser enfocadas do ponto de vista dos direitos e obrigações recíprocos. Assim, no feudalismo – forma de organização social característica da Europa medieval – é possível observar um princípio de reciprocidade nas relações entre servos e senhor: enquanto aqueles se obrigavam ao pagamento de impostos e à prestação de vários tipos de serviços para o senhor, este se obrigava a dar proteção militar aos servos contra as ameaças de saque e invasão de suas terras.

A reciprocidade se manifesta, igualmente, quando dois ou mais grupos inteiros se associam. É o caso, por exemplo, das alianças entre grupos politicamente autônomos para enfrentar um inimigo comum, fenômeno freqüente nas antigas guerras tribais. É o caso, também, dos "pactos de defesa" entre países no mundo contemporâneo, onde os países mais fracos costumam conceder vantagens econômicas a uma grande potência em troca de proteção militar. Na medida em que essas alianças são de fato observadas, os aliados participam de uma organização comum com obrigações recíprocas.

Neste ponto, todavia, outra objeção pode ser levantada: faz sentido falar de reciprocidade nas relações entre parceiros tão evidentemente *desiguais* como servos e senhor, ou países mais fracos e grande potência?

Uma primeira resposta possível é que a reciprocidade não é, realmente, o único princípio que age no sentido de tornar duradouras essas relações. Nelas entra também a coerção, isto é, a força ou a ameaça de uso da força. É fácil perceber que nas relações entre escravos e senhor, por exemplo, é este, e não a reciprocidade, o princípio básico operante.

Entretanto, mesmo na presença de coerção, algum grau de reciprocidade é sempre necessário para a existência de formas duráveis de organização social. Aliás, não é à toa que o escravismo é uma relação instável por excelência, permanentemente ameaçada de dissolução por fugas e levantes de escravos.

Em outras relações do gênero encontramos coerção e reciprocidade combinadas em graus variáveis.

Um bom exemplo disto é, novamente, a Europa medieval. Ao homem contemporâneo talvez pareçam excessivamente opressivas as obrigações impostas aos servos perante o senhor feudal. E de fato as rebeliões de servos que a História registra – todas elas esmagadas a ferro e fogo – mostram que tais obrigações não seriam aceitas na ausência total de coerção. Não obstante, o fato de o feudalismo haver perdurado, apesar dessas rebeliões, explica-se em boa parte porque a proteção militar oferecida pelo senhor feudal era uma retribuição real num mundo permanentemente assolado pela guerra.

Daí decorre uma segunda observação: muitas vezes deixamos de perceber a existência de reciprocidade numa dada organização social simplesmente porque ela não se encaixa em nossa escala de valores particular. Uma coisa é o que nos parece "justo" ou "injusto"; outra coisa é o que assim parece às pessoas envolvidas na organização estudada. Para que a reciprocidade se manifeste, basta que a equivalência das obrigações entre as partes seja admitida pelas próprias partes.

Finalmente, pode-se notar que as obrigações de um indivíduo dentro de uma organização social variam conforme o papel que ele desempenha em relação aos demais membros da organização. Ao nível das suas obrigações corresponde o grau da sua participação na organização.

Os indivíduos participam em grau mais elevado de organizações que apresentam características de *comunidade* (conceito que estudaremos mais adiante). A participação é mais limitada em organizações voltadas para fins específicos, como o culto religioso (igrejas), a guerra (Forças Armadas), a recreação (clubes), o comércio (empresas), a educação (escolas), etc.

Em qualquer hipótese, as obrigações decorrentes das normas sociais serão sempre recíprocas. É possível afirmar, sem exagero, que a reciprocidade é o alicerce de toda forma de vida social.

– ESTABILIDADE E MUDANÇA SOCIAL.

Pelo fato de seguirem normas ou regras, as ações sociais tornam-se previsíveis. Seria bem difícil conceber qualquer forma de vida social se não pudéssemos prever com um mínimo de certeza o comportamento das pessoas com quem nos relacionamos.

A cliente só leva sua receita médica à farmácia porque prevê que o balconista lhe fornecerá os remédios. Se em vez disso ele cantasse um bolero, como no nosso exemplo, haveria alguma dose de confusão limitada àquela farmácia. Mas se todos os balconistas de todas as farmácias da cidade começassem a se comportar de maneira igualmente imprevisível, haveria um colapso no abastecimento de remédios. E se *todo mundo* passasse de repente a agir como se ignorasse as normas sociais, o colapso da sociedade seria total.

Em outras palavras, é o cumprimento das normas, ou das obrigações delas decorrentes, que dá estabilidade à vida social.

Por seu turno, o desvio das normas ou o desrespeito a elas é fator de desordem social. Isso não significa, entretanto, que qualquer desvio das normas seja sinônimo de caos ou colapso da vida social. Dependendo do seu grau e natureza, os desvios podem acarretar, isto sim, diversos tipos de mudança social.

Os Desvios das Normas

Há várias maneiras de a ação social desviar-se das normas a que está sujeita. Um indivíduo que se veste com cores descombinadas pode ser considerado ligeiramente "esquisito" pelos amigos. O motorista que estaciona em local proibido é um infrator e como tal será multado pelo guarda de trânsito. O marido enganado que abate a tiros o amante da mulher será preso como criminoso. A mulher infiel, por sua vez, estará sujeita à censura aberta ou velada dos vizinhos e da família por sua conduta "imoral". Já a atriz que defende publicamente o sexo fora do casamento pode ser ao mesmo tempo acusada de "indecência" e aplaudida como campeã da "emancipação feminina".

Estes comportamentos, de resto tão díspares, têm em comum o fato de representarem desvios em relação a algum tipo de norma estabelecida. Na verdade, eles nos mostram que a própria sociedade distingue múltiplas formas de desvio das normas, classificando-as por meio de expressões tais como "esquisitice", "infração", "crime", "imoralidade", etc.

Além disso, desvios considerados da mesma natureza podem assumir graus diferentes na medida em que a sociedade lhes atribui maior ou menor importância, maior ou menor gravidade. Assim a maioria das pessoas jamais confundiria, por exemplo, uma inocente "mentirinha" conjugal com uma verdadeira traição, embora ambas representem desvios com respeito ao mesmo código moral que estabelece uma obrigação recíproca de lealdade entre marido e mulher.

Outras distinções podem ser estabelecidas levando em conta o tipo de situação em que a ação desviante se manifesta.

Para começar, há toda uma gama de desvios involuntários que se explicam por falhas no aprendizado das normas sociais. Com efeito, as normas de ação, como qualquer aspecto da cultura de uma sociedade, não se transmitem de geração para geração por hereditariedade ou coisa parecida; uma criança não herda cultura dos pais como herda a cor dos olhos. A cultura – incluindo as normas sociais – deve ser *aprendida* por meio dos gestos e palavras que fazem a comunicação simbólica entre os homens. E a comunicação simbólica está sempre sujeita aos erros de percepção e interpretação. Daí resultam falhas de aprendizado que por sua vez originam desvios das normas sociais.

Evidentemente esse tipo de desvio não traduz a *decisão* de desobedecer esta ou aquela norma. Em geral é considerado tão insignificante que nem chega a ser percebido como desvio por quem o pratica ou pelas outras pessoas. O indivíduo que usa roupas extravagantes pode fazê-lo deliberadamente, para afirmar a própria individualidade ou por outra razão; mas pode apenas estar revelando um aprendizado defeituoso dos padrões de gosto estabelecidos, e nesse caso talvez nem se dê conta da própria "extravagância".

Em outros casos o erro não é de percepção nem de interpretação, mas de julgamento. O típico infrator das leis de trânsito sabe perfeitamente que está cometendo infração. Julga, no entanto, que isso não tem tanta importância – embora as estatísticas sobre acidentes de trânsito o desmintam frontalmente.

Desvios dessa natureza, enquanto traduzem realmente meras falhas de aprendizado, não têm maiores implicações do ponto de vista da mudança social. Desse ponto de vista, mais importantes são as situações em que os desvios das normas nascem de uma escolha ou decisão do indivíduo.

Começamos por nos referir às normas sociais dizendo o que elas são, isto é, discutindo seu papel na organização social. A esta altura cabe lembrar uma ou duas coisas que elas *não são:* em geral as normas sociais não são rígidas, não prevêem nos mínimos detalhes todas as circunstâncias da vida social, nem formam sistemas perfeitamente coerentes. Assim, a toda hora enfrentamos situações em que só nós mesmos podemos escolher entre agir dessa ou daquela maneira, seja porque as normas estabelecidas são flexíveis o bastante, seja porque são muito vagas ou omissas, seja porque são conflitantes umas com as outras.

Pense no hipotético crime passional que mencionamos há pouco. Aí os três personagens envolvidos podem ser imaginados como fazendo esse tipo de escolha.

O homem que tem uma aventura com uma mulher casada sabe, decerto, que está desobedecendo a uma norma geralmente aceita. Essa norma não é, porém, tão rígida como pode parecer. Na verdade a moral tradicional condena com severidade a mulher infiel, mas é tolerante para com o homem que torna possível a infidelidade; muitos até o chamariam de bobo se não aproveitasse a ocasião.

Para a mulher, ao contrário, o mais provável é que a norma da fidelidade conjugal tenha se revelado incompatível com as circunstâncias concretas da vida de casada. Por se sentir entediada, ou solitária, ou maltratada, ou tudo isso ao mesmo tempo, ela pode ter concluído que a infidelidade, embora condenável em geral, se justificasse no seu caso particular.

Finalmente, o marido enganado decide entre normas conflitantes: de um lado, a moral tradicional que autoriza, e até exige, que a honra ofendida seja "lavada em sangue"; do outro, a religião e a lei proibindo que se tire a vida dos outros.

Quase sempre (felizmente!), em circunstâncias menos dramáticas, todos nós fazemos esse tipo de escolha. Escolhendo desviarmo-nos das normas estabelecidas, evidenciamos, em primeiro lugar, que as normas são mutáveis. Além disso, na medida em que o mesmo tipo de desvio se repete com certa freqüência em situações semelhantes, evidenciamos a existência de anacronismos, ambigüidades ou contradições na própria organização social; sob certas condições, isso pode levar a mudanças nas normas estabelecidas.

Nem sempre o desvio voluntário exprime a vontade de mudar as normas. A mulher infiel do nosso exemplo continua aceitando a fidelidade como norma geral; apenas sente-se incapaz de obedecê-la. Por outro lado, nem sempre o desvio indica o sentido de uma mudança possível. Assim, é duvidoso que a infidelidade conjugal, à custa de se repetir, viesse a ser aceita como norma.

Não obstante, a relativa freqüência com que a norma da fidelidade conjugal é desobedecida pode bem indicar – como de fato indica, na opinião de muita gente – a existência de problemas não resolvidos na organização da família em nossa sociedade.

Em situações críticas, a percepção de problemas dessa natureza – derivados de incongruências na organização social – leva os indivíduos a encarar o desvio das normas não apenas como possível, mas como necessário. Poderia ser este o caso da atriz que dá entrevistas defendendo uma conduta sexual "liberada". Suponhamos que para ela o conjunto das normas estabelecidas relativamente ao sexo, ao casamento e à posição da mulher na sociedade parece incompatível não só com suas necessidades particulares, mas também com as necessidades das mulheres em geral no mundo moderno. Desse modo, o desvio das normas se associa a um desejo consciente de mudança social.

É óbvio que esses desvios não têm de ser necessariamente espetaculares, nem são imediatamente aceitos por todos. De qualquer maneira, eles nos fazem ver que a sociedade nunca se compara a uma máquina, onde cada peça funciona de determinada maneira *ou* não funciona e deve ser substituída. O mais realista é considerar as sociedades humanas como campos de experiência, onde as ações sociais resultantes de escolha e decisão são recebidas com crítica ou aprovação. Só o tempo, a experiência, a posição social dos que se desviam das normas e as necessidades gerais da sociedade decidirão se um dado desvio será ou não aceito, dará ou não origem a mudanças na organização social.

— SOCIOLOGIA: ESTUDO DA ORDEM E DA DESORDEM SOCIAL.

A esta altura da exposição, você notará que avançamos bastante no rumo inicialmente proposto, isto é, no sentido de caracterizar o objeto da Sociologia. Partimos de uma fórmula simples, mas um tanto vaga, segundo a qual a Sociologia estuda a interdependência humana. Prosseguindo, discutimos uma série de aspectos dessa interdependência, os quais agora nos permitem entender melhor o que ela significa: ação e organização social, reciprocidade, estabilidade e mudança.

Qual desses aspectos, entretanto, constitui o problema principal da Sociologia?

Para responder a essa questão, é preciso tornar a lembrar que a Sociologia é ou pretende ser uma ciência. Ora, como toda ciência, a Sociologia parte do pressuposto de que existe certa ordem nos fenômenos que estuda; uma ordem que pode ser descoberta, descrita e compreendida. Assim a Física supõe a existência de uma ordem por trás das propriedades gerais da matéria, e a Astronomia supõe uma ordem no sistema dos corpos celestes.

Da mesma forma, a Sociologia preocupa-se em descobrir, descrever e compreender a ordem que se manifesta na vida social. Diariamente, os membros de agrupamentos sociais tão numerosos como um estado-nação realizam milhões ou bilhões de ações sociais sem que haja caos, sem que a organização social entre em colapso. Explicar como isto ocorre é descobrir e compreender a ordem social.

A ordem social poderia, portanto, ser considerada o principal problema da Sociologia. Mas essa afirmação admite algumas ressalvas.

Primeiro, ela não implica nem de longe que os sociólogos devam aprovar ou justificar a ordem existente em qualquer sociedade. Um sociólogo com idéias socialistas, por exemplo, pode opor-se radicalmente à ordem social capitalista; isto não impedirá que ele descreva e tente compreender essa ordem social.

Segundo, dizer que a Sociologia se interessa primordialmente pela ordem social não implica ver a vida social como coisa estática. Ao contrário, um panorama da história universal mostra que os agrupamentos humanos se encontram em permanente transformação. Há sempre grupos novos surgindo e outros desaparecendo, como há também os que permanecem na medida em que passam por mudanças.

Como vimos, a existência de vida social organizada supõe a obediência a normas, mas também envolve uma variedade de desvios das normas, ou seja, de ações tendentes a mudar de alguma forma a organização social. Em outras palavras, a existência de ordem social não exclui a existência de desordem. E desordem, no caso, não significa necessariamente caos.

Mais que isto, pode-se afirmar com segurança que é impossível ao sociólogo ter uma visão completa da vida social limitando-se a descrever e compreender a ordem e ignorando, desse modo, as manifestações de desordem social. Imagine, por exemplo, um retrato panorâmico da sociedade brasileira hoje que omitisse aspectos como os altos índices de criminalidade, a violência policial, o uso ilegal de drogas, etc. Basta ver o espaço que esses temas ocupam na imprensa e nas nossas preocupações cotidianas para perceber que eles jamais poderiam ser ignorados.

Portanto, a Sociologia não pode afastar a desordem social do foco de suas preocupações.

Na verdade já houve muita polêmica entre os sociólogos para saber qual desses dois aspectos – ordem e desordem social – mereceria mais atenção. Trata-se, porém, de uma discussão estéril. Com efeito, se não houvesse ordem na vida social, a Sociologia sequer seria possível como ciência. Por outro lado, é de todo impossível compreender a ordem social, que é relativa, sem levar em conta a desordem.

Outros sociólogos têm a esse respeito um ponto de vista diferente. Para eles, explicar a ordem social (mesmo levando em conta a desordem) é apenas entender a coordenação de um número maior ou menor de ações em dado momento. Observa-se a vida de um agrupamento humano por um dia, um mês, um ano, verifica-se que as ações de seus membros se encadeiam ordenadamente, e isso é tudo.

Ora, por mais maravilhosa que seja tal coordenação, dizem esses sociólogos, não é nada diante da persistência da organização social nos agrupamentos humanos ao longo do tempo. Eles lembram que animais amestrados também são capazes de realizar ações coordenadas; os animais não são capazes é de transmitir o que aprenderam às gerações seguintes. Mesmo insetos sociais, como formigas e abelhas, perpetuam a organização de suas colônias graças ao instinto, que não serve para explicar o comportamento humano.

Sem dúvida, o fato de os agrupamentos humanos serem capazes de preservar sua organização, enquanto os indivíduos passam, não poderia deixar de interessar à Sociologia. Acontece, porém, que essa continuidade, para começar, não exclui em absoluto a mudança social. Mesmo uma organização tão antiga como a Igreja Católica registra uma dose considerável de mudanças em seus quase 2000 anos de história – e certamente não teria durado tanto se não tivesse mudado para se adaptar aos novos tempos.

Sociedades ditas "primitivas", como as dos índios brasileiros, também são citadas como exemplo de extraordinária continuidade social. No entanto, por se tratar de sociedades que não conhecem a escrita, as informações de que dispomos sobre seu passado são muito precárias. A crença segundo a qual elas conservaram a mesma organização social por centenas de anos pode, pois, ser uma ilusão criada pela falta de registro histórico.

Quanto às sociedades do passado mais recente, a respeito das quais há registro histórico mais abundante, já mencionamos o fato de que se mostram em mudança contínua – muitas vezes em mudança acelerada.

De resto, tanto a continuidade como a mudança supõem ordem *e* desordem social. Assim, a história milenar da Igreja Católica – para retomar o exemplo anterior – não registra apenas fatores de ordem como comunidade de fé, respeito a hierarquia, apego às tradições, mas também fatores de desordem como inúmeros cismas, disputas doutrinárias, atos de rebeldia.

Desse modo, se quiséssemos resumir numa frase o principal problema da Sociologia, poderíamos dizer:

A Sociologia trata de explicar a ordem e a desordem social.

– SOCIOLOGIA: CIÊNCIA DOS GRUPOS SOCIAIS.

Agora já sabemos que a interdependência humana significa basicamente o inter-relacionamento dos indivíduos por meio de suas ações sociais. Existe organização social na medida em que essas ações sejam orientadas por normas, que os indivíduos podem seguir ou desrespeitar. Na primeira hipótese, contribuem para manter a ordem social; na segunda, provocam a desordem. Finalmente, como acabamos de ver, ordem e desordem social constituem o problema a que os sociólogos dedicam a maior parte dos esforços de investigação.

Falta discutir, nesta visão introdutória do objeto da Sociologia, um último aspecto da interdependência humana: aquele a que se refere o conceito de grupo social.

O que os sociólogos entendem por grupo social difere um pouco do entendimento geral. Você certamente saberia apontar vários grupos – no sentido comum da expressão – com os quais se relaciona normalmente: os amigos da "turma", os colegas da escola ou do trabalho, a família. Todos estes são conjuntos mais ou menos definidos de indivíduos que estão juntos com certa freqüência e têm interesses ou atividades comuns.

A Sociologia, no entanto, define "grupo social" em termos mais amplos, como todo e qualquer *sistema de relações sociais.*

Vejamos como essa definição nos ajuda a aprofundar a compreensão da interdependência humana.

Grupos Sociais

A primeira observação a fazer é que, embora os grupos sociais se definam como sistemas de relações sociais, nem todas as relações sociais constituem grupos.

Como vimos no início deste capítulo, relações sociais são todas as que se estabelecem entre os indivíduos por meio de suas ações recíprocas. Desse modo, estamos diante de relações sociais tanto na conversa casual de dois passageiros de ônibus que nunca se viram antes, como na convivência diária e profunda entre os membros de uma família. Somente relações deste segundo gênero, estáveis e duradouras, constituem grupos sociais.

Além disso, as relações sociais podem ser amistosas ou hostis. Dois exércitos em guerra, por exemplo, não deixam de manter entre si algum tipo de relação social, marcada precisamente pela hostilidade. Não constituem, porém, um grupo social. Pois, além de duradouras, as relações que constituem grupos sociais devem ser, ao menos em certo grau, relações de cooperação.

O fato de a cooperação ser essencial para a constituição dos grupos sociais não significa que não possa haver antagonismos no interior deles. Entre os membros de uma família, por exemplo, pode haver fortes sentimentos de rivalidade, ou até de ódio. Mesmo assim – e desde que a rivalidade não os impeça de cooperar com vistas a certos objetivos – eles constituem um grupo.

Também não é indispensável que os grupos se formem voluntariamente, a partir de algum tipo de afinidade entre os membros. Os detentos de um presídio, por exemplo, não estão juntos por querer. Apesar disso, são obrigados a prestar um mínimo de cooperação para tornar suportável a convivência uns com os outros; precisam manter as celas limpas, preparar as refeições comuns, etc. Nessa medida, eles constituem um grupo.

A cooperação implica a existência de normas que orientem a ação dos membros do grupo. Na medida em que obedeçam a normas específicas relativas ao grupo, seus membros têm direitos e obrigações que as outras pessoas não têm. Daí decorre outra característica do grupo: a possibilidade de distinguir com um mínimo de clareza entre os indivíduos que fazem parte e os que não fazem parte dele.

Por fim, há situações em que até certo ponto é arbitrário determinar se as relações sociais observadas constituem ou não um grupo.

Voltemos ao exemplo dos dois exércitos em guerra. Nesse caso, é evidente que estamos diante de dois grupos separados, em cada um dos quais os membros cooperam com o objetivo de destruir o outro. Seria um completo absurdo encarar os dois exércitos como um único grupo social.

Pense, porém, num outro exemplo: dois times de futebol que disputam uma partida. Aqui a situação se complica. De certo ponto de vista, é perfeitamente possível encarar os dois times como encaramos os dois exércitos, ou seja, como dois grupos separados cujos membros cooperam no sentido de derrotar o grupo adversário. Mas, de outro ponto de vista, os dois times cooperam entre si para proporcionar um bom espetáculo ao público e para cumprir mais uma etapa do campeonato que disputam. É possível imaginar até que, se um elemento estranho tentasse interromper a partida, os jogadores dos dois times se uniriam para tirar de campo o intruso e continuar a partida – o que é um objetivo comum. Desse segundo ponto de vista todos os jogadores fariam parte de um mesmo grupo, independentemente da cor de sua camisa.

Grupo e Indivíduo

Pode parecer banal a afirmação de que os grupos sociais são formados de indivíduos. Rigorosamente falando, no entanto, um indivíduo só integra um grupo *na qualidade de membro do grupo.*

Talvez você pense agora que a banalidade deu lugar a uma redundância: "o indivíduo faz parte de um grupo enquanto membro do grupo". Mas não é bem assim. O que estamos afirmando é que um grupo nunca absorve totalmente o tempo, as preocupações e a energia de cada um dos seus membros.

Digamos que você faz parte de uma torcida organizada do Corinthians. Digamos mais, que você é um corintiano absolutamente fanático, daqueles que seguem o time até o fim do mundo, se for preciso. Isso significa que você participa intensamente desse grupo – a torcida organizada do Corinthians – e a ele dedica boa parte de suas horas de folga, de seu dinheiro, de seu entusiasmo.

Ainda assim, ser torcedor não é seguramente a *única* coisa que você faz na vida. Você trabalha, estuda, tem amigos, convive com a família. Conseqüentemente, você faz parte de outros grupos, que também o ocupam de alguma maneira. Vale dizer, enquanto indivíduo você divide sua atividade entre vários grupos sociais, e só é capaz de fazer parte de todos eles porque não é inteiramente absorvido por nenhum.

Evidentemente, o fato de um indivíduo participar desse ou daquele grupo lhe influencia a participação nos demais. Todos nós sentimos isto com alguma freqüência, pois temos de nos esforçar para conciliar os compromissos decorrentes da nossa condição de membro de vários grupos.

Se você, enquanto membro da torcida organizada, não pode deixar de acompanhar seu time em cada excursão fora da cidade, é provável que escute reclamações da família que sente falta da sua presença nos fins de semana. Às vezes, no entanto, você precisa abrir mão da família e da torcida para atender a seus compromissos de estudante, membro de um outro grupo que é a escola em que está matriculado. E em outras ocasiões tudo isso deve ficar em segundo plano, porque o acúmulo de serviço no escritório o obriga a passar noites seguidas fazendo serão.

Além dessas limitações – decorrentes, afinal, do simples fato de que não podemos estar em lugares diferentes fazendo coisas diferentes ao mesmo tempo – nossa participação num grupo pode influenciar *a maneira* como participamos dos outros.

Por exemplo, se seu trabalho é no departamento de contabilidade de uma empresa, pode ser que você aproveite essa experiência para ajudar na tesouraria da torcida organizada; em contrapartida, no trabalho você provavelmente é identificado como "corintiano doente", o que não deixa de influenciar-lhe o relacionamento com os colegas.

O reconhecimento dessas múltiplas influências permite esclarecer melhor a definição de grupo social como sistema de relações sociais.

Já vimos, ao examinar o conceito de ação social, que as relações que se estabelecem entre os indivíduos por meio de suas ações não são diretamente observáveis. Ora, o mesmo acontece com os sistemas de relações que constituem os grupos sociais. É claro que certo número de indivíduos não forma um grupo pelo simples fato de estarem juntos. Da mesma forma, um grupo não deixa de existir só porque seus membros estão dispersos.

Em resumo, a existência de um grupo não se manifesta em nenhum objeto ou acontecimento isolado e diretamente observável. Ela precisa ser *inferida* pelo observador do conjunto das ações sociais dos membros do grupo, na medida em que as relações que elas estabelecem apresentem as características já assinaladas de durabilidade, cooperação e obediência a normas específicas.

Esqueçamos um pouco as torcidas organizadas para pensar no próprio time de futebol. Os vinte e poucos jogadores que fazem parte desse tipo de grupo (além de técnico, preparador físico e outros elementos) não ficam, naturalmente, o tempo inteiro reunidos. Entre uma concentração e outra, o time se dispersa e os jogadores vão para casa. Se forem bons jogadores, no entanto, não deixarão de seguir certas normas: não abusarão do fumo, da bebida e da comida, para manter a forma; deitarão cedo para se apresentar descansados nos treinos, e assim por diante. Desse modo, mesmo disperso, o time não deixa de existir, pois a qualquer momento os jogadores estarão agindo ou poderão agir como membros desse grupo.

Grupos e Subgrupos

O conceito de grupo social nos chama a atenção para a extraordinária variedade e complexidade das relações que se estabelecem entre os indivíduos por meio de suas ações. Contudo, para aprender realmente toda essa complexidade, precisamos também levar em conta o fato de que os grupos não existem apenas "lado a lado", mas se interpenetram. Com efeito, no interior de cada grupo social é geralmente possível identificar grupos menores ou subgrupos.

Existe um exemplo clássico de como pode ser proveitosa a aplicação dos conceitos de grupo e subgrupo à análise da organização social. Trata-se de uma pesquisa feita por dois sociólogos norte-americanos, P. J. Roethlisberger e W. J. Dickson, publicada em 1939, a respeito de um grupo de operários da fábrica Hawthorne, da Western Electric Co. Vamos apresentar aqui um resumo dessa pesquisa com base numa apresentação feita por Harry M. Johnson (*Introdução Sistemática ao Estudo da Sociologia*, Lidador).

O grupo estudado por Roethlisberger e Dickson compunha-se de 14 montadores de terminais telefônicos. A função desses operários era montar chaves para equipamento de mesas telefônicas de escritórios. Para tanto eles tinham de realizar três conjuntos de operações: instalar os fios, soldar as conexões e inspecionar o resultado do trabalho.

Do ponto de vista da administração da Western, o grupo se dividia em três equipes, cada qual com três instaladores de fios e um soldador. Havia apenas dois inspetores; cada qual trabalhava exclusivamente com uma das equipes, e junto com o outro participava do trabalho da terceira.

Esta, porém, era a divisão que figurava no organograma da empresa. A pesquisa revelou ser mais complexa a organização real do grupo. Com efeito, além da divisão oficial, havia no grupo duas "panelinhas" que atravessavam as três equipes. Os membros de cada uma dessas "panelinhas", unidos na base da amizade pessoal, ajudavam-se no trabalho, substituíam-se uns aos outros em suas funções, divertiam-se juntos e faziam "vaquinhas" para comprar doces. Também havia rivalidade entre as duas "panelinhas", cada qual considerando-se superior à outra. Os tipos de brincadeiras e alguns hábitos de relacionamento eram totalmente diferentes em cada uma delas.

Na medida em que os 14 homens cooperavam no sentido de montar chaves para equipamento de mesas telefônicas, formavam um grupo que por sua vez se dividia em três equipes ou subgrupos. Mas as duas "panelinhas" eram dois grupos diferentes, ou também dois subgrupos de um grupo maior que não era exatamente o imaginado pela administração da Western.

Acontece que as duas "panelinhas", à parte a rivalidade entre elas, cooperavam entre si para manter certas regras destinadas a burlar o método de cálculo de salários da empresa. Este tinha por objetivo induzir os trabalhadores a produzir o máximo possível, sem um ritmo fixo de produção. Para se contrapor a isso, os trabalhadores tinham estabelecido um ritmo médio de produção, uma taxa que tornava os vencimentos de cada um dependentes em parte da produção do grupo inteiro. Dessa norma básica decorriam outras:

1º quem produzisse abaixo da média era considerado *trapaceiro;*

2º quem produzisse acima da média era considerado *demolidor de taxas;*

3º quem contasse a um representante da administração qualquer coisa a respeito desse arranjo era considerado *delator.*

Na medida em que os 14 homens, incluindo as duas "panelinhas" e três indivíduos que não faziam parte de nenhuma delas, agiam de acordo com essas normas, eles constituíam um grupo em sentido completamente diverso do planejado pela empresa. Assim, os 14 homens formavam um grupo sob dois pontos de vista diferentes e esse grupo se dividia em 5 subgrupos; três deles – as equipes – eram reconhecidos pela administração, e dois – as "panelinhas" – só eram do conhecimento dos operários.

Podemos extrair desse exemplo duas importantes observações.

Primeiro, como já tínhamos mencionado, um subgrupo é sempre um grupo incluído em outro maior. Todos os membros de um subgrupo fazem parte também do grupo em que ele está incluído, e a participação de um indivíduo num subgrupo deve ser vista como um aspecto de sua participação no próprio grupo.

Segundo, é preciso ficar claro que, habitualmente, depende de o observador considerar um dado sistema de relações sociais como constituindo um grupo ou um subgrupo. Assim os sistema de relações entre os 14 operários foi considerado como o grupo abrangente na pesquisa de Roethlisberger e Dickson. Mas, se estivéssemos estudando a Western em seu conjunto, ele seria considerado apenas um subgrupo. E a Western, por sua vez, seria considerada um subgrupo se estudássemos a indústria eletro-eletrônica dos Estados Unidos.

Grupo e Sociedade

Nem todos os grupos sociais se equivalem do ponto de vista do seu interesse para a Sociologia. Ao longo deste capítulo, na verdade, referimo-nos às vezes a um tipo de grupo ao qual deve ser atribuída importância especial: as *sociedades.* Vejamos quais são as características desse tipo de grupo social.

1º *Definição territorial* – Toda sociedade é um grupo territorial, ou seja, sua existência está ligada a um território definido. Isto não significa que todo grupo territorial – bairro, cidade, estado – seja necessariamente uma sociedade. É preciso, sobretudo, não confundir sociedade com unidade político-administrativa. Embora estas possam corresponder em alguns casos ao conceito de sociedade, devem apresentar outras características além de estarem ligadas a um território definido. Por outro lado, há sociedades nômades que nunca se fixam num local determinado do território. Mas não deixam de ser sociedades – portanto, grupos territoriais – já que todos os seus deslocamentos se dão dentro de um território definido, mesmo que este não tenha limites político-administrativos muito precisos.

2º *Manutenção pela reprodução sexual* – As sociedades mantêm seu contingente humano fundamentalmente por meio da reprodução sexual. Mesmo quando uma sociedade incopora membros por outros meios, como a escravatura, a conquista ou a imigração, a reprodução sexual permanece o meio mais importante para sua manutenção. Também aqui devemos notar que existem outros grupos sociais, como a família, que têm na reprodução sexual seu principal meio de manutenção. Mas faltam à família outras características, como cultura auto-suficiente e independência, para fazer dela uma sociedade no sentido rigoroso da palavra.

3º *Cultura auto-suficiente* – O antropólogo inglês Edward Tylor define cultura como "aquele todo complexo que inclui conhecimento, crença, arte, moral, lei, costume e outras capacidades adquiridas pelo homem como membro da sociedade".

Nesse sentido, portanto, cultura não se confunde com erudição ou refinamento. A definição de Tylor é geralmente adotada pelos sociólogos, mas, para evitar confusão, convém observar que ele não usa o termo "sociedade" em sua definição com o sentido rigoroso que estamos tentando lhe dar. Para Tylor, qualquer grupo social pode ser chamado uma "sociedade".

Com efeito, todo grupo social tem sua cultura, isto é, um conjunto de "capacidades adquiridas" que se associa às atividades características do grupo. Se não fosse assim, um indivíduo poderia participar sem problemas de qualquer grupo existente, bastando para isso que fosse aceito como membro. Mas não é o caso. Grupos voltados para finalidades bem definidas, como um time de futebol ou os 14 montadores da Western, exigem de seus membros conhecimentos técnicos igualmente bem definidos. E mesmo grupos sem finalidades tão precisas, como uma família, têm sua cultura, que se traduz em normas particulares de relacionamento, preferências, hábitos estabelecidos, etc.

Dissemos, porém, que as sociedades não são apenas grupos dotados de uma cultura particular, mas que são grupos dotados de cultura *auto-suficiente.* Isto significa que a cultura de uma sociedade inclui elementos suficientemente diversificados para atender às exigências de sobrevivência do grupo em todos os aspectos da vida social.

Isto não implica que as sociedades sejam grupos isolados, que não se relacionam com outros grupos. Quando o Brasil, por exemplo, firmou com o Paraguai o acordo para a construção da usina de Itaipu, um novo campo de relacionamento estava sendo aberto entre as sociedades brasileira e paraguaia, envolvendo um intenso intercâmbio tecnológico. Pode-se notar, a propósito, que os termos do acordo representam, de certo modo, normas que passam a fazer parte ao mesmo tempo de duas culturas auto-suficientes.

Um caso limite de auto-suficiência cultural é o das tribos indígenas brasileiras até hoje poupadas de maior contato com o homem branco. Nelas, com efeito, a cultura precisa atender a todas as necessidades da vida social, permitindo, sem influências externas, a continuidade da organização social.

Não é o que acontece com outras tribos, mais expostas ao contato com os brancos. Estas, depois de perderem traços fundamentais da sua cultura original, já não sobrevivem sem o apoio da FUNAI (Fundação Nacional do Índio) ou o comércio com as populações de cidades próximas. Desse modo, continuam sendo, sem dúvida, grupos sociais. Mas, por não terem uma cultura auto-suficiente, não podem mais ser consideradas sociedades.

4º *Independência* – Dos três itens anteriores decorre a última característica relevante das sociedades, que é a independência. Isto implica que uma sociedade nunca é um subgrupo de um grupo mais abrangente. Aqui, mais uma vez, é preciso tomar cuidado para não confundir o conceito de independência em Sociologia com o que se encontra em outras ciências sociais. Do ponto de vista político, a França, por exemplo, deixou de ser um país independente enquanto esteve ocupada pela

Alemanha durante a II Guerra Mundial. Do ponto de vista sociológico, no entanto, continuava a ser uma sociedade independente: era um grupo territorial, mantinha-se pela reprodução sexual e possuía uma cultura auto-suficiente. Não poderia, portanto, ser considerada um subgrupo da sociedade alemã. O mesmo se pode dizer de sociedades submetidas ao domínio colonial, como a Índia enquanto foi colonizada pela Grã-Bretanha.

Importância da Sociedade

As características acima mencionadas nos dão a dimensão exata da importância da sociedade enquanto grupo social. O relacionamento social da quase totalidade das pessoas ocorre no interior de uma sociedade. Vale dizer, a interdependência humana decorre diretamente da existência desse tipo de grupo social.

Todos os outros grupos sociais têm alguma ligação importante com uma ou com várias sociedades. Ou são subgrupos de uma sociedade; ou, mesmo que atravessem várias sociedades, ainda assim dependem delas. Assim a Igreja Católica, por exemplo, pode ser vista como um vasto grupo social que se estende por várias sociedades. A cultura desse grupo, no entanto, não é suficiente para atender a todas as necessidades da vida social de seus membros; não resolve problemas como os de subsistência, lazer, etc. Conseqüentemente, em cada sociedade onde está presente, a Igreja Católica deve ser considerada um subgrupo social, dotado de uma subcultura.

– SOCIOLOGIA E DISCIPLINAS AFINS.

Depois de todos esses esclarecimentos sobre o objeto da Sociologia, estamos finalmente em condições de estabelecer com maior clareza as distinções entre ela e outras disciplinas que também se interessam pela interdependência humana: a Filosofia Social, a História, a Psicologia Social; e Ciências Sociais concretas como a Economia e a Etnologia.

Filosofia Social

Nascida na Grécia antiga e cultivada na Idade Média, a Filosofia Social teve um reflorescimento na Europa do século XVIII, na época do iluminismo. Tal como a Sociologia, ela procura descrever e entender a realidade da interdependência humana, ou do relacionamento social, baseando-se na observação dos fatos e fazendo generalizações a partir dessa observação. A diferença entre as duas disciplinas começa no modo de proceder a essas generalizações – diferença aliás comum entre a Filosofia e todas as chamadas ciências empíricas.

A Sociologia, como ciência empírica que é, só faz generalizações a respeito de determinado campo de investigação quando elas decorrem de fatos observados nesse mesmo campo ou em outros a ele estreitamente relacionados. Uma generalização que não obedeça a esse limite não tem a menor validade na ciência empírica.

Digamos que um sociólogo chegue a certas conclusões gerais a respeito da organização social de uma pequena comunidade de agricultores numa região do Estado de São Paulo. Em princípio, tais conclusões serão consideradas válidas para a própria comunidade observada e outras semelhantes da mesma região. Novas pesquisas, realizadas em outras comunidades de agricultores, poderiam posteriormente alargar o campo de validade das generalizações estabelecidas. Mas a validade, em todo caso, seria sempre limitada no tempo e no espaço.

A Filosofia Social, por seu lado, tem uma preocupação básica com a totalidade dos aspectos da vida social. Para compreender essa realidade *como um todo*, o filósofo extrai princípios elementares de uma série de fatos observados, e desses princípios deriva postulados e axiomas por meio dos quais procura reinterpretar aspectos particulares da vida social.

Em outras palavras, enquanto o sociólogo trata de explicar a interdependência humana exclusivamente a partir dos fatos que observa em domínios empíricos limitados da vida social, o filósofo procura explicar essas realidades parciais nos termos e na dependência da sua interpretação da realidade global. Deve-se notar, entretanto, que embora a diferença entre as duas disciplinas seja clara, muitos autores passam livremente do campo da Sociologia para o da Filosofia Social e vice-versa.

História

À primeira vista, poderia parecer que toda a diferença entre Sociologia e História está em que a segunda trata da interdependência humana exclusivamente no que diz respeito ao passado. A Sociologia, no entanto, interessa-se por todas as manifestações da interdependência humana, do presente ou do passado. Seria preciso, nesse caso, considerar a História um simples capítulo da Sociologia?

Na verdade há uma diferença fundamental entre as duas disciplinas. A História estuda a interdependência humana no passado visando reconstruir seqüências de acontecimentos concretos e determinados. Cada seqüência de acontecimentos estudada pelo historiador é única, não pode repetir-se. A Inconfidência Mineira, a Proclamação da República, a Revolução de 1930 interessam ao historiador enquanto acontecimentos singulares e irreversíveis. Daí sua preocupação de reconstituir o passado com o maior número possível de detalhes.

As conclusões dos historiadores são sempre muito úteis aos sociólogos. Estes, contudo, serão levados a considerar que a Incofidência Mineira não foi a única conspiração ocorrida na história, nem a Proclamação da República a única mudança de regime político, nem a Revolução de 1930 o único levante armado vitorioso.

É justamente aí que principia o interesse da Sociologia por esses acontecimentos. Tal interesse poderia ser expresso em perguntas como: existem *elementos constantes* na origem das conspirações, das mudanças de regime político, dos levantes armados? E no impacto que esses acontecimentos exercem sobre a sociedade?

São os elementos constantes da interdependência humana que o sociólogo busca determinar.

Também aqui, apesar de ser clara a distinção entre História e Sociologia, é muito comum ver trabalhos de historiadores revelando evidentes preocupações sociológicas e vice-versa.

Entre os historiadores cuja obra revela claras preocupações sociológicas, podemos citar Mikhail Rostovzev, que estudou a história social e econômica do mundo helenístico; George Coulton, que traçou o panorama da sociedade inglesa da Conquista à Reforma; Jacob Burckhardt, que estudou a civilização do Renascimento na Itália.

Por outro lado, entre os sociólogos que aplicaram suas análises a problemas históricos contam-se, por exemplo, Sigmund Diamond, que estudou a reputação do homem de negócios norte-americano; e Robert Bellah, autor de um estudo sobre a religião Tokugawa, vista como sistema de valores do Japão pré-industrial.

Psicologia Social

A Psicologia Social aproxima a Sociologia da Psicologia. Mas, por ser um ramo híbrido das duas, acaba definindo um campo próprio de interesse. Como a Sociologia, seu ponto de partida é a observação das ações sociais dos indivíduos. A Sociologia, no entanto, parte daí para estudar como as ações sociais constituem grupos, a organização destes, sua estabilidade e mudança. Enquanto isso, a Psicologia Social se interessa sobretudo pelas relações entre o ambiente social e as motivações dos indivíduos, ou seja, os processos mentais que levam os indivíduos a agir dessa ou daquela maneira.

A Psicologia Social preocupa-se com essas relações em dois sentidos. De um ponto de vista tipicamente psicológico, ela estuda a influência do meio social nos processos mentais dos indivíduos. De um ponto de vista sociológico, enfoca os processos sociais que revelam em si influência dos processos mentais dos indivíduos.

É claro que, por adotar muitas vezes uma perspectiva tipicamente sociológica, há pesquisas de Psicologia Social que na prática não se distinguem das pesquisas de Sociologia que poderiam ser feitas sobre os mesmos temas. Isto acontece freqüentemente, por exemplo, em pesquisas de opinião pública e em estudos sobre ações de multidão, como tumultos e linchamentos.

Ciências Sociais Concretas

As chamadas Ciências Sociais concretas não se distinguem da Sociologia tão facilmente como as disciplinas que enfocamos até aqui. Devido ao estágio avançado de desenvolvimento em que se encontram, duas Ciências Sociais concretas merecem uma atenção especial nesta parte da nossa exposição: a Economia e a Etnologia ou Antropologia Cultural.

A *Economia*, tal como tem se desenvolvido no mundo ocidental, preocupa-se quase exclusivamente com o inter-relacionamento de variáveis econômicas abstratas como preço e oferta, circulação do dinheiro, balanço de pagamentos, etc. Outros aspectos da vida econômica, tais como as preferências na oferta de mão-de-obra, o papel da educação no desenvolvimento econômico, a influência do prestígio e dos hábitos nos preços das mercadorias, têm sido mais estudados por sociólogos do que por economistas.

Ainda assim, não se pode dizer que as relações estritamente econômicas sejam estranhas à Sociologia. Desde que as relações econômicas não são mais que um tipo de relações sociais, elas interessam naturalmente aos sociólogos. A diferença entre as duas disciplinas se limitaria, portanto, ao fato de que a Sociologia é mais abrangente, enquanto que a Economia limita seu interesse a esse tipo especial de relações sociais que são as relações econômicas.

Uma diferença secundária é que os economistas, até o presente, têm, com mais freqüência que os sociólogos, conseguido traduzir os resultados de seu trabalho teórico em sugestões práticas, através das várias modalidades de planejamento da atividade econômica no âmbito das empresas ou do governo. Essa diferença, no entanto, tem mais a ver com circunstâncias históricas particulares do que propriamente com a natureza do trabalho intelectual de economistas e sociólogos; por isso, não traz dados novos para esclarecer melhor a distinção entre Economia e Sociologia.

A *Etnologia* ou *Antropologia Cultural* não é, a rigor, mais do que o estudo sociológico das chamadas sociedades primitivas, ou não-letradas. Conseqüentemente, a diferença entre Antropologia Cultural e Sociologia seria semelhante à existente entre Economia e Sociologia: de um lado a Sociologia, como disciplina mais abrangente, interessada em qualquer tipo de grupo social; do outro lado a Antropologia Cultural, limitando-se ao estudo de um tipo especial de grupos sociais.

Ultimamente, no entanto, alguns antropólogos têm reivindicado para a sua disciplina o papel de ciência geral da interdependência humana, pretendendo reservar para a Sociologia o estudo das formas mais complexas de interdependência que caracterizam a sociedade contemporânea. Se essa reivindicação for aceita, simplesmente deixará de existir distinção entre Antropologia Cultural e Sociologia, já que o papel desta última como ciência geral da interdependência humana está solidamente assentado na tradição das Ciências Sociais.

– SOCIOLOGIA: CIÊNCIA SOCIAL UNIFICADORA.

Seria monótono estendermos aqui a comparação da Sociologia com outras Ciências Sociais concretas. Os resultados seriam semelhantes aos que encontramos comparando a Sociologia com a Economia e a Antropologia Cultural. Todas essas disciplinas estudam a interdependência humana a partir de fatos observáveis, limitando a validade das suas generalizações ao campo de investigação de onde os fatos foram extraídos. E não encaram apenas acontecimentos singulares (como a História), mas procuram descobrir os elementos constantes desses acontecimentos, extraindo daí leis e relações necessárias que traduzem aspectos da ordem social.

Em vez de compararmos a Sociologia com cada uma dessas disciplinas, será mais útil discutir as relações da Sociologia com as Ciências Sociais concretas em seu conjunto.

Na verdade esta discussão é tão antiga quanto a própria Sociologia, pois esta, ao se constituir como disciplina separada no século XIX, teve necessariamente de dar conta das suas relações com outras disciplinas que já se interessavam pela realidade social.

Augusto Comte considerava que a Sociologia surgira simplesmente para "tomar posse" do objeto das outras Ciências Sociais, que desse modo perderiam sua razão de ser.

Herbert Spencer, outro precursor da Sociologia, via-a como uma superciência em relação às demais Ciências Sociais. Sua função não seria a de estudar diretamente este ou aquele campo da vida social, mas de unificar as observações e generalizações das outras disciplinas.

Também no século XIX, Georg Simmel, um sociólogo alemão, afirmava que o objeto de cada Ciência Social concreta seria um setor da atividade humana definido por uma finalidade determinada. Assim, a Economia trataria das ações humanas voltadas para a obtenção de bens materiais. A Política, por sua vez, estudaria as ações voltadas para a conquista, conservação e exercício do poder. Assim procedendo, na opinião de Simmel, nenhuma dessas disciplinas estaria realmente investigando a ação social, que seria a forma comum de todos os tipos de atividade humana, aí compreendidas a formação e dissolução de grupos, os conflitos, etc. Este último campo, até então não reivindicado por nenhuma outra Ciência Social, seria o campo específico da Sociologia.

Hoje em dia, a caracterização das relações entre Sociologia e Ciências Sociais concretas mais aceita entre os sociólogos é a proposta por Pitirim Sorokin.

O ponto de partida da argumentação de Sorokin é uma afirmação feita pelo erudito russo-polonês Leo Patrashitsky no livro *Introdução ao Estudo da Lei e da Moral*, publicado em 1907. Segundo Patrashitsky, se dentro de uma classe de fenômenos há *n* subclasses, é preciso $n + 1$ disciplinas para estudar esses fenômenos: uma disciplina para estudar cada uma das *n* subclasses, mais uma para estudar o que é comum a todos os fenômenos, assim como as relações entre as subclasses.

Sorokin limitou-se a aplicar essa idéia à grande classe de fenômenos constituída pelas relações sociais. Essa classe de fenômenos compreende várias subclasses: fenômenos religiosos, econômicos, políticos, etc. A cada uma das subclasses deve corresponder uma Ciência Social concreta. E, além delas, existe mais uma, a Sociologia, que estuda o que é comum a todos os fenômenos sociais, bem como as relações entre as várias subclasses de fenômenos.

Nesse sentido, a tese de Karl Marx, por exemplo, segundo a qual as relações econômicas determinam as idéias políticas, morais e religiosas, é uma afirmação de caráter sociológico. O mesmo se pode dizer da tese divergente de Max Weber, segundo a qual as idéias morais e religiosas podem aumentar ou diminuir decisivamente o ímpeto do desenvolvimento econômico. Tanto num caso como no outro, trata-se de relações entre diferentes subclasses de fenômenos sociais.

A própria divergência entre os pontos de vista desses dois autores é um problema que interessa especificamente ao sociólogo. Muito mais ao sociólogo, em todo caso, do que ao economista ou ao estudioso das religiões, da moral ou da política, embora seus campos específicos de estudo estejam diretamente envolvidos na controvérsia.

Desde que adotemos o ponto de vista de Sorokin, torna-se fácil desfazer qualquer equívoco na comparação da Sociologia com as Ciências Sociais concretas. O fato de a Economia, por exemplo, estudar um tipo especial de relações sociais, as relações econômicas, não faz dela uma parte da Sociologia. Pois esta, com efeito, não é o estudo abrangente das relações sociais no sentido de que se subdivida em diversas subdisciplinas, cada qual dedicada a uma subclasse de relações. Ela é, pelo contrário, a Ciência Social *unificadora*, porque estuda o que é comum a todos os fenômenos sociais, interessando-se também pelas relações existentes entre as subclasses desses fenômenos. As Ciências Sociais concretas, por sua vez, estudam subclasses de fenômenos sociais, o que não se confunde com o objeto da Sociologia.

Posta em termos de princípios gerais, esta caracterização parece, sem dúvida, suficientemente clara. Mas na prática você deve estar preparado para encontrar algumas confusões. Acontece que os sociólogos, ao mesmo tempo que se ocupam do objeto característico de sua disciplina, têm até hoje se dedicado ao estudo de diversas subclasses de fenômenos sociais que ainda não constituem objeto de nenhuma Ciência Social concreta. Daí o aparecimento de campos de estudo como o da Sociologia Política, da Sociologia do Direito, da Sociologia da Arte, da Sociologia da Religião, etc.

De um ponto de vista menos teórico e mais prático, portanto, somos obrigados a admitir que o objeto da Sociologia não é constituído apenas por aquilo que é comum a todos os fenômenos sociais e pelas relações entre suas várias subclasses. Ele inclui também todas as subclasses de fenômenos que ainda não foram privilegiados como objeto de estudo de uma nova Ciência Social concreta.

2. A Sociologia: Histórico, Principais Abordagens, Divisões e Problemas.

A Sociologia, tal como acabamos de caracterizar, é uma disciplina recente. Como vimos no início deste capítulo, a própria palavra que a designa só surge no século XIX. Na história da civilização ocidental, entretanto, os esforços de reflexão sistemática a respeito da vida social têm registro muito mais antigo.

Desde *A República* e *As Leis,* de Platão (427–348 a.C.), muitos estudos de inspiração filosófica ou religiosa podem ser considerados precursores da Sociologia. Todavia, abordam a realidade social de um ponto de vista bastante diferente.

— OS PRECURSORES: PONTO DE VISTA NORMATIVO E FINALISTA.

A característica principal dos estudos mais antigos a respeito da vida social é que tinham sempre por objetivo propor formas ideais de organização da sociedade, mais do que compreender-lhe a organização real. Assumiam, portanto, um ponto de vista *normativo* — no sentido de buscarem estabelecer normas ou regras para a vida social — e *finalista* — no sentido de proporem como finalidade da vida social a realização dessa organização ideal.

O ponto de vista normativo e finalista é uma característica comum a todos os filósofos que, na Antigüidade ou na Época Moderna, escreveram a respeito da vida social. Além de Platão, devem ser citados aí precursores ilustres da Sociologia, como Aristóteles (385–322 a.C.), com sua *Política;* Thomas Hobbes (1588–1679), com *De Cive* e *Leviathan;* Baruch Spinoza (1632–1677), com seus tratados políticos; e John Locke (1632–1706), com o *Ensaio Sobre o Governo Civil.*

O mesmo ponto de vista foi adotado, ainda na Antigüidade e na Idade Média, pelos pensadores cristãos que buscavam aplicar à vida social os princípios da doutrina da Igreja. Os principais teólogos dos sete primeiros séculos da era cristã, que são conhecidos como os Patriarcas da Igreja, manifestaram em diversas ocasiões preocupação com a organização da sociedade. Vários deles condenaram a propriedade individual da terra, baseados no princípio de que "a terra foi dada em comum para todos os homens".

Santo Agostinho (354–430), preocupado com a já previsível derrocada do Império Romano, do qual o cristianismo se tornara a religião oficial, dedicou a mais importante de suas obras, *De Civitate Dei,* ao exame de problemas sociais.

Os juristas da Idade Média, conhecidos como canonistas, desenvolveram uma doutrina do "preço justo", que seria definido pela qualidade objetiva da coisa e pela estima comum em relação a ela.

Tomás de Aquino (1227–1274), e depois dele os teólogos tomistas, estabeleceram uma doutrina segundo a qual a soberania, ou a fonte de poder político, reside de modo imediato no povo e de modo mediato em Deus.

Na Época Moderna, o ponto de vista normativo foi adotado também por escritores políticos e juristas. Alguns escritores políticos descreveram o que seria a cidade (vale dizer, a sociedade) ideal, diretamente influenciados por Platão. É o caso de Thomas Morus (1478–1535), com sua *Utopia,* e de Campanella (1568–1634), com *Cidade do Sol.*

A teoria do "direito natural" foi desenvolvida nos séculos XVII e XVIII por

Althusius, Grotius, Burlamaqui e Pufendorff. Surgem os projetos de "paz perpétua" do Abade de Saint-Pierre e de Immanuel Kant.

No século XVIII, destacam-se os escritos políticos de d'Holbach, Morelly, Mably e Voltaire. A doutrina do "contrato social", que fora esboçada por Hobbes e desenvolvida pelos teóricos de direito natural, ganha um novo sentido com o *Contrato Social* de Jean-Jacques Rousseau (1712–1778).

– OS FUNDADORES: LEIS NATURAIS E POSITIVISMO.

O surgimento da Sociologia teve como primeiro passo necessário o abandono do ponto de vista finalista e normativo. Para que isto acontecesse, foi fundamental a aceitação da idéia de que os fenômenos sociais obedecessem a leis naturais, embora produzidos pelo homem. Em outras palavras, foi preciso aplicar o conceito de lei natural à vida social para que a Sociologia pudesse surgir reivindicando um lugar entre as chamadas ciências positivas.

A aplicação do conceito de lei natural à vida social é da maior importância para compreendermos tanto as contribuições como os limites que a Filosofia trouxe à Sociologia nos primeiros passos do seu desenvolvimento.

Da Filosofia à Ciência

As múltiplas controvérsias entre os sociólogos praticamente desaparecem quando se trata de determinar a "paternidade" da sua disciplina. Quase todos eles concordam que a Sociologia começa com a obra de Augusto Comte (1798–1857). Além de cunhar o nome da nova ciência, foi de Comte a primeira tentativa de definir-lhe o objeto, seus métodos e problemas fundamentais; bem como a primeira tentativa de determinar-lhe a posição no conjunto das ciências.

Historicamente, a obra de Comte é fundamental. Contudo, sua concepção da natureza e, em conseqüência, da própria Sociologia, ainda é dominada por uma perspectiva filosófica. Seu pensamento se aproximava, nesse sentido, do de alguns precursores como Kant, Hegel, Montesquieu e outros. Seu estudo dos fenômenos sociais seria muito mais uma Filosofia da ação humana do que uma Sociologia, tal como a entendemos hoje.

Na segunda metade do século XIX, o principal esforço da Sociologia dirige-se no sentido de romper o cordão umbilical que a ligava à Filosofia. Essa preocupação transparece nos escritos dos chamados sociólogos organicistas, como Spencer, Schaffle, Lilienfeld, Worms, de Greef, Novikov e outros.

Empenhados em descobrir os mecanismos básicos da vida social, os organicistas assimilavam a organização e o funcionamento das sociedades à organização e funcionamento dos organismos vivos. Não se pode dizer que tenham chegado a grandes resultados; as analogias que estabeleceram entre o social e o biológico levaram-nos freqüentemente a generalizações sem fundamento.

Seja como for, o organicismo contribui para o estabelecimento de conceitos unitários a respeito dos fenômenos sociais, para a busca mais sistemática de dados empíricos e para a difusão de uma atitude objetiva em relação aos fenômenos sociais.

Tanto quanto Comte, porém, os organicistas ainda faziam o que Florestan Fernandes chama de Sociologia "Filosófica". Seu pensamento prendia-se à Filosofia na medida em que consistia em reflexões sobre os caracteres e atributos universais da natureza humana, e numa explicação dessa natureza por meio de elementos variáveis da vida social.

Essa Sociologia "Filosófica" desdobrou-se em três níveis de reflexão sobre a realidade social:

1º uma Filosofia da História em que se tentava associar o presente ao passado para descobrir as "leis" de desenvolvimento do espírito humano;

2º uma Filosofia Social que procurava caracterizar a função "civilizadora" da vida social ao mesmo tempo em que se dedicava à *questão social*, isto é, aos conflitos característicos da sociedade contemporânea;

3º uma Filosofia Política que, através da análise e crítica dos sistemas políticos modernos, estabelecia ligações entre as concepções da Filosofia da História e da Filosofia Social.

Novas Diretrizes

O fato de quase toda a Sociologia do século XIX se encontrar permeada por uma atitude filosófica não diminui a importância desse período no desenvolvimento da nova disciplina. Na verdade, a atitude filosófica foi mesmo decisiva para os primeiros passos desse desenvolvimento.

Por um lado, foi sob a influência dessa atitude que o ponto de vista normativo e finalista deu lugar ao ponto de vista positivo na interpretação dos fenômenos sociais.

Por outro lado, a observação, a descrição e a interpretação da vida social exigiam categorias de pensamento ou conceitos especiais, que só poderiam ser elaborados ou desenvolvidos a partir de uma atitude filosófica. Com efeito, esses conceitos não poderiam ser tomados de empréstimo ao conhecimento físico do mundo exterior, já que as relações da vida social apresentam um outro nível de complexidade.

De resto, no próprio século XIX surgem autores que contribuem decisivamente para eliminar da Sociologia a atitude filosófica inicial. Marx, Le Play, Summer Maine e outros trabalharam nessa direção na medida em que limitaram o campo de suas investigações a aspectos determinados da vida social; Gumplowicz, Ratzenhofer, Ward, Small, Giddings e outros fizeram o mesmo, preocupando-se com o que havia de específico nas construções teóricas sobre a sociedade.

Buscando procedimentos de investigação baseados na natureza do conhecimento científico e compatíveis com a complexidade dos fenômenos sociais, esses autores lançaram as principais soluções metodológicas para os problemas fundamentais da Sociologia. A partir deles, as novas diretrizes da investigação sociológica passam a se revelar em três direções básicas, conforme Florestan Fernandes:

1º na importância que adquire a fundamentação empírica das generalizações a respeito da vida social, isto é, o confronto sistemático entre a teoria e os fatos observáveis;

2º na tendência a centrar a reflexão em problemas sociológicos propriamente ditos, como os fatores de formação de capitalismo, as causas e efeitos da divisão social do trabalho, etc.;

3º na preocupação de descobrir como combinar as várias generalizações sociológicas de modo a constituir uma síntese das teorias estabelecidas.

– A SOCIOLOGIA NO SÉCULO XX.

Os primeiros vinte e cinco anos do nosso século foram os mais ricos para a caracterização da Sociologia como disciplina científica. É nesse período que começam a se estabelecer os padrões próprios da Sociologia para a coleta sistemática de dados empíricos. A pesquisa de campo foi se fixando nos procedimentos que adota até hoje. A pesquisa de reconstrução histórica e a pesquisa quantitativa, com metodologia estatística, começaram a ser feitas dentro de critérios sociológicos, interessando um número cada vez maior de sociólogos no levantamento de dados. Finalmente, a pesquisa voltada para a comparação de grupos sociais diferentes ganhou novo significado, quer como fonte de conhecimentos teóricos a respeito de problemas sociológicos específicos, quer como recurso metodológico.

A partir daí, os sociólogos passam a admitir que qualquer campo de investigação dentro da Sociologia deveria permitir o levantamento de dados empíricos. Isto passa a ser considerado um requisito fundamental para o progresso da disciplina.

Em 1934 o sociólogo polonês radicado nos Estados Unidos, Florian Znaniecki (1882–1958), lança *O Método da Sociologia,* que é a primeira tentativa de elaboração de uma teoria completa da investigação sociológica.

De 1926 a 1950, no entanto, a ascensão do nazi-fascismo e a Segunda Guerra Mundial truncam o desenvolvimento da Sociologia na Europa. Na verdade há uma estagnação quase total das pesquisas sociológicas no Velho Mundo. Todo o progresso positivo da disciplina concentrou-se nos Estados Unidos, para onde afluíram, inclusive, vários sociólogos europeus refugiados do nazismo ou da guerra.

O que caracteriza esse período de predomínio da Sociologia norte-americana é o rápido acúmulo de dados empíricos a respeito dos mais variados aspectos da realidade social. Muitos sociólogos europeus criticaram a pobreza teórica revelada por esses levantamentos; à falta de idéias norteadoras suficientemente abrangentes, diziam eles, boa parte da pesquisa se reduzia a um amontoar de dados sem sentido.

Não obstante, a verdade é que a contribuição dos sociólogos norte-americanos teve enorme influência no desenvolvimento da Sociologia até o presente. Um resultado positivo que lhes deve ser creditado é a concentração dos esforços metodológicos na criação de técnicas próprias de coleta de dados. Isso implicou a reavaliação das possibilidades de aproveitamento de técnicas criadas por outras disciplinas, como a Psicologia, a Psicologia Social, a Etnologia e a Economia, e a criação de processos de análise adequados ao tratamento sociológico dos dados.

Os sociólogos norte-americanos contribuíram também para a difusão de uma nova mentalidade científica que influi em todos os campos da Sociologia. Assim, suas pesquisas deixaram claro que as técnicas e métodos de investigação sociológica se completam, e podem ser usados ao mesmo tempo em investigações complexas. Deixaram claro ainda que se pode planejar uma pesquisa a partir de objetivos teóricos limitados, mas precisos, fazendo decorrer desses objetivos um conjunto de hipóteses fáceis de testar em confronto com os dados. Finalmente, mostraram que a passagem da pesquisa qualitativa para a pesquisa quantitativa depende mais dos métodos de investigação empregados que da natureza dos fenômenos sociais pesquisados.

Mas nem todo o progresso teórico da Sociologia nas últimas décadas se explica pelo rápido acúmulo de dados empíricos. Muitos sociólogos contemporâneos continuam seguindo os padrões de trabalho surgidos nos primeiros vinte e cinco anos do século XX. Mesmo assim, têm contribuído sobretudo para a integração teórica dos dados, para a formulação de novos problemas e conceitos e, por fim, para o lançamento de novas teorias sobre as possibilidades de intervenção racional do homem na realidade social.

— RELATIVISMO.

Já nos referimos à contribuição decisiva da atitude filosófica para o desenvolvimento da Sociologia no século XIX; como vimos, ela não só serviu para introduzir o espírito científico no estudo da vida social, como também, inspirando a chamada Sociologia "Filosófica", marcou toda uma etapa construtiva no desenvolvimento da nova disciplina.

Contudo, para que a Sociologia saísse definitivamente da órbita da Filosofia e entrasse na da ciência empírica, ainda seria preciso que se introduzisse nela um sentido básico de *relativismo*. Três séries de fatores contribuíram para isto acontecer: fatores de natureza sócio-cultural; fatores de natureza intelectual; e fatores decorrentes da própria dinâmica do chamado "sistema das ciências".

Examinemos separadamente essas três séries de fatores.

Fatores Sócio-culturais

O relativismo na consideração dos fenômenos sociais não foi uma atitude que se difundiu exclusivamente, nem mesmo principalmente, entre os sociólogos e outros estudiosos. Uma série de mudanças ocorridas na vida econômica e política contribuiu para alterar a mentalidade média do homem comum no mundo moderno, tornando-o mais receptivo a esse tipo de atitude.

Na Antigüidade e na Idade Média, as formas estabelecidas de vida social se revestiam de caráter *sagrado;* era como se a própria divindade tivesse estabelecido as normas que deveriam reger as ações humanas, o que tornava essas normas de certo modo intocáveis.

No mundo moderno, uma exigência geral de *eficiência* nas atividades voltadas para a produção material e para a administração do Estado faz que muitas formas de organização social, até então tidas como sagradas e intocáveis, passem a ser vistas como simples produto da atividade humana, podendo, portanto, ser transformadas.

Desse modo, a validade das normas e das formas de organização social estabelecidas deixa de ser vista como algo absoluto e indiscutível. Já é possível pôr em dúvida essa validade e questioná-la em função das necessidades de eficiência do homem moderno. Tal atitude secularizada, ou seja, alheia às coisas sagradas, favoreceu a difusão de um espírito crítico e de objetividade diante dos fenômenos sociais.

Fatores Intelectuais

A atitude secularizada que se manifesta na mudança de mentalidade do homem comum foi aprofundada pelos filósofos e cientistas, sobretudo a partir do século XVIII.

No âmbito da Filosofia, a expressão mais radical dessa tendência é a que se encontra na obra de Hegel (1770–1831). Sua concepção dialética da realidade, aplicada à vida social, implica reconhecer sempre o caráter transitório das formas de organização social. De acordo com a dialética hegeliana, as coisas são o que são, mas são ao mesmo tempo o seu contrário, a sua negação, na medida em que contêm as forças que as irão transformar ao longo do tempo. É fácil perceber que essa concepção filosófica, mais do que permitir, *exige* que se adote uma atitude crítica diante dos fenômenos sociais.

No âmbito das ciências positivas, uma contribuição importante foi a de Darwin (1809–1882). Obviamente, sua teoria evolucionista, fazendo que as espécies vegetais e animais deixassem de ser encaradas como formas imutáveis, revolucionou principalmente a Biologia. Mas também repercutiu fortemente em outras disciplinas, como a própria Sociologia.

Tanto a dialética de Hegel como o evolucionismo de Darwin contribuíram, assim, para que o pensamento sociológico se libertasse de qualquer reverência especial pelas formas aparentemente *fixas* da vida social. Com isso a Sociologia pôde se abrir para perceber a variabilidade das formas de organização social, tanto no tempo como no espaço.

Variações no Tempo e no Espaço – O sentido de relativismo manifestou-se inicialmente nas Ciências Sociais com o avanço dos estudos históricos enquanto método de abordagem de determinados fenômenos sociais.

Um papel importante, nesse sentido, foi o desempenhado pelas doutrinas socialistas do século XIX. Entre os chamados socialistas "utópicos", destacam-se os saint-simonistas, adeptos do Conde de Saint-Simon (1760–1825), pensador político e economista francês que preconizava a transferência de todo o poder na sociedade para as mãos dos cientistas e industriais – aí compreendidos os comerciantes, banqueiros e os operários da indústria.

Saint-Simon via cada nova forma de organização global da sociedade – o escravismo, o feudalismo, a propriedade capitalista – como um passo no caminho do progresso da humanidade. No prefácio à reedição do principal manifesto da escola saint-simonista, seus autores, Bouglé e Halévy, diziam que "o método em economia política deverá ser histórico". E na *Transformação Sucessiva da Exploração do Homem pelo Homem e do Direito de Propriedade,* os saint-simonistas assim argumentavam contra a idéia de que a propriedade é um fato invariável: "A propriedade é um fato social, sujeito, como todos os outros fatos socias, à lei do progresso; deve, pois, em diversas épocas, ser entendida, definida, regulada, de maneiras diversas".

Contribuição ainda mais decisiva, no campo das doutrinas socialistas, para a difusão de um ponto de vista relativista acerca dos fenômenos sociais, foi a trazida pelo marxismo, do qual trataremos no segundo capítulo deste livro.

Igualmente importante foi o acúmulo de informações sobre os constumes e instituições "exóticas" dos povos não-europeus, pondo a nu a extraordinária variabilidade das formas de organização social de lugar para lugar.

Já a partir do século XVI, à medida que a expansão colonial européia avançava "por mares nunca dantes navegados", chegam sem cessar ao Velho Mundo relatos de viajantes, aventureiros e missionários sobre povos e formas de organização social que jamais teriam passado pela cabeça de um europeu. No século XIX, esses relatos não só aumentam em número, sobretudo a respeito dos povos da Oceania e da Ásia, como passam a ser feitos com maior rigor e espírito científico; nascia uma nova disciplina social, a Etnografia, dedicada à observação e descrição sistemática das formas "exóticas" de organização social.

Mais do que a simples descrição de costumes estranhos, porém, foi o esforço de *compreender* certas instituições que contribuiu de forma especial para libertar as Ciências Sociais do fantasma dos valores absolutos.

As pesquisas sobre a família tiveram uma importância capital nesse sentido. Há pouco mais de cem anos, custaria muito a um europeu imaginar, e muito mais aceitar, uma forma de organização da família diferente da patriarcal, baseada na autoridade da própria Bíblia. Em 1861, o suíço Bachofen publica *O Direito Maternal,* onde buscava provar a existência de uma forma mais antiga e matriarcal de família. Em 1877, no livro *Sociedade Antiga,* Lewis Morgan golpeia ainda mais fundo a crença na validade universal do patriarcalismo, mostrando que a forma de família conhecida dos europeus derivava de um grupo mais extenso, o clã materno.

Estudos mais recentes levaram a corrigir em vários pontos essas teorias. Na época, porém, elas tiveram grande impacto a favor do relativismo.

Mais recentemente, já no século XX, os estudos etnográficos revelaram toda uma série de instituições econômicas cuja racionalidade escapa inteiramente ao bom senso comercial, o padrão de racionalidade econômica predominante no mundo moderno. Veja-se, por exemplo, a instituição do *potlatch,* uma cerimônia praticada por índios da costa noroeste da América do Norte, analisada por Marcel Mauss em 1923–1924. No potlatch um índio faz o que parece uma completa loucura dentro dos nossos padrões de racionalidade econômica: dá de presente ou destrói, em poucas horas, grande parte ou a totalidade dos seus bens materiais. A análise etnográfica, no entanto, mostra que esse aparente "desperdício" é perfeitamente compreensível, no contexto da cultura indígena, como forma de aquisição de prestígio e de poder.

Pode-se ainda citar a contribuição da escola antropológica inglesa e da escola histórico-cultural, de língua alemã, que produziram grande número de documentos valiosos sobre a vida social de vários povos "exóticos", isto é, não-europeus. Embora alguns dos métodos dessas escolas fossem muito criticados, elas ajudaram a mostrar que uma civilização é sempre um complexo de elementos culturais de origens diferentes, alguns mais antigos, outros mais recentes.

O Sistema das Ciências

A terceira série de fatores de introdução do relativismo – decisiva para a constituição da Sociologia como ciência – está na própria dinâmica do "sistema das ciências".

A evolução do conhecimento científico no mundo moderno está diretamente ligada à necessidade de controlar a natureza para manter e expandir o meio artificial criado pelo homem sobre o meio natural. O aumento do prestígio da ciência coincide com a expansão desse meio artificial – a chamada civilização urbano-industrial. Com ele o conhecimento científico se torna o sistema dominante de concepção do mundo, e pouco a pouco vai reivindicando seu domínio sobre todos os aspectos da realidade suscetíveis de ser estudados de acordo com o método científico-positivo.

Não se pode dizer que essa dinâmica seja a "causa" do surgimento da Sociologia. Com efeito, noções como as de ordem natural e lei natural não passaram a ser aplicadas à realidade social simplesmente porque eram aplicadas com sucesso em outros domínios. Além disso, havia as pressões, surgidas sobretudo a partir da segunda metade do século XVIII, no sentido de desenvolver técnicas racionais de controle dos conflitos sociais criados pela *revolução burguesa.*

Seja como for, mesmo que a preocupação de controlar esses conflitos não exercesse influência decisiva, tudo indica que por si só a dinâmica de expansão do "sistema das ciências" acabaria levando ao aparecimento de uma disciplina com objeto, métodos e problemas equivalentes aos da Sociologia.

A essa dinâmica liga-se uma discussão, ainda hoje básica entre os sociólogos, a respeito do próprio caráter científico de sua disciplina.

A Sociologia deve realmente pretender ser uma ciência? E, em caso afirmativo, é ela capaz de satisfazer as exigências de conhecimento científico tal como é ele entendido atualmente?

A discussão entre os sociólogos gira em torno dessas duas questões.

Na verdade, a maioria dos sociólogos confirmaria sem hesitar que sua disciplina é uma ciência, embora admitindo não ser ela ainda uma ciência acabada. Em contrapartida, há sociólogos que encaram a Sociologia como um ramo das chamadas disciplinas humanísticas, da mesma maneira que a História, sem a capacidade de generalização própria das ciências positivas.

Os autores que negam o caráter científico da Sociologia argumentam que os fatos sociais mais importantes são únicos, não se repetem; que a organização social não obedece em absoluto a "leis naturais"; e, finalmente, que o conhecimento da sociedade perde seu sentido básico quando vinculado aos métodos científicos. Desse modo, seria impossível ao estudo dos fenômenos sociais adquirir a condição própria do conhecimento científico.

Vejamos, resumidamente, como se desenrola essa discussão.

1º *O Singular e o Genérico* – Uma ciência do acontecimento singular, que nunca se repete, é evidentemente impossível. A vida social, no entanto, oferece à observação do pesquisador uma série de aspectos ou dimensões onde os acontecimentos se repetem com uma freqüência que não parece ficar nada a dever à verificável em outros domínios do conhecimento científico.

Consideremos, para começar, todos aqueles aspectos da vida social onde se manifesta diretamente a obediência das ações individuais a normas estabelecidas.

Em certos casos, como nas regras de casamento de sociedades "primitivas", pode-se verificar essa obediência nas ações de cada indivíduo, em cada situação. Se o costume determina que um rapaz do clã A deve casar com uma moça do clã B, é fácil saber quando a regra é ou não obedecida. Na medida em que ela é efetivamente obedecida por cada rapaz e por cada moça, não pode haver dúvida que estamos diante da repetição de certa classe de acontecimentos.

As regras de casamento em nossa sociedade são exemplo de outro tipo de norma, a que já nos referimos páginas atrás: os padrões sociais. Entre nós, nada obriga um homem a casar com uma mulher mais moça, ou mais baixa, ou do mesmo *status*. Contudo, a existência de preferências nesse sentido se manifesta sempre que observamos um número suficientemente grande de casais. Aqui estamos diante de repetições observáveis, não na escala das ações individuais, mas na do agregado estatístico.

De resto, mesmo acontecimentos históricos como guerras, mudanças de regime político e revoluções, que por definição não se repetem, dão margem a algum tipo de tratamento científico. O próprio fato de classificarmos uma pluralidade de acontecimentos únicos numa mesma categoria – como as revoluções – sugere haver alguma coisa de comum entre eles, ou seja, que eles têm aspectos que se repetem.

O que nos permite dar o mesmo nome de "revolução" a acontecimentos tão evidentemente diferentes como a queda da monarquia na França em 1789 e a ascensão dos bolchevistas na Rússia em 1917? O esforço de determinar aspectos repetitivos em dada categoria de acontecimentos históricos, e de estabelecer relações entre esses aspectos, pode resultar em generalizações típicas do conhecimento científico.

Diante desse quadro, podemos dizer que a dificuldade da Sociologia em se constituir como ciência acabada não está, por certo, na falta de repetições observáveis entre os acontecimentos que ela estuda. Ao contrário, o que pode dificultar o trabalho dos sociólogos é antes o número excessivo de repetições que lhes atrai a atenção.

2º *As "Leis" na Sociologia* – Não basta, entretanto, constatar a existência de grande número de repetições observáveis nos acontecimentos que constituem a vida social, para garantir à Sociologia a condição de disciplina científica. É preciso também que esses acontecimentos apresentem regularidades, ou seja, que sigam determinadas leis.

Note que "lei", nesse contexto, não se confunde com o tipo especial de norma de ação de que trata o Direito. As leis sociológicas, como as de qualquer disciplina científica, são generalizações referentes às relações constantes e necessárias entre os fenômenos estudados – no caso, fenômenos sociais.

Já mencionamos o fato de que, para os fundadores da Sociologia no século XIX, a possibilidade de estabelecer leis desse tipo a respeito da vida social era um pressuposto pacificamente aceito. Hoje, porém, os sociólogos já não são tão otimistas quanto a essa possibilidade.

Morris Cohen, por exemplo, concorda que os fenômenos sociais apresentam regularidades da mesma maneira que os fenômenos naturais. Mas, enquanto as leis naturais contêm um pequeno número de variáveis, nas leis sociológicas estas seriam tão numerosas que parece impossível ao pensamento determiná-las.

Na verdade, o próprio desenvolvimento das Ciências Sociais revelou que nelas o sentido das leis não é o mesmo que nas Ciências Naturais. Com efeito, a realidade social apresenta outro grau de complexidade em comparação com a realidade física. Nesta as regularidades verificáveis são rígidas e, em certo sentido, imutáveis, enquanto que na realidade social elas são flexíveis e mutáveis pela intervenção do homem.

Por isso as leis, em Ciências Sociais, são *tendenciais* e *probabilísticas,* enquanto que nas Ciências Naturais são absolutas.

É claro que inúmeras leis são citadas nos livros de Sociologia. No entanto, mesmo a lei de Durkheim – segundo a qual a taxa de suicídios numa população é inversamente proporcional a seu grau de integração social – uma das mais precisas e verificadas da Sociologia, não tem validade absoluta.

O fato é que as leis científicas são sempre abstrações: elas afirmam como seria a relação entre certas variáveis, desde que todas as demais condições permanecessem inalteradas. Ora, a possibilidade de isolar dessa maneira as variáveis que se procura correlacionar ocorre freqüentemente no mundo físico; é isto, em última análise, o que se faz nas experiências de laboratório. Mas na vida social é quase sempre impossível separar uma relação geral entre fenômenos da multiplicidade de circunstâncias particulares que a envolvem.

Este problema foi abordado com clareza por Robin Williams quando discursou como presidente da Associação Americana de Sociologia em 1958. No passado, lembrou ele, os sociólogos se dariam por satisfeitos com a seguinte generalização a respeito da atração mútua entre os indivíduos: "Quanto maior a freqüência da interação entre duas pessoas, mais provável será que, em igualdade de condições, haja atração mútua". Hoje, porém, a generalização seria consideravelmente mais complicada: "Numa situação de interação, quanto mais durar a situação, quanto mais freqüentemente se repetir, quanto mais íntima for, quanto menor competição houver, quanto mais descontraente for a atmosfera, e quanto maior a necessidade de atividade mútua, maior será a probabilidade da formação de uma amizade".

Como fazer para a mente finita do homem explicar a complexidade aparentemente infinita dos fenômenos sociais? Uma solução talvez esteja no emprego crescente de fórmulas matemáticas sofisticadas e computadores eletrônicos. É claro, porém, que as máquinas só poderão nos dar respostas corretas se formos capazes de alimentá-las com dados que representem uma medida minuciosa e precisa dos fenômenos sociais.

Será isso possível?

3º *Compreensão e Mensuração* – Muitos sociólogos têm criticado o uso da matemática na Sociologia, julgando que ele deforme os fenômenos e os faça perder sentido. Max Weber, como veremos no próximo capítulo, considerava uma característica essencial das Ciências Sociais o fato de elas poderem se valer da "compreensão subjetiva da ação": somos capazes de conhecer certos aspectos da vida social na medida em que podemos nos colocar no lugar dos indivíduos cujas ações observamos e compreender-lhes os motivos, a maneira de ver as coisas. Sorokin, por sua vez, afirmou que a experiência direta das situações sociais dá aos sociólogos condições de melhor compreender a natureza delas.

Um tratamento meramente estatístico dos fenômenos sociais não permite, evidentemente, a mesma compreensão em profundidade das ações humanas observadas. Para aplicar fórmulas estatísticas aos fenômenos sociais, é preciso reter deles somente os aspectos que podem ser *quantificados,* o que sem dúvida é uma enorme limitação.

Por outro lado, as técnicas de observação que apelam basicamente para a subjetividade de pesquisador, como as preconizadas por Weber e Sorokin, podem levar a distorções mais ou menos graves dos fatos, provocadas pelos sentimentos ou interesses pessoais do pesquisador.

Se todas as técnicas de observação têm suas limitações, não há por que rejeitar em princípio as técnicas quantitativas.

De resto, estas evoluíram muito nos últimos anos. Técnicas recentemente criadas parecem permitir conclusões seguras ao sociólogo que se dispuser a empregar fórmulas matemáticas em suas pesquisas. Por exemplo, Alex Inkeles, em *O que é*

Sociologia (p. 157–159), descreve uma investigação feita pelo Professor Robert Bales, da Universidade de Harvard, em que a quantificação é eficientemente empregada para determinar certos padrões de relacionamento interpessoal no interior de grupos.

Bales colocou dois grupos de cinco a oito pessoas para discutir separadamente um assunto. Através de um espelho, todas as ações de cada um dos membros dos dois grupos eram anotadas por observadores treinados, e classificadas em uma de doze categorias. Depois de uma hora de discussão, o número de ações inscritas em cada categoria permitiu a Bales traçar um perfil dos dois grupos e compará-los. Assim ele pôde dizer que o grupo A, onde 34 por cento das ações exprimiam solidariedade e 5 por cento antagonismo, tinha um moral mais elevado que o grupo B, onde 17 por cento das ações exprimiam solidariedade e 17 por cento antagonismo.

Essa avaliação também poderia ser feita sem o auxílio de dados numéricos – por exemplo, por um observador treinado que tomasse parte das discussões para "sentir" a atmosfera dos grupos. Contudo, a técnica de Bales apresenta certas vantagens: requer menos habilidade do observador para perceber pequenas diferenças de sentimentos; apresenta um registro objetivo dos fatos, que elimina muitas possíveis diferenças de interpretação; finalmente, permite comparar um grupo com o outro de forma precisa.

– TEORIA E EMPIRISMO.

A discussão a respeito do caráter científico da Sociologia envolve outras dificuldades que precisamos mencionar.

Uma dessas dificuldades – ainda não resolvida – surge quando se busca conciliar o alcance teórico das generalizações sociológicas com a consistência de sua base empírica, ou seja, a fundamentação em fatos observáveis. Até hoje essa questão tem dividido os sociólogos em duas correntes opostas, com atitudes bastante diferentes em relação à investigação científica: uma voltada principalmente para a teoria, e outra para a pesquisa empírica.

Sob muitos aspectos essa oposição é artificial. Ao menos em princípio, não é difícil admitir vários pontos de concordância entre as duas correntes. Vejamos quais são eles, através dos diferentes tipos de generalização com que os sociólogos costumam lidar.

Orientação Geral

Muitos "teóricos" se preocupam em salientar a importância de certas variáveis na explicação de dada classe de fenômenos sociais. Seria o caso, por exemplo, do sociólogo que, no campo da demografia, salienta a importância das crenças religiosas como fator determinante do índice de natalidade. Em geral, os sociólogos mais preocupados com a pesquisa empírica não se opõem a essas orientações gerais.

Mas isso, naturalmente, com a condição de que não pretendam negar importância às variáveis que eles, "empiristas", estão interessados em investigar.

A Elaboração de Conceitos Sociológicos

A elaboração de conceitos é indispensável a qualquer ramo da investigação científica. São os conceitos que estabelecem a forma e o conteúdo das variáveis consideradas importantes por esta ou aquela orientação teórica geral. No campo da Sociologia, Durkheim, por exemplo, não se limitou a acentuar o grau de integração dos grupos sociais como variável explicativa; ao mesmo tempo ele procurou, por meio de conceitos precisos, definir vários tipos de integração social.

No entanto, apesar do reconhecimento geral da importância dos conceitos, os sociólogos mais voltados para o empirismo costumam fazer duas queixas em relação aos "teóricos". A primeira é que estes nem sempre indicam claramente como será possível verificar se o objeto definido por esse ou aquele conceito existe efetivamente no mundo real. A segunda queixa, mais grave, é que freqüentemente eles não indicam para que servem seus conceitos; fica-se, assim, sem saber o que estes acrescentam ao conhecimento da realidade social, além de novos nomes para objetos já conhecidos.

Generalização Empírica

O produto típico do trabalho do "empirista", é a correlação entre variáveis observáveis (de preferência, quantitativas). Veja-se, por exemplo, a correlação verificada por Halbwachs, segundo a qual os operários gastam mais com alimentação por adulto do que os empregados de escritório com a mesma remuneração.

Os "teóricos" não têm nada, em princípio, contra esse tipo de generalização. Argumentam, porém, que ela tem pouco valor se não estiver ligada a uma teoria suficientemente abrangente. Isso por três razões. Primeiro, o número de fatos observáveis que se pode correlacionar é praticamente ilimitado, o que torna necessário dispor de critérios para selecionar os fatos. Segundo, os resultados obtidos se contradizem conforme as condições em que foi realizada a pesquisa, o tipo de amostragem usado, etc. Finalmente, e por isso mesmo, à falta de uma teoria abrangente, esses resultados não permitem acumular conhecimento sobre os aspectos da realidade social estudados, e menos ainda predizer ou controlar os fenômenos sociais.

A Elaboração de Teoria Científica

O que uma ciência almeja não são generalizações isoladas, mas generalizações que se inter-relacionem no interior de leis científicas. A já citada lei de Durkheim a respeito do suicídio, apesar de suas inevitáveis deficiências, é um excelente exemplo de aplicação desse princípio.

Como sublinhou Robert Merton, a lei de Durkheim só pode ser compreendida dentro de um raciocínio composto de várias etapas, ou proposições, sendo que cada uma delas envolve alguma generalização:

1º é a coesão social de um grupo o que proporciona apoio básico para aqueles dentre seus membros que estão sujeitos a angústias e tensões muito intensas;

2º o suicídio resulta das tensões e angústias a que as pessoas estão sujeitas;

3º os católicos apresentam maior coesão social do que os protestantes;

4º portanto, é possível prever menor índice de suicídio entre os católicos do que entre os protestantes.

O ideal da Sociologia seria desenvolver o maior número possível de proposições a partir das leis científicas que venha a estabelecer, e a partir dessas proposições programar pesquisas para verificar a validade das leis. Tanto os "teóricos" como os "empiristas" estão de acordo quanto a isso. Na prática, entretanto, a realização desse ideal depende ainda de muito esforço para desenvolver a Sociologia.

– SOCIOLOGIA PURA E SOCIOLOGIA CRÍTICA.

Outra questão que divide os sociólogos é a de saber se a Sociologia deve ser pura, ou seja, neutra diante da realidade social, ou participante, esforçando-se para seus resultados interferirem na realidade.

Apesar de não serem em absoluto pessoas "participantes", os primeiros sociólogos, como o próprio Comte, e, mais ainda, Spencer, viam a possibilidade de traduzir para a realidade os resultados da investigação sociológica.

No entanto, a evolução posterior da Sociologia foi no sentido de um distanciamento cada vez maior de qualquer forma de intervenção na realidade social, como se a qualidade científica do trabalho dos sociólogos dependesse estritamente de sua neutralidade. Durkheim foi absolutamente explícito a esse respeito, quando escreveu em *As Regras do Método Sociológico:*

"A Sociologia (. . .) não será individualista, comunista nem socialista . . . Por princípio, ignorará essas doutrinas, nas quais não poderia reconhecer qualquer valor científico, pois tendem, não a descrever ou interpretar, mas a reformar a organização social."

Essa ética de neutralidade científica é até hoje dominante entre os sociólogos. Há tempos, porém, ela vem sendo criticada por vários deles.

As primeiras críticas partiram do sociólogo norte-americano Robert Lynd, que teve sua fase principal de atividade na década de 20. Para Lynd, a Sociologia, ao transformar a acumulação de dados empíricos numa espécie de fórmula mágica que se justifica por si mesma, esqueceu o compromisso ético de ajudar os homens na solução dos problemas mais importantes de sua vida social.

No mesmo sentido argumentam os sociólogos alemães Max Hokheimer e Theodor Adorno. Para eles, "a sociologia pura não existe, assim como não existe uma história pura ou uma economia pura; o próprio substrato da psicologia – o Indivíduo – não passa de uma abstração, se o retirarmos de suas determinações sociais".

Mais grave ainda, para Hokheimer e Adorno, é que a Sociologia, querendo reconhecer somente os fatos "positivos", perde todo o senso crítico. Dentro da tradição filosófica do idealismo alemão, os dois distinguem nitidamente a crítica de julgamentos subjetivos. Criticar, no caso, é fazer o confronto ou a comparação de uma coisa com seu próprio conceito. "E quem não compara as coisas humanas com o que elas querem significar – concluem eles – vê-as não só de uma forma superficial, mas definitivamente falsa.

Ultimamente alguns sociólogos têm buscado superar essa oposição entre Sociologia Pura e Sociologia Crítica. É o caso, por exemplo, de Alex Inkeles. Juntamente com os defensores da Sociologia Crítica, este reconhece que a pesquisa social, como qualquer disciplina científica, tem efeitos práticos que devem ser reconhecidos. Por outro lado, consciente ou inconscientemente, toda pesquisa, como qualquer atividade humana, é orientada por valores. E, já que se deixa guiar por valores, o melhor é que o sociólogo explicite quais são seus valores; sem isso a interferência dos valores na pesquisa social é mais difícil de controlar e, conseqüentemente, mais prejudicial.

Entretanto, acrescenta Inkeles, o mais importante não é a postura subjetiva do pesquisador, ou seja, se ele pretende ou não estar sendo guiado por esses ou aqueles valores. O que interessa antes de tudo é o progresso do conhecimento, Admitindo ser este o interesse principal, nada há que assegure que o conhecimento progredirá mais por meio de uma pesquisa "participante" ou de uma que se pretenda "neutra". A única coisa que pode decidir se uma pesquisa é boa ou não é o fato de ela haver ou não contribuído para ampliar o conhecimento científico acerca dos objetos estudados.

Desse ponto de vista, Inkeles trata de criticar a afirmação de Robert Lynd segundo a qual "o papel das ciências sociais é perturbar, desorientar as disposições habituais com que vivemos e demonstrar a possibilidade de mudança, para direções mais adequadas".

É evidente, afirma Inkeles, que qualquer pesquisa sociológica, na medida em que possa abalar uma crença ou colocar em dúvida uma verdade estabelecida, pode também expor o pesquisador a toda sorte de ataques. Todavia, o fato de os sociólogos serem obrigados a correr esse risco não significa que seu objetivo deva ser o de corrê-lo. Na verdade, também pode haver pesquisas sociológicas cujos resultados confirmem verdades estabelecidas.

Inkeles faz restrições a outra atitude de muitos defensores da Sociologia Crítica: a de julgar dispensável qualquer pesquisa que não tenha utilidade imediata para a solução de problemas sociais.

Auxiliar na solução de problemas sociais é, sem dúvida, a primeira obrigação da Sociologia, reconhece Inkeles. Mas daí não se pode concluir que o sociólogo não se deva preocupar senão com problemas imediatos. Isto seria o mesmo que exigir dos médicos que, diante do grave problema de saúde representado pelo câncer, se considerassem obrigados a esquecer o estudo do desenvolvimento da célula normal.

– DIVISÃO DA SOCIOLOGIA.

Agora você já tem uma visão geral das origens da Sociologia enquanto disciplina científica, dos passos que ela teve de dar para afirmar sua autonomia em relação ao pensamento religioso e à filosofia, e das principais questões que têm alimentado o debate entre os sociólogos desde o século XIX até o presente. Falta ver como a nossa disciplina é dividida internamente em ramos dedicados a problemas específicos.

A divisão de uma ciência depende sempre da natureza dos problemas que ela aborda. Por isso, supõe a acumulação prévia de dados sobre esses problemas e sobre as possibilidades de investigá-los e interpretá-los de acordo com os métodos científicos.

Por falta de um acúmulo suficiente de dados, foi comum, nos primeiros tempos, fazer a divisão da Sociologia por analogia com outras disciplinas. Assim, por analogia com a Biologia, Durkheim dividiu a Sociologia em Morfologia Social, Fisiologia Social e Sociologia Geral.

A *Morfologia Social*, na concepção de Durkheim, estudaria a "estrutura material" das sociedades, tanto de forma descritiva (densidade da população, sua distribuição, etc.) como de forma interpretativa (causas da concentração populacional nas zonas urbanas, etc.).

A *Fisiologia Social* estudaria o funcionamento dessas estruturas, ou seja, a maneira como crenças, práticas e instituições determinam a vida social em suas várias esferas (religiosa, econômica, etc.) e como estas se alteram. Em virtude da complexidade dos fenômenos estudados, a Fisiologia Social se subdividiria em Sociologia Religiosa, Sociologia Econômica, Sociologia Moral, etc.

Finalmente, a *Sociologia Geral* trataria dos problemas teóricos.

Divisões por analogia, como a de Durkheim, foram válidas no seu tempo, na medida em que deram diretrizes gerais para o trabalho dos sociólogos. Mas cada disciplina científica tem seus problemas específicos, que devem ser resolvidos por meios próprios. Por isso, a Sociologia teria, mais cedo ou mais tarde, de adotar outro tipo de divisão.

Divisão Metodológica

Em 1936, o sociólogo alemão Karl Manheim apresentou a primeira tentativa propriamente sociológica de divisão da Sociologia. Sua idéia era simples. Tratava-se de estabelecer uma divisão para cada tipo de método de observação e interpretação sociológica.

Adotando esse mesmo critério, mas a partir de uma revisão crítica da tentativa de Manheim, Florestan Fernandes propõe uma divisão da Sociologia em seis ramos:

- Sociologia Sistemática
- Sociologia Descritiva
- Sociologia Comparada
- Sociologia Diferencial
- Sociologia Aplicada
- Sociologia Geral ou Teórica

A *Sociologia Sistemática* estuda os elementos comuns às formas de organização de todas as sociedades, bem como os efeitos constantes que esses elementos tendem a produzir ao combinar-se. Com isso, nas palavras de Florestan Fernandes, ela "procura explicar a ordem existente nas relações dos fenômenos sociais através de condições, fatores e efeitos que operam num campo a-histórico".

Essa divisão da Sociologia comporta duas subdivisões:

1ª a Sociologia Sistemática *Estática,* que estuda os requisitos gerais de subsistência da ordem social, cabendo-lhe definir os conceitos sociológicos básicos (como os de ação social, organização social, reciprocidade, grupo social, expostos na primeira parte deste capítulo);

2ª a Sociologia Sistemática *Dinâmica,* que, partindo dos requisitos gerais da ordem social caracterizados pela subdivisão anterior, busca explicar os diferentes processos de mudança social (desde mudanças que afetam o modo de ser ou a posição social de indivíduos até as que afetam a organização global da sociedade).

A *Sociologia Descritiva* é aquela à qual se dedica a maioria dos sociólogos. Segundo Florestan Fernandes, ela "investiga os fenômenos sociais no plano da sua manifestação concreta". Em outras palavras, procura surpreender os fenômenos sociais dentro do conjunto de condições concretas em que eles se manifestam num dado momento da vida de uma dada sociedade.

A *Sociologia Comparada,* escreve Florestan Fernandes, "pretende explicar a ordem existente nas relações dos fenômenos sociais através de condições, fatores e efeitos que operam em um campo supra-histórico". Ao contrário da Sociologia Sistemática, a Sociologia Comparada não deixa de lado as peculiaridades da forma de organização de cada sociedade para considerar apenas os elementos comuns a todas elas. Em vez disso, volta-se para essas peculiaridades, mas buscando identificar as semelhanças ou afinidades básicas entre uma sociedade e outras da mesma espécie. E a partir daí trata de estudar os padrões comuns de integração e de diferenciação social que explicam tais afinidades.

Acrescenta o autor:

"Em nossos dias, é patente que só a Sociologia Comparada pode explicar os principais fenômenos da evolução das formas sociais de vida. Os demais ramos da Sociologia também lidam com os fenômenos de mudança social. Mas, limitam-se a mudanças que ocorrem dentro de um sistema social global ou na transição de um sistema social global para outro. Compete à Sociologia Comparada discutir e resolver as questões mais gerais, relacionadas com as funções dos sistemas sociais nos diferentes níveis de organização da vida ou com o encadeamento apresentado pela progressiva diferenciação das formas sociais de vida."

A *Sociologia Diferencial* estuda as características peculiares da forma de organização global de cada sociedade, como sua divisão em castas ou classes sociais. Embora essas peculiaridades possam ser consideradas fenômenos episódicos na evolução das formas da vida social, também constituem um mundo próprio, com sua coerência interna e perspectivas próprias de desenvolvimento ou desaparecimento. Segundo a fórmula de Florestan Fernandes, "a Sociologia Diferencial procura explicar a ordem existente nas relações dos fenômenos sociais através de condições, fatores e efeitos que operam em um campo histórico".

A *Sociologia Aplicada* estuda, com finalidades práticas, as condições de intervenção racional, deliberada ou artificial nos processos sociais e seus efeitos possíveis.

A legitimidade desse ramo da Sociologia tem sido questionada numa controvérsia que se liga, como é fácil inferir, à discussão entre os defensores de uma Sociologia Pura ou de uma Sociologia Crítica. Florestan Fernandes sustenta, contudo, que não há razão para negar a legitimidade da Sociologia Aplicada.

Com efeito, argumenta ele, a vida social não está submetida a uma ordem absolutamente uniforme e invariável, assim como não pode ser compreendida por meio de um número reduzido de explicações universais. Assim, a intervenção racional nas condições da vida social requer a manipulação de grande número de fatores básicos, que podem ter efeitos diversos em combinações semelhantes. Por isso, mesmo que o desenvolvimento teórico dos outros ramos da Sociologia permita fazer previsões com alcance e segurança crescentes, não se elimina a necessidade da pesquisa empírica dos chamados problemas sociais.

Por outro lado, a intervenção racional, nas sociedades em que é tecnicamente possível praticá-la, deve ser encarada como um processo cultural como qualquer outro. Cabe ao sociólogo, portanto, estudá-la no que diz respeito aos objetivos sociais pretendidos pela intervenção, aos valores que a fundamentam, aos instrumentos de que dispõe no plano da organização social, às condições do seu desenvolvimento, às suas possibilidades de alcançar ou não as modificações desejadas.

A *Sociologia Geral ou Teórica* tem uma função de crítica e de síntese. Atualmente, sua principal tarefa é de caráter metodológico. Isto significa que a ela cabe examinar em que condições estão sendo aplicados os métodos utilizados pelos sociólogos e verificar os resultados que alcançam.

Cabe também à Sociologia Geral sistematizar e unificar os conhecimentos teóricos provenientes dos vários campos da Sociologia. Nesse plano, ela cumpre duas funções distintas. A primeira diz respeito à consistência lógica do conhecimento sociológico, cabendo-lhe então analisar criticamente os conceitos básicos, os princípios e os postulados da Sociologia. A segunda é uma função de síntese: trata-se de reunir as várias descobertas da Sociologia para formar um conjunto teórico uniforme, traduzindo-as em expressões de conotação universal.

Finalmente, cabe ainda à Sociologia Geral a tarefa de reexaminar constantemente as relações da Sociologia com as disciplinas afins, bem como suas relações com disciplinas filosóficas que lhe são fundamentais, como a Lógica e a Ética.

Divisão pela Magnitude do Objeto

Há sociólogos que adotam um outro critério de divisão da Sociologia. Em vez de considerar os diferentes métodos empregados pela disciplina, eles se voltam antes para a grandeza ou magnitude dos objetos com os quais ela lida. Temos, assim, uma divisão pela magnitude do objeto.

O ponto de partida dessa divisão é, obviamente, a constatação de que os fenômenos sociais, objeto de estudo da Sociologia, não se apresentam todos na mesma escala. Como vimos na primeira parte deste capítulo, a Sociologia trata basicamente da interdependência humana, e há interdependência humana sempre que os indivíduos entram em relações por meio de suas ações sociais; não importa aí que as relações consideradas se dêem no contexto de um encontro casual ou de uma complexa civilização com séculos de história.

Ora, ainda que relações sociais tão díspares caibam igualmente na definição do objeto geral da Sociologia, é claro que o seu estudo apresenta problemas muito diferentes. Daí a idéia de dividir a Sociologia conforme a magnitude dos objetos especiais por ela estudados.

Macrossociologia e Microssociologia. Baseado nessas considerações, o sociólogo francês Georges Gurvitch propõe uma divisão da Sociologia distinguindo três planos de observação:

1º *Plano Macrossociológico das Sociedades Globais:* – é o que inclui as sociedades com as características já definidas neste capítulo, no item dedicado aos grupos sociais: o grupo territorial que se mantém primordialmente pela reprodução sexual, possui uma cultura auto-suficiente e é independente de qualquer outro grupo.

2º *Plano dos Agrupamentos Parciais:* – compreende os subgrupos das sociedades globais, como a família, os grupos de parentesco, as associações voluntárias, as classes sociais, etc.

3º *Plano Microssociológico dos Diferentes Modos de Ligações Sociais:* – compreende as relações sociais estabelecidas entre os membros de um grupo, as diversas formas pelas quais esses membros se relacionam com o grupo e entre si através do grupo.

Essa divisão entre Microssociologia e Macrossociologia, baseada em Gurvitch, é muito utilizada pelos sociólogos franceses, mas raramente pelos norte-americanos e ingleses.

Muitos sociólogos franceses, entretanto, utilizam de forma diferente de Gurvitch a palavra "microssociologia". Para eles, esta se refere ao estudo de *unidades de observação* limitadas, quer se trate de pequenos grupos como a família, quer se trate de relações que só podem ser observadas diretamente através da ação social dos indivíduos, como seria o caso, por exemplo, dos métodos de educação em dada sociedade.

Seja como for, nem o próprio Gurvitch pretendeu que sua divisão da Sociologia fosse rígida, preferindo que a tomassem, antes de tudo, como um ponto de referência.

A Questão da Abordagem. Estabelecida a distinção entre Macrossociologia e Microssociologia, cabe perguntar se ambas se equivalem do ponto de vista do seu interesse para a análise sociológica, ou se alguma delas deve ser considerada prioritária.

Do ponto de vista teórico, pode-se dizer que a Macrossociologia é prioritária. Com efeito, uma característica fundamental da investigação sociológica é a exigência de que todo fenômeno seja explicado por referência a seu contexto mais global. A Microssociologia, desse modo, não pode constituir um campo de investigação que se baste a si mesmo. Ela constitui apenas um nível ou uma etapa de investigação; a partir dela, o sociólogo será necessariamente levado a buscar as relações entre os fenômenos estudados e o conjunto da organização social.

De um ponto de vista didático, porém, a prioridade se inverte. Pois na verdade os conceitos utilizados pela investigação macrossociológica, ou os conceitos que esta supõe conhecidos, só são definidos claramente e exemplificados no plano microssociológico.

Aliás, é a totalidade dos fatos microssociológicos o que constitui a sociedade global, objeto de estudo macrossociológico. Lembre-se da nossa definição de organização social como o conjunto das ações sociais que se desenrolam num agrupamento humano num dado momento de sua existência. O que está implícito aí é justamente a idéia de que a organização global da sociedade, como de qualquer grupo social, se reduz a um conjunto mais ou menos vasto de ações individuais e relações interpessoais. Assim, da mesma forma que o fato microssociológico precisa ser referido ao contexto macrossociológico, também o estudo da sociedade global obriga o sociólogo a voltar constantemente aos fatos microssociológicos.

Se isto não bastasse para dar prioridade à abordagem microssociológica, levando-se em conta o ponto de vista didático, podemos ainda lembrar que os fatos microssociológicos fazem parte da experiência cotidiana de todos nós. São vividos e sentidos por todas as pessoas, que para tanto não precisam apelar para métodos científicos de observação.

Portanto, iniciar o estudo da Sociologia pela abordagem microssociológica tem a vantagem de evitar uma ruptura brusca com a experiência daquele que se inicia. A partir daí, o desenvolvimento da reflexão para aspectos mais complexos ou mais abstratos da vida social seguirá o processo normal de toda investigação científica, que vai sempre do conhecido para o desconhecido.

POSSÍVEIS OBJETIVOS DO ESTUDANTE

Depois de ler atentamente este capítulo e discuti-lo, quando necessário, você deve ser capaz de:

1. Explicar, do ponto de vista da Sociologia, o que significa interdependência humana.
   a) Definir ação e organização social.
   b) Definir e exemplificar o significado da reciprocidade nas relações sociais.
2. Dar exemplos de desvio das normas sociais e discutir-lhe, se for o caso, as implicações do ponto de vista da mudança social.
3. Expor resumidamente o principal problema de que trata a Sociologia.
4. Descrever um aspecto qualquer da sua experiência cotidiana, aplicando os conceitos de grupo e subgrupo social.
5. Estabelecer a distinção entre sociedade e demais grupos sociais e explicar a importância do estudo da sociedade para a Sociologia.
6. Resumir a argumentação que procura caracterizar a Sociologia como Ciência Social unificadora.
7. Indicar o ponto de ruptura da Sociologia com toda a reflexão anterior a respeito da vida social.
8. Caracterizar resumidamente a passagem da Sociologia "Filosófica" para a Sociologia positiva.
9. Expor os principais problemas que constituem objeto de controvérsia entre os sociólogos na atualidade.
10. Esquematizar as divisões da Sociologia segundo o critério metodológico e segundo a magnitude do objeto.

SUGESTÕES PARA LEITURA

Bales, Robert. *Interaction Process Analysis.* Cambridge, Addison–Wesley 1950, p. 1–29.
Bales apresenta um novo método, desenvolvido por ele próprio, de utilização da matemática na investigação sociológica.

Bellah, Robert. *Tokugawa Religion: The Values of Pre-Industrial Japan.* Glencoe, Ill., The Free Press, 1957.
Bellah é um sociólogo que aplicou métodos de investigação sociológica a problemas históricos. Nesse livro, estuda a religião Tokugawa como sistema de valores do Japão pré-industrial.

Burckhardt, Jacob. *The Civilization of the Renaissance in Italy*, 2 vols. New York, Harper, 1958.
Esse livro, sobre a civilização do Renascimento na Itália, é obra de historiador que, em seu trabalho, manifesta preocupações sociológicas.

Coulton, George C. *Medieval Panorama: The English Scene from Conquest to Reformation*. New York, Meridian Books, 1957.
Da mesma forma que o anterior, um livro de historiador escrito com preocupações sociológicas.

Cuvillier, Armand. *Introdução à Sociologia*, trad. de Luiz Damasco Penna e J. B. Damasco Penna. São Paulo, Cia. Editora Nacional–EDUSP, 1966, p. 3–19.
Apresenta as principais etapas da evolução da reflexão do homem sobre a vida social, que contribuíram para a constituição da Sociologia como conhecimento científico.

Diamond, Sigmund. *The Reputation of the American Businessman*. Cambridge, Harvard University Press, 1955.
Outro exemplo de aplicação da investigação sociológica a problemas históricos.

Fernandes, Florestan. *Ensaios de Sociologia Geral e Aplicada*. 2ª ed., São Paulo, Pioneira, 1971, p. 20–43 e 273–289.
No primeiro trecho indicado desse livro, Florestan Fernandes apresenta as divisões da Sociologia propostas por Durkheim e Mannheim, e em seguida propõe a sua divisão. Traça também um rápido histórico da Sociologia. No segundo trecho, analisa os problemas que os sociólogos enfrentaram para deixar a órbita da Filosofia e entrar na do conhecimento científico.

Gurvitch, Georges. *La Vocation actuelle de la Sociologie*. 3ª ed., Paris, PUF, 1963, vol. I, p. 11–14.
Gurvitch apresenta sua divisão da Sociologia a partir da magnitude do objeto.

Horkheimer, Max e Adorno, Theodor W., organizadores. *Temas Básicos da Sociologia*, trad. de Álvaro Cabral. São Paulo, Cultrix–EDUSP, 1973, p. 11–21.
Os autores discutem se a Sociologia deve ser "neutra" ou "participante", argumentando no sentido de que Sociologia Pura não existe.

Inkeles, Alex. *O que é Sociologia?* São Paulo, Pioneira, 1974, p. 36–51 e 150–170.
No primeiro trecho indicado, Inkeles analisa as relações da Sociologia com as disciplinas afins, e em seguida demonstra que a ordem e a desordem social constituem o principal problema de estudo para os sociólogos. No segundo trecho, discute os principais focos de controvérsia entre os sociólogos na atualidade: o caráter científico da Sociologia, as relações entre teoria e pesquisa empírica e, finalmente, a questão do caráter neutro ou participante da disciplina.

Johnson, Harry M. *Introdução Sistemática ao Estudo da Sociologia*. Rio de Janeiro, Lidador, 1967, p. 3–17.
O autor expõe os conceitos de grupo, subgrupo e sociedade.

Rocher, Guy. *Sociologia Geral I*. Lisboa, Presença, 1977, p. 19–28.
Rocher apresenta a divisão da Sociologia em Macro e Microssociologia (divisão segundo a magnitude do objeto) e discute qual das duas tem prioridade de abordagem.

Rostovzev, Mikhail I. *The Social and Economic History of the Hellenistic World*. Oxford, The Clarendon Press, 1941.
Mais um caso de obra de historiador que manifesta preocupações sociológicas.

Timasheff, Nicholas S. *Teoria Sociológica*, trad. de Antônio Bulhões. Rio de Janeiro, Zahar, 2ª ed., 1965, p. 16–26.

Define o objeto da Sociologia como sendo a interdependência humana, analisa suas relações com as disciplinas afins e demonstra ser ela a Ciência Social unificadora.

Willems, Emílio. *Antropologia Social.* São Paulo, DIFEL, 1962, p. 20–31.

Aprofunda a explicação sobre o objeto de estudo da Sociologia, analisando os conceitos de ação social, organização social, estrutura social, normas, desvio das normas, reciprocidade e inovação social.

Émile Durkheim
(1858 – 1917)

Karl Marx
(1818 – 1883)

Max Weber
(1864 – 1920)

Fotografias reproduzidas por Paulo Roberto Augusto

capítulo 2

A Sociologia como Ciência: A Construção do Objeto

Plano do capítulo

1. **O PRINCÍPIO DA INTEGRAÇÃO SOCIAL: COESÃO E EQUILÍBRIO (DURKHEIM)**
   - *Sociologia, A Ciência das Instituições*
     Fatos Sociais — Representações Coletivas
     Indivíduo e Sociedade
     O Substrato da Vida Social
   - *As Formas de Solidariedade Social*
     Solidariedade Mecânica: O Princípio das Semelhanças Solidariedade Orgânica: O Princípio da Diferenciação Direito e Formas de Solidariedade
     Causas do Progresso da Divisão do Trabalho
   - *Fato Patológico e Anomia*
     Normal *versus* Patológico Divisão de Trabalho e Anomia

2. **O PRINCÍPIO DA COESÃO SOCIAL: INTERESSES E DOMINAÇÃO (WEBER)**
   - *Sociologia, A Ciência da Ação Social*
     A Compreensão
     Tipo Ideal e Causalidade
     Tipos de Ação Social
     Oportunidade e Estrutura Social
   - *As Formas da Dominação Legítima*
     A Burocracia
     O Patrimonialismo
     As Dificuldades do Carisma
   - *Racionalização e Capitalismo*
     O Espírito Capitalista
     Origens e Conseqüências da Racionalização

3. **A DICOTOMIA EXPLICAÇÃO/COMPREENSÃO**
   Weber e a Definição por Compreensão
   Durkheim e a Definição por Explicação
   A Complementaridade das Perspectivas

4. **O PRINCÍPIO DA CONTRADIÇÃO: CONFLITO E TRANSFORMAÇÃO (MARX)**
   - *O Método Dialético*
     1ª Característica: Tudo se Relaciona
     2ª Característica: Tudo se Transforma
     3ª Característica: A Mudança Qualitativa
     4ª Característica: A Luta dos Contrários
   - *Forças Produtivas e Relações de Produção*
     Forças Produtivas
     Relações de Produção
     As Propriedades dos Meios de Produção
   - *As Classes e a Luta de Classes*
     As Classes

O estudo da Sociologia como ciência começa pela definição clara do que vem a ser seu *objeto.*

Vimos, no Capítulo 1, que este objeto pode ser definido genericamente como a interdependência humana, quando essa interdependência é entendida como a teia de relações mais ou menos abrangentes, mais ou menos duradouras, que os homens estabelecem entre si por meio de suas ações recíprocas. Tal definição, embora preliminar, levou-nos aonde queríamos chegar naquele capítulo. A partir dela pudemos precisar, em termos genéricos, o *ângulo* pelo qual a Sociologia enfoca a realidade humana, expondo suas relações com outras disciplinas que também se ocupam dessa realidade, mas que partem de pontos de vista diferentes.

Na segunda parte do Capítulo 1 fomos mais além. Ali, aludimos às circunstâncias que envolveram o surgimento da Sociologia como ciência no século XIX. Assinalamos que, para o estudo científico da vida social se tornar possível, inicialmente foi preciso afirmar sua independência das crenças religiosas, filosóficas e tradicionais. Nesse sentido, representou um passo importante a aceitação da idéia de que a sociedade – tanto em sua existência rotineira como nas transformações que atravessa – obedece a "leis naturais" passíveis de serem descobertas por meio da observação e da reflexão sistemáticas.

Dessa idéia, no entanto, só a implicação mais geral seria aceita sem restrições por praticamente todos os sociólogos do passado e do presente. Ou seja, quase todos reconhecem que a Sociologia visa conhecer a vida social *tal como ela é de fato,* e não *como deveria ser* para atender este ou aquele ideal político, filosófico, religioso.

Além disso, sabe-se também que há muita discussão entre os sociólogos a respeito da possibilidade de se explicar a vida social em termos de leis rigorosas, como as elaboradas pelos físicos, químicos e biólogos. Vimos que essa pretensão se choca com a extraordinária complexidade e variabilidade das formas de organização social. Por esse motivo as tentativas de estabelecer generalizações o mais amplas possível na Sociologia quase sempre custa a perda de precisão nos conceitos ou de solidez na fundamentação das teorias.

Mas não é só neste plano que a Sociologia, como as demais Ciências Sociais, se distingue das Ciências Naturais. Se o objeto da Sociologia fosse simplesmente mais complexo e multiforme, poderíamos supor ser só uma questão de tempo o aparecimento de técnicas de observação e hipóteses suficientemente engenhosas para superar as dificuldades decorrentes da complexidade e da multiformidade.

Acontece, porém, que o objeto da Sociologia se distingue também pela relação específica que mantém com o pesquisador, ou seja, com o *sujeito* do conhecimento.

Um cientista natural pode ter dúvidas sobre a natureza da força, da substância ou do organismo que está estudando. De uma coisa, contudo, ele não tem dúvida: qualquer que seja essa natureza, trata-se de algo *exterior* a ele, cientista, claramente distinta de seus pensamentos e sentimentos. Você, por exemplo, pode não saber exatamente qual é a composição de certa amostra de rocha que deseja analisar. Sabe, porém, que a amostra existe fora de sua mente, e que sua composição não será nem um pouco alterada pelo que você possa supor ou querer que ela seja.

Ora, essa relação de exterioridade entre o sujeito e o objeto do conhecimento está longe de ser assim tão clara quando se trata da Sociologia.

Já vimos que as normas pelas quais a sociedade se organiza são transmitidas culturalmente às novas gerações – elas são ensinadas e aprendidas por cada novo membro da sociedade. Aquilo que aprendemos ao longo da vida, no entanto, passa a fazer parte de nós mesmos; torna-se uma bagagem interior que carregamos a toda parte aonde formos. E isto basta para percebermos que a organização social, diferentemente de outras realidades, não é algo que nos afete *de fora,* através da conduta dos outros. Ela está, por assim dizer, "impressa" em cada um de nós, condicionando nossos sentimentos e crenças íntimas sobre o que é bom ou mau, útil ou inútil, feio ou bonito, justo ou injusto para nós mesmos e para os outros. Em outras palavras, à medida que envolve interesses e "valores" dos indivíduos, a sociedade se coloca dentro e fora de cada um de seus membros, inclusive daqueles que se propõem estudá-la cientificamente*.

É por isso que o sociólogo se vê numa relação muito peculiar com o seu objeto de estudo. Por um lado, para atender a um requisito básico da objetividade científica, deve tomar os fatos da vida social pelo que são na realidade, deixando de lado as opiniões preconcebidas inspiradas por interesses e valores pessoais. Mas, por outro lado ele não pode ignorar que esses interesses e valores fazem parte – eles próprios – da realidade estudada, já que expressam a condição de membro da sociedade do pesquisador.

Assim, como as demais Ciências Sociais, a Sociologia apresenta essa peculiaridade em face das Ciências Naturais: enquanto nestas o objeto é essencialmente aquilo que se opõe exteriormente ao sujeito, nas Ciências Sociais há uma identificação parcial entre sujeito e objeto. Em conseqüência disso, quando faz perguntas e busca respostas sobre a ordem e a desordem social (mesmo de grupos distantes), o sociólogo está no fundo questionando a si mesmo, aos seus interesses e valores.

Mas é possível sermos inteiramente objetivos quando nós mesmos estamos em causa? Poderemos esperar conhecer nossa própria vida social de maneira tão desapaixonada e imparcial como, por exemplo, conhecemos a vida das formigas ou das abelhas? Em outras palavras, em que pese a ambição de constituir-se em ciência, estaria a Sociologia condenada a não ser mais que uma expressão sofisticada de juízos de valor anteriores a toda pesquisa dos fatos?

A questão não teria tanta importância se a sociedade fosse um corpo homogêneo em que todos compartilhassem os mesmos interesses e valores. Nesse caso, mesmo refletindo juízos de valor, a Sociologia poderia estabelecer verdades válidas para todos.

---

* O conceito de "valor" é explicado no Capítulo 4.

Sabemos, no entanto, que não é assim. Não só os valores dominantes e as normas de conduta aceitas podem variar muito de sociedade para sociedade, como raramente há harmonia de interesses e valores entre os diferentes grupos no interior de cada sociedade. O que é bom e normal para um escandinavo pode parecer vergonhoso para um sul-americano; o que parece interessante e justo para um grande fazendeiro pode representar a desgraça do posseiro que vive em suas terras. E assim por diante.

Então, como a teoria sociológica se situa em relação a essas diferentes valorações sociais?

A questão foi abordada de passagem no Capítulo 1, quando discutimos a possível neutralidade da Sociologia diante dos problemas práticos da vida social. Agora, neste capítulo, vamos retomá-la e aprofundá-la. Para isso, faremos uma exposição que girará em torno de três autores clássicos das Ciências Sociais: Émile Durkheim, Max Weber e Karl Marx.

A importância desses três autores para nossa discussão é fácil de justificar. Primeiro eles não são considerados clássicos por mera tradição, mas pela riqueza e profundidade teórica de suas obras, o que faz que até hoje sejam fonte de inspiração para os sociólogos e outros cientistas sociais. Segundo, e talvez seja esta a questão mais relevante, Durkheim, Weber e Marx representam *pontos de vista típicos e distintos* a respeito da objetividade científica no conhecimento da vida social, o que nos leva a abordar esse objeto comum por meio de conceitos e hipóteses básicas marcadamente diferenciadas.

A exposição que se segue consiste basicamente num resumo, tão fiel quanto possível, das principais contribuições dos três autores citados para a Sociologia, tanto no que diz respeito ao método como à teoria. Obviamente você não encontrará aqui uma exposição completa e exaustiva das idéias de Durkheim, Weber e Marx. Isso não teria cabimento numa obra introdutória como esta. Também tais idéias não estarão contidas exclusivamente neste capítulo – elas reaparecerão nos próximos, à medida que nos detivermos na discussão de diferentes temas específicos da teoria sociológica.

Neste capítulo, contudo, passaremos do plano das generalidades para o terreno real em que se movimentam os sociólogos cada vez que discutem qualquer problema da sua disciplina ou planejam e executam uma pesquisa. Trata-se de um terreno marcado por orientações divergentes na maneira de conceber a própria Sociologia como ciência e propor os conceitos e hipóteses básicas para a construção intelectual do seu objeto.

Além da exposição em separado das idéias de Durkheim, de Weber e de Marx, o capítulo inclui, no item 3, um confronto das concepções dos dois primeiros autores. Não são comparadas as concepções de Marx com as de Durkheim nem com as de Weber, porque tal comparação será apresentada em mais de uma passagem ao longo dos demais capítulos, especialmente a propósito da teoria das classes sociais.

1. O Princípio da Integração Social: Coesão e Equilíbrio (Durkheim).

Para Durkheim, a questão da objetividade científica na Sociologia não se coloca, a rigor, nos termos em que levantamos aqui. Não reconhecendo, por princípio, qualquer distinção fundamental entre Sociologia e Ciências Naturais, a primeira regra do método de Durkheim é que os fatos sociais devem ser tratados como *coisas exteriores* pelo investigador. Isso o leva a ignorar, pura e simplesmente, os problemas decorrentes da identificação parcial entre sujeito e objeto do conhecimento na Sociologia.

Qual é o significado desse ponto de vista?

Durkheim não pretende que uma forma de organização social seja encarada como objeto da mesma natureza que uma pedra ou uma planta. Ao contrário, ao longo de sua obra ele insiste várias vezes em que, a seu ver, a sociedade consiste essencialmente de "representações", ou seja, de crenças e sentimentos.

As crenças e sentimentos, porém, são um tipo de realidade que estamos acostumados a localizar no interior da consciência dos indivíduos. Como estudá-los, então, como se estivessem fora da consciência do investigador?

A resposta põe em jogo uma distinção básica para a teoria durkheimiana: a distinção entre *consciência individual* e *consciência coletiva.* O que Durkheim entende por consciência individual é aproximadamente o mesmo que hoje se entende por "personalidade" na Psicologia – em poucas palavras, o conjunto de traços mentais e emocionais que identificam um indivíduo e o distinguem de todos os outros. Por outro lado, em certa passagem ele define a consciência coletiva como "o conjunto de crenças e sentimentos comuns ou comum dos membros de determinada sociedade", acrescentando que tal conjunto "forma um sistema determinado com vida própria".

Logo veremos como ele explica a origem da consciência coletiva e o sentido da sua autonomia em relação às consciências individuais. Por ora basta notar que para todos os efeitos ele argumenta como se as duas consciências existissem separadas em cada indivíduo. Em última análise, é a possibilidade de separá-las claramente que fundamenta a afirmação de que, para fins de pesquisa científica, os fatos sociais devem ser tratados como coisas exteriores.

Durkheim acredita, é claro, que isto seja possível. Daí que para ele as representações (incluindo o que temos chamado de interesses e valores) só possam entrar de duas maneiras na Sociologia.

Enquanto expressão da consciência coletiva, as representações caem no domínio do objeto da investigação sociológica. São, assim, fatos como quaisquer outros fatos estudados pela Ciência. E como tal só há uma maneira de conhecê-las: é a partir de suas manifestações observáveis. Nesse sentido, comenta Durkheim, dizer que os fatos sociais são coisas equivale a opô-los às idéias como "tudo o que o espírito não pode chegar a compreender senão sob a condição de sair de si mesmo, por meio da observação e da experimentação, passando progressivamente dos caracteres mais exteriores e mais imediatamente acessíveis para os menos visíveis e mais profundos".

Se queremos, por exemplo, estudar as idéias dos brasileiros a respeito do casamento, de pouco nos adianta olhar para dentro de nós mesmos. Temos antes de ouvir e observar o comportamento de um número suficientemente grande de pessoas até formarmos uma imagem das crenças e sentimentos do "comum dos membros" da sociedade nacional a esse respeito.

Por outro lado, como expressão da consciência individual do sujeito-pesquisador, tudo o que as representações podem significar para a investigação sociológica é uma fonte de erros e deformações. Tratar os fatos sociais como coisas implica então, segundo Durkheim, reconhecer que eles são *coisas* ignoradas. Isso, porque "as representações que podem ser formuladas no decorrer da vida, tendo sido efetuadas sem método e sem crítica, estão destituídas de valor científico e devem ser afastadas". Ele se refere geralmente a essas representações como *pré-noções.*

Um conhecimento perfeitamente depurado de pré-noções (portanto da influência dos interesses e valores do pesquisador) é, pois, o ideal de objetividade científica defendido por Durkheim para a Sociologia. Como ele próprio sublinha mais de uma vez, isso implica tomar as Ciências Naturais, mais velhas e bem sucedidas, como modelo para a jovem Ciência Social. Tudo que a primeira regra do método sociológico exige nesse sentido, afirma ele, é que o pesquisador "se coloque num estado de espírito semelhante ao dos físicos, químicos, fisiologistas, quando se aventuram numa região ainda inexplorada de seu domínio científico".

A seguir, veremos como este ponto de vista está ligado a uma concepção *mecanicista* da vida social, em cujos termos a sociedade é retratada como um todo orgânico integrado à maneira dos seres vivos, e as mudanças que atravessa como uma extensão da evolução biológica.

– SOCIOLOGIA, A CIÊNCIA DAS INSTITUIÇÕES.

A afirmativa de que os fatos sociais devem ser tratados como coisas serve a Durkheim para assinalar aquilo que, do seu ponto de vista, os fatos sociais têm em comum com todos os objetos da Ciência. A construção do objeto da Sociologia supõe, no entanto, que se defina o que os fatos sociais têm de *específico,* isto é, aquilo que os distingue de outras categorias de fatos.

Os primeiros esforços de Durkheim nesse sentido se encaminham para o conceito de consciência coletiva. Ao defini-lo, como vimos, o autor mostra a preocupação de traçar uma fronteira clara entre o individual e o social no domínio dos fatos humanos.

De fato, a consciência coletiva se caracteriza tanto por constituir um sistema de crenças e sentimentos difundido na sociedade como, também, por ser *independente dos indivíduos,* embora só através destes se realize. Esclarece Durkheim que a origem dessa independência está em que a consciência individual exprima apenas a natureza orgânica e psíquica de cada membro da sociedade tomado separadamente, enquanto que a consciência coletiva exprime a combinação de uma pluralidade de indivíduos no processo da vida social.

O conceito de consciência coletiva é amplamente empregado em *A Divisão do Trabalho Social,* onde Durkheim analisa seu papel como um dos princípios da integração dos indivíduos e grupos na sociedade. Em obras posteriores o conceito aparece muito pouco.

Tal abandono deve-se, provavelmente, a duas razões. Por um lado, Durkheim foi levado a rever, pelo menos em parte, a tese de que o papel da consciência coletiva como princípio de integração tenderia a declinar nas sociedades modernas. Por outro lado, a extrema abrangência do conceito tornava-o pouco apropriado para captar as diferenças entre crenças e sentimentos de natureza cognitiva, moral, religiosa, etc., bem como sua relação com os diferentes estágios de evolução das sociedades.

Assim, em vez de falar em consciência coletiva, no singular, Durkheim passa a falar de preferência em *representações coletivas,* no plural, para se referir aos diferentes "estados da consciência coletiva". Estes, segundo ele, exprimiriam "o modo pelo qual o grupo se concebe a si mesmo em suas relações com os objetos que o afetem", mantendo sempre sua especificidade e independência em relação às consciências individuais.

A partir daí, a parte mais substancial da obra de Durkheim é dedicada ao estudo sistemático das representações coletivas em vários campos, constituindo uma Sociologia da Religião, uma Sociologia do Conhecimento e uma Sociologia da Moral (que não chegou a ser desenvolvida).

Fatos Sociais — Representações Coletivas

Em *As Regras do Método Sociológico,* Durkheim trata o conceito de representações coletivas em estreita conexão com o conceito, mais abrangente, de fatos sociais.

"É um fato social", esclarece ele, "toda maneira de fazer, fixada ou não, suscetível de exercer sobre o indivíduo uma coação exterior; ou ainda, que é geral no conjunto de cada sociedade tendo, ao mesmo tempo, existência própria, independente de suas manifestações individuais."

Onde se lê "maneira de fazer", entenda-se: maneiras de agir, de pensar e de sentir, o que inclui as representações coletivas. Estas, como todo fato social, apresentam as seguintes características:

1. são exteriores à consciência individual;
2. possuem uma capacidade de *coação* sobre os indivíduos;
3. são ao mesmo tempo *gerais* numa dada sociedade e *independentes* de suas expressões individuais.

Já vimos o que a primeira característica implica do ponto de vista da relação entre sujeito e objeto da Sociologia. Deve-se acrescentar, no entanto, que para Durkheim a exterioridade dos fatos sociais em relação à consciência individual não é incompatível com seu caráter de *obra humana,* quer dizer, de produto da atividade dos homens. Em primeiro lugar, argumenta ele, se é verdade que são os próprios homens que elaboram as "maneiras de fazer" vigentes na sociedade, é também verdade que quase sempre elas nos são legadas pelas gerações anteriores, de modo que as encontramos já prontas. Além disso, mesmo quando participamos da sua elaboração, o fazemos em conjunto com uma multidão de outros indivíduos que sequer conhecemos, de modo que o resultado final da atividade comum escapa inteiramente a nosso controle.

A relação dos indivíduos para com os produtos da sua atividade coletiva, destaca Durkheim, é uma relação de *síntese* semelhante a outras que se verificam na natureza – uma relação em que as propriedades do todo transcendem às das partes que entram em sua composição. A água, por exemplo, tem propriedades que não se encontram em nenhum de seus elementos, o hidrogênio e o oxigênio; a anatomia e a fisiologia de um ser vivo não podem, de modo algum, ser deduzidas das propriedades de suas células e órgãos isoladamente considerados.

Sublinha Durkheim: "para que exista fato social é preciso que pelo menos vários indivíduos tenham misturado suas ações, e que dessa combinação se tenha desprendido um produto novo. E como essa síntese ocorre fora de cada um de nós (uma vez que para ela concorre uma pluralidade de consciências), seu efeito é necessariamente fixar, instituir certas maneiras de agir e certos julgamentos que existem fora de nós e que não dependem da vontade particular tomada à parte".

Às vezes Durkheim dá a impressão de considerar a segunda característica dos fatos sociais – a capacidade de coação sobre os indivíduos – como mera extensão da característica de exterioridade. Como os fatos sociais existem fora de nós e não somos capazes de suprimi-los ou modificá-los à vontade, não temos outro remédio senão nos conformar com sua existência. Isso porém não significa que ele considere a capacidade de coação dos fatos sociais em tudo semelhante a coação física. Diz ele que a coação social "é devida não à rigidez de certos arranjos moleculares, e sim ao prestígio de que estão investidas certas representações: nisto está o que apresentam de inteiramente especial".

Steven Lukes, um dos mais respeitados estudiosos da obra de Durkheim, assinala que sob a noção de coercitividade a teoria durkheimiana engloba, na verdade, diferentes aspectos da relação indivíduo-sociedade. Em alguns contextos ela se refere à existência de *normas* sociais apoiadas em sanções que obrigam os indivíduos a obedecê-las. Em outros, à existência de condições sociais que o indivíduo deve obrigatoriamente levar em conta como *meios necessários* para alcançar os fins que se propõe. Em outros contextos ainda, a noção se refere à *influência das multidões* sobre o comportamento individual. Finalmente, há referências ao *aprendizado das normas sociais* pelos indivíduos, fazendo que eles as obedeça espontaneamente ao mesmo tempo em que são comandados por elas.

Sem dúvida, é neste último sentido que Durkheim, no trecho que citamos, se refere à coação social como algo que se apóia no "prestígio" das representações coletivas.

Quanto à última característica dos fatos sociais – generalidade e independência – Durkheim busca distinguir os fatos sociais, por um lado, de supostos atributos universais da natureza humana, e, por outro, da sua realização no comportamento individual. O fato, por exemplo, de que todos os homens comecem a dar sinais de debilitamento físico e mental a partir de certa idade não deixa de se impor a cada indivíduo como uma força exterior a sua consciência. Não constitui, no entanto, um fato social, porque não é geral num grupo determinado e sim em toda a espécie humana. De outra parte, enquanto *normas,* os fatos sociais são pensados como aquilo que governa a conduta do indivíduo mas não se confunde com ela. Assim, a norma que prevê uma atitude de respeito dos mais moços em relação aos mais velhos não muda, enquanto fato social, porque alguns moços a observam de maneira mais formal, outros de forma mais descontraída e alguns simplesmente não a obedecem.

Maneiras de agir, de pensar e de sentir socialmente estabelecidas como a síntese exterior de uma pluralidade de ações individuais, e que uma vez estabelecidas adquirem a capacidade de comandar essas ações sem, no entanto, se confundir com elas. "Como se sabe", conclui Durkheim, "existe um termo que exprime razoavelmente essa maneira de ser muito especial, uma vez ampliado um pouco seu significado habitual: é o termo instituição. Com efeito, pode-se chamar instituição toda a crença, todo o comportamento pela coletividade, sem desnaturar o sentimento da expressão; a Sociologia seria então definida como a ciência das instituições, de sua gênese e de seu funcionamento."

Indivíduo e Sociedade

A mesma preocupação revelada na formulação do conceito de consciência coletiva se mantém quando o objeto da Sociologia passa a ser tratado por Durkheim em termos de representações coletivas e instituições: ele trata de separar o social do individual como duas esferas independentes da realidade humana.

Durkheim insiste que "a sociedade não é mera soma de indivíduos; ao contrário, o sistema formado por sua associação representa uma realidade específica que tem suas próprias características", e é "na natureza dessa individualidade (. . .) que se deveriam buscar as causas imediatas e determinantes dos fatos que lá aparecem". A referência aos fenômenos de "síntese criadora" na natureza serve-lhe para comprovar, por analogia, a separação entre os dois níveis de realidade.

Steven Lukes considera essa dicotomia entre o individual e o social a verdadeira pedra de toque da Sociologia durkheimiana. Mas adverte que ela constitui ao mesmo tempo uma fonte de equívocos em que Durkheim termina por se enredar.

Lukes revela também que, no afã de traçar uma linha divisória o mais clara possível entre o individual e o social, Durkheim acaba por confundir distinções muito diferentes. E aponta algumas dessas distinções:

1ª Entre os fenômenos determinados por condições sociais e fenômenos de fundo orgânico ou biológico.

2ª Entre fenômenos específicos de uma dada sociedade e dados real ou presumivelmente atribuídos à "natureza humana".

3ª Entre o que é geral numa dada sociedade ou grupo e o que é particular a um ou a alguns indivíduos.

4ª Entre o comportamento de uma pluralidade de indivíduos associados e o comportamento de indivíduos isolados.

5ª Entre a ação prescrita por uma norma institucionalizada e os desejos e ações espontâneas dos indivíduos.

6ª Entre fatores que afetam a conduta individual do "exterior" e os influxos da consciência individual.

7ª Entre pensamentos e ações voltadas para objetos sociais ou públicos e que são exclusivamente pessoais ou privados.

8ª Entre comportamento altruístico e egocêntrico.

Segundo Lukes, Durkheim, além de confundir essas distinções, reifica-as nas categorias abstratas de "sociedade" e "indivíduo". O que Durkheim entende exatamente por uma palavra e outra varia conforme o tipo de oposição entre o individual e o social que ele tenha em mente.

No entanto, disso decorre uma implicação que conta entre as contribuições da teoria durkheimiana definitivamente incorporadas à Sociologia: a firme rejeição das explicações de fatos sociais baseadas em fatores que não sejam, eles próprios, sociais. Durkheim rejeita especialmente as explicações baseadas em fatores "orgânico-psíquicos", isto é, em atributos da natureza humana individual não submetidos a influências sociais, como raça e hereditariedade. Rejeita também as explicações baseadas em estados e disposições mentais demasiado vagas, como a "tendência inata para o progresso", o "desejo de felicidade ou de riqueza", e outras que os sociólogos de sua época costumavam adotar.

Ao excluir essas explicações Durkheim raciocina: "resta-nos apenas a sociedade; é portanto necessário ir até a natureza da própria sociedade para encontrar a explicação da vida social".

O Substrato da Vida Social

Argumentando a favor da explicação especificamente sociológica dos fatos sociais, Durkheim invoca inúmeras vezes a diferença de *substrato* entre os fatos sociais e as manifestações da consciência individual. "Os fatos sociais", diz ele, "não diferem dos fatos psíquicos apenas em qualidade; apresentam um *substrato diferente,* não evoluem no mesmo meio, não dependem das mesmas condições."

Já sabemos o que isto significa a propósito da oposição entre consciência coletiva e consciência individual. Enquanto essa oposição exprimiria a natureza orgânica e psíquica de cada indivíduo isoladamente, o substrato exprimiria a combinação de uma pluralidade de indivíduos num processo de síntese social.

Em outra passagem Durkheim esclarece melhor sua concepção de substrato social. Ele explica:

"A sociedade tem por substrato o conjunto de indivíduos associados. O sistema que eles formam ao se unir – e que varia segundo sua disposição na superfície do território, a natureza e o número das vias de comunicação – constitui a base sobre a qual se estabelece a vida social. As representações, que são a trama dessa vida social, decorrem das relações que se estabelecem entre os indivíduos assim combinados, ou entre os grupos secundários que se interpõem entre o indivíduo e a sociedade total."

A distinção entre a "base" da vida social e a "trama" constituída pelas representações é rica de implicações para o modelo de explicação sociológica que Durkheim desenvolveu.

A teoria durkheimiana considera os fatos que constituem a base da vida social como pertencentes ao que denomina *morfologia social.* Eles consistem no número e na natureza das partes elementares de que se compõe a sociedade, a maneira como são arranjadas, o grau de aderência que atingiram, a distribuição da população sobre a superfície do território, o número e a natureza dos canais de comunicação, a forma de habitação, etc. Observa Durkheim que, embora representem "maneiras de ser" antes que "maneiras de fazer", os fenômenos de morfologia social também constituem fatos sociais. Eles não só se impõem aos indivíduos com a força de uma coação exterior como são o produto cristalizado da ação humana submetida a normas sociais.

A relação entre "maneiras de ser" e "maneiras de fazer" é explicada assim: "A estrutura política de uma sociedade é apenas a maneira como os diferentes segmentos que o compõem adquiriram o hábito de viver uns com os outros. Se suas relações são tradicionalmente estreitas, os segmentos tendem a confundir-se; caso contrário tendem a distinguir-se".

Durkheim, portanto, não confunde sua morfologia social com a Geografia Humana, ou Geografia Econômica. Esta, em princípio, interessa-se apenas pela distribuição espacial da população e alguns de seus atributos sociais e econômicos. Por seu turno, a morfologia social, tomando a distribuição espacial da população como um dado, interessa-se antes pela integração dos diferentes grupos ou "partes elementares" – famílias, clãs, aldeias, tribos, cidades, Estados – na sociedade.

Sobre essa base se estabelece a trama da vida social constituída pelas representações coletivas e, em termos mais gerais, pelos fatos atinentes ao que Durkheim denomina *fisiologia social:* as normas institucionalizadas em vários graus de formalização ("regras legais e morais, dogmas religiosos, sistemas financeiros, etc."); as crenças e práticas estabelecidas na sociedade como um todo ou em seus subgrupos; e, finalmente, as "correntes sociais" mais ou menos estáveis, mais ou menos passageiras, que expressam os aspectos ainda não definitivamente amoldados da vida social.

Ao afirmar que a trama das representações coletivas "decorre das relações que se estabelecem entre os indivíduos" na base da vida social, Durkheim sugere que a morfologia tem precedência sobre a fisiologia em seu modelo de explicação sociológica. Escreve ele:

"Com efeito, se a condição determinante dos fenômenos sociais consiste, como mostramos, no próprio fato da associação, é porque têm de variar consoante as formas desta associação, isto é, consoante as maneiras como estão agrupadas as partes constituintes da sociedade. Por outro lado, dado que o conjunto determinado que deriva da reunião dos diferentes elementos integrantes da composição de uma sociedade constitui o meio interno dessa sociedade, tal como o conjunto dos elementos anatômicos, dispostos no espaço de certa maneira, constitui o meio interno dos organismos, poder-se-á afirmar: *a origem primária de qualquer processo social de certa importância deve ser procurada na constituição do meio social interno."*

Por essa regra metodológica a Sociologia durkheimiana norterará o estudo tanto da gênese como do funcionamento das instituições sociais, as quais, como vimos, são para Durkheim o objeto primordial da Sociologia.

– AS FORMAS DE SOLIDARIEDADE SOCIAL.

Durkheim pretendia que a Sociologia, através da morfologia social, chegasse a elaborar uma classificação geral das sociedades segundo o seu grau de complexidade, ou, mais exatamente, segundo o grau de complexidade de seu "meio social interno". Em sua concepção, a classificação em espécies ou tipos homogêneos seria um instrumento fundamental para o estabelecimento de *comparações* válidas entre sociedades diferentes – único método, a seu ver, pelo qual a Sociologia poderia descobrir relações necessárias de causa e efeito entre os fatos sociais.

O próprio Durkheim não chegou a desenvolver tal esquema classificatório. Limitou-se a esboçar o que seriam as bases teóricas para sua elaboração, inspirando-se em idéias interiores de Spencer.

Como Spencer, Durkheim acreditava que as "espécies" sociais, à semelhança das espécies vivas, podem ser classificadas numa escala evolutiva das mais simples às mais complexas. Em *As Regras do Método Sociológico,* ele caracteriza a "horda" como a espécie mais simples de sociedade, apresentando-a como "um agregado social que não abrange e que nunca abrangeu qualquer outro agregado mais elementar e que se decompõe imediatamente em indivíduos". Definida essa unidade social irredutível, a Sociologia estaria apta a "construir a escala completa dos tipos sociais", distinguindo "tantos tipos fundamentais quantas são as maneiras como a horda se organiza a ela própria para dar origem a sociedades novas e as maneiras como estas se combinam entre si".

Mais significativa e original, no entanto, é a contribuição durkheimiana na caracterização dos dois tipos extremos de sociedade que corresponderiam ao inferior e superior da escala evolutiva que deixou apenas sugerida. Tais tipos consistem em duas formas de "solidariedade social" ou em dois princípios de integração entre indivíduos e grupos no interior da sociedade: a *solidariedade mecânica* e a *solidariedade orgânica.* Vejamos em detalhe o que são essas solidariedades.

Solidariedade Mecânica: o Princípio das Semelhanças

Já assinalamos, páginas atrás, que em *A Divisão do Trabalho Social* Durkheim caracterizou o conceito de consciência coletiva como um dos princípios básicos de integração social.

A tese durkheimiana afirma que onde a consciência coletiva exerce um papel preponderante como princípio de integração social a sociedade se apresenta como um "conjunto mais ou menos organizado de crenças e sentimentos comuns a todos os membros do grupo". É, portanto, a *semelhança* de crenças e sentimentos o que mantém os indivíduos e grupos unidos nesse tipo de sociedade: todos exercem aproximadamente as mesmas atividades, observam os mesmos costumes, cultuam os mesmos deuses.

Do ponto de vista da oposição entre consciência coletiva e consciência individual, isso implica que nas sociedades baseadas na solidariedade orgânica a integração social será tanto maior quanto mais a consciência individual se identificar com a consciência coletiva.

Com efeito, se a integração dos indivíduos e grupos na sociedade se baseia inteiramente nas semelhanças entre eles, qualquer conduta que se afaste, por pouco que seja, do tipo coletivo acarreta necessariamente um enfraquecimento da solidariedade social. Por isso, observa Durkheim, nas sociedades onde a solidariedade mecânica está muito desenvolvida, "o indivíduo não se pertence (. . .), ele é literalmente uma coisa, da qual a sociedade dispõe".

Para Durkheim, a solidariedade mecânica é o princípio que preside a organização das sociedades ditas primitivas – como as tribais – onde se observa realmente uma extraordinária homogeneidade econômica e cultural entre clãs, famílias e os próprios indivíduos. Em *A Divisão Social do Trabalho* ele defende a tese – posteriormente revista – de que o papel deste tipo de solidariedade tende a declinar nas sociedades modernas. Mas mesmo admitindo essa hipótese Durkheim não pretendia que a solidariedade mecânica fosse um princípio exclusivo das sociedades menos evoluídas. Ele via esse tipo de solidariedade antes como um princípio de integração operante em *todas* as sociedades, das mais simples às mais complexas, embora com graus diferentes de importância.

Solidariedade Orgânica: o Princípio da Diferenciação

Como conceitos extremos (*polares*), solidariedade mecânica e solidariedade orgânica representam, nas palavras de Durkheim, "duas faces de uma única realidade, mas nem por isso têm menor necessidade de ser distinguidas".

Para resumir a oposição entre as duas, pode-se dizer que enquanto a solidariedade mecânica é a integração social baseada nas semelhanças, a solidariedade orgânica é a integração realizada a partir da *diferenciação* entre indivíduos e grupos no interior da sociedade.

Onde predomina esse princípio de integração, sublinha Durkheim, a sociedade aparece como um "sistema de funções diferentes e especiais, que unem relações definidas". Em outras palavras, trata-se da solidariedade produzida pela *divisão de trabalho,* que supõe precisamente a diferenciação e a complementaridade de funções como forma de cooperação e entre os membros da sociedade.

Quando a divisão do trabalho é pouco desenvolvida, todos fazem de tudo um pouco e cada grupo, às vezes cada indivíduo, precisa muito pouco do concurso dos outros para obter aquilo que necessita para sua sobrevivência. Cabe então à força das crenças e costumes comuns (à consciência coletiva) manter os indivíduos e grupos integrados num todo maior que eles próprios – a sociedade – vencendo a tendência ao isolamento. Com o desenvolvimento da divisão do trabalho rompe-se a auto-suficiência dos grupos, dando lugar a uma relação de dependência mútua.

O desenvolvimento da divisão do trabalho supõe, no entanto, especialização. E esta não é mais que uma forma de acentuar as diferenças entre os indivíduos, em contraste com a situação anterior que fazia acentuar as semelhanças.

Conseqüentemente, enquanto a solidariedade mecânica é tanto mais forte quanto mais a consciência individual for recoberta pela consciência coletiva, a solidariedade orgânica só se fortalece quando "cada um tem uma esfera de ação que lhe é própria" e pode, assim, afirmar sua individualidade. Durkheim esclarece que se por um lado cada um depende mais estreitamente da sociedade quanto mais dividido esteja o trabalho, por outro a atividade de cada um é tanto mais pessoal quanto mais especializada ela for.

É claro que a solidariedade orgânica atinge seu máximo nas sociedades modernas. Nelas a indústria e comércio levam às últimas conseqüências a divisão do trabalho, ampliando em todos os níveis o campo para a especialização dos indivíduos e grupos ao mesmo tempo que os integra numa vasta teia de dependência mútua.

Direito e Formas de Solidariedade

Seguindo seu método de partir dos caracteres mais exteriores e mais imediatamente acessíveis para apreender os aspectos menos visíveis e mais profundos da realidade social, Durkheim busca definir um índice observável que lhe permita detectar a influência relativa da solidariedade mecânica e da solidariedade orgânica em diferentes sociedades em distintas fases de sua evolução. Ele encontra tal índice no *direito*.

Nas sociedades baseadas na solidariedade mecânica, afirma Durkheim, a totalidade das semelhanças sociais, constituída pela consciência coletiva, liga diretamente o indivíduo à sociedade. Além de consistir num apego geral e indeterminado do indivíduo ao grupo, tal solidariedade também torna harmônico cada detalhe dos movimentos da sociedade.

Para preservar essa harmonia, a sociedade deve assegurar acima de tudo a subordinação da consciência individual à consciência coletiva, que é a pedra de toque da integração social. Por isso, onde prevalece a solidariedade mecânica as leis proíbem e punem:

1º Os desvios muito grandes da conduta individual em relação à conduta prevista pela consciência coletiva.

2º As ofensas ao "órgão da consciência comum" – chefe tribal, hierarquia religiosa, suserano feudal, Estado centralizado – visto por Durkheim como o símbolo que exprime, resume e garante o primado da consciência coletiva.

Nem todas as "paixões coletivas" são *úteis*, admite o autor, já que podem corresponder a circunstâncias históricas ultrapassadas. Mas, desde que integrante da consciência coletiva, toda paixão (ou seja, toda crença ou sentimento) precisa ser protegida de atos que a ofendam, sob pena de enfraquecer a solidariedade mecânica. Por isso a função primordial da punição é manter intacta a coesão social, mantendo toda a vitalidade da consciência comum.

À solidariedade mecânica corresponde, portanto, um tipo especial de direito: o direito *repressivo*.

Em contraste, onde predomina a solidariedade orgânica, a integração do todo social não depende tanto da vigência de um sistema de crenças e sentimentos comuns a todos, mas de uma moral profissional para cada atividade especializada e de normas legais que viabilizem sua dependência mútua.

Segundo Durkheim, a sociedade que repousa o mais completamente possível sobre a divisão do trabalho não está constituída como poeira de grãos justapostos, entre os quais só se podem estabelecer contatos exteriores e passageiros. Seus membros permanecem unidos por laços que se estendem bem além dos breves momentos de troca entre eles. Cada função que eles exercem é constantemente dependente das demais, e forma com elas um sistema solidário. Assim, da natureza da tarefa escolhida derivam deveres permanentes. Diz ele: "Devido ao fato de exercermos determinada função doméstica ou social, ficamos presos numa rede de obrigações da qual não temos o direito de nos libertar".

Em tais condições, a função do direito não é tanto de punir as condutas desviantes, mas impor a reparação dos prejuízos causados pelo descumprimento das obrigações profissionais ou funcionais. Assim, à solidariedade orgânica corresponde um outro tipo de direito: o direito *restitutivo.*

Causas do Progresso da Divisão do Trabalho

O que Durkheim classifica como direito repressivo compreende tudo aquilo que em linguagem jurídica se denomina direito penal; e o que ele classifica como direito restitutivo inclui o direito civil, o direito comercial, o direito processual, o direito administrativo e constitucional, com exclusão das regras penais que podem ser encontradas nesses ramos de Direito.

Comparando a extensão desses dois tipos de direito em diferentes situações históricas, Durkheim conclui pelo aumento progressivo da importância do direito restitutivo nas sociedades modernas. Isso lhe vale como prova do aumento da influência da divisão do trabalho como fator de integração social.

Em termos mais amplos, o progresso da divisão do trabalho lhe aparece como o fio condutor do processo evolutivo que liga as formas de sociedade mais simples às mais complexas.

Quais causas explicam, entretanto, o progresso da divisão do trabalho ao longo da evolução social?

Responde Durkheim que a divisão do trabalho progride devido ao fato de que os segmentos sociais perdem sua individualidade, e as barreiras que os separam se tornam permeáveis. Em outros termos, efetua-se entre os segmentos sociais uma aderência que deixa a matéria social livre para entrar em novas combinações.

Fiel à orientação geral do seu método, Durkheim busca assim explicar um processo relevante observado ao nível da fisiologia social (a extensão das "maneiras de fazer" características da divisão do trabalho) por mudanças concomitantes da morfologia social – a saber, a progressiva coalescência dos segmentos ou grupos secundários que compõem a sociedade.

Ele afirma que o sentido geral da evolução das sociedades conduz de uma "estrutura segmentar" a uma "estrutura organizada". Na primeira, a debilidade dos laços entre os segmentos sociais se traduz na existência de "vazios morais" que os separam. A vida social se generaliza quando tais vazios se somam, desaparecendo. Desse modo a sociedade se torna madura para o aparecimento de formas mais complexas de cooperação entre os indivíduos e grupos.

Portanto, a divisão do trabalho progride tanto mais quanto mais existam indivíduos que estejam suficientemente em contato para poder agir e reagir uns sobre os outros. Destaca Durkheim que "se convencionarmos chamar de *densidade dinâmica ou moral* a esse relacionamento e ao comércio ativo que dele resulta, poderemos dizer que os progressos da divisão do trabalho estão em relação direta com a densidade moral ou dinâmica da sociedade".

Por seu turno, o aumento da densidade moral ou dinâmica é acompanhado e exteriormente identificável, pelo aumento da *densidade material* da sociedade, ou seja, pelo estreitamento da distância física entre os indivíduos. A progressiva "condensação" da sociedade pode, assim, ser apreendida através de três processos observáveis:

1º A concentração da população no território, traduzindo-se em aumento da densidade populacional e acompanhando a união de grupos anteriormente dispersos.

2º A formação e o desenvolvimento de cidades, cuja multiplicação e crescimento têm por pressuposto precisamente o aumento da densidade moral da sociedade.

3º O aumento do número e da rapidez das vias de comunicação e transmissão.

Além do aumento da densidade dinâmica ou moral que esses três indicadores permitem detectar, observa Durkheim, é o aumento das dimensões absolutas ou do "volume" da sociedade que determina o processo da divisão do trabalho. Mas o aumento do volume só tem esse efeito quando acompanhado por um aumento correspondente da densidade. Daí a seguinte proposição geral:

"A divisão do trabalho varia na razão direta do volume e da densidade das sociedades, e se ela progride continuamente no decorrer do desenvolvimento social é porque as sociedades se tornam regularmente mais densas e geralmente mais volumosas."

– FATO PATOLÓGICO E ANOMIA.

Do ponto de vista de Durkheim – é bom recordar – a Sociologia se dedica basicamente ao estudo da gênese e do funcionamento das instituições sociais. Em outras palavras, a explicação sociológica consiste, por um lado, na determinação das *causas* do aparecimento das instituições (causas estas que devem ser buscadas de preferência na constituição do meio social interno), e, por outro lado, na determinação de seus *efeitos* socialmente úteis.

Nesse sentido, dizer que as instituições "funcionam" implica afirmar que elas possuem *funções sociais*, ou seja, que as atividades por elas governadas correspondem a determinadas necessidades da sociedade*.

Como já vimos, dentro desse modelo de explicação Durkheim preocupou-se em determinar a gênese das instituições ligadas à divisão do trabalho na sociedade moderna, descobrindo-lhes a causa primária da expansão no aumento progressivo do volume e da densidade dinâmica da sociedade. Ao mesmo tempo, ele indaga da função da divisão do trabalho, caracterizando-a do ponto de vista dos seus efeitos como princípios de integração social.

* Sobre o conceito de "função social", ver o Capítulo 4 .

Na teoria durkheimiana, no entanto, o suposto de que toda instituição cumpre ou pode ter cumprido uma função social determinada liga-se de perto a outra concepção: a de que cabe ainda à Sociologia determinar o caráter *normal* ou *patológico* dos fatos sociais. Durkheim lança mão dessas noções para caracterizar, ao lado dos efeitos úteis, as conseqüências por ele consideradas indesejáveis do progresso da divisão do trabalho na sociedade moderna.

Normal *versus* Patológico

Durkheim assevera que "a função de um fato social deve ser procurada na relação existente entre ele e determinado fim social". Porém, como os fins ou necessidades da sociedade mudam ao longo da evolução, muitas vezes as instituições sobrevivem à sua função – já não produzem efeitos socialmente úteis, mas por inércia continuam a existir.

Isso significa que a funcionalidade de uma instituição não é um dado absoluto, mas relativo ao tipo de sociedade a que ela pertence e à fase de desenvolvimento em que esta se encontre.

O mesmo se aplica à distinção entre o normal e o patológico. Partindo de uma analogia entre sociedade e ser vivo, Durkheim define a normalidade dos fatos sociais pela sua *generalidade* na "espécie" social a que pertencem.

Dado um fenômeno sociológico qualquer, assim como um fenômeno biológico, para Durkheim são normais aquelas de suas formas que se repetem em todos os casos observados, ou pelo menos na maioria, invariavelmente ou variando dentro de limites estreitos. Em Biologia tais limites são definidos pelo "tipo médio" que reúne os traços anatômicos e fisiológicos gerais numa espécie animal ou vegetal; é normal o indivíduo cujos traços se enquadram nesse padrão de saúde, e patológico aquele que se afasta significativamente dele. Analogamente, em Sociologia, uma instituição, uma prática costumeira, uma regra moral, serão consideradas normais ou patológicas conforme se aproximem ou afastem, respectivamente, do tipo "médio" da sociedade.

As "espécies" sociais, porém, mudam muito mais depressa que as espécies biológicas. Isso cria um problema complicado para o sociólogo. É muitas vezes, em períodos de *transição* acelerada, "o único tipo normal no momento realizado e encontrado nos fatos, é o tipo vindo do passado, que portanto não está mais em relação com as novas condições de existência. Um fato pode, assim, persistir em toda a extensão da espécie, embora não correspondendo mais às exigências da situação".

Assim, ao lado da normalidade "de fato" representada pela generalidade do fenômeno na espécie social correspondente, cabe ao sociólogo determinar-lhe a normalidade "de direito". Será considerado normal, desse ponto de vista, o fenômeno que "se liga às condições de existência da espécie considerada, seja como efeito mecanicamente necessário de tais condições, seja como meio que permite aos organismos se adaptarem a essas mesmas condições."

Divisão de Trabalho e Anomia

Como bem observa Steven Lukes, o critério "de direito" da normalidade – correspondência do fenômeno às condições gerais de vida social – por vago que seja, é necessário a Durkheim para definir o caráter anormal ou patológico de certos efeitos da divisão do trabalho, não em relação à sociedade atual de sua época, mas a uma hipotética sociedade ajustada do futuro.

Já sabemos que para Durkheim a divisão do trabalho é o fator preponderante de integração social na sociedade moderna. Mas, para que a diferenciação dos indivíduos e grupos trazida pela divisão do trabalho resulte em solidariedade orgânica efetiva, não basta que eles se sintam solidários porque são mutuamente dependentes – "é preciso ainda que a maneira por que eles devem cooperar, se não em toda espécie de encontros pelo menos nas circunstâncias mais freqüentes, seja predeterminada". Em outras palavras, a solidariedade orgânica requer uma regulamentação suficientemente complexa das condições de cooperação entre indivíduos e grupos diferenciados.

Na falta de regras específicas, as condições de cooperação deveriam ser rediscutidas em cada caso pelas partes interessadas. Com isso os conflitos se tornariam inevitáveis e recorrentes, e a solidariedade seria mais virtual que real.

Ora, mas é precisamente essa ausência de regras, ou seja, essa situação de *anomia,* o que se observa em importantes aspectos da vida econômica na sociedade moderna – assevera Durkheim.

Para ele, a fusão dos mercados locais em mercados nacionais e num único mercado mundial rompeu o contato direto entre produtores e consumidores. Em conseqüência "a produção sente falta de freios e regras; ela só pode tatear às cegas e, assim, é inevitável que a medida exata não seja atingida, ocorrendo faltas e excessos. Vêm daí as crises que periodicamente perturbam as funções econômicas. O crescimento das crises locais e restritas, que são as falências, é, muito provavelmente, um efeito dessa mesma causa".

Idêntica falta de regras é observada nas relações entre o capital e o trabalho. Com o desenvolvimento da grande indústria, a intensificação do ritmo de trabalho e a influência das grandes aglomerações contribuem para aumentar as necessidades dos trabalhadores. Ao mesmo tempo, nas novas condições de trabalho, o operário se vê afastado da família e do contato direto com o empregador. "As novas condições da vida industrial reclamam, naturalmente, uma nova organização", observa Durkheim; "porém, tais transformações aconteceram com extrema rapidez e os interesses em conflito ainda não tiveram tempo de se equilibrar."

Durkheim assinala que em todos esses casos é o estado de anomia em que se encontram as relações sociais a razão pela qual a divisão do trabalho engendra conflito em vez de solidariedade. Em síntese, não há correspondência entre as regras jurídicas e morais estabelecidas e as condições sociais geradas pelo progresso da divisão do trabalho, o que caracteriza uma situação anormal ou patológica.

No Capítulo 3 veremos como Durkheim apresenta o retorno ao corporativismo como fórmula capaz de superar os efeitos patológicos da divisão do trabalho e restituir um "saudável" equilíbrio à sociedade moderna.

2. O Princípio da Coesão Social: Interesses e Dominação (Weber).

Durkheim nega por princípio toda distinção entre Sociologia e Ciências Naturais no que se refere aos requisitos da objetividade científica. Max Weber parte do princípio de que existe uma distinção para, numa linha de argumentação de grande originalidade, mostrar que nem por isso a Sociologia está obrigada a se conformar com um padrão inferior ou menos rigoroso de objetividade.

Weber, como Durkheim, considera a observação rigorosa dos fatos a base insuperável do conhecimento científico em qualquer campo. Mas Durkheim inclui entre os "fatos" sociais o suposto básico do qual pretende deduzir as próprias regras do seu método sociológico, ou seja, que a sociedade constitui um todo orgânico integrado, exterior aos indivíduos. Para Weber, no entanto, o que a observação da vida social revela de imediato é uma multidão de ações humanas cujo próprio caráter social reside exclusivamente no significado interior, ou seja, no sentido objetivo que possuem para os indivíduos que as praticam.

Por se dedicar ao estudo da classe especial de fenômenos que são as ações humanas, o sociólogo, segundo Weber, pode conhecer seu objeto de uma maneira inacessível ao cientista natural. Este limita-se a estabelecer relação de causalidade mecânica exterior entre os fenômenos. O sociólogo, por ser ele próprio homem, é capaz, além disso, de *compreender* as ações humanas em suas conexões significativas interiores.

E o que isso quer dizer?

Tomemos um exemplo. O fisiologista, quando se pergunta "por que pulsa o coração?", busca uma explicação que destacará as causas e efeitos do pulsar do coração na atividade total do organismo. O sociólogo, quando se pergunta "por que o empresário capitalista reinveste a maior parte do lucro em vez de esbanjá-lo?", não quer conhecer apenas as causas e os efeitos do investimento no conjunto da atividade econômica; quer antes saber dos interesses, das idéias, dos *motivos* que levam o empresário, como ser consciente e inteligente, a organizar sua atividade dessa maneira e não de outra.

Mas só o indivíduo é capaz de atividade significativa, pois só ele – e não a sociedade e seus grupos intermediários – tem consciência e inteligência para dar sentido subjetivo a suas ações. Por isso as formas de organização social, das mais simples às mais complexas, são na Sociologia weberiana reduzidas ao mínimo denominador comum da ação humana individual.

Se os indivíduos admitem corretamente a existência de "formações sociais" como o Estado, a família, a Igreja, cabe ao sociólogo tentar compreender essas representações e determinar exatamente como elas influenciam a ação efetiva dos que por elas se orientam. Sem esquecer, entretanto, que como representações elas só existem realmente na cabeça dos indivíduos. E no plano prático, "não são mais que desenvolvimentos e entrelaçamentos de ações específicas de pessoas individuais, já que tão-somente essas podem ser sujeitos de uma ação orientada por seu sentido".

Embora podendo aceitar a idéia durkheimiana de que a vida social consiste principalmente de representações, Weber rejeitaria terminantemente toda tentativa de descrevê-la em termos de "representações coletivas" exteriores aos indivíduos e independentes de sua vontade.

Também rejeita as tentativas de apreender *in totum* a vida social – seja na forma de totalidade orgânica, como em Durkheim, seja na forma de um princípio inequívoco de desenvolvimento histórico, como em Marx. Para Weber a vida social não constitui em si mesma uma realidade ordenada, mas a trama inesgotável de ações individuais cujas regularidades de fato (aquelas de que se ocupa especificamente a Sociologia) representam arranjos transitórios no fluxo contínuo e essencialmente caótico da História.

Mas, como produzir uma ciência do que em si mesmo é desordenado – a sociedade em perpétua mudança – quando se sabe que o conhecimento científico supõe a ordenação do objeto estudado?

Weber encontra a solução desse dilema nos *valores culturais* do pesquisador, e que são os valores da sua época ou do grupo social a que pertence. Contrariando Durkheim, Weber considera que esses valores não podem ser pura e simplesmente jogados fora como pré-noções, mas devem ser utilizados como instrumento pelo qual o pesquisador introduz um princípio de ordem na realidade, dela selecionando aspectos culturalmente significativos para estudo.

Em sua obra *A Objetividade do Conhecimento nas Ciências e na Política Sociais,* Weber assinala:

"Todo conhecimento da realidade infinita mediante o espírito humano finito baseia-se na premissa tácita de que só um fragmento de tal realidade pode constituir o objeto da compreensão científica, e que só ele é 'essencial' no sentido de ser 'digno de ser conhecido'."

Mais adiante, no mesmo ensaio, acrescenta, a propósito do caos de percepções particulares que seria um conhecimento desprovido de premissas:

"Esse caos só pode ser ordenado sob a condição de que em cada caso unicamente uma parte da realidade individual tem importância para nós, já que só essa parte está relacionada com as idéias de valor cultural com as quais abordamos a realidade. Portanto, só alguns aspectos dos fenômenos particulares infinitamente diversos, precisamente aqueles aos quais conferimos significado geral, merecem ser conhecidos, pois só eles são objetos de explicação causal."

Sim, como cientista, Weber estima que só a observação dos fatos pode dar resposta às questões levantadas a respeito da realidade. Mas, a própria observação não lhe parece capaz de determinar *que questões* são relevantes, isto é, quais aspectos da realidade social devem ser selecionados para estudo. Tal seleção, reconhece ele, reflete necessariamente os valores do pesquisador.

Isso não quer dizer que do ponto de vista weberiano o conhecimento sociológico se reduza, afinal, a mera projeção dos valores do pesquisador – o que tornaria a objetividade científica um ideal inatingível nas Ciências Sociais. Significa, antes, que nestas a objetividade será sempre considerada *relativa a valores.* Há, por assim dizer, tantas Sociologias quantos forem os possíveis critérios valorativos empregados na construção do seu objeto. Cada uma será igualmente objetiva se, uma vez selecionados os problemas que a interessam, fizer da observação dos fatos a base exclusiva de suas generalizações.

A sociedade não se apresenta a Weber como um todo orgânico integrado, mas como o palco de uma luta incessante entre indivíduos orientados por valores distintos e equivalentes cuja coesão ocorre em situações sempre cambiantes de interesses e dominação.

– SOCIOLOGIA, A CIÊNCIA DA AÇÃO SOCIAL.

Para Weber a Sociologia é uma ciência que pretende compreender a ação social, interpretando-a, para dessa maneira explicá-la causalmente em seus desenvolvimentos e efeitos. E em sua metodologia a compreensão consiste na captação do sentido subjetivo da ação – algo distinto dos nexos exteriores de causa e efeito que a envolvem. E ele distingue a Sociologia e a História (ciências empíricas da ação) das disciplinas "dogmáticas" como a Jurisprudência, a Ética, a Lógica, que se preocupam em definir o sentido "exato", "verdadeiro" ou "justo" de seus objetos. A Sociologia e a História só se interessam pelo sentido *visado subjetivamente* pelos indivíduos no curso de sua atividade real, o sentido pelo qual eles orientam suas ações na prática. Portanto, é necessário compreender esse sentido para tornar inteligível a atividade humana.

Vale a pena, pois, examinar mais detidamente o papel que Weber reserva à compreensão na Sociologia para, a partir daí, verificarmos como ele aborda a construção dos conceitos sociológicos básicos.

A Compreensão

Compreender a ação humana, para Weber, é captar seu sentido subjetivo. Considerada desse modo, a compreensão não é um processo exclusivo do conhecimento científico. Qualquer pessoa passa boa parte de seu cotidiano tratando – com maior ou menor sucesso – de compreender as ações de outras pessoas, embora nem sempre se dê conta disso.

Mas, em que se baseia nossa compreensão da conduta humana? Que tipo de operação mental realizamos quando damos por compreendidos os atos de alguém?

Na vida cotidiana a maioria das ações que observamos tem para nós um sentido evidente, tão evidente que parece estampado no próprio desenvolvimento exterior da ação.

Imagine que você chega à casa de seus pais no fim do dia, vai até a cozinha e encontra sua mãe lidando com panelas no fogão, como costuma fazer todas as tardes. Você não precisa perguntar-lhe para saber que ela está preparando o jantar, que é com essa finalidade que ela mexe nas panelas e no fogão. Da mesma forma, se no momento em que você entra na cozinha ela se distrai, encosta a mão numa panela quente e dá um grito, não é preciso que ela lhe diga para você saber o que ela está sentindo – você sabe que ela gritou de dor.

Weber denomina *compreensão atual* esse tipo de captação de sentido que decorre diretamente do curso observável da ação.

Mas nem sempre a simples observação de uma ação nos parece suficiente para atribuir-lhe sentido. E quase sempre é possível descobrir numa ação, por mais transparente que pareça, sentidos que não podiam ser apreendidos à primeira vista.

Continuando com o mesmo exemplo, suponha que ao chegar à casa de seus pais você encontre sua mãe, não cozinhando, mas arrumando as malas. Nesse caso não bastaria olhar para compreender. Seria preciso perguntar a ela para saber, digamos, que uma tia está passando mal em outra cidade e que sua mãe foi chamada às pressas. Poderia acontecer de ela estar cozinhando, mas com uma finalidade especial que você não adivinharia sem que lhe dissessem: vai chegar uma tia que mora em outra cidade, e ela está preparando um prato mais caprichado.

Weber denomina *compreensão explicativa* esta que não se detém no sentido aparente da ação, mas apela para seus motivos subjacentes.

Em qualquer hipótese, seja a compreensão atual ou explicativa, damos uma ação por compreendida quando seu sentido nos parece *evidente.* Compreender, desse modo, é captar a evidência do sentido de uma ação, independentemente de qualquer investigação científica.

Mas há graus de compreensão, pois nem todas as ações são igualmente evidentes em seu sentido. Para Weber, o grau máximo de evidência é o obtido na compreensão intelectual de uma atividade racional. É esse o tipo de evidência que nos permite compreender um enunciado matemático como 2 + 2 = 4, por exemplo. E é também o que torna compreensível as ações nas quais se verifica uma congruência racional entre os *fins* visados pelo indivíduo e os *meios* que ele emprega. Assim,o comportamento da mulher na cozinha é compreensível porque a maneira como ela lida com as panelas e com o fogão é evidentemente compatível com a finalidade suposta de preparar uma refeição.

No extremo oposto poderíamos imaginar a conduta de um "médium" possuído por um espírito. Vendo-o girar e se contorcer murmurando palavras estranhas, podemos considerar que esse homem acredita em tais ou quais espíritos e acha que está sendo possuído por um deles. Dificilmente, contudo, poderíamos apreender realmente o sentido subjetivo de sua conduta. Que sensações ele tem? Qual a intensidade da sua crença? Afinal, o que se passa "dentro dele"? Impossível saber ao certo se não passamos nós mesmos por uma experiência igual ou parecida.

Aparentando ser dominado por emoções fortíssimas, o "médium" dá a impressão de agir irracionalmente. Isso não quer dizer que sua ação seja incompreensível porque é irracional. Um grito de dor também é irracional – a expressão irrefletida de uma sensação – mas nem por isso deixa de ser compreendido.

Para Weber, no entanto, a ação que liga racionalmente meios a fins permanece como a mais importante para interpretação significativa, sendo as várias formas de conduta irracional interpretadas, o mais das vezes, como graus de afastamento em relação a uma hipotética conduta irracional.

Tipo Ideal e Causalidade

Na Sociologia weberiana a compreensão é um instrumento básico, mas não é tudo. Julien Freund sublinha que:

"O verdadeiro problema de Weber é outro e se situa em dois níveis diferentes: 1º, estabelecer, com base na compreensão, um tipo ideal racional e evidente da atividade social, que seja compatível com a interpretação racional (. . .) e que facilite o trabalho científico, e 2º, dar ao seu método compreensivo a maior validade objetiva possível."

Nesse contexto, o que vem a ser "tipo ideal"? É preciso assimilar bem a noção se queremos prosseguir com êxito em nossa incursão introdutória pela Sociologia weberiana.

Em Weber a noção de tipo ideal decorre da concepção acerca da infinita complexidade do real diante do alcance limitado dos conceitos elaborados pela mente humana. Todo conceito seleciona alguns aspectos da realidade infinita, enquanto exclui outros – seleção que é sempre, consciente ou inconscientemente, orientada por valores.

Na construção de um tipo ideal, o sociólogo seleciona aspectos da ação humana que considera culturalmente relevantes para o estudo. E o faz segundo seus próprios valores. Ao mesmo tempo, busca dar consistência lógica a esses aspectos, relacionando-os com uma precisão que não se observa na realidade. De acordo com Weber, o tipo ideal é obtido pondo-se acento unilateralmente em um ou em vários pontos de vista e encadeando-se uma multidão de fenômenos isolados, difusos e discretos, que se encontram ora em grande número, ora em pequeno número, até o mínimo possível. Tais fenômenos devem ordenar-se segundo os pontos de vista previamente escolhidos unilateralmente para formarem um quadro de pensamento homogêneo. Contudo, se essa definição é algo nebulosa, um exemplo concreto nos ajudará a esclarecê-la.

Imagine que você tem interesse em estudar os motivos que levam as mulheres casadas a trabalhar fora de casa ou, alternativamente, a ficar em casa cuidando dos filhos. Do ponto de vista weberiano essa simples escolha de um tema de investigação já implica uma seleção baseada em critérios de valor. Você poderia se interessar por outros aspectos da sociedade moderna que não estivessem diretamente ligados à condição da mulher. Por outro lado, estudando atitudes da mulher, nada impediria que o tema escolhido fosse os motivos que levam as moças de menos de 25 anos a pintar ou deixar de pintar as unhas nos fins de semana. Sua atenção, no entanto, centrou-se no comportamento das mulheres casadas em relação ao trabalho porque a questão lhe pareceu culturalmente relevante. Pelo menos muito mais relevante que a questão de pintar as unhas nos fins de semana.

Weber indica, no entanto, que a seleção não termina na escolha do problema. Uma vez que o problema foi definido, suponhamos que você saia a campo e comece a entrevistar mulheres que trabalhem e que não trabalhem fora de casa, tentando descobrir por que elas adotam esta ou aquela conduta ante a vida. É óbvio que você se verá diante de grande variedade de respostas e situações, e cada uma delas bastante complexa por si só. Você descobrirá que, provavelmente, as mulheres entrevistadas não têm, nenhuma delas, um único motivo para se conduzir assim, mas um conjunto de motivos que se misturam de tal maneira que elas mesmas se vêem confusas ao tentar interpretá-los ou explicá-los.

A questão, então, é como pôr ordem nessa confusão de dados?

A metodologia weberiana indica como correto o seguinte procedimento: o pesquisador deve partir de pontos de vista escolhidos unilateralmente para estabelecer, com a máxima clareza possível, um ou vários *tipos* de motivos que levam as mulheres casadas a trabalhar ou a não trabalhar fora. Um motivo típico seria, digamos, o econômico: a mulher decide trabalhar fora quando a renda do marido não chega para o padrão de vida desejado pelo casal, e o que a mulher pode ganhar trabalhando fora é mais do que a despesa adicional trazida por sua ausência de casa. Outro motivo típico poderia ser a necessidade de realização pessoal: a mulher vai trabalhar fora quando sente que precisa de uma atividade própria para se afirmar como indivíduo, ou fica em casa quando se contenta em desempenhar o papel doméstico de esposa e mãe.

Poderiam ser criados numerosos tipos semelhantes enfocando diferentes aspectos da mesma situação. Para Weber, uma dimensão qualquer da ação humana admite sempre a construção de vários tipos, sem que nunca se esgote a complexidade infinita da realidade. Por essa razão, nenhum dos tipos construídos deve ser considerado mais que um instrumento *limitado* e *provisório* de investigação. A expressão "ideal" sublinha precisamente o fato básico de que os tipos sociológicos só existem no plano das idéias, não na realidade.

Voltando à nossa pesquisa hipotética, no plano real é pouco provável que uma mulher resolva trabalhar fora por motivos puramente econômicos, puramente de realização pessoal e assim por diante. Quase sempre sua atitude se funda numa intrincada combinação de motivos. Mas se estabelecermos tipos puros de motivação

(Weber denomina seus conceitos alternativamente "tipos ideais" ou "tipos puros"), poderemos dar rigor à nossa compreensão de cada caso particular. Como sublinha Julien Freund, "o verdadeiro papel do tipo ideal é, pois, ser um fator de inteligibilidade". No âmbito da pesquisa ele opera como uma espécie de "metro". E também funciona como instrumento quando o sociólogo trata de expor os resultados de sua investigação, fornecendo meios de expressão unívocos e precisos.

Weber não se detém, no entanto, na construção de tipos ideais aplicáveis à ação humana. Preocupa-se, também, em dar validade objetiva ao método compreensivo. De fato, os tipos ideais não constituem mais do que *hipóteses* de interpretação que devem ser confirmadas ou desmentidas pela imputação causal ou pela observação estatística. Ou seja, ele não se contenta em determinar o sentido subjetivo da ação, mas trata de verificar se tal sentido corresponde aos resultados efetivos da ação.

Mais uma vez retornando ao nosso exemplo, o que significa dizer que a decisão das mulheres casadas de trabalhar fora pode ser interpretada em termos de um motivo econômico típico? Significa apenas que, segundo a percepção do pesquisador, tal motivação é um componente relevante do sentido subjetivo dessa escolha. Somente a observação estatística poderá revelar, no entanto, se existe uma relação efetiva entre a decisão de trabalhar fora e a obtenção de vantagens econômicas reais. Em certos casos seria possível verificar, digamos, que as vantagens econômicas são mais supostas que reais: a mulher acredita sinceramente estar contribuindo para o orçamento familiar, mas na realidade a renda adicional que obtém fora de casa é menor do que as despesas acarretadas por sua ausência (condução, refeições, roupas, empregada doméstica, etc.).

Para Weber, o mero estabelecimento da relação causal exterior não tem nada a ver com a Sociologia especificamente, já que esta se caracteriza por lidar com as conexões significativas da ação humana. A interpretação dessas conexões interiores não substitui, no entanto, a pesquisa das causas, mas serve para orientá-la.

O conhecimento dos fenômenos sociais pretendido por Weber baseia-se, assim, no que ele denomina "causalidade significativa".

Tipos de Ação Social

A interpretação da ação humana através de tipos ideais volta-se para a apreensão do sentido subjetivo da ação. Conseqüentemente, é pelo seu sentido subjetivo que uma ação se define ou não como *social*, do ponto de vista weberiano.

O que importa fixar como essencial é que, de acordo com Weber, é social a ação cujo sentido *visado subjetivamente* se refere a ações de outros, de tal maneira que o seu sentido não seria o mesmo se – segundo a percepção do sujeito – os outros não agissem ou pudessem agir desta ou daquela maneira.

Daí decorre que ações idênticas ou semelhantes em seu desenvolvimento sejam ou não sociais dependendo do seu sentido subjetivo. Vamos a um exemplo.

Considere o indivíduo que fecha as cortinas do seu quarto antes de se deitar. Pode ser que ele simplesmente queira evitar que a claridade do sol o desperte cedo demais na manhã seguinte. Mas, também pode ser que deseje evitar o olhar indiscreto dos vizinhos que moram em frente. No primeiro caso sua ação está orientada pela expectativa de determinada reação de um objeto material e, portanto, nada tem de social. No segundo caso, a expectativa se refere à eventual indiscrição de um vizinho; trata-se, portanto, de uma ação social.

Segundo o critério weberiano, o próprio contato entre os homens pode não ter caráter social. Weber cita o exemplo de dois ciclistas, que se chocam acidentalmente, para ilustrar essa possibilidade; como o acidente se caracteriza precisamente pelo fato de que um não notou ou não soube prever as ações do outro, seu encontro é tão vazio de conteúdo social como o choque de duas pedras.

Além disso, há situações em que a conduta humana fica, por assim dizer, na fronteira da ação social. O torcedor que pula e grita num estádio de futebol orienta-se pelas ações de outros ou age sob a influência da multidão? E a criança, que copia os modos do adulto, age socialmente ou por simples imitação?

"O fundamento da fluidez desses casos", esclarece Weber, "reside em que a orientação pela conduta alheia e o sentido da própria ação de modo algum podem ser sempre precisados com toda clareza, nem são sempre *conscientes,* ou muito menos conscientes em toda plenitude."

Contudo, embora na realidade exista essa fluidez, no plano teórico a fronteira da ação social deve ser traçada com clareza.

Coerentemente com esse enfoque, Weber constrói os conceitos sociológicos básicos a partir de uma tipologia geral da ação social. Sempre ressalvando o caráter ideal desses tipos, ele distingue quatro categorias de ação por seu sentido subjetivo:

1º A ação *racional com relação a fins,* "determinada por expectativas no comportamento tanto de objetos do mundo exterior como de outros homens, e utilizando essas expectativas como 'condições' ou 'meios' para alcançar *fins* próprios e racionalmente avaliados e perseguidos".

2º A ação *racional com relação a valores,* "determinada pela crença consciente no valor — ético, estético, religioso ou de qualquer outra forma como seja interpretado — próprio e absoluto de determinada conduta, sem relação alguma com o resultado, ou seja, puramente em consideração desse valor".

3º A ação *afetiva,* "especialmente emotiva, determinada por afetos e estados sentimentais atuais".

4º A ação *tradicional*, "determinada por um costume arraigado".

Já vimos que a ação racional com relação a fins é a que geralmente proporciona ao pesquisador, de acordo com Weber, o grau máximo de evidência interpretativa. A orientação racional com relação a fins pode estar em diferentes relações com a racional em relação a valores. O indivíduo pode ser orientado pela crença racional num valor ao escolher um entre vários fins possíveis, sem se importar com as conseqüências previsíveis da escolha, mas daí em diante selecionar os meios utilizados no curso da ação exclusivamente segundo sua eficiência racional.

A ação afetiva, como a racional com relação a valores, distingue-se por não levar em conta suas conseqüências previsíveis. E tem em comum com a ação estritamente tradicional o fato de situar-se na fronteira da ação social propriamente dita, já que muitas vezes corresponde à expressão imediata e irrefletida de emoções fortes. Quanto à ação tradicional, observa Weber, "amiúde não é mais que uma obscura reação a estímulos habituais, que desliza na direção de uma atitude arraigada".

Oportunidades e Estrutura Social

Quanto à "relação" social, Weber esclarece que ela deve ser entendida como conduta de vários – "referida reciprocamente conforme seu conteúdo significativo, orientando-se por essa reciprocidade".

A idéia não é tão complicada quanto parece. Aliás, no essencial, coincide com as indicações dadas sobre o conceito de relação social no Capítulo 1. O que importa agora é entender que os indivíduos se relacionam através de suas ações quando estas, por seu sentido subjetivo, têm caráter recíproco.

Retomando o exemplo da farmácia: a mulher que se dirige ao balconista orienta-se pela expectativa de que este fornecerá os remédios receitados. De sua parte, o balconista age no sentido de preencher essa expectativa, esperando que a mulher pague a conta no final. Sabendo disso, a mulher naturalmente não iria à farmácia se não calculasse ter dinheiro suficiente para pagar a conta, e assim por diante. Essa teia de orientações recíprocas é que constitui a relação estabelecida entre a mulher e o balconista, respectivamente enquanto comprador e vendedor.

Mas, como vimos no Capítulo 1, quem se dirige à farmácia para comprar um remédio não pode ter de antemão a *certeza* de que receberá o remédio que necessita; em vez disso, imaginávamos, o balconista poderia cantar um bolero ou fazer qualquer outra coisa inesperada. Se apesar disso as pessoas continuam indo às farmácias comprar remédios é porque esse tipo de conduta inesperada, embora possível, é pouco provável.

Weber nos oferece a expressão teórica geral dessa constatação. Ele afirma:

"A relação social *consiste* só e exclusivamente – ainda que se trate de 'formações sociais' como 'Estado', 'igreja', 'corporação', 'matrimônio', etc. – na probabilidade de que determinada forma de conduta social, de caráter recíproco pelo seu sentido, tenha existido, exista ou venha a existir. Isso deve ser sempre considerado, para evitar a *substancialização* desses conceitos."

Weber aplica a noção de *oportunidade* à análise das atividades e relações sociais duradouras que constituem o objeto específico da Sociologia. Esta aplicação serve ao mesmo propósito de evitar a substancialização e explicitar o significado da ação humana individual como única base real dos conceitos sociológicos.

É partindo da noção de oportunidade que Weber procura mostrar de que maneira a ação recíproca dos indivíduos assume as formas duráveis que constituem o fundamento das estruturas sociais. Ele explica que são quatro os tipos fundamentais da atividade social duradoura – a saber:

1ª A atividade *societária,* correspondente à maioria das associações voluntárias (como clubes recreativos, partidos políticos, sindicatos) onde os participantes se orientam por regulamentos que eles mesmos estabelecem ou aceitam livremente.

2ª A atividade *por entendimento,* envolvendo relações cujo conteúdo significativo não é estabelecido em nenhum regulamento formal, mas que mesmo assim é aceito como obrigatório pelos participantes. Nesta categoria entram desde relações efêmeras como a de pessoas que se unem para socorrer uma que se afoga, até relações altamente duráveis como uma comunidade nacional ou racial.

3ª A atividade *institucional,* característica de organizações políticas como o Estado ou a tribo, assim como a família, das quais o indivíduo participa e a cujas normas se submete por nascimento, independentemente de sua vontade.

4ª A atividade de *agrupamento,* da qual os indivíduos participam sem obrigação e na ausência de qualquer regulamento explícito, mas que, mesmo assim, envolve uma autoridade capaz de determinar o sentido da ação recíproca. É, por exemplo, o caso da relação entre mestre e discípulos, entre profeta e adeptos, entre chefe carismático e partidários.

– AS FORMAS DA DOMINAÇÃO LEGÍTIMA.

Estendendo sua análise tipológica às formas de dominação social, a Sociologia weberiana distingue três tipos de dominação legítima, cada qual com sua base, a saber: a *legalidade,* a *tradição,* o *carisma.*

Apresentada em sua crueza a questão pode parecer mais complexa do que realmente é. No entanto, observando-a em detalhe podemos compreendê-la com maior clareza.

Weber procura demonstrar que a dominação legal apresenta como característica a noção mais ou menos disseminada do *direito.* Em sociedade, todo direito "vale em virtude de um procedimento racional" e consiste, na prática, em um conjunto de regras abstratas de caráter técnico ou normativo.

A análise weberiana destaca que, no universo social, a *justiça* consiste na aplicação das regras gerais aos casos particulares do direito; e que, por seu turno, a administração tem por objetivo a proteção dos interesses sociais nos limites do direito. Com isso, Weber focaliza o problema de que a autoridade dos governantes, baseada na legalidade, é limitada pela ordem impessoal do direito. E que os governados (os cidadãos, no contexto das sociedades modernas) só devem obediência a essa ordem impessoal.

Essa constatação é da maior importância para a compreensão posterior da análise que Weber faz da singularidade da racionalização no Ocidente e do Capitalismo. Sua visão sublinha que o exercício do domínio *legal* é um "empreendimento contínuo de funções públicas", empreendimento este que envolve regulamentos e registros escritos, bem como um corpo de funcionários especializados. Tanto assim que "a mais típica forma de domínio legal é a *burocracia*".

Quanto ao domínio baseado na tradição, Weber reúne as seguintes características fundamentais:

a) A autoridade *pessoal* do governante, investida por força do *costume.* trata-se, é claro, de uma autoridade discricionária, não submetida a princípios fixos e formais. Neste caso específico de dominação legítima, os governados são "pares" ou "súditos".

b) A autoridade pessoal advinda do costume, porém, é exercida nos limites da tradição. Quando esta se rompe, por qualquer motivo, torna-se provável a insubordinação, ou pelo menos a resistência à autoridade pessoal, por parte dos súditos.

c) Os servidores ligados pessoalmente ao chefe ou soberano substituem a administração burocrática. Em verdade, pertencem ao domínio tradicional tipos de dominação gerontocrática, tais como o "patriarcalismo", o "patrimonialismo", o "sultanismo", etc.

Segundo Weber, o domínio carismático possui também algumas características básicas, a saber:

a) É baseado no *carisma,* qualidade tida como excepcional de liderança, que se manifesta como uma espécie de magnetismo pessoal mágico e que leva a pessoa "carismática" a ter certa preponderância sobre as demais. Assim, o carisma pode estar presente num demagogo ou num ditador, num herói militar ou num líder revolucionário. É o carisma encarnado na pessoa do chefe que leva os liderados a se entregar emocionalmente a essa liderança pessoal.

b) O domínio carismático implica ruptura de uma dominação legal ou tradicional. Seu exercício se rege por normas e limites de autoridade fixados pelo líder carismático e não resultam de consenso. Por seu turno, o chefe não reconhece servidores ou funcionários, mas somente apóstolos, partidários ou discípulos.

c) Como última característica fundamental, o domínio carismático não visa estabilidade, mas "movimento". As iniciativas do chefe levam administrativamente à perturbação, que é a encarnação de um ideal e não de um direito ou de um regulamento. Segundo Weber, a noção carismática rejeita a representação política: ela é a cada instante tudo o que ela é ou a aparição "divina" de si mesma.

A Burocracia

A Sociologia weberiana conclui que, no mundo moderno, a burocracia é o exemplo mais típico do domínio legal, nos limites da legitimidade. E aqui vale a pena compreender bem o que Weber considerava como domínio legítimo.

Mostra-nos Julien Freund que para o ponto de vista weberiano nenhum domínio se contenta com a obediência que não passa de submissão exterior pela razão, por oportunidade ou por respeito. Toda espécie de domínio procura também despertar nas pessoas (integrantes do domínio) a fé em sua legitimidade.

Voltando, pois, à burocracia, Weber destaca que ela repousa nos seguintes princípios:

1º A existência de serviços definidos, o que conduz a competências precisamente determinadas por leis e regulamentos. Isso implica funções nitidamente divididas e distribuídas, da mesma maneira que são nitidamente divididos e distribuídos os poderes de decisão indispensáveis à execução das tarefas correspondentes.

2º A proteção dos funcionários no exercício de suas funções. Tal proteção é regida por um estatuto. Isto permite que as pessoas que se tornam funcionárias adotem, para a vida toda, o serviço público como profissão principal.

3º A hierarquia das funções, o que significa sistema administrativo fortemente estruturado em ocupações subalternas e cargos de direção, com possibilidade de recurso do nível inferior ao nível superior.

4º O recrutamento de pessoal feito por concurso, exame ou títulos, exigindo dos candidatos formação especializada. Em geral o funcionário surge de uma nomeação (raramente de uma eleição) com base na livre seleção e por contrato.

5º A remuneração regular dos funcionários, na forma de salário fixo e de aposentadoria quando deixam de trabalhar no serviço público.

6º O direito da autoridade de controlar o trabalho de seus subordinados.

7º A possibilidade de os funcionários receberem promoções com base em critérios objetivos e não segundo o simples livre-arbítrio da autoridade.

8º A completa separação entre a função e o indivíduo que a ocupa, já que nenhum funcionário pode ser dono de seu cargo ou dos meios da administração.

É evidente que tais princípios valem apenas para a descrição da burocracia do Estado moderno, pois o fenômeno burocrático já era encontrado no Egito antigo. Mas as antigas burocracias tinham caráter essencialmente patrimonial, ou seja, os funcionários não contavam com as garantias estatutárias atuais, nem recebiam remuneração em espécie. A burocracia de nossos dias desenvolveu-se com a economia financeira moderna, juntamente com outros fatores como a racionalização do direito, a importância de fenômeno de massa, as facilidades de comunicações e as concentrações das empresas que determinaram a centralização crescente, a extensão da intervenção estatal nos domínios distintos da atividade humana e, sobretudo, o desenvolvimento da racionalização técnica.

O desenvolvimento do sistema escolar na Europa Ocidental, principalmente do ensino secundário e superior, deve ser atribuído ao crescimento constante do número dos empregados do Estado e à necessidade de uma formação especial para essa gente. Além disso, devido ao crescimento da máquina burocrática, os problemas políticos e econômicos, além de outros, se tornaram cada vez mais técnicos e formalmente racionais, tendo em mira a especialização das administrações encarregadas de os resolver, fiscalizar ou controlar.

O Patrimonialismo

O patrimonialismo constitui a forma mais comum do domínio tradicional. Segundo Weber, ele se aproxima da burocracia pelo fato de também recusar o excepcional e de ser uma instituição durável e contínua. Embora sua norma nada tenha de racional ou de técnico, possui um conteúdo concreto: a validade do costume considerado inviolável, em razão da santidade do que sempre foi. Não é um código que faz sua unidade, mas a própria pessoa do soberano que perpetua o "eterno ontem". A obediência às ordens do soberano é creditada à sujeição e obediência, ou seja, à fidelidade por piedade em relação ao chefe. Nesse caso, a autoridade é essencialmente pessoal, independente de qualquer fim objetivamente racional. O poder pertence ao soberano em virtude de seus atributos pessoais, não lhe é conferido com base em critérios exteriores e formais que definam a função por ele ocupada.

O domínio tradicional ignorava a administração no sentido moderno do termo. Os funcionários eram recrutados entre aqueles que de algum modo estavam ligados à pessoa do soberano. Às vezes, a continuidade do regime permitia com o tempo o surgimento de uma administração mais estruturada. Mas na maioria das vezes os responsáveis pelos serviços eram donos de seu cargo ou dos meios da administração, sobretudo quando exerciam a autoridade nas províncias em nome do rei. Não havia nesse sistema a separação entre a esfera privada e a esfera oficial – os interesses pessoais do administrador se mesclavam com os interesses públicos ligados ao cargo que ele ocupava. E a noção de capacidade administrativa raramente era suscitada no recrutamento dos funcionários. O critério de seleção era a confiança do soberano em seus favoritos.

Também o direito não era codificado, mas regido pelo costume e em geral era o "humor" do rei que ditava a lei. Apesar disso, não se pode identificar o domínio baseado no costume, na tradição, com um domínio arbitrário, salvo em alguns casos extremos. Em geral, o domínio tradicional era moderado ou limitado por instituições como os parlamentos, os tribunais de justiça, a existência de Estados. Em verdade, nunca existiu historicamente um Estado puramente patrimonial, no sentido ideal do termo.

As Dificuldades do Carisma

Weber notou que o domínio carismático é um meio freqüentemente utilizado na subversão ou na abolição de um regime tradicional ou legal. E essa característica demonstra que o domínio carismático é (ou pode ser) revolucionário. De fato, conforme o caso, pode ser pseudo-revolucionário ou meramente rebelde.

Comentando a obra de Weber, Julian Freund nota que a aspiração de mudança que anima o domínio carismático pode ser condicionada pela situação exterior política ou econômica, ou por uma transformação dos espíritos (no plano religioso ou intelectual).

É evidente que nem todas as revoluções são carismáticas e que nem todos os domínios carismáticos são revolucionários. Mas não se pode deixar de observar que a maioria das revoluções modernas encerra dentro de si a característica carismática. O que denominamos hoje "culto da personalidade" é, sem dúvida, um fenômeno carismático.

Freund chama a atenção para o fato de que, devido a criar o carisma uma situação excepcional, os princípios de seu domínio acabam-se transformando em fonte de dificuldades. O problema reside, sobretudo, em como assegurar a duração desse tipo de poder quando o chefe carismático desaparece. Como voltar à vida de uma situação normal e estável? E, não é verdade que todo domínio carismático acaba voltando, mais cedo ou mais tarde, a um regime tradicional ou legal? Freund sublinha essas questões como centrais nas reflexões de Weber. Em verdade, elas são mais medulares na obra de Weber do que a própria análise do conceito de carisma.

O grande problema do domínio carismático é, portanto, a questão da sucessão. A dificuldade está no fato de a obediência dos partidários resultar da dedicação à pessoa do chefe. Assim, ela carece da continuidade que constitui a força da tradição e da legalidade. Weber tratou de analisar todas as possibilidades de solução. A continuidade pode ser solucionada com a descoberta de um outro portador de carisma, com características semelhantes às do desaparecido. Essa prática leva a fundar uma tradição. Outro tipo de solução pode basear-se em critério irracional, como confiar-se na sorte, nos oráculos, no julgamento de Deus ou algo semelhante. Nestes casos a solução se desenvolve com certa rapidez para uma legitimidade legalista. Há ainda o caso em que o chefe em exercício designa, ele próprio, o seu sucessor, levando ou não em consideração a aprovação de seus partidários. E também o caso em que a designação é feita pelos auxiliares imediatos do chefe, num processo que exclui a eleição baseada no princípio da maioria, pois a questão é descobrir o substituto adequado quando se pretende manter a fidelidade à fórmula carismática. Por fim, o carisma pode tornar-se hereditário, quando se admite a lei da sucessão pelo sangue.

De modo geral, a sucessão do chefe carismático pode levar a uma luta mais ou menos aberta, em que o êxito revela as qualidades carismáticas do vencedor. E no regime carismático um fato permanece incontestável: diferentemente dos demais tipos de domínio, o carisma é particularmente sensível ao pensamento utópico.

– RACIONALIZAÇÃO E CAPITALISMO.

A racionalização é o conceito dominante da visão de mundo de Weber. Não se trata aqui de uma racionalidade imanente à história, mas – como destaca Freund – "o resultado da especialização científica e da diferenciação técnica peculiar à civilização ocidental". Para Weber, a racionalização é obra contingente de certo tipo de homens que a podem eventualmente transmitir ao resto da Humanidade. Mas nada tem a ver com o destino inelutável do desenvolvimento do mundo, tal como anunciam certas filosofias da História.

Weber enfatiza a importância da técnica mas, recusa o que lhe parece ser o "desvio tecnológico de Marx, ou seja, uma estreita vinculação entre o sistema econômico e o desenvolvimento técnico. Ele destaca a necessidade de saber captar a originalidade de cada época e de cada civilização, pois todas elas são "obras-primas" singulares. Weber enfatiza essa singularidade e o papel criador dos indivíduos que ajudam a dar a cada época sua configuração própria. Assim, embora repouse na técnica científica, racionalização não é necessariamente sinônimo de progresso. Além disso, também pode ser irrazoável – como atesta a ignorância do homem acerca dos produtos da técnica que fazem parte do seu dia-a-dia (é possível apreciar e conviver com a televisão cotidianamente, mas nada saber sobre sua técnica, e assim por diante).

Racionalização também não é sinônimo de progresso moral individual ou coletivo. Do ponto de vista individual, ela submete o homem ao princípio da felicidade adiada, que o impede de ficar satisfeito com o que lhe é oferecido. Do ponto de vista social, ela pode significar progresso – mas só nas "ordens que obedeçam à lei do quantitativo; praticamente não tem sentido na esfera do puro qualitativo". E Weber percebe a racionalização como fonte de desencantamento do mundo. Assinala que a racionalização e a intelectualização despojaram o mundo de um encanto que se procura substituir pela ênfase no militantismo. E diante disso vislumbra apenas duas soluções: voltar à tranqüilidade das velhas igrejas ou enfrentar o destino com virilidade. Na maioria das vezes essa virilidade consiste na coragem ante a modesta tarefa de todos os dias.

O Espírito Capitalista

Em seus estudos Max Weber considera o capitalismo como um "espírito", um tipo de mentalidade. Para ele o capitalismo não consiste na mera busca de lucro e menos ainda de conforto – ele demonstra que esses desejos existiram e continuam existindo fora das estruturas capitalistas. Assim, prefere definir o espírito do capitalismo como "um tipo de comportamento econômico particular", que se caracteriza pela procura de lucros cada vez maiores, "graças à utilização racional, calculada e metódica dos meios de produção (recursos, capitais, técnicas, organização do trabalho), bem como das condições do mercado ou da troca".

É claro que, visto sob este prisma, o espírito do capitalismo não é recente, pois foi registrado em diferentes períodos históricos, no Egito, na China, na Idade Média. No entanto, foi no mundo ocidental moderno que o capitalismo se concretizou em sua forma mais ampla e mais avançada. De certa forma pode-se até afirmar que o capitalismo ocidental moderno é distinto e singular, particularmente caracterizado pela organização sistemática da mão-de-obra livre (não composta por escravos ou servos), a plena utilização da ciência e da tecnologia, a extensão dos mercados e uma contabilidade muito aperfeiçoada. Em poucas palavras, a singularidade histórica do capitalismo ocidental moderno é a extrema racionalidade das condutas, sejam elas econômicas ou políticas, sociais e legais.

A racionalidade é, portanto, o núcleo do que Weber denomina "espírito do capitalismo". Mas ele pensa o capitalismo como resultado de numerosas causas. Por isso reitera a não existência de um capitalismo único, capaz de ser reduzido a uma fórmula.

Origens e Conseqüências da Racionalização

Weber escreveu *A ética protestante e o espírito do capitalismo* com a clara intensão de apresentar uma réplica ao "dogmatismo escolástico do marxismo" que, para ele, trata de reduzir todos os conhecimentos ao "substrato econômico". De fato, não pretendia demonstrar que o protestantismo teria sido *a* causa do capitalismo.

Para expor suas idéias, Weber ateve-se sobretudo ao Calvinismo como a "força espiritual", o fator cultural que explicaria o impulso único e singularmente forte do espírito capitalista no mundo ocidental.

Muito mais que Lutero, Calvino levou ao extremo a noção de que o homem é salvo por desígnio insondável de Deus. Assim, nenhum homem mereceria a graça da salvação porque ninguém seria digno dela. Ora, a salvação não existiria para a felicidade humana, mas somente para a glória de Deus. Dessa forma, o Calvinismo teria surgido inteiramente imbuído da idéia da mesquinhez e da pobreza total do homem perante Deus.

Segundo Weber, a solidão espiritual e a incerteza da salvação pessoal eram dificilmente suportáveis para a grande massa dos fiéis. A aceitação da predestinação exigia a máxima pureza no amor a Deus e uma fé sem limites. Portanto, concluiu Weber, era normal que os calvinistas tirassem uma lição teológica e moral mais aceitável da sua doutrina. Desse modo, por um paradoxo apenas aparente, a doutrina de Calvino, centrada sobre a glória de Deus e sobre a graça da salvação, empenharia o crente na atividade temporal e econômica com mais vigor do que qualquer outra crença ou religião.

Com efeito, se o fiel não podia saber se seria eleito ou condenado, pelo menos estava certo de que Deus não haveria de escolher os eleitos entre os que pecavam. Conseqüentemente, excluia de sua vida qualquer forma de fraqueza humana. Imbuía toda a sua conduta de dignidade, autodomínio, seriedade, pois não contava com os sacramentos nem com a acumulação de boas obras para se salvar. O fiel calvinista estava convencido de que todo aquele que praticasse esse tipo de ascetismo durante toda a vida, se não chegasse a alcançar a salvação, poderia pelo menos ganhar certa convicção de que acabaria por ser salvo. Por outro lado, não agindo dessa maneira poderia deixar de lado qualquer esperança de salvação.

Em verdade, o ascetismo moral conduzia à obrigação do *trabalho* como a conduta ética oposta à preguiça, à ociosidade e à inação, comportamentos considerados pecados graves por consistirem em recusas na edificação do Reino de Deus. Ora, todos os crentes deveriam contribuir para a edificação do Reino de Deus, desempenhando sempre suas funções com seriedade e eficácia. Mas para contribuírem para "maior glória de Deus", o trabalho não podia ser realizado como uma tarefa qualquer, tinha de ser *bem feito* e ser efetivamente *produtivo,* ou seja, que servisse para fins úteis. E mais: devia ser *contínuo.*

O calvinista fiel a sua crença deveria evitar o luxo e a avareza, não deveria ser perdulário nem tratar de amealhar, mas empregar suas riquezas em novas atividades produtivas. A doutrina de Calvino considera o homem apenas administrador dos bens deste mundo; um administrador que, segundo as Escrituras, deve fazer que os bens do mundo ("o Reino de Deus") dêem frutos.

Por fim, segundo o Calvinismo a *ciência,* especialmente a ciência experimental, era uma forma de conhecer as obras de Deus. Todo crente devia ter instrução suficiente para ler a Palavra de Deus. E, sempre que fosse possível, devia também instruir-se no campo das ciências naturais, pois estas revelavam a grandeza e a sabedoria de Deus através de suas obras. Tais revelações eram revestidas de grande importância porque, conhecendo as obras de Deus, o calvinista as devia aplicar em seu próprio trabalho, a fim de torná-lo ainda mais eficaz e útil.

Ora, esse ascetismo ético acarretaria conseqüências práticas de grande relevo. Como afirma Guy Rocher, "os moralistas puritanos desconfiavam do efeito deletério do dinheiro, mas seus preceitos empenhavam os fiéis numa vida de trabalho e de poupança que os fazia enriquecer progressivamente". O enriquecimento se fazia dentro dos limites de uma conduta que rejeitava toda forma de pensamento mágico e sublinhava a importância do autocontrole. Paralelamente, o conhecimento científico e a atitude aberta ante a pesquisa experimental predispunham os fiéis à "organização racional da vida, do trabalho e de todos os empreendimentos".

Comportando-se dessa forma o Calvinismo veio colocar-se em situação diametralmente oposta à da vida feudal, onde reinava a prodigalidade e a preguiça. Sua identidade manifestou-se por um perfil muito próximo do exibido pela mentalidade do empresário e do burguês negociante. Em conseqüência, os locais onde o Calvinismo se enraizava logo registravam intensa atividade econômica, de tipo capitalista.

3. A Dicotomia Explicação/Compreensão.

Podemos agora compreender melhor por que o ponto de partida da Sociologia não é o indivíduo. O sociólogo tenta desvendar o tecido fundamental da sociedade, que é inteiramente composto pela multiplicidade das interações de indivíduos (seres humanos) – essa multiplicidade que lhe confere vida.

Mas, sabendo que a Psicologia estuda a personalidade humana e sua ação no campo das relações interpessoais e dos diferentes meios a que um indivíduo pertence, fica-nos a dúvida de onde se situa a linha demarcatória entre o que é sociológico e o que é psicológico na ação social.

Antes de tudo, vale a pena salientar que a ação social é sempre e simultaneamente psíquica e social – ela apela tanto para mecanismos psíquicos como para componentes sociais. Sob esse ângulo de cisão, a ação humana é uma realidade global que compromete e influencia a personalidade individual, ao mesmo tempo que forma o tecido do meio social.

Contudo, se o psíquico e o social se misturam com tanta intimidade na realidade concreta da ação social, torna-se ainda mais urgente distinguir, ou especificar, o ângulo sob o qual a Psicologia apreende e analisa a ação social.

Um primeiro esboço de distinção revela que o psicólogo concentra a atenção sobre a personalidade global; para ele, o meio é uma das variáveis que influenciam a estruturação e a dinâmica da personalidade. Por outro lado, o sociólogo estuda o meio social e o conjunto das relações sociais entre pessoas e grupos, levando em consideração os traços psíquicos das personalidades suscetíveis de influenciar o meio social. Apesar de essa constatação ser verdadeira, ela ainda não resolve o problema sociológico e o psicológico.

A solução, porém, pode estar nas definições sociológicas da ação social. Max Weber faz essa definição segundo um modo subjetivo, ou seja, partindo de critérios internos dos sujeitos. Émile Durkheim, por seu turno, faz a sua definição tratando de determinar o caráter social da ação a partir de coerções exercidas do exterior sobre a ação dos sujeitos – e, por oposição à definição de Weber, esta é denominada objetiva.

O interessante, porém, é que não se deve detectar oposição nem contradição entre essas definições que já conhecemos.

Weber e a Definição por Compreensão

Ao reconhecer a distinção entre as ciências da natureza e as ciências do homem, Weber se esforçou no sentido de desenvolver um método com validade científica e que fosse próprio das ciências do homem. Ele conseguiu demonstrar a possibilidade de uma explicação causal para a sucessão dos fatos históricos e empenhou-se também em salientar a vantagem que as ciências do homem têm sobre as da natureza: as ciências humanas podem compreender os fenômenos ou fatos estudados a partir de seu "interior". O historiador, o sociólogo, o psicólogo, o economista, podem interpretar os fatos e fenômenos colocando-se mentalmente no lugar dos sujeitos, associando-se a seus sentimentos ou adotando sua representação dos fatos.

O físico não tem de interrogar sobre o que sente uma pedra que tomba, mas o historiador deve tentar ser o general vencido para conhecer-lhe os sentimentos e acompanhá-lo na queda.

Essa concepção, amplamente inspirada no filósofo e psicólogo Karl Jaspers, tornou Weber conhecido como o sociólogo da *compreensão* da realidade histórica e social a partir do interior, ou seja, mediante o penetrar no cerne da ação humana.

Mas isso não quer dizer que Weber negue ou despreze a explicação causal. Ao contrário, foi o próprio Weber quem disse que a Sociologia é "uma ciência que procura uma compreensão interpretativa da ação social para, a partir daí, chegar à explicação causal do seu sentido e dos seus efeitos". E por essas palavras pode-se perceber como ele aplicou o método compreensivo para analisar a ação social.

Durkheim e a Definição por Explicação

Ao escrever *As Regras do Método Sociológico*, Émile Durkheim propôs a si mesmo a tarefa de estabelecer um código de rigor científico para a Sociologia. Ele afirmava que "os fenômenos sociais são coisas e devem ser tratados como coisas . . . É coisa, na realidade, tudo o que é dado, tudo o que se oferece ou, melhor, se impõe à observação. Tratar os fenômenos como coisas é tratá-los na qualidade de *data* que constituem o ponto de partida da ciência".

Mediante essa diretriz, ele quis garantir a objetividade e o empirismo necessários ao conhecimento científico. Ao considerar os fatos sociais como coisas Durkheim procurava apreender neles os traços que podem ser vistos por um observador. Por esse método ele definiu o fato social pela coerção imposta aos indivíduos por formas de agir que lhes são exteriores.

E Durkheim estava muito preocupado em fazer uma distinção entre Sociologia e Psicologia. Ele tratou de demonstrar com clareza que os fenômenos psíquicos não devem ser confundidos com os sociais. Por isso distinguiu entre consciência individual, realidade psíquica, e consciência coletiva, realidade social – distinção que o levou a opor e distanciar nas ciências humanas, o psíquico e o social, o psicológico e o sociológico.

A Complementaridade das Perspectivas

Mas o que vale notar para o estudioso da Sociologia é que, muito mais importante do que as evidentes diferenças que as separam, a perspectiva de Durkheim e a de Weber da ação social se completam, ao invés de se oporem. Hoje é geralmente reconhecida a noção de que a Sociologia é tanto compreensão quanto explicação; em outras palavras, é tanto subjetiva (no sentido de que o pesquisador compreende o fenômeno a partir do "interior" do fato social) quanto objetiva (no sentido de que o pesquisador observa o fenômeno do seu "exterior", como se o fato fosse uma coisa).

Em verdade, o sociólogo que observa um fenômeno do exterior, seja ele uma greve, uma comunidade, um tipo de trabalho industrial, pode ser levado pelo processo de investigação a valer-se da perspectiva dos sujeitos observados, adotar seu ponto de vista, a fim de obter explicação mais completa do fenômeno.

Como destaca Guy Rocher, "a definição de ação social, como unidade de base ou unidade elementar da sociedade, põe-nos imediatamente em contato com esta dupla perspectiva, característica da Sociologia e também de algumas outras ciências do homem. *A realidade social* não é nem exclusivamente interna aos sujeitos que a vivem, nem exclusivamente exterior a eles; é vivida em perspectiva, em situação pelas pessoas em causa, a quem se impõem do exterior, simultaneamente, constrangimentos e limitações".

Tal conclusão sugere que a ótica durkheimiana é arbitrária quando distingue entre consciência individual e consciência social. Sabe-se que condicionamentos psíquicos influenciam a orientação das ações. As pessoas agem, em cada momento determinado, fazendo uso de sua personalidade total – e isto quer dizer: o seu temperamento, seus caracteres hereditários e todas as experiências vividas desde que nasceram e tudo o que essas experiências lhes deixaram como resíduos. Mas é também evidente que a orientação das ações sofre influência de condicionamento social. O próprio Durkheim demonstrou isso ao discutir as maneiras coletivas de agir, de pensar e de sentir. São precisamente esses condicionamentos sociais do comportamento que constituem o foco de interesse do sociólogo. Ele trata de configurá-los, precisá-los, analisá-los e sintetizá-los. Esse processo conduz sua investigação, não no sentido dos níveis profundos da personalidade, mas no das raízes profundas do fato social. O sociólogo estuda a ação social sob o ângulo de seus fundamentos intrinsecamente sociais.

É nesse sentido que se afirma a continuidade da Psicologia e da Sociologia no estudo de uma realidade global. Tal realidade requer a contribuição de perspectivas diferentes, mas complementares.

4. O Princípio da Contradição: Conflito e Transformação (Marx).

Já houve época em que o pensamento de Karl Marx teria seu lugar contestado num compêndio de Sociologia. Ainda hoje sua contribuição a esse ramo das ciências é discutida e até mesmo contestada por alguns sociólogos. Isso se deve, em grande parte, ao elevado número de preconceitos que, ao longo dos anos, foram cercando o pensamento de Marx, a ponto de impedirem ou perturbarem consideravelmente sua melhor compreensão. Por outro lado, a obra de Marx já foi obejto de interpretação profunda por parte de renomados sociólogos, entre os quais se destaca Georges Gurvitch, que assim manifestou seu apreço pela contribuição de Marx à Sociologia:

"Marx foi o maior e o menos dogmático dos fundadores da Sociologia. (. . .) Marx foi antes de tudo um sociólogo e é a Sociologia que realiza a grande unidade de sua obra . . . *O Capital* – que luta contra os preconceitos do 'homem econômico' abstrato, contra o 'fetichismo' da mercadoria e do capital, contra as 'leis econômicas' universais de que falam os economistas clássicos – só pode ser compreendido enquanto obra científica, se for considerado como uma *sociologia econômica* que revela que os fenômenos econômicos, as atividades econômicas, as categorias econômicas, perdem o sentido e o caráter que lhes são próprios quando se encontram desligados do conjunto da sociedade, da sua estrutura, do tipo desta última, do 'fenômeno social total', do 'homem total'. Assim, a afirmação de que Marx reduziu toda a vida social à vida econômica é fundamentalmente falsa, pois ele fez exatamente o contrário: revelou que a vida econômica não é mais do que uma parte integrante da vida social e que a nossa representação do que se passa na vida econômica é falseada precisamente na medida em que não percebemos que atrás do capital, da mercadoria, do valor, dos preços, da distribuição dos bens se escondem a sociedade e os homens que nela participam. . . O interesse do apelo de Marx ao homem total, ao ato total, não reside na sua filosofia humanista, mas na *procura de uma nova dimensão,* menosprezada pelos filósofos e economistas: a realidade social encarada no conjunto das suas camadas em profundidade e estudada pela sociologia que capta os conjuntos móveis da vida social nos tipos."

Nos escassos limites desta obra introdutória que você, leitor, tem agora em mãos, a equipe editorial considerou que não cabia enfrentar a análise profunda do pensamento marxista, nem mesmo abordar todos os aspectos com que ele contribuiu e ainda contribui para a construção do objeto da Sociologia. Ao invés de conduzi-lo pela vereda da discussão analítica exaustiva, por vezes polêmica, apaixonada ou preconceituosa que envolve o marxismo, optamos por apresentar-lhe apenas algumas de suas características fundamentais – o método dialético; as forças produtivas e as relações de produção; as classes e a luta de classes – sobre as quais há quase unanimidade quanto à necessidade de serem assimiladas nas atividades introdutórias ao estudo da Sociologia. Contudo, desejamos deixar claro que agindo dessa forma não pretendemos induzir o leitor ao erro de menosprezar as demais características do pensamento de Marx na análise sociológica – só evitamos mencioná-las aqui, e discuti-las, por questões de bom senso metodológico e editorial.

– O MÉTODO DIALÉTICO.

Afirmava Engels que "a dialética considera as coisas e os conceitos no seu encadeamento; suas relações mútuas, sua ação recíproca e as decorrentes modificações mútuas, seu nascimento, seu desenvolvimento, sua decadência".

Estudando os princípios da filosofia marxista, Georges Politzer esclarece que a dialética se opõe inteiramente à metafísica. Ela admite também o repouso e a separação entre os diversos aspectos do real. Contudo, vê no repouso um aspecto relativo da realidade, enquanto que o movimento é absoluto. Além disso, a dialética considera que toda separação é relativa porque, na realidade, tudo se relaciona de uma forma ou de outra, tudo está em interação.

Atenta a todas as formas de movimento, inclusive às mudanças de estado (como, por exemplo, a água líquida transformando-se em vapor de água), a dialética explica o movimento pela *luta dos contrários.* A dialética não isola os contrários, nem os considera sistematicamente incompatíveis. Mas descobre que um não pode existir sem o outro, e que todo movimento, toda mudança, toda transformação são explicáveis pela luta dos contrários. A vida do corpo humano, por exemplo, é produto da luta incessante entre as forças de vida e as forças de morte – cuja vitória a morte disputa sem cessar à vida. Como diz Engels, em sua obra *Anti-Dühring:*

> "Todo ser orgânico, a cada instante, é e não é o mesmo; a cada instante assimila matérias estranhas e elimina outras; em cada instante perecem células de seu corpo, e outras se constituem; no fim de um tempo mais ou menos longo, a substância desse corpo foi totalmente renovada, foi substituída por outros átomos de matéria; assim, todo ser organizado é constantemente o mesmo e, também, outro. Considerando as coisas mais atentamente, veremos ainda que os pólos de uma contradição, positivo e negativo, são tão inseparáveis quanto opostos e que, apesar de manterem todo o valor da antítese, eles se interpenetram; veremos, paralelamente, que causa e efeito são representações que não têm valor como tais, senão quando aplicadas a um caso particular; desde, porém, que consideremos esse caso particular em sua conexão geral com o conjunto do mundo, as representações se fundem e se resolvem em face da ação recíproca universal, onde causas e efeitos se permutam continuamente: o que é efeito agora, ou aqui, passa a ser causa logo mais ou em outro lugar, e vice-versa."

A dialética foi esboçada pelos filósofos da Antiga Grécia. A luta dos contrários tinha para eles grande importância. Platão afirmava, por exemplo, que "os contrários se geram mutuamente".

O termo *dialética* vem, pois, diretamente do grego *dialegein,* que significa *discutir.* Expressa a luta de idéias contrárias.

Marx soube reconhecer na dialética o único método científico de pesquisa da verdade. Tendo sido discípulo de Hegel, o grande filósofo alemão cuja obra se desenvolveu no período subseqüente à Revolução Francesa, dele emprestou o método dialético, mas livrando-o da concepção idealista do mundo, segundo a qual o universo material é produto da Idéia. Marx descobriu que as leis da dialética são as leis do mundo material e que se o pensamento é dialético, é porque os homens não são alheios a esse mundo, mas fazem parte dele. Ele mesmo afirma no segundo prefácio de *O Capital:*

> "Meu método dialético não só difere basicamente do método hegeliano, como também é, exatamente, o oposto dele. Para Hegel, o movimento do pensamento, que ele representa sob o nome de idéia, é o "demiurgo" da realidade, que, por sua vez, não é mais do que forma fenomenal da idéia. Para mim, ao contrário, o movimento do pensamento não é senão o reflexo do movimento real, transportado e transposto para o cérebro do homem."

Foi o impulso alcançado pelas Ciências Naturais nos fins do século XVII e nas primeiras décadas do XIX o que levou Marx e Engels a pensarem que a dialética tem fundamento objetivo.

Portanto, o método dialético materialista não foi formulado arbitrariamente por Marx e Engels. Eles o foram buscar nas próprias ciências, que, por sua vez, têm por campo de estudos a natureza objetiva – que é dialética.

Quanto às características da dialética, cabe mencionar aqui as quatro fundamentais: I) Tudo se relaciona (lei da ação recíproca e da conexão universal; II) Tudo se transforma (lei da transformação universal e do desenvolvimento incessante); III) A mudança qualitativa; e IV) A luta dos contrários.

1ª Característica: Tudo se Relaciona

Conhecida como lei da ação recíproca e da conexão universal, essa primeira característica da dialética revela seu caráter geral.

A dialética não olha a natureza como um amontoado acidental de objetos, de fenômenos isolados uns dos outros, independentes, mas como um todo unido, coeso, em que os objetos e os fenômenos são organicamente ligados entre si, dependentes uns dos outros, e condicionando-se reciprocamente.

É por essa razão que o método dialético marxista considera que não se pode compreender nenhum fenômeno da natureza se o encaramos isoladamente, fora dos fenômenos circundantes. Ele considera que qualquer fenômeno, em qualquer domínio da natureza, pode ser convertido em contra-senso quando é considerado fora das condições que o cercam, quando é destacado dessas condições. Mas, ao contrário, qualquer fenômeno pode ser compreendido e explicado quando considerado do ponto de vista de sua ligação indissolúvel com os fenômenos que o cercam, quando considerado tal como ele é condicionado pelos fenômenos que o cercam.

Essa característica da dialética se verifica universalmente, na natureza e na sociedade.

2ª Característica: Tudo se Transforma

Trata-se agora da lei da transformação universal e do desenvolvimento incessante. De fato, a dialética marxista vê a natureza não como um estado de repouso, de imutabilidade, mas como um estado de movimento e mudanças perpétuas, de renovação, de desenvolvimento incessante, onde sempre qualquer coisa nasce e se desenvolve, qualquer coisa se desagrega e desaparece. É por essa razão que o método dialético marxista considera os fenômenos não só do ponto de vista de suas relações e de seus condicionamentos recíprocos, mas também do ponto de vista do movimento, da mudança, do desenvolvimento, do ponto de vista do seu aparecimento e do seu desaparecimento.

Já vimos como tudo se relaciona, na natureza e na sociedade. Mas essa realidade, que é unidade, é também movimento. O movimento não é, portanto, um aspecto secundário da realidade. Não existe natureza *mais* movimento; sociedade *mais* movimento. A realidade *é* processo, *é* movimento. O movimento, portanto, se manifesta na natureza e na sociedade.

Esse movimento, no entanto, não significa apenas *mudança de lugar*, mas também *transformação da natureza e das propriedades das coisas*. Por exemplo: um automóvel que se desloca a oitenta quilômetros por hora executa um movimento mecânico. Mas isso não é tudo: esse automóvel que se desloca transforma-se lentamente – seu motor, suas engrenagens, seus pneus, sua pintura se desgastam e essas são outras formas de movimento. Um veículo que tenha percorrido mil quilômetros não é, evidentemente, o mesmo do momento da partida, embora a gente diga "é o mesmo". Isso ocorre na natureza em geral, e também na sociedade.

O marxismo considera que se é verdade que o mundo se move e se desenvolve eternamente, se é verdade que o desaparecimento do velho e o nascimento do novo são leis de desenvolvimento, então o mesmo ocorre na sociedade humana. O pensamento marxista não aceita a possibilidade de regimes sociais "imutáveis", "princípios eternos" que assegurem o direito à propriedade privada ou que obriguem a existência de pobres e ricos, de empregados e patrões.

Essa segunda característica da dialética marxista leva a considerações de ordem prática porque, segundo ela, a propriedade privada dos meios de produção, por exemplo, deixa de ser sagrada e nenhum regime social é eterno. O caráter prático dessa constatação é que ela estimula a ação, empurra o homem que se sente espoliado ou injustiçado pelo sistema social a lutar para modificá-lo, pois ele *é suscetível a transformação.*

3ª Característica: A Mudança Qualitativa

A dialética marxista considera o processo de desenvolvimento não como simples processo de crescimento, em que as mudanças quantitativas não chegam a se tornar mudanças qualitativas, mas como um desenvolvimento que passa das mudanças quantitativas insignificantes e latentes para as mudanças aparentes e radicais, as mudanças qualitativas. Reconhece que, por vezes, as mudanças qualitativas não são graduais, mas rápidas, súbitas, e se operam por saltos de um estado a outro. Essas mudanças não são contingentes mas necessárias – são o resultado do acúmulo de mudanças quantitativas insensíveis e graduais.

Vejamos um exemplo. Quando a água destilada é levada ao fogo para aquecer, sua temperatura se eleva gradualmente. Ao atingir cem graus centígrados, entra em ebulição e se *transforma* em vapor de água.

Ocorreram nesse processo duas espécies de mudança. O aumento progressivo de calor constitui mudança de *quantidade,* ou seja, há um aumento na quantidade de calor existente na água. Em dado momento, porém, a água muda de estado: sua *quantidade* de líquido desaparece. A água se transforma em gás, sem contudo mudar sua natureza química.

Os marxistas denominam *mudança quantitativa* o mero aumento (ou diminuição) de quantidade. E denominam *mudança qualitativa* a passagem de uma qualidade para outra, a passagem de um estado para outro, como a passagem do estado líquido para o gasoso.

Se o estudo da segunda característica da dialética demonstrou que a realidade é mudança, o estudo da terceira característica demonstra que existe uma relação entre as mudanças quantitativas e as mudanças qualitativas.

Com efeito, a mudança qualitativa (a água líquida transformando-se em vapor de água) não é obra do acaso, mas decorre necessariamente da mudança quantitativa (o progressivo aumento do calor). Em nosso exemplo, quando a temperatura atinge determinado número de graus (100 graus centígrados), a água destilada ferve, se estiver sob pressão atmosférica normal. Se estiver sob outra pressão atmosférica, então, como tudo se relaciona (primeira característica da dialética), o ponto de ebulição sofrerá mudança. Mas, para determinado corpo e dada pressão atmosférica, o ponto de ebulição será sempre o mesmo. Isso demonstra que a *mudança de qualidade* não é ilusão, mas é um fato objetivo, material, de acordo com a lei natural. Por conseguinte, é um fato previsível. No caso da água em ebulição, a relação entre as duas espécies de mudança é clara e incontestável. A dialética considera que essa relação entre mudança quantitativa e mudança qualitativa é uma lei universal da natureza e da sociedade.

4ª Característica: A Luta dos Contrários

A dialética marxista parte do ponto de vista de que os objetos e os fenômenos da natureza supõem contradições internas, porque todos têm um lado negativo e um lado positivo, um passado e um futuro; todos têm elementos que desaparecem e elementos que se desenvolvem. A luta desses contrários, a luta entre o velho e o novo, entre o que morre e o que nasce, entre o que perece e o que evolui, é o conteúdo interno do processo de desenvolvimento, da conversão das mudanças quantitativas em mudanças qualitativas. A luta dos contrários é, pois, *o motor de toda mudança.*

Esta é, em verdade, a quarta característica da dialética, a sua lei fundamental, que dá a razão do movimento.

Vamos a um exemplo mais concreto. Um aluno está estudando Sociologia. Isso só é possível se, simultaneamente, ele tiver consciência de sua ignorância no assunto e vontade de superá-la, de conquistar o saber. O *motor* de seu estudo é a luta entre a ignorância e o desejo de superá-la. Essa é *a condição absoluta de seu progresso.* Essa luta dos contrários – essa contradição – não é exterior ao estudo.

Se o estudante progride, isso ocorre exatamente na medida que, sem cessar, a contradição se manifesta. É claro que cada uma das aquisições que marcam o seu estudo é uma solução de determinada contradição (ele sabe hoje o que ignorava ontem). Mas assim que se resolve uma determinada contradição se estabelece outra, nova, entre o que ele sabe e o que tem consciência de ignorar. Disso resulta novo esforço no estudo, nova solução na luta de contrários, novo progresso no estudo. Aquele indivíduo que julga saber tudo jamais progredirá, porque não procurará superar a sua própria ignorância. O princípio desse movimento – o estudo – é pois a luta dos contrários. Ela é o motor da passagem gradual de um saber menor para um saber maior.

A luta dos contrários, ou *contradição,* é universal. Assim, sendo uma realidade objetiva, presente em todo o mundo, encontra-se também no "sujeito", o próprio homem que, por seu turno, faz parte do mundo.

Segundo a dialética marxista, todo o processo natural ou social se explica pela contradição. A contradição subsiste enquanto dura o processo. Ela existe, ainda que não seja manifesta.

No mundo físico, a luta dos contrários é universal. Uma faca de aço enferrujada é um fenômeno banal. A ferrugem, no entanto, é conseqüência de uma luta entre o metal e o oxigênio do ar. A forma fundamental do movimento na natureza é a luta entre a atração e a repulsão. A unidade e a luta desses dois contrários, atração e repulsão, determinam a formação e a evolução, a estabilidade, a transformação e a destruição de todos os agregados materiais, quer se trate de galáxias distantes, de estrelas ou do próprio sistema solar – massas sólidas, líquidas ou gasosas – ou de moléculas, de átomos ou de seu núcleo apenas.

Consideremos um sólido que se dilata e contrai, um sólido que se funde, ou um líquido que se solidifica, um líquido que se evapora, ou um gás que se liqüefaz. Nenhum desses fenômenos pode existir a não ser pela luta de duas forças contrárias: as forças de coesão molecular, que são atrativas, e a energia térmica, que é repulsiva.

A Física moderna revelou que as partículas que constituem todos os agregados materiais, os elétrons dos átomos, por exemplo, estão longe de ser idênticos a si próprios. Ao contrário, são profundamente contraditórios: têm uma dupla natureza, ao mesmo tempo corpuscular e ondulatória. São, ao mesmo tempo, comparáveis a "grãos" e a ondas.

Por seu turno, todos os processos que constituem a realidade social também se explicam pela contradição. E é assim desde o início, desde a própria formação da sociedade.

Como aspecto qualitativo novo da realidade, a sociedade humana é o produto de uma luta entre a natureza e nossos remotos ancestrais. O conteúdo concreto dessa luta foi e continua sendo o *trabalho*. Segundo o pensamento marxista, foi o trabalho que, agrupando os nossos ancestrais na luta pela sobrevivência, deu origem às sociedades. Foi o trabalho que realizou a passagem qualitativa do animal para o homem.

Para os marxistas, ao revelar o papel decisivo do trabalho como luta dos contrários, geradora da sociedade, Marx fez uma descoberta de grande alcance: fundou a ciência das sociedades, cuja teoria geral é o *materialismo histórico*.

Estudando a história das sociedades, os marxistas explicam o desenvolvimento histórico como resultado da luta de classes. A contradição, portanto, não termina na contradição *trabalho*. O marxismo aceita que o motor da história é a contradição, desde a comuna primitiva até a sociedade socialista de hoje e a sociedade comunista que será implantada no futuro. A contradição fundamental é entre as forças produtivas novas e as relações de produção envelhecidas. A partir de determinado momento, a contradição é entre as classes, ou seja, é a luta de classes. A luta entre classes exploradoras e classes exploradas é um aspecto essencial da grande lei dos contrários.

Transferindo para a sociedade capitalista suas conclusões, os marxistas asseguram que não há capitalismo sem contradição entre a burguesia capitalista, dona dos meios de produção, e o proletariado. Esse capitalismo não é estático; ele se transforma. Assim, o capitalismo do primeiro período, chamado capitalismo de concorrência, se transforma, num segundo período, em capitalismo de monopólio. Com efeito, a concorrência assegura a vitória dos capitalistas mais fortes e é, então, o capitalismo de monopólio que surge da concorrência, mas para a superar. A concorrência transforma-se, pois, em seu contrário.

Marx estudou e analisou profundamente as contradições que constituem o capitalismo na obra *O Capital*.

– FORÇAS PRODUTIVAS E RELAÇÕES DE PRODUÇÃO.

Segundo o marxismo, nada existe além da natureza e dos homens. Contudo, nenhum desses elementos, tomados separadamente, pode explicar o desenvolvimento das sociedades. Somente sua unidade dialética pode fornecer a resposta adequada, e sua unidade dialética é o trabalho, e a *produção*. Sem o trabalho, sem a produção a sociedade não pode nem viver nem se desenvolver: o trabalho não é uma maldição divina, é a condição objetiva da existência humana.

Há muitos modos, porém, de a sociedade conseguir os meios de existência que lhe são necessários: pode fazê-lo, por exemplo, utilizando instrumentos de artesão ou servindo-se das máquinas, usando animais ou escravos, etc. É preciso, portanto, estudar de perto a maneira pela qual se efetua a produção, estudar o modo de produção.

Forças Produtivas

Para viver, necessitamos de alimento, vestuário, calçados, alojamento, combustíveis, etc. Para termos esses bens materiais é necessário que a sociedade os produza. Para os produzir é preciso instrumentos apropriados. É preciso saber fabricar esses instrumentos e saber usá-los.

Mas o desenvolvimento das forças produtivas está condicionado pelo desenvolvimento dos instrumentos de produção. Primeiro, os grosseiros e primitivos instrumentos de pedra. Depois, arcos e flechas, que possibilitaram a passagem da caça à domesticação dos animais e à pecuária primitiva. A esse estágio seguiu-se o dos instrumentos de metal, que permitiram a passagem para a agricultura. Posteriormente, novos aperfeiçoamentos possibilitaram a utilização de novos materiais: a olaria, a cerâmica, o trabalho na forja – como conseqüência ocorreu o desenvolvimento dos ofícios e sua separação da agricultura. Em seguida, apareceram as manufaturas caracterizadas pela divisão do trabalho em tarefas parciais, tendo como objetivo a fabricação de um só produto – o grande número de operários parcelares constitui o mecanismo específico do período manufatureiro. Depois, veio a fase da passagem dos instrumentos de produção artesanal para a máquina, o que possibilitou o trânsito da manufatura para a fábrica mecanizada, para a grande indústria mecânica moderna com sistemas de máquinas. E apareceu a máquina a vapor; depois, a energia elétrica. Em traços rápidos, é este o quadro do desenvolvimento das forças produtivas no decorrer da história da humanidade.

Esse desenvolvimento constitui a base da *divisão do trabalho*, particularmente da primeira grande divisão do trabalho: entre os pescadores e caçadores primitivos; entre as tribos que criam animais e depois se dedicam à agricultura. E também da segunda grande divisão do trabalho: entre os ofícios e a agricultura. Essa segunda divisão do trabalho acarreta necessariamente a obrigação da troca de produtos entre agricultores e artesãos, e determina a busca de uma forma de distribuição distinta da repartição doméstica. Foi assim que apareceu, em condições determinadas, *a mercadoria*. É também essa segunda divisão do trabalho que se encontra no começo da diferenciação progressiva entre o campo e a cidade. Ao mesmo tempo, a cidade se torna centro de produção artesanal e de troca. Finalmente, o desenvolvimento dos instrumentos de produção também influiu sobre outros aspectos das forças produtivas.

É claro que o desenvolvimento e o aperfeiçoamento dos instrumentos de produção foram realizados pelos homens que estão relacionados com a produção, e não independentemente deles. Conseqüentemente, ao mesmo tempo que os instrumentos de produção mudam e se desenvolvem, os homens – que são elemento essencial das forças produtivas – mudam e se desenvolvem ao mesmo tempo. Sua experiência de produção, seus hábitos de trabalho, sua aptidão em manejar os instrumentos de produção, transformaram-se e se desenvolveram.

A ferramenta é o intermediário entre o homem e a natureza. Sua função consiste em tornar possível a transformação dos objetos naturais em objetos utilizáveis pelo homem. É por essa razão que a ferramenta reflete, ao mesmo tempo, as exigências próprias à matéria que se necessita trabalhar (não se trabalha o cobre com as mesmas ferramentas com que se trabalha o aço) e as exigências vitais do homem, ou seja, as propriedades do objeto que lhe deve servir e que é preciso fabricar. Há ferramentas diferentes para tarefas diferentes.

Sob o primeiro aspecto, a ferramenta exprime a submissão do homem à necessidade natural; sob o segundo, exprime a subordinação da natureza às necessidades e à ação do homem, resultando daí a *liberdade* do homem. Portanto, a ferramenta exprime de um modo profundamente dialético a luta do homem contra a natureza, e as forças produtivas exprimem o comportamento dos homens em relação aos objetos e às forças da natureza de que eles se servem para produzir os bens materiais.

Relações de Produção

Embora a produção seja a luta do homem contra a natureza, em parte alguma o homem luta isoladamente, sob pena de sucumbir ou de retornar à condição de animal. Os homens lutam contra a natureza em comum. Quaisquer que sejam as condições, a produção é sempre uma produção social. Foi a sociedade que fez do homem o que ele é, foi a produção social que o arrancou da animalidade.

Se a produção tem sempre caráter social, é inevitável que por ocasião da produção e no interior dela, se estabeleçam certas relações entre os homens. Trata-se de relações que dizem respeito à produção, que são comandadas por ela. Portanto, além das relações do homem com a natureza (forças produtivas) há também as relações dos homens entre si no processo da produção. Essas relações entre homens os marxistas denominam *relações de produção.*

Segundo o pensamento marxista, as relações de produção entre os homens podem ser de diversos tipos, tais como:

1. Os homens podem associar-se livremente para efetuar em comum, ajudando-se mutuamente, colaborando reciprocamente, uma obra comum, como, por exemplo, construir uma casa. Esse tipo é de relações de colaboração e de ajuda mútua entre homens livres de qualquer exploração.

2. Em certas ocasiões, um homem pode obrigar seu semelhante a produzir para ele. Nesse caso, as relações de produção mudam radicalmente de caráter; tornam-se relações de dominação e de submissão. Há exploração por um do trabalho de outro.

3. No curso da história encontram-se sociedades em que coexistem esses dois tipos de relação de trabalho, estando um em vias de desaparecimento e o outro de revigoramento. Nesse caso, há relações de transição de uma forma para outra.

Mas, qualquer que seja o tipo das relações de produção, estas são sempre um elemento indispensável da produção. Ressaltam os marxistas o fato de que a produção é para os homens uma necessidade objetiva, e ela não se pode realizar senão nos quadros, não menos objetivos, da sociedade tal como ela existe. Assim, por exemplo, o indivíduo que não possui os bens materiais necessários à vida é, *materialmente,* constrangido a trabalhar para outrem, ele está preso às relações de submissão. Desse modo, a exploração do trabalho não é uma mera "idéia", um conceito, mas um fato objetivo, que pesa com todo o seu peso sobre a produção.

Declarou Marx que "na produção os homens não agem apenas sobre a natureza, mas também sobre os outros. Não produzem senão colaborando de modo determinado e trocando entre si suas atividades. Para produzir, entram em relações determinadas uns com os outros, e é apenas dentro dos limites dessas relações e das relações sociais que se estabeleceu sua ação sobre a natureza, a produção".

Portanto, não há como – do ponto de vista marxista – separar a ação das forças produtivas do caráter das relações de produção. Forças e relações de produção são dois *aspectos* indissoluvelmente ligados do modo de produção que "encarna" sua unidade dialética no processo de produção dos bens materiais.

O materialismo histórico de Marx encarna, pois, o modo de produção em seu conjunto, em sua unidade: relações de produção e forças produtivas. Mas, como as forças produtivas só agem *dentro dos limites* das relações de produção, os marxistas *designam ordinariamente os diversos modos de produção pelo caráter das relações de produção que são dominantes em dado momento.* Portanto, quando falam do modo de produção feudal, querem dizer que as relações de produção feudais eram então dominantes e impunham seu cunho sobre toda a vida social – não querem, de modo algum, dizer que eram únicas. De modo inverso, não consideram científico designar uma época histórica pelo estado das forças produtivas, como nas expressões "idade da pedra", "idade dos metais", "era da máquina a vapor" ou "era atômica".

As Propriedades dos Meios de Produção

O que determina o caráter das relações de produção é a *propriedade dos meios de produção.*

É óbvio que o indivíduo que está desprovido dos meios de produção só pode viver sob a condição de aceitar a dominação de quem os possui.

Os meios de produção são constituídos por tudo quanto é necessário para produzir. Não devem, portanto, ser confundidos com os bens de consumo: mobiliário, moradias, automóveis de uso familiar, etc.

Numa sociedade moderna os meios de produção são, primeiramente, os bens naturais (terras, florestas, águas, subsolo, matérias-primas); depois, os instrumentos de produção que permitem a transformação desses bens naturais; depois, as instalações necessárias à atividade produtora (edifícios das fábricas e usinas, instalações das minas, etc.), bem como os meios de transporte e de comunicação. Naturalmente a esses juntam-se também os meios de troca entre os membros da sociedade (instalações necessárias à distribuição, ao comércio – entrepostos, lojas, armazéns – e organismos de crédito, ou seja, bancos e financeiras).

Quando os marxistas desejam definir o caráter das relações de produção tratam, pois, de responder à pergunta: *quem possui os meios de produção?* É a sociedade inteira? Ou somente alguns indivíduos ou grupos, que deles se servem para explorar o trabalho de outros indivíduos ou grupos?

A resposta a essas questões indica o estado das relações de produção, o estado das relações econômicas e sociais entre os homens de uma dada sociedade.

Se os meios de produção pertencem à sociedade inteira, então as relações entre os homens podem ser de colaboração e de ajuda mútua. Em caso contrário, os que estão desprovidos de qualquer meio de produção não poderão viver sem se pôr à disposição daqueles que os detêm. Uns trabalham, outros exploram esse trabalho. Os interesses de uns se opõem aos de outros. Só existe solidariedade entre os que desempenham o mesmo papel na produção; ou seja, só existe *solidariedade de classe.*

– AS CLASSES E A LUTA DE CLASSES.

Como toda a realidade, os modos de produção se alteram no decorrer da história. Eles conhecem modificações quantitativas, evoluem e sofrem modificações qualitativas, que podem assumir alguma forma revolucionária, quando as classes em declínio e privilegiadas se opõem às alterações necessárias.

Essas modificações, como toda realidade, têm uma contradição interna como motor. A contradição específica dos modos de produção em geral é a existente entre as relações de produção e o caráter das forças produtivas.

As forças produtivas são o elemento mais móvel e mais revolucionário da produção. É evidente que, enquanto a base econômica de uma formação social não se modifica, ocorrerão progressos na técnica. Portanto, são as forças de produção que primeiro se modificam – e, antes de tudo, os instrumentos de produção. Por sua vez, as relações de produção se modificam em função das modificações sobrevindas nas forças produtivas. Em suma, as novas forças produtivas exigem imperiosamente novas relações de produção. Declara Marx que "as relações sociais estão intimamente ligadas às forças produtivas. Ao adquirir novas forças produtivas, os homens alteram os modos de produção, a maneira de ganhar a vida e todas as relações sociais".

Como o modo de produção encarna a unidade dialética das forças produtivas e das relações de produção, nessa contradição interna cada um dos contrários age sobre o outro, mesmo que um deles venha a mudar. Assim sendo, é necessário estudar a ação recíproca das relações de produção sobre as forças produtivas. Ora, as forças produtivas, que mudam em primeiro lugar, não são independentes das relações de produção. Por seu turno, estas, cujo desenvolvimento depende do desenvolvimento das forças produtivas, agem sobre o desenvolvimento dessas forças, acelerando-o ou diminuindo-o.

As relações de produção desempenham um entrave ao desenvolvimento das forças produtivas quando elas já não correspondem ao progresso dessas forças. Mas, ao contrário, representam um elemento estimulador quando, no essencial, correspondem ao estado dessas forças. E, em virtude da prioridade que pertence às forças produtivas no desenvolvimento, as novas relações de produção, quando a elas correspondem, constituem a força principal que as lança para a frente. É em virtude dessa correspondência que as relações constituem o principal motor das forças.

O retardamento das relações de produção sobre o progresso das forças produtivas não pode, portanto, durar indefinidamente. Quaisquer que sejam as medidas tomadas pelas classes que personificam as relações de produção caducas para prolongar sua base econômica, elas não podem obrigar a história a retroceder. O desenvolvimento das forças produtivas, da produção, é uma exigência material da humanidade, contra a qual o "espírito" nada pode. É preciso, então, que as relações de produção caducas cedam seu lugar.

Qualquer que seja o retardamento das relações de produção, portanto, cedo ou tarde essas relações devem acabar correspondendo ao novo caráter das forças produtivas. Essa harmonização se verifica pela transformação brusca das formas de propriedade dos meios de produção, formas de propriedade que são o elemento essencial das relações de produção. Esta é, enfim, a lei da correspondência necessária.

A lei da correspondência necessária é uma lei objetiva. Ninguém escolhe o modo de produção em que vive. A produção, no seu conjunto, se impõe aos homens com a dialética interna de suas exigências e requisitos. Além disso, as forças produtivas só podem progredir nos limites de certas relações de produção – e esta correspondência necessária é efeito da própria natureza das forças produtivas, não da vontade humana.

Contudo, tal afirmação não significa que a ação humana não representa nem possa representar um papel no desenvolvimento social. Esta ação surge com o pressentimento, ou com o conhecimento exato, que os homens têm das necessidades objetivas da produção, da lei da correspondência necessária. Conhecendo a lei, eles podem tentar frear sua ação, retardar o momento em que ela agirá – da mesma forma que podem também favorecer esta ação, apressar esse momento, adotar medidas de acordo com as necessidades objetivas, adaptar as relações de produção ao caráter das forças produtivas.

Para os marxistas fica muito claro que, sendo assim, o caráter objetivo da lei de correspondência necessária não exclui, de maneira alguma, a *responsabilidade dos homens*. É igualmente claro, porém, que a vontade dos homens só pode se concretizar dentro dos limites objetivos de sua época.

Assim, a vontade dos homens – o fator *subjetivo* – não pode ser eficaz, a menos que tenha por finalidade facilitar a aplicação da lei *objetiva*.

As Classes

Aplicando o materialismo dialético ao estudo da História, o marxismo explica o aparecimento das classes sociais como conseqüência do declínio da comuna primitiva, causado pelo desenvolvimento das forças produtivas.

Para que o homem pudesse acumular os bens a título privado, foi absolutamente necessário que a sociedade dispusesse de uma quantidade de bens materiais maior que os precários recursos de que dispunha na comuna primitiva, que eram apenas suficientes para a sociedade sobreviver. Em tais condições, acumular seria condenar alguém à morte e ninguém tinha interesse nisso, porque somente a luta em comum permitia que os múltiplos perigos pudessem ser enfrentados. Para que ocorresse a possibilidade de acumular foi preciso que os demais membros da sociedade tivessem com que sobreviver e, além disso, que houvesse excedentes – ou seja, que as forças produtivas houvessem progredido.

Como o trabalho humano passasse a fornecer agora um excedente em relação ao consumo mínimo, surgiu o interesse de englobar novas formas de trabalho na sociedade. No período anterior os prisioneiros de guerra eram bocas inúteis, pois o trabalho assegurava apenas a conservação de quem o executava; portanto, não havia interesse em fazer prisioneiros, mas em eliminar da região de caça a tribo rival. Agora, porém, o trabalho do prisioneiro podia produzir um excedente, e era natural, portanto, que fosse utilizado. Assim surgiu o escravo.

A partir do surgimento do escravo a produção de excedentes se torna cada vez mais sistemática. Alguns escravos constituem propriedade coletiva de seus vencedores; outros, propriedade individual. Mas, fosse como fosse, os escravos não possuíam nada. Nascia assim a propriedade privada dos meios de produção. A sociedade passou, então, a estar dividida em classes, o comunismo primitivo desapareceu, a base econômica da sociedade havia mudado.

De fato, se o período não conheceu as lutas de classes que permeiam a sociedade nos períodos posteriores, conheceu o estado miserável da humanidade, que era vítima de perigos naturais de toda espécie. A escravidão veio dar um passo à frente no sentido do desenvolvimento social, pois arrancou as tribos mais atrasadas tecnicamente do estado em que praticamente vegetavam.

O aparecimento das classes foi inevitável, já que tornou possível o aumento da produção. Do ponto de vista marxista, no entanto, ele inaugura esta era da humanidade em que, segundo Engels, todo passo à frente tem por condição um passo atrás, pois cada aumento da produção, do bem-estar e da civilização para uma fração da sociedade, tem por condição a exploração acrescida, a miséria e o embrutecimento da maioria dos membros dessa mesma sociedade.

A sociedade de classes veio transformar profundamente a psicologia do homem. A exploração do homem pelo homem teve por efeito impedir brutalmente ao explorado de dispor do fruto de seu trabalho. Assim, o homem passa a ser separado de sua obra. Seu trabalho é alienado nas mãos do explorador que dele se apropria. Separado de sua obra o homem é separado de si próprio, pois a atividade produtora e a iniciativa criadora são, justamente, aquilo que torna o homem propriamente humano e o distingue do animal.

A partir desse momento, a luta de classes passa a ser o método para resolver a contradição existente entre as relações de produção e as forças produtivas.

DURKHEIM, Émile (1858–1917)

Freqüentemente reconhecido como o fundador da escola sociológica francesa. Émile Durkheim nasceu em Épinal, a 15 de abril de 1858. De família judaica, foi educado na França e na Alemanha, onde cursou Direito, Filosofia e Ciências Sociais. Na Alemanha, estudou também Psicologia das Sociedades Arcaicas e Antropologia.

Tal era o prestígio de seu talento na época que, em 1887, a Universidade de Bordeaux criou especialmente para ele a cadeira de Psicologia, a qual Durkheim ocupou durante cinco anos. Após esse período ele se transferiu para a Universidade de Paris, ocupando então a cadeira de Psicologia da Sorbonne.

As obras de Émile Durkheim (e de seus seguidores) influenciaram bastante a metodologia de todos os ramos das Ciências Sociais. Seu primeiro livro de importância foi a própria tese de doutoramento, *A Divisão do Trabalho Social,* onde demonstra a relação entre o indivíduo e a coletividade, ou seja, a forma pela qual um grupo de indivíduos se comporta e forma uma sociedade.

Ao realizar estudos sobre o relacionamento humano, Durkheim aplicou métodos semelhantes aos usados nas Ciências Exatas, insistindo sempre no fato de que as correlações puramente estatísticas só são adequadas quando se estabelecem conexões lógicas. Enfatizou a importância de estudar os "fatos sociais" (como, por exemplo, as regras sociais e as crenças religiosas), que são objetivos para o observador empírico e possuem aspectos morais porque afetam o bem-estar do indivíduo.

Durkheim é também admirado pelo estudo dos problemas da personalidade, realizado em sua obra *O Suicídio* (1897), em que a divisão do trabalho é tratada como um desenvolvimento normal da sociedade humana, que propicia o aumento da iniciativa pessoal em detrimento da autoridade exercida pela tradição. Entretanto, o número crescente de suicidas nas sociedades desenvolvidas foi por ele considerado como um traço patológico na organização social. Nesse sentido, Durkheim descreve três tipos de suicídios:

Altruísta: quando o indivíduo fortemente ligado a um grupo não distingue entre seus próprios interesses e os do grupo, sendo capaz de sacrificar-se por ele. É o caso de soldados que se sacrificam para salvar companheiros. Esse tipo de suicídio também pode ser levado a efeito pelo indivíduo que deixa de satisfazer os padrões do grupo: a morte é, então, preferível a qualquer outra coisa.

Egoísta: é o suicídio que ocorre quando o indivíduo não está envolvido com ninguém nem com nenhuma causa, faltando-lhe laços emocionais que lhe tornem a vida digna de viver.

Anômico: é o suicídio que se manifesta quando o indivíduo participa de uma sociedade caracterizada pela anomia (ausência de regras, sem normas), sendo comum em épocas de depressão econômica.

A importância de *O Suicídio* está intimamente relacionada aos esclarecimentos que presta quanto ao relacionamento humano, tanto no que se refere aos grupos quanto ao que diz respeito às normas dos grupos.

Durkheim morreu em Paris, a 15 de novembro de 1917.

MARX, Karl Heinrich (1818–1883)

Principal intérprete do pensamento socialista e fundador do movimento comunista internacional, Karl Heinrich Marx nasceu a 5 de maio de 1818 em Trier, cidade situada na fronteira da Prússia renana com a França. Ali viveu até completar os estudos secundários. Em 1835 ingressou na Faculdade de Direito de Bonn, transferindo-se no ano seguinte para Berlim. Nesse período, estudou História e Filosofia, sendo fortemente influenciado por Hegel, cujas idéias predominavam entre os universitários. Essa influência permanece viva em elementos importantes de seu pensamento, embora ele tenha se afastado dos idealistas da filosofia hegeliana. De fato, Marx jamais acatou a primazia da idéia sobre a matéria, tese defendida pelos idealistas hegelianos.

Após defender sua tese de doutoramento na Universidade de Iena (1841), Marx se dedicou ao jornalismo, chegando a diretor da *Gazeta Renana,* periódico liberal de Colônia. A partir daí passou a interessar-se pelos trabalhos dos socialistas utópicos franceses. Já casado, fecharam-lhe a *Gazeta Renana* em represália a um violento artigo que publicou contra o absolutismo e foi obrigado a mudar-se para Paris. Na capital da França, fundou a revista *Anais Franco-Alemães,* onde começou a criticar a filosofia do direito de Hegel, demonstrando que as considerações hegelianas não conduziam, na prática, à superação dos problemas humanos. Começa a traçar as linhas fundamentais de seu pensamento ao afirmar que a verdadeira emancipação humana exige uma transformação do sistema social de produção e da distribuição de riquezas – e não de leis.

Ainda em Paris, Marx estabeleceu contato com escritores socialistas e, em 1844, tornou-se amigo de Friedrich Engels, com quem passou a trabalhar e manteve perfeito entrosamento de idéias.

Engels, filho de um rico industrial, já tivera contato com o proletariado, conhecia as vicissitudes dos operários e já tinha escrito *A Situação das Classes Trabalhadoras na Inglaterra.* Esses fatores levaram Marx a aprofundar-se no estudo da Economia Política e a observar analiticamente os caminhos adotados pelo socialismo francês, chegando à conclusão de que eram moralistas e utópicos.

Expulso da França por exigência do governo prussiano, Marx se mudou para Bruxelas. Escreve, então, com Engels, *A Sagrada Família* (1845) e *A Ideologia Alemã* (1845/46), obra em que, pela primeira vez, surge uma explanação sobre o materialismo histórico.

Ainda em Bruxelas, escreve também *Miséria da Filosofia,* contestando *Filosofia da Miséria,* obra de P. J. Proudhon, onde Marx desenvolve as propostas fundamentais de sua interpretação econômica da História. Em 1848, com a colaboração de Engels, publica um de seus documentos mais discutidos, o *Manifesto do Partido Comunista,* espécie de sumário de toda sua filosofia social.

Marx conseguiu retornar a Colônia ainda em 1848, graças à atmosfera revolucionária que imperava na Alemanha. Em maio do ano seguinte, porém, viu-se novamente obrigado a deixar a pátria, voltando a exilar-se em Paris, de onde foi expulso dois meses depois. Dessa vez mudou-se para Londres (1849), onde permaneceu até morrer.

Na Inglaterra, Marx produziu suas obras consideradas mais importantes: *As*

Lutas de Classe na França (1850/59), *o 18 Brumário de Luís Bonaparte* (1852/55) e *Crítica da Economia Política* (1859), onde, pela primeira vez, demonstra sua teoria do valor e da moeda. Contudo, sua obra maior é *O Capital*, cujo primeiro volume foi publicado em 1867. Os dois volumes seguintes foram publicados postumamente por Engels, em 1885 e 1894. Nessa obra, Marx desenvolveu a teoria do sistema capitalista e seu dinamismo, solicitando suas tendências autodestrutivas.

Durante toda sua permanência em Londres, Marx e família viveram praticamente na miséria. Sua colaboração jornalística para o *New York Tribune* trazia-lhe alívios financeiros temporários, mas foram a generosidade e a amizade do amigo e companheiro Engels que, por todos aqueles anos, ajudaram e protegeram a família contra a fome. Vários dentre os filhos de Marx morreram ainda crianças.

Marx faleceu em Londres, no dia 14 de março de 1883, quinze meses após a morte de sua esposa.

WEBER, Max (1864 – 1920)

Nascido em Erfut, a 21 de abril de 1864, Max Weber tornou-se um dos sociólogos e economistas políticos mais importantes da Alemanha nos séculos XIX e XX. Filho de uma abastada família de comerciantes, formou-se em Direito e Economia nas Universidades de Berlim e de Heidelberg respectivamente. Mais tarde trabalhou como professor nas Universidades de Berlim (1893), Freiburg (1894), Heidelberg (1897) Viena (1917, como professor visitante) e Munique (1919). Em Heidelberg contraiu uma séria moléstia nervosa que o levou a afastar-se das atividades acadêmicas, retornando a elas só mais tarde e apenas esporadicamente.

Weber jamais ocupou cargos públicos; no entanto, sua influência política se concretizou de diversas maneiras práticas: combateu pela abdicação de Guilherme II; atuou como conselheiro da delegação alemã durante a Conferência de Paz de Versalhes; participou da comissão de peritos que redigiram a Constituição de Weimar (a Constituição da República); ao lado de Sombart e outros, dirigiu o *Arquivo de Ciência Política e Social,* revista de grande penetração, fechada pelos nazistas.

A idéia de Karl Marx sobre o determinismo econômico constituía o grande desafio enfrentado por Weber. Por isso, em sua obra *A Ética Protestante e o Espírito do Capitalismo,* procurou demonstrar que as idéias religiosas e éticas são de importância fundamental. Buscou também esclarecer os caracteres específicos do capitalismo – regime econômico de grande desenvolvimento, principalmente nos países protestantes (especialmente naqueles em que predominava o calvinismo). Esse estudo o levou a pesquisar também a história religiosa e social da Índia, da China e do povo judeu. O resultado desse trabalho foi publicado em três volumes sob o título *Estudos Reunidos sobre a Sociologia das Religiões.*

Weber escreveu ainda outros livros de grande importância, como *Ciência como Vocação, Economia e Sociedade, História Econômica Geral* e *Sobre Sociologia e Política Social.* Nessas obras ele desenvolveu os princípios metodológicos da História e da Sociologia como ciências, e estudou as tendências futuras, propondo soluções éticas para esses problemas.

Weber acreditava firmemente nos ideais democráticos e, embora não negasse a racionalização (achava que o mundo se dirigia para a racionalização total), buscava caminhos que libertassem o homem da cristalização da burocracia.

Weber faleceu em Munique, a 14 de julho de 1920. Seu pensamento tem exercido grande influência junto aos sociólogos, sobretudo norte-americanos.

POSSÍVEIS OBJETIVOS DO ESTUDANTE

Depois de completar o estudo deste capítulo e discuti-lo, quando necessário, você deverá ser capaz de:

1. a. Entender como Durkheim ignorou os vários problemas oriundos da identificação parcial entre sujeito e objeto do conhecimento na Sociologia.
   b. Explicitar o conceito de "representação" manifesto pela teoria durkheimiana.
   c. Reproduzir o que Durkheim entendia por consciência individual e consciência coletiva no estudo sociológico.
   d. Identificar teoricamente e enunciar exemplos concretos de fatos sociais.
   e. Compreender por que Durkheim e seus seguidores colocam o social e o individual como duas esferas independentes da realidade humana.
   f. Distinguir e explicar os conceitos de solidariedade mecânica e solidariedade orgânica.
   g. Explicar sociologicamente, segundo a teoria durkheimiana, o que é um fato social normal e o que é um fato social patológico.
   h. Compreender a relação entre divisão de trabalho e anomia social.
2. a. Explicar como Max Weber trata de ordenar a sociedade humana em perpétua mudança a fim de estudá-la cientificamente.
   b. Entender como Weber definia a ação humana e explicar o que ele entendia por compreensão atual e compreensão explicativa.
   c. Distinguir a noção de tipo ideal, tal qual definida pela teoria weberiana.
   d. Enumerar e explicitar os diferentes tipos de ação distinguidos por Max Weber.
   e. Explicar em que consiste a relação social, segundo as definições e conceituações weberianas.
   f. Reconhecer em que consiste o espírito do capitalismo, de acordo com a teoria exposta por Weber.
3. a. Compreender melhor o que é fato sociológico e o que é fato psicológico na ação social.
   b. Especificar o ângulo pelo qual a Sociologia analisa a ação social.
   c. Explicar o que vem a ser a definição sociológica por compreensão, que caracteriza a teoria de Weber.
   d. Explicar o que vem a ser a definição sociológica por explicação, que caracteriza a teoria de Durkheim.
   e. Compreender que as perspectivas de Durkheim e Weber são mais complementares que divergentes.

4. a. Reconhecer a importância da contribuição do marxismo para a construção do objeto da sociologia.
   b. Distinguir, e explicar, as principais características do marxismo, do ponto de vista da Sociologia.
   c. Compreender em que consiste o método dialético marxista de estudo da realidade social.
   d. Identificar a evolução da sociedade humana através do materialismo histórico.

SUGESTÕES PARA LEITURA

BROOM, L. & Selznick, P. *Elementos de Sociologia,* Rio de Janeiro, Livros Técnicos e Científicos, 1979.

DURKHEIM, Émile. Objetividade e Identidade na Análise da Vida Social. *In:* Foracchi, M.M. & Martins, J.S., *Sociologia e Sociedade,* Rio de Janeiro, Livros Técnicos e Científicos, 1978.

FERNANDES, Florestan. *Ensaios de Sociologia Geral e Aplicada,* 2ª ed. São Paulo, Pioneira, 1971.

FREUND, Julien. *Sociologia de Max Weber.* 2ª ed., Rio de Janeiro, Forense/Universitária, 1975.

GIDDENS, Anthony. *Capitalismo e Moderna Teoria Social,* Rio de Janeiro, Presença/Martins Fontes, 1978.

GIDDENS, Anthony. *A Estrutura de Classes das Sociedades Avançadas,* Rio de Janeiro, Zahar, 1975.

GOLDMANN, Lucien. A Reificação das Relações Sociais. *In:* Foracchi, M.M. & Martins. J.S *Sociologia e Sociedade,* Rio de Janeiro, Livros Técnicos e Científicos, 1978.

GURVITCH, Georges. *A Sociologia de Karl Marx,* São Paulo, Anhambi, 1960.

HORTON, John. Anomia e Alienação: Um Problema na Ideologia da Sociologia. *In:* Foracchi, M.M. & Martins, J.S., *Sociologia e Sociedade,* Rio de Janeiro, Livros Técnicos e Científicos, 1978.

JASPERS, Karl. Método e Visão do Mundo em Weber. *In:* Cohn, G., *Sociologia: Para Ler os Clássicos,* Rio de Janeiro, Livros Técnicos e Científicos, 1977.

LUKES, Steven. Bases para a Interpretação de Durkheim. *In:* Cohn, G., *Sociologia: Para Ler os Clássicos,* Rio de Janeiro, Livros Técnicos e Científicos, 1977.

MARTINS, José de Souza. Introdução. *In:* Foracchi, M.M. & Martins, J.S., *Sociologia e Sociedade,* Rio de Janeiro, Livros Técnicos e Científicos, 1978.

MARX, Karl Heinrich. A Mercadoria: Os Fundamentos da Produção da Sociedade e do Seu Conhecimento. *In:* Foracchi, M.M. e Martins, J.S., *Sociologia e Sociedade,* Rio de Janeiro, Livros Técnicos e Científicos, 1978.

POLITZER, Georges. *Principios Elementales de Filosofía,* 2ª ed., Buenos Aires, Lautaro, 1953.

ROCHER, Guy. *Sociologia Geral 1,* 3ª ed., Lisboa, Presença, 1977.

ROCHER, Guy. *Sociologia Geral 2,* 2ª ed., Lisboa, Presença, 1977.

ROSENTAL, M. *Da Teoria Marxista do Conhecimento,* Rio de Janeiro, Vitória, s.d.

ROSENTAL, M. *O Método Dialético Marxista,* Rio de Janeiro, Vitória, 1951.

Fotografia ABRIL PRESS / Chico Guerissi

capítulo 3

Comunidade e Sociedade

Plano do capítulo

1. A TIPOLOGIA E SUAS ORIGENS: TÖNNIES E WEBER

   — *As Duas Vontades*
   As Formas das Vontades
   Tipos de Vontade e Tipos de Ação Social
   Oposição entre as Vontades
   — *Vontades e Tipos Sociológicos*
   Comunalização e Socialização
   Comunidade
   Sociedade
   Da Comunidade à Sociedade
   — *Tönnies* versus *Weber*

2. AS IMPLICAÇÕES DA TIPOLOGIA EM OUTROS CONTEXTOS TEÓRICOS

   — *Durkheim: o Corporativismo*
   A Anomia da Vida Econômica
   As Corporações como Solução
   Corporação e Passado
   Corporação e Moralidade
   Corporação e Atualidade
   — *Marx: Natureza e Sociedade*
   História dos Homens e História da Natureza
   Formações Pré-capitalistas
   A Sociedade Burguesa
   — *Desdobramentos Atuais*
   O Tradicional e o Moderno
   O *Continuum Folk*-urbano

Até aqui tratamos de caracterizar numa visão panorâmica a Sociologia, seu objeto, suas origens e posição no sistema das ciências, suas controvérsias e divisões internas, bem como as principais tendências metodológicas que nela se destacam.

Assim, ao iniciar a leitura deste terceiro capítulo você já sabe que o conjunto da reflexão sociológica, em suas diferentes tendências, divisões e campos empíricos de investigação, parte de uma única realidade observável que são as ações sociais dos indivíduos. Sabe também que a partir dessa realidade observável o objeto da Sociologia pode ser genericamente definido como sendo a interdependência humana, cujos aspectos principais discutimos ao tratar dos conceitos de relação e organização social, norma, desvio, reciprocidade, grupo e subgrupo.

Como disciplina científica que é ou aspira a ser, distinta das formas religiosas e filosóficas de reflexão a respeito da vida social, a Sociologia supõe a existência, por trás dos fenômenos que estuda, de uma ordem suscetível de ser descrita e compreendida. Mas reconhece ser esta uma ordem relativa, sempre associada a manifestações de desordem que podem dar lugar a uma variedade de formas de mudança social.

Há uma margem razoavelmente ampla de acordo entre os sociólogos quando se trata de definir a especificidade da abordagem sociológica face a outras disciplinas que também se interessam pela interdependência humana, como a Filosofia Social, a História, a Psicologia Social e as Ciências Sociais Concretas. Também há acordo razoável quando se trata de reconhecer a existência de ramos distintos de investigação no interior da disciplina, seja em função das diferentes possibilidades metodológicas de observação e interpretação dos fenômenos sociais, seja em função da magnitude dos fenômenos estudados.

Ao lado disso, porém, uma série de controvérsias divide os sociólogos, envolvendo temas como o próprio caráter científico da sua disciplina, a relação entre teoria e pesquisa empírica, e a possível "neutralidade" da Sociologia face aos problemas práticos da vida social.

É possível ter-se um conhecimento objetivo dos fenômenos sociais? Esta é a grande questão por trás dos diferentes focos de controvérsia entre os sociólogos desde o século XIX até o presente. A ela autores "clássicos" como Durkheim, Weber e Marx respondem, em princípio, afirmativamente. Divergem, no entanto, na concepção de objetividade científica que adotam, ou seja, na maneira de conceber a relação entre sujeito e objeto do conhecimento sociológico.

Vimos, no segundo capítulo, como essa divergência de fundo leva os três autores a seguir caminhos diferentes na definição dos problemas e na construção dos conceitos básicos das respectivas teorias sociais.

Na verdade as diferenças entre Durkheim, Weber e Marx estão na raiz das três principais tendências metodológicas que até hoje se confrontam dentro da Sociologia. No segundo capítulo nós as examinamos através de um apanhado geral do pensamento de seus fundadores. Daqui por diante precisaremos levá-las em conta a cada passo, como pano de fundo necessário da nossa própria exposição dos problemas e conceitos sociológicos básicos.

Isto vale, desde logo, para os conceitos de comunidade e sociedade, que estudaremos neste capítulo.

Embora a tendência a distinguir duas grandes classes ou tipos de relações sociais – um tipo "tradicional" e um "moderno" – date, como veremos, do fim do século XVIII, foi o alemão Ferdinand Tönnies (1855–1936) que a introduziu definitivamente na Sociologia, sob os conceitos de comunidade e sociedade. Tönnies, porém, exerceu grande influência sobre Weber. E foi na obra de Weber que os conceitos em questão, relacionados na forma de um par dicotômico, revelaram todas as suas possibilidades como instrumento de interpretação sociológica.

A primeira parte deste capítulo trata da elaboração dos conceitos de comunidade e sociedade na obra de Tönnies e Weber.

Mas o esquema conceitual desenvolvido por esses autores encontra correspondência – dentro de preocupações teóricas diferentes, é claro – na obra dos dois outros "clássicos" da Sociologia, Durkheim e Marx. O primeiro, em sua apologia do corporativismo como solução para o estado de anomia que caracterizaria a vida econômica moderna, apela claramente para a oposição entre um tipo "tradicional" e um tipo "moderno" de organização social. Em Marx a oposição se estabelece antes entre a sociedade capitalista e o que ele denomina, genericamente, as "formações pré-capitalistas".

Estes aspectos do pensamento de Durkheim e Marx serão examinados na segunda parte do capítulo.

Aí você encontrará também um breve comentário a respeito de desdobramentos mais recentes da tipologia comunidade/sociedade. Seja nos estudos de "Sociologia do desenvolvimento" empreendidos nos últimos trinta anos por sociólogos norte-americanos e latino-americanos, seja naqueles dedicados às chamadas culturas "folk".

1. A Tipologia e Suas Origens: Tönnies e Weber.

A tendência a classificar as múltiplas formas de relações sociais em dois tipos básicos e opostos tem uma longa tradição na história do pensamento ocidental. Na Antigüidade clássica ela se manifesta em inúmeras obras, hoje consideradas precursoras da Etnografia, voltadas para a oposição entre "primitivo" e "civilizado" ou para uma outra, assimilada à primeira, entre "rural" e "urbano".

Tais oposições marcam, com efeito, boa parte da reflexão subseqüente a respeito da vida social, especialmente nos campos da Etnografia e da Antropologia Cultural.

Em todas as obras que se sucedem nessa linha desde a Antigüidade até bem recentemente, o ponto de partida é mais ou menos invariável. Trata-se do europeu "civilizado" e "urbano" – quer dizer, educado na tradição greco-romana e morador da cidade – refletindo sobre as evidentes diferenças entre seu próprio modo de vida e outros considerados mais antigos, toscos ou atrasados, como os dos povos "exóticos" ou dos camponeses.

Carregado ou não de sentido pejorativo, esse tipo de comparação parece, na verdade, ter sido incorporado aos preconceitos comuns do homem moderno. Assim, você provavelmente já escutou ou tomou parte de conversas onde o modo de vida do interior é comparado com o da cidade grande, sendo o primeiro descrito alternativamente como atrasado ou calmo e cheio de calor humano, e o segundo como progressista ou agitado e frio.

Da mesma forma, a imagem que se faz habitualmente do índio nos meios de comunicação de massas varia entre o estereótipo do "selvagem" bruto e a idealização de um "homem livre" vivendo em íntima comunhão com a natureza; nos dois casos, fica implícita uma comparação com nosso próprio modo de vida.

A tipologia comunidade/sociedade guarda traços em comum com os esquemas anteriores. Desde o fim do século XVIII, no entanto, a idéia de uma dicotomia básica das formas de vida social adquire outras implicações que marcam sua incorporação à teoria sociológica.

Com efeito, a partir dessa época a dicotomia passa a ser usada para explicar aspectos da transição da sociedade feudal em decadência acelerada para a sociedade burguesa em ascensão. Desse modo, a trama de *Reflexões sobre a Revolução na França* (1790), do inglês Edmund Burke, é o contraste, de um ponto de vista conservador entre a "sociedade legítima" baseada no parentesco, na religião e no localismo, e a nova sociedade que surgia na Europa, baseada no comércio, no racionalismo e no nivelamento democrático. No mesmo sentido se encaminha a distinção estabelecida por Hegel entre "sociedade familiar" e "sociedade cívica".

São estes os antecedentes intelectuais da tipologia de Tönnies, exposta em seu livro *Comunidade e Sociedade* (1887).

– AS DUAS VONTADES.

Enquanto os esquemas dicotômicos anteriores partiam da comparação entre formas globais de organização social, o ponto de partida da tipologia de Tönnies encontra-se antes na psicologia individual. De fato Tönnies foi influenciado pela "escola psicológica", de grande prestígio entre os cientistas sociais alemães de fins do século passado. De acordo com a orientação dessa escola, sua análise das relações sociais volta-se em primeiro lugar para os fundamentos psíquicos da ação humana.

Assim, as relações sociais são concebidas por Tönnies essencialmente como relações entre "vontades". O termo "vontade", nesse contexto, é usado em sentido genérico – e por isso mesmo bastante vago – para designar o conjunto dos mecanismos que motivam e orientam a ação dos homens nas relações que mantêm entre si.

Entende-se, portanto, que em Tönnies a concepção dicotômica da vida social se baseia numa distinção entre duas formas de vontade: a "vontade orgânica" (*Wesenwille*) e a "vontade reflexiva" (*Kürwille*).

Vejamos como o autor define esses conceitos.

Segundo Tönnies, a vontade orgânica está diretamente ligada à biologia humana, ou seja, aos fatores que condicionam a atividade do homem como ser vivo; é daí que essa forma de vontade extrai seu princípio, sua força e seu ímpeto. Isto significa que ela exprime diretamente as necessidades vitais do homem na totalidade do seu modo de ser – uma totalidade que compreende estados biológicos, sentimentos e pensamentos. Portanto, a vontade orgânica não exclui o pensamento. Mas nela o pensamento não predomina, subordinando-se ao conjunto das motivações da ação humana.

O predomínio do pensamento é justamente o que caracteriza a outra forma de vontade, a vontade reflexiva. Nesse sentido a vontade reflexiva é algo artificial. O homem teria sido levado a construí-la dentro de si ao longo da evolução, de certo modo por acréscimo, submetendo parte de sua atividade ao controle do pensamento ou da racionalidade.

O próprio autor resume de maneira muito feliz a distinção entre as duas formas de vontade. Segundo ele, pode-se dizer que a vontade orgânica é "uma vontade que inclui o pensamento", enquanto que a vontade reflexiva é "um pensamento que envolve a vontade".

As Formas das Vontades

Cada uma das formas de vontade acima definidas possuiria por sua vez, na concepção de Tönnies, formas variáveis de acordo com os níveis da atividade humana sobre os quais se aplicam.

Desse modo, a vontade orgânica compreende:

1º *o desejo*, correspondente à atividade vegetativa interior ao organismo, ligada às necessidades fisiológicas básicas como fome, impulso sexual, etc.;

2º *o hábito*, correspondente à atividade "animal" pela qual o homem, enquanto organismo, se relaciona com o mundo exterior para obter a satisfação de seus desejos por meio de padrões de ação determinados;

3º *a memória*, definida como capacidade de reproduzir os atos requeridos para alcançar fins específicos, e correspondente à atividade mental envolvida no processo de formação dos hábitos.

Tanto o hábito como a memória, afirma o autor, são adquiridos por aprendizagem. E a maneira como eles se combinam entre si e com o desejo determina o caráter moral particular do indivíduo. A moralidade está, portanto, ligada à vontade orgânica.

Quanto à vontade reflexiva, também compreende três formas:

1º *a reflexão* propriamente dita, pela qual o pensamento governa a ação levando em conta as intenções ou finalidades daquele que age;

2º *a conveniência,* pela qual o pensamento pondera as razões da escolha de uma dada finalidade levando em conta a situação em que se encontra o agente;

3º *o conceito,* pelo qual o pensamento, chamado nesse caso pensamento formal, considera genérica e racionalmente os objetos e finalidades da ação abstraindo-os de seu contexto concreto.

Tipos de Vontade e Tipos de Ação Social

Talvez lhe pareça um tanto fora de propósito, além de complicado, todo esse esforço de distinguir formas ou tipos de "vontades". Não esqueça, porém, que ao fazê-lo Tönnies se encaminha para caracterizar diferentes tipos de relações sociais. Podemos perceber, então, que ele dá um passo à frente nesse sentido na medida em que capta aspectos realmente significativos do conteúdo psíquico das ações humanas em diferentes situações.

Tentemos imaginar as várias formas de "vontades" em ação em situações corriqueiras.

O desejo e a memória correspondem, para Tönnies, a diferentes níveis de atividade interior do indivíduo – atividade física e mental, respectivamente. Não se traduzem, portanto, em ação diretamente observável. De fato essas duas formas da vontade orgânica só se manifestam indiretamente, através das ações subordinadas ao hábito. Comecemos pelo hábito, então.

Aqui, por exemplo, um homem acorda de manhã. Desliga o despertador, levanta-se, ainda meio tonto de sono, começa a repetir gestos mais ou menos invariáveis de todo dia: vai ao banheiro, veste-se, toma o café preparado pela esposa, despede-se dela com um beijo, vai para o ponto esperar o ônibus que o levará ao trabalho.

Decerto que não estamos diante de ações inspiradas num grande esforço de racionalização. Com efeito, normalmente não gastamos tempo pensando no que fazer e por que fazer antes de sair da cama num dia comum de semana. Ao ouvir o despertador, é muito pouco provável que o nosso amigo tenha dito para si mesmo:

"São sete horas da manhã. Estou com fome, um pouco de sede e vontade de ir ao banheiro. Mas também com muito sono. Para comer, beber e ir ao banheiro teria de levantar. Levantando, porém, não poderei mais dormir. Por outro lado, sou empregado da firma 'X', e se ficar em casa dormindo serei descontado no fim do mês. Posso até perder o emprego. Nesse caso, vai faltar dinheiro para as despesas, o que seria um enorme transtorno para mim e para minha mulher. Ora, que mundo cruel este que obriga um pobre homem a sair de casa para trabalhar quando ele está morrendo de sono!"

Embora pudesse eventualmente pensar tudo isso – considerando sua situação, meios e fins em termos puramente racionais – o mais provável é que nosso amigo antes de mais nada simplesmente se levante. Porque é assim que ele faz todo dia, e além do mais não tem tempo de ficar devaneando na hora de ir para o trabalho!

Eis aí alguém que age em função de necessidades mais ou menos imediatas, obviamente: ir ao banheiro, beber um gole de água, comer, agasalhar-se, garantir o salário no fim do mês e o emprego, conservar o afeto da esposa. A maneira como ele busca satisfazê-las, no entanto, embora decorra de padrões culturais aprendidos, caracteriza-se por alto grau de "espontaneidade". Se fosse interrogado, talvez nosso amigo nos dissesse: "Ajo assim porque este é o meu modo de ser".

Isto é hábito, diria Tönnies.

O que não significa que só nas ações rotineiras exista hábito. Muitas vezes agimos por hábito precisamente quando quebramos a rotina ou reagimos à sua quebra.

Assim, o pai que esbraveja contra a filha por esta se vestir de maneira "imprópria para uma moça de família" age por hábito. Como age por hábito a família que dispensa a empregada e vai jantar fora num dia de semana apenas "para variar". Porque o que caracteriza a ação dirigida pelo hábito, nessa concepção, não é necessariamente o fato de ela ser rotineira, mas o fato de envolver o conjunto das motivações do indivíduo, sem se subordinar a considerações puramente racionais.

Contrariamente, a vontade reflexiva se manifesta, como vimos, sempre que as considerações racionais predominem sobre as outras motivações.

Pense, por exemplo, no empresário que examina os vários meios possíveis de cortar as despesas de custeio de sua firma. Ele pode escolher, digamos, entre modernizar certas instalações visando uma economia adicional de matéria-prima, ou dispensar alguns operários e aumentar o número de horas extras visando a redução dos encargos sociais. Seus bons sentimentos, neste caso, o levam a dar preferência à primeira alternativa. Se for um bom empresário, porém, deixará os sentimentos de lado para considerar apenas o meio que melhor se ajuste à sua finalidade.

Isto é reflexão, uma das formas da vontade reflexiva, segundo Tönnies.

Outra dessas formas, a conveniência, se manifestaria, por exemplo, se o mesmo empresário, depois de concluir que a melhor forma de reduzir os custos seria a dispensa de pessoal, decidisse adiar essa providência levando em conta, digamos, o grande volume de encomendas de fim de ano a ser atendido por sua fábrica. Nesse caso a escolha entre duas finalidades –reduzir custos ou evitar quebra no ritmo de produção – teria sido feita em função de considerações relativas à situação do agente.

Finalmente, a vontade reflexiva do nosso empresário assumiria a forma do conceito se ele, em vez de simplesmente aplicar sua racionalidade ao exame de seus meios e fins naquela situação concreta, buscasse, por exemplo, generalizar os resultados da sua experiência publicando um artigo numa revista de administração de empresas.

Desse modo as distinções propostas por Tönnies ajudam a identificar e a compreender aspectos significativos da ação social em diferentes situações.

Cabe destacar, a propósito, que foi diretamente inspirada no esquema de Tönnies a distinção elaborada por Weber entre os quatro tipos de ação social já discutidos no capítulo anterior:

1º a ação tradicional ou convencional;

2º a ação emocional ou afetiva;

3º a ação racional com relação a valores;

4º a ação racional com relação a fins.

O esquema de Weber é sem dúvida mais completo e sutil que o de Tönnies. Não obstante, é fácil perceber que a vontade orgânica corresponde, no esquema weberiano, aos dois primeiros tipos de ação, enquanto que a vontade reflexiva se identifica com os dois últimos.

Oposição Entre as Vontades

Dos exemplos que acabamos de expor depreende-se facilmente que para Tönnies as duas vontades, orgânica e reflexiva, orientam as ações humanas em sentidos não só diversos mas freqüentemente opostos.

Para usar uma linguagem corriqueira, a vontade orgânica teria por domínio mais característico as ações "apaixonadas", ditadas diretamente por sentimentos como amor ou ódio, coragem ou medo, solidariedade ou egoísmo. Ao passo que a vontade reflexiva se exprimiria nas ações comumente descritas como "frias e calculistas", em que a paixão é posta em segundo plano em benefício da eficácia.

Uma vez que as duas vontades convivem no interior de cada indivíduo, a oposição entre elas se traduz em conflitos íntimos mais ou menos intensos, nos quais uma das vontades acaba sempre por prevalecer sobre a outra.

Como já sublinhamos, porém, Tönnies se interessa pelos fundamentos psíquicos da ação individual somente como ponto de partida para compreender as relações sociais. Por isso, além de distinguir e opor as duas vontades no plano da ação individual, ele as procura associar aos grupos e categorias sociais. Assim, em sua opinião, as mulheres, os artistas, as crianças e os jovens tenderiam a obedecer mais à vontade orgânica, enquanto que os homens adultos e os velhos, e especialmente os cientistas, estariam mais inclinados a se deixar guiar pela vontade reflexiva.

De modo geral, acrescenta o autor, tanto nos indivíduos como nos grupos sociais a elevação do nível de instrução tende a fortalecer a vontade reflexiva, em detrimento da orgânica.

Desse modo Tönnies evolui de uma psicologia individual para uma psicologia social que, embora partindo de pressupostos hoje descartados como falsos, teve profunda influência no desenvolvimento da Sociologia em sua época.

– VONTADES E TIPOS SOCIOLÓGICOS.

É preciso esclarecer melhor como, no esquema de Tönnies, se opera a passagem da análise da ação individual para a caracterização dos grupos sociais.

Segundo o autor, o que torna a oposição entre as duas vontades significativa tanto para os indivíduos como para os grupos sociais é simplesmente o fato de que uma ou outra dentre elas tende a predominar também na orientação das *ações recíprocas* entre os indivíduos. Ora, mas as ações recíprocas constituem, como já sabemos, a trama das relações sociais entre os indivíduos.

Tönnies denomina "relações comunitárias" às relações sociais em que predomina a vontade orgânica, e "relações societárias" àquelas em que predomina a vontade reflexiva.

Evidentemente esses dois tipos de relações são categorias teóricas. Isto significa que é impossível observar, na vida real, relações puramente comunitárias ou puramente societárias. Os tipos puros devem ser vistos antes como os extremos de uma escala contínua ao longo da qual se situariam as relações reais.

Não obstante, segundo Tönnies, é sempre possível determinar de qual dos extremos dessa escala está mais próxima cada relação real. Em princípio pode-se dizer, por exemplo, que a relação marido/mulher se aproxima do tipo comunitário, caracterizado pelo domínio da vontade orgânica. Com efeito, normalmente as relações conjugais se caracterizam por um forte conteúdo afetivo, que tende a predominar sobre as considerações de ordem racional, embora estas, sem dúvida, também se façam presentes. Ao passo que a relação patrão/empregado tende a se aproximar do tipo societário, onde a consideração racional das finalidades e da situação de ambas as partes exprime o domínio da vontade reflexiva.

De outra parte, o tipo de relação predominante em cada agrupamento humano concreto permitiria classificá-lo do mesmo modo, entre os dois extremos de uma escala contínua. Assim os agrupamentos onde predominam as relações comunitárias se aproximariam do tipo de organização social que Tönnies denomina "comunidade" (*Gemeinschaft*). E os agrupamentos onde predominam as relações societárias se aproximariam do tipo denominado "sociedade" (*Gesellschaft*).

Cabe lembrar que este conceito de sociedade não se confunde com a definição apresentada no Capítulo 1, que corresponde ao conceito sociológico geral de sociedade.

Comunalização e Socialização

Embora diretamente influenciado por Tönnies, e chegando a resultados próximos dos dele, Weber abordou a oposição comunidade/sociedade por diferente caminho.

Da mesma maneira que Tönnies, Weber, como já sabemos, identifica na ação social o ponto de partida necessário para a compreensão das relações sociais. No entanto, para explicar as regularidades observáveis nas relações sociais duradouras, Weber apela para um conceito que não tem paralelo no pensamento de seu predecessor: o de ordem legítima, exposto no capítulo precedente.

Vimos naquele capítulo que para Weber as ações sociais, e sobretudo as relações sociais, podem orientar-se pela crença na existência de uma ordem legítima.

Quando isto acontece, as regularidades observáveis nas relações sociais não podem ser atribuídas simplesmente ao uso ou ao interesse comum dos agentes, mas a alguma forma de constrangimento interior ou exterior aceito por estes.

Do ponto de vista dos que se submetem a uma dada ordem social, a legitimidade desta pode basear-se como vimos:

1º na tradição, que corresponde à validade do que sempre existiu;

2º numa crença de caráter afetivo, correspondente à validade de uma revelação ou de uma atitude considerada exemplar, que rompe os quadros tradicionais ou legais existentes;

3º numa crença racional com respeito a valores, correspondente à validade de convicções como a justiça, a liberdade, perseguidas segundo uma atitude racional;

4º numa crença racional com respeito a finalidades, que corresponde à validade daquilo que é legal, envolvendo a busca de fins racionais por meios igualmente racionais.

Estes quatro fundamentos possíveis da legitimidade de uma ordem social se relacionam, evidentemente, com os quatro tipos de ação social distinguidos por Weber, também recordados há pouco. Por sua vez, a distinção dos fundamentos da legitimidade servirá a Weber para caracterizar o conteúdo de dois tipos básicos de relações sociais que ele distingue e opõe em termos semelhantes aos empregados por Tönnies: a "comunalização" (*Vergemeinschaftung*) e a "socialização" (*Vergesellschaftung*).

Comunalização, segundo Weber, é a relação social que se baseia no sentimento subjetivo dos participantes de pertencerem a um mesmo todo, originando-se tal sentimento, seja na tradição, seja na afetividade. Desse modo a comunalização se caracteriza como um tipo de relação social correspondente aos dois primeiros fundamentos da legitimidade citados.

Quanto a seu conteúdo específico, as relações desse tipo podem assumir caráter religioso (comunidades religiosas), doméstico (família), erótico (casal), étnico (nação), etc.

Por sua vez, socialização, nas palavras do próprio Weber, é a relação social baseada num "ajuste de interesses motivado racionalmente ou [em] outro acordo que responda a motivos semelhantes". Os interesses ajustados podem dizer respeito a finalidades práticas ou a valores. Em qualquer hipótese, o que caracteriza a socialização é o princípio de racionalidade que motiva o ajuste. Assim, a socialização pode ser definida como um tipo de relação social correspondente aos dois últimos fundamentos da legitimidade distinguidos por Weber – a crença racional com respeito a valores ou com respeito a finalidades.

O exemplo típico dessa relação é o livre comércio, onde comprador e vendedor ajustam seus interesses com base na consideração puramente racional das vantagens respectivas advindas da transação comercial.

A conceituação de comunidade e sociedade em Tönnies é muito próxima desta que Weber, por ele influenciado, faz de comunalização e socialização.

Comunidade

Segundo Tönnies, nas coletividades onde predominam as relações comunitárias, ou seja, na comunidade, as pessoas se encontram unidas por laços naturais e espontâneos, bem como por objetivos comuns que transcenderiam os interesses particulares de cada um. Em outras palavras, na comunidade não haveria oposição, mas identidade natural e espontânea entre os interesses de cada membro e o interesse geral.

Por outro lado, as coletividades desse tipo, constituídas sob o domínio da vontade orgânica, se apresentariam sob formas variáveis de acordo com as formas da vontade orgânica anteriormente definidas. Assim teríamos:

1º as comunidades *de sangue,* como a família, a linhagem, o clã, correspondentes à primeira forma da vontade orgânica, o desejo;

2º as comunidades *de lugar,* como a vizinhança, correspondentes ao hábito, a segunda forma da vontade orgânica;

3º as comunidades *de espírito,* baseadas na amizade ou na concórdia, correspondentes à terceira forma da vontade orgânica, a memória.

Independentemente dessas diferenças, as coletividades do tipo comunitário ainda se caracterizariam, na concepção de Tönnies, por serem a origem e as depositárias da moralidade dominante em cada época e lugar. Isto se explicaria pelo fato, já mencionado, de que a aprendizagem do hábito e da memória constituem os fundamentos da moralidade no interior de cada indivíduo.

Em apoio dessa tese, Tönnies cita uma expressão da concepção popular a respeito da moralidade intrínseca da comunidade. Com efeito, lembra ele, diz-se eventualmente que alguém "está andando em má companhia" (em alemão a mesma palavra, *Gesellschaft,* é usada para exprimir as idéias de "sociedade" e "companhia"). Mas nunca se diz que alguém anda em "má comunidade" (*Gemeinschaft*), pois na linguagem corrente a palavra comunidade não se associa nunca à idéia de maldade ou dissolução moral. Ao contrário, a ela se associam normalmente as virtudes básicas da vida social, como amor, lealdade, honra, etc.

Sociedade

Quanto às coletividades onde predominam as relações societárias, isto é, a sociedade, Tönnies as caracteriza pelo alto grau de individualismo, competitividade ou, pelo menos, indiferença ou impessoalidade existente entre seus membros.

Assim como Weber, Tönnies identifica no intercâmbio comercial a relação societária típica.

"Amigos, amigos, negócios à parte": também aqui uma expressão da sabedoria popular poderia ser invocada em apoio da tese sociológica. O dito enfatiza o conteúdo impessoal e competitivo da relação mercantil por oposição a uma relação de tipo comunitário, a amizade.

O tipo societário se estende a todas as formas de organização social características da moderna economia mercantil: o mundo da indústria e do trabalho assalariado; a grande cidade onde se concentra a atividade comercial e industrial; o Estado moderno, defensor de interesses particularistas mercantis ou nacionais; o Direito moderno, baseado, como o Direito romano, numa concepção de responsabilidade que supõe a racionalidade da pessoa; a ciência e a opinião pública.

Nesse ponto, a visão puramente analítica dos dois tipos de relações sociais dá lugar à condenação mais ou menos aberta dos aspectos "dissolutos" da vida moderna.

Isso não significa que para Tönnies a sociedade seja inteiramente destituída de elementos morais positivos. Na verdade, ele mesmo lembra que a sede da sociedade é a cidade, sendo esta, por sua vez, "o centro da ciência e da cultura". Acontece que o brilho cultural da sociedade, do seu ponto de vista, teve por preço a desintegração dos valores morais sustentados pela comunidade.

A contradição entre os valores morais da comunidade e os da sociedade é expressa com muita clareza por Tönnies num texto em que ele fala do Império Romano:

> "Em seu começo, [a ordem característica da sociedade] parece muito inocente. Significa apenas progresso, refinamento, aperfeiçoamento e maiores facilidades. Ela serve à bondade, à razão e à ilustração. Esta forma persistiu ainda durante a decadência moral do Império. As duas tendências foram descritas com freqüência: a elaboração, a universalização e, finalmente, a sistematização e codificação da lei, por um lado, e por outro a decadência da vida e dos costumes, acompanhada de brilhantes triunfos políticos, uma administração idônea e uma jurisprudência eficiente e liberal. Mas poucos parecem ter percebido a relação necessária que existe entre essas duas tendências, sua unidade e interdependência . . . Admiram o Império e a lei romanos, condenam a decadência da família e dos costumes, mas mostram-se incapazes de analisar a relação causal entre os dois fenômenos."

Da Comunidade à Sociedade

Além de os distinguir e opor no plano lógico, Tönnies fez uma tentativa de aplicar os conceitos de comunidade e sociedade à evolução histórica do Ocidente. Segundo ele, toda a história ocidental, desde a Idade Média, se resumiria à passagem de uma organização social de tipo comunitário para uma de tipo societário.

Durante a Idade Média, afirma o autor, a organização social européia evoluiu do que ele chama "uniões de comunidade" para as "associações de comunidade". O protótipo da união de comunidade seria a família, ou seja, uma comunidade de sangue, a qual caracteriza a Idade Média na primeira fase de sua organização social. O indivíduo pertence à família pelo nascimento. Pela vontade reflexiva ele pode decidir se permanece ou não ligado a ela mas nunca poderá decidir se lhe pertence ou não.

Por outro lado, as associações de comunidade, que sucederam à família como base da organização social medieval, são comunidades de espírito. Exemplos delas seriam as corporações medievais, as fraternidades de artes e ofícios, as igrejas e as ordens religiosas.

A ascensão do individualismo acarreta a desintegração da organização social comunitária da Idade Média. O individualismo começa a se exprimir na crescente comercialização das relações, resultante, em parte, do próprio desenvolvimento das associações de comunidade. Assim, as corporações profissionais começam a concorrer entre si, os senhores passam a exigir rendas cada vez mais altas de seus servos, os príncipes a cobrar impostos maiores de seus súditos, e até a Igreja acaba comercializando as relações entre os fiéis e a divindade pela venda de indulgências e outros expedientes. Em conseqüência, relações de oposição e dominação acabaram substituindo as antigas relações de união e cooperação.

Do gradativo domínio da competitividade resulta a irrupção dos movimentos de emancipação que aplicam o golpe de morte na comunidade medieval e abrem caminho para o estabelecimento de um novo tipo de organização social. Este se baseia no contrato, que reconhece a concorrência dos interesses individuais e se pretende um instrumento para conciliá-los.

A nova organização social caracterizar-se-ia pelo que Tönnies denomina "associações de sociedade", que têm como exemplo típico a moderna empresa de negócios.

Na época em que viveu, Tönnies constatava a passagem das associações de sociedade para as "uniões de sociedade". Segundo ele, a organização social caracterizada por estas últimas poderia, em suas manifestações mais extremas, ser chamada de "pseudo-sociedade". Com efeito, ela representaria uma tentativa de recuperar algumas das seguranças típicas da organização comunitária, por meio de técnicas de relações humanas e de outros mecanismos, como a previdência social e o seguro-desemprego.

– TÖNNIES *VERSUS* WEBER.

Uma das críticas que se levanta freqüentemente contra Tönnies diz respeito ao fato de haver ele sustentado uma concepção idílica de comunidade, como se esta fosse o reino da perfeita solidariedade humana em contraste com a competição sem trégua que caracteriza a sociedade.

Muitos viram aí, e com razão, mais do que a nostalgia por formas de organização social do passado. Centrando fogo na competitividade como raiz dos "males" da sociedade moderna, Tönnies investia, conseqüentemente, contra toda a concepção liberal da economia e do Estado, a qual vê precisamente na livre concorrência a chave do progresso e do bem-estar geral.

Nesse ponto Weber se afasta de seu predecessor, atenuando a implicação valorativa conservadora da tipologia de Tönnies.

Segundo Weber, qualquer relação social, comunitária ou societária, pode ser objeto de luta entre os homens, como também a pode provocar ou sustentar. Escreve ele: "Deve-se entender que uma relação é de *luta* quando a ação se orienta pelo propósito de impor a própria vontade contra a resistência da outra ou outras partes". Dependendo dos meios que empregue, a luta pode enquadrar-se em um de dois tipos:

1º luta *belicosa*, que envolve meios violentos;

2º luta *pacífica*, também chamada de concorrência, quando os meios violentos são postos de lado.

Existe concorrência, afirma Weber, quando um indivíduo – ou indivíduos – se vale de meios formalmente pacíficos para adquirir poder, tendo em vista dispor de oportunidades que outros também buscam. Quando a concorrência se desenvolve com finalidades e meios definidos por disposições explícitas de uma ordem social determinada, ela é chamada concorrência regulamentada.

Entre os dois extremos de luta – a belicosa, em que "vale tudo" para suprimir os adversários, e a concorrência regulamentada – existiriam várias formas intermediárias, sem solução de continuidade. Além disso, as formas de luta variam em função do seu objeto (poder político ou econômico, superioridade artística ou esportiva, vantagens eróticas, etc.) e dos meios que empregam (força física, astúcia, capacidade intelectual, etc.).

Quaisquer que sejam o objeto e os meios empregados, a luta está presente, ao menos como possibilidade, em todas as relações sociais. Mesmo a regulamentação mais pacifista não faz mais do que abolir certos meios ou objetos de luta, tolerando outros. E embora a comunalização seja, em princípio, o oposto da luta, a mais solidária das comunidades não está livre da forma irredutível de luta que é a "seleção social", entendida por Weber num sentido muito próximo de seleção biológica.

A par de suas semelhanças, portanto, existem entre as concepções de Tönnies e Weber diferenças que devem ser destacadas.

Na verdade, ao expurgar os conceitos de comunidade e sociedade da carga valorativa que eles adquiriam em Tönnies, Weber não faz mais do que atender ao seu próprio padrão de objetividade científica. Para ele, como vimos no capítulo anterior, os valores do cientista devem interferir apenas na seleção do objeto de estudo. A partir daí, o cientista deve submeter suas idéias apenas aos juízos de realidade, e não mais aos juízos de valor.

Desse modo, eleita a oposição comunidade/sociedade como objeto de estudo em função das preferências pessoais e intelectuais do autor, os aspectos valorativos teriam de ser postos de lado em benefício da análise objetiva. Foi o que Weber fez, procurando demonstrar a simples existência de vínculos de diferentes tipos entre os indivíduos conforme a orientação basicamente tradicional-afetiva ou racional de suas ações.

Além disso, e ainda de acordo com sua postura metodológica, Weber deixa muito mais claro a validade da dicotomia enquanto construção típico-ideal, capaz de orientar a reflexão e a pesquisa mas completamente diferente de um "retrato" fiel da realidade.

No plano real, com efeito, relações comunitárias e societárias existem lado a lado. Exemplos dessa complexidade das relações reais são as modernas sociedades urbano-industriais. Embora aí os aspectos fundamentais da organização social se enquadrem no tipo societário, conforme a análise de Tönnies, é inegável o papel que nelas desempenha a idéia de Nação, que implica a "comunidade de espírito" de Tönnies.

Finalmente, Weber deu conseqüência à tentativa, ensaiada por Tönnies, de explorar as possibilidades da tipologia comunidade/sociedade como instrumento de interpretação histórica, demonstrando sua realização concreta em fragmentos determinados da história européia.

2. As Implicações da Tipologia em Outros Contextos Teóricos.

Vimos no início deste capítulo que a tendência a distinguir um tipo "tradicional" de um tipo "moderno" de relações sociais está presente na obra de vários autores desde o fim do século XVIII. Expressava-se assim, por meio de esquemas dicotômicos que na verdade tinham uma tradição bem mais antiga na teoria social, a preocupação de explicar as origens e a organização da moderna sociedade mercantil que florescia sobre as ruínas da sociedade feudal.

Nesse sentido a tipologia de Tönnies é representativa de uma corrente intelectual que se manifesta na obra de autores, não só anteriores a ele, mas também teoricamente muito distantes, como é o caso de Marx. Por outro lado, Tönnies teve influência evidente sobre outros autores que vieram depois dele, além de Weber. É o caso de Durkheim, que se situa, como sabemos, num contexto teórico distinto tanto de Weber como de Marx.

A seguir examinaremos as implicações da tipologia comunidade/sociedade no pensamento destes dois autores, Marx e Durkheim. Começaremos por Durkheim, levando em conta que sob certos aspectos seu enfoque da dicotomia básica da vida social está menos distante da visão de Tönnies que acabamos de expor.

– DURKHEIM: O CORPORATIVISMO.

Embora pretendendo fazer valer na Sociologia, como vimos no capítulo anterior, um critério de objetividade idêntico ao das ciências naturais, Durkheim não hesitou em propor objetivos práticos à investigação sociológica. Esta, segundo ele, teria por objetivo último, não apenas conhecer, mas *orientar* o comportamento humano em sociedade.

Mas, como alcançar esse objetivo sem apelar para conceitos morais postulados *a priori*?

O problema é resolvido em *As Regras do Método Sociológico* por meio da distinção entre o "normal" e o "patológico" no âmbito dos fatos sociais, já comentada no capítulo anterior. Escreve Durkheim:

"Com efeito, para as sociedades como para os indivíduos, sendo a saúde boa e desejável, é a doença, ao contrário, algo de ruim que deve ser evitado. Se, então, encontrarmos um critério objetivo, inerente aos próprios fatos, que nos permita, nas diversas ordens de fenômenos sociais, distinguir cientificamente a saúde da doença, a ciência será capaz de esclarecer a prática, muito embora conservando-se fiel ao método que lhe é próprio."

Este critério, Durkheim pretende encontrá-lo, como vimos, na generalidade dos fatos sociais normais, por oposição à excepcionalidade dos fatos patológicos. Com isso se tornaria possível definir em novas bases o papel do homem de governo na sociedade. À luz da ciência, este se comportaria antes como médico que como doutrinário: "por meio de uma boa higiene, previne a eclosão das doenças e, quando estas se declaram, procura saná-las".

É certamente dentro dessa concepção que Durkheim, no prefácio à segunda edição de *A Divisão do Trabalho Social,* parece abandonar a postura do cientista objetivo para assumir a do reformador social, preconizando uma dada solução para os conflitos e desordens incessantes que caracterizariam a vida econômica moderna. E já o fato de ser esta solução o corporativismo, forma de organização social característica da Idade Média, sugere uma aproximação entre o pensamento de Durkheim e o de Tönnies. Pois ambos tendem a buscar no passado um princípio de harmonia dado como perdido no presente.

Por outro lado, deve-se notar a evidente homologia existente entre as tipologias comunidade/sociedade elaboradas por Tönnies e Weber, e a tipologia solidariedade mecânica/solidariedade orgânica elaborada por Durkheim, exposta no capítulo anterior.

A solidariedade mecânica, exprimindo vínculos entre homens socialmente indiferenciados, ou diferenciados apenas pela divisão natural do trabalho em função do sexo e da idade, aproxima-se da idéia de comunidade. A solidariedade orgânica, por sua vez, na medida em que se baseia na divisão social do trabalho característica das complexas organizações modernas, liga-se à idéia de sociedade.

Estas tipologias se diferenciam, contudo, na medida em que Durkheim, ao usar o termo solidariedade, pensava em consenso social e nos seus dois tipos expressos nas duas formas de solidariedade. Já em Tönnies a idéia de consenso está presente apenas na concepção de comunidade, como o reino da cooperação, e ausente da concepção de sociedade, como o reino da competição e do conflito.

Vimos também no capítulo anterior que, para Durkheim, a solidariedade orgânica é um tipo normal de vida social, representando a articulação de conjuntos diferenciados internamente, a coesão dos desiguais.

Como se explica, então, que esse tipo "normal" de integração apresente os efeitos "patológicos" que Durkheim se propõe neutralizar por meio do corporativismo?

Acontece apenas que, embora representando o tipo normal de equilíbrio e integração da sociedade moderna, a solidariedade orgânica não permitiria dispensar mecanismos institucionais capazes de controlar as tensões e conflitos gerados pelo grau extremo de diversificação alcançado por essa mesma sociedade. Proporcionar tais mecanismos seria justamente o papel reservado por Durkheim às corporações.

A Anomia da Vida Econômica

A vida econômica no mundo moderno encontra-se em estado de anomia jurídica e moral . Enquanto que as profissões liberais – médico, advogado, professor, etc. – contam ainda com uma ética que rege a conduta de seus membros, faltam regras precisas e suficientemente abrangentes, aplicáveis às relações entre empregos e empregadores, bem como à concorrência entre os empresários, que constituem o tecido básico da vida econômica atual.

Essa é a constatação inicial de Durkheim no texto citado. Diga-se de passagem que ele a faz em fins do século XIX, quando na maior parte do mundo era praticamente nulo o desenvolvimento da legislação trabalhista, industrial e comercial.

Para o autor, os conflitos e desordens de toda sorte que afligiam a vida econômica se explicariam precisamente por esse estado de anomia. As regras, na vida social, cumprem uma função "moderadora". À falta delas, não há autoridade e as soluções acabam sendo impostas pela violência. Ora, as soluções violentas dificilmente conquistam a adesão íntima das pessoas. Daí a sua provisoriedade e precariedade.

Uma circunstância contribuiria para tornar mais grave esse problema, segundo Durkheim. Trata-se de que, no mundo moderno, as funções econômicas passaram ao primeiro plano da vida social. Com isso outras funções que as poderiam equilibrar, como as militares, administrativas e religiosas, passaram para segundo plano.

De sua parte as funções científicas, que ainda disputariam o primeiro plano com as econômicas, só têm prestígio quando são úteis à atividade econômica.

O fato de as sociedades atuais serem chamadas de *industriais* caracterizaria bem a importância decisiva que nelas assumiram as funções econômicas. Neste contexto, diz Durkheim, "a ausência de toda disciplina econômica não pode deixar de estender seus efeitos para além do próprio mundo econômico e de provocar como conseqüência uma diminuição da moralidade pública".

Da mesma maneira como Tönnies antes dele, o sociólogo francês demonstra assim sua preocupação diante da "dissolução dos costumes" acarretada pela competitividade sem limites que caracteriza a economia mercantil.

As Corporações como Solução

Determinada a causa da "doença", os meios de "cura" se apresentam como decorrência natural. Se a anomia explica a perda da moralidade na vida econômica, o meio de restabelecer a moralidade é abolir a anomia por meio de uma regulamentação que subtraia as relações econômicas do império do arbítrio individual.

Para ter autoridade moral ou jurídica, no entanto, a regulamentação da vida econômica deve ser produto de uma elaboração coletiva. No mundo moderno, porém, a vida econômica tende a constituir um domínio cada vez mais especial e especializado. Por isso, nem o Estado nem a "sociedade política" em geral têm condições de regulamentá-la, já que ela escapa à sua ação.

A quem caberia, então, essa regulamentação?

Para Durkheim, ela só pode ser produto de um tipo de agrupamento cuja criação seria preciso fomentar antes de mais nada: os grupos profissionais ou corporações. E isso por uma razão muito simples:

"A atividade de uma profissão só pode ser regulamentada eficazmente por um grupo bastante próximo dessa mesma profissão para lhe conhecer bem o funcionamento, para sentir-lhe todas as necessidades e poder seguir todas as suas variações. O único que responde a essas condições é o que seria formado por todos os agentes de uma mesma indústria reunidos e organizados num mesmo corpo. É o que denominamos a corporação ou grupo profissional."

Corporação e Passado

Lançada a idéia, na seqüência do texto Durkheim se preocupa em rebater a objeção segundo a qual as corporações são uma forma de organização superada pela evolução da sociedade. Antes de mais nada, expõe o enfoque sob o qual fará a defesa da necessidade das corporações.

Escreve ele:

"Não se trata de saber se a instituição medieval pode convir identicamente a nossas sociedades contemporâneas, mas se as necessidades às quais ela respondia são ou não de todos os tempos, ainda que, para satisfazê-las, deva transformar-se segundo os meios."

A idéia de que a corporação é uma instituição superada estaria diretamente ligada à idéia de ser ela uma instituição característica da Idade Média. Assim, nascidas com um padrão global de organização social e política, estariam destinadas a desaparecer junto com ele.

Durkheim, no entanto, vê nisso um equívoco completo.

Em Roma, argumenta ele, havia corporações desde os primeiros tempos da República (século VI a.C.). Podiam ser muito humildes no início, mas já desempenhavam um papel importante na época de Cícero (século I a.C.). Durante o Império Romano, todas as categorias de trabalhadores acabaram se organizando em corporações, como também os que viviam do comércio. Ao mesmo tempo, mudava o caráter das corporações. Pouco a pouco elas se tornaram órgãos da administração estatal, cumprindo funções oficiais e com responsabilidades perante o governo do Império. Isto acabou sendo sua ruína, pois com a queda do Império elas também desapareceram.

As corporações só voltaram a se organizar em plena Idade Média, em torno do século XII. Já no século XIII eram uma realidade florescente. Sobreviveram então por vários séculos antes de entrarem em decadência e desaparecerem definitivamente na época da Revolução Francesa.

Para Durkheim, a durabilidade das corporações seria prova de que elas não resultaram de circunstâncias passageiras e acidentais. Insiste ele:

"Sobretudo, o próprio fato de, depois de terem desaparecido um vez, reconstituíram-se por si sós e sob nova forma, tira qualquer valor do argumento que apresenta seu desaparecimento violento, no final do século passado (XVIII), como prova de que não estavam em harmonia com as novas condições da existência coletiva."

Corporação e Moralidade

Durkheim admite que as corporações nasceram voltadas para interesses materiais, para servir a fins utilitários. Reconhece também que, em determinadas fases, elas estiveram preocupadas acima de tudo em aumentar seus privilégios.

Esta, porém, foi para ele uma característica das fases de decadência das corporações. E acrescenta que, essencialmente, "o grupo profissional é um poder moral capaz de conter os egoísmos individuais, manter no coração dos trabalhadores um sentimento mais vivo de sua solidariedade comum, impedir que a lei do mais forte se aplique tão brutalmente nas relações industriais e comerciais".

Assim, o fato de as corporações servirem à defesa de interesses comuns não significa que fosse esta sua função principal. Em Roma a corporação era sobretudo um colégio religioso. Tinha seu deus particular, seu culto, suas festas. Além disso, dava assistência a seus membros em caso de necessidade, incluindo a realização de funerais (muitas corporações tinham até cemitério próprio).

Na realidade, prossegue Durkheim, a corporação romana era uma espécie de grande família, onde os interesses comuns substituíam os laços de sangue. Era comum os membros de uma mesma corporação se tratarem por "irmãos", enquanto que o protetor da corporação era chamado de "pai" ou "mãe".

Embora as corporações medievais não fossem idênticas às romanas – entre outras coisas pela ascensão do cristianismo como religião dominante – teriam mantido o caráter de fonte de uma autoridade moral. Freqüentemente tinham como sede uma paróquia ou uma capela particular, e cultuavam um santo que era o patrono da corporação. Ainda como as corporações romanas, prestavam assistência social.

Na Idade Média, cada corporação fixava com regras precisas os deveres dos patrões e dos empregados, bem como os dos patrões nas suas relações uns com os outros. Havia também uma regulamentação destinada a garantir a honestidade no exercício da profissão. Assim, quem enganasse um comprador ou rebaixasse propositalmente a qualidade dos seus produtos sujeitava-se a certas penalidades.

Segundo Durkheim, tudo isso prova que de forma alguma a corporação poderia ser considerada incapaz de exercer uma autoridade moral. Do seu ponto de vista, aliás, toda união que subordinasse os interesses particulares a um interesse geral teria essa capacidade.

Com efeito, diz ele, esse tipo de união é a própria fonte da autoridade moral. Os indivíduos que se unem por possuir interesses comuns, o fazem, não só para defender esses interesses, mas para não se sentirem desamparados diante dos adversários, para terem o prazer da convivência — enfim, para levarem juntos uma mesma vida moral.

Não seria outra a origem da moral familiar ou doméstica. A única diferença, observa Durkheim, é que o ponto de partida da união está na comunidade de sangue e não no interesse comum.

A corporação, em certo sentido, teria sido a herdeira da família. Numa sociedade exclusivamente agrária, a corporação é dispensável porque o agricultor não se afasta do círculo familiar em seu trabalho. Assim, a própria família, cumprindo um papel que em outras circunstâncias cabe ao grupo profissional, basta para conferir moralidade à vida econômica.

A situação muda quando surgem as profissões na medida em que o indivíduo precisa se afastar do círculo familiar para se dedicar à atividade econômica. As profissões se reúnem na cidade. E a cidade é habitada por migrantes, por antigos camponeses ou filhos de camponeses que se afastaram da aldeia natal, da família. Assim, as corporações surgem para atender à necessidade de organização criada pela ruptura dos laços familiares.

Você com certeza notará o paralelismo perfeito entre essa concepção e a de Tönnies a respeito da passagem das "uniões de comunidade" — tendo por protótipo a família — para as "associações de comunidade" — incluindo as corporações.

Corporação e Atualidade

Concluindo sua defesa do corporativismo, Durkheim se propõe discutir as mudanças por que as corporações teriam de passar para se adaptar à sociedade moderna. Antes, porém, traça as principais linhas de evolução do regime corporativo no passado.

Afirma ele que a corporação romana foi, ao menos em sua origem, uma instituição extra-social, sem qualquer função na organização política da República. Isto se explicaria pelo fato de que originalmente Roma era uma sociedade caracteristicamente agrícola e guerreira. Só com os primeiros desenvolvimentos, ainda rudimentares, das funções industriais, começam a surgir as corporações.

Mais tarde, para fazer respeitar seus interesses, os artesãos organizados em corporações tiveram de adotar métodos de pressão inteiramente extralegais, incluindo revoltas e agitação clandestina. Sua integração ao Estado não representou, nesse sentido, uma vitória das corporações. Na verdade, elas receberam funções na organização política do Império para ser melhor vigiadas e controladas.

A situação das corporações na Idade Média é completamente diferente, salienta Durkheim. De início elas não surgem como um corpo estranho à organização política, mas, ao contrário, como expressão de uma camada da população, a burguesia, chamada a se fazer representar nas assembléias populares ao lado da nobreza e do clero.

Assim, o burguês, ou profissional, é o habitante da cidade. As cidades, por sua vez, se formam em torno de mercados permanentes abertos pelos senhores feudais em pontos determinados de seus domínios. Posteriormente, quando as cidades se libertam da tutela dos senhores, as comunas são formadas tendo nas corporações a base de sua constituição. Embora o processo de escolha dos chefes comunais fosse diferente em cada lugar, seu ponto de partida era sempre a escolha dos chefes de corporações.

Dessa análise histórica Durkheim extrai a conclusão de que, se a comuna se tornou mais atuante à medida que se desenvolviam o comércio e a indústria, não faria sentido ela perder a razão de ser com os novos progressos econômicos que marcam a formação da sociedade moderna.

Por que então as corporações são liquidadas pelo desenvolvimento da economia mercantil?

Porque, responde Durkheim, não souberam adaptar-se à expansão do mercado que ocorre com o advento da grande indústria. Esta, por não caber nos limites da economia local, desenvolveu-se muito naturalmente fora do regime corporativo. As corporações, reagindo, lutaram para impedir o progresso da indústria. O resultado foi que ela se desenvolveu assim mesmo, e ficou livre de toda regulamentação.

Nos primeiros tempos, o Estado ainda tentou exercer em relação à grande indústria o mesmo papel que as corporações haviam exercido em relação aos ofícios artesanais. Mas, à medida que a grande indústria se expandia e diversificava, esse controle tornou-se de tal forma difícil que os economistas acabaram propondo e conseguindo sua supressão. Enquanto isso, as corporações, com seu destino ligado ao artesanato em decadência, iam cada vez mais perdendo a razão de ser.

Durkheim passa então a indicar os princípios gerais de adaptação das corporações à sociedade moderna.

O primeiro princípio, diz ele, é que "os quadros do grupo profissional devem estar sempre em correspondência com os quadros da vida econômica". Em outras palavras, uma vez que o mercado, que era local, se tornou nacional e internacional, as corporações devem ter a mesma extensão.

Além disso, devido a sua nova dimensão, as corporações devem ter contato direto com o órgão central da vida coletiva que é o Estado, embora se deva também evitar qualquer identificação entre os dois ou a subordinação das corporações ao Estado. Esta foi uma das causas da ruína das corporações romanas e medievais.

A organização unitária em âmbito nacional não exclui, por outro lado, mas até torna necessárias para garantir a diversidade, organizações de âmbito regional e local.

Outro princípio de adaptação diz respeito ao papel das corporações modernas na sociedade, que não se deveria restringir ao estabelecimento e aplicação de regras. Se o alcance das corporações se amplia do ponto de vista geográfico, é natural que se amplie também do ponto de vista funcional.

Assim, além das funções de assistência, educação e recreação, Durkheim admite a possibilidade de as corporações passarem a se constituir na unidade política fundamental do Estado, em lugar do município ou da província. Escreve ele: "A sociedade, em lugar de permanecer, como ainda é, um agregado de territórios justapostos, seria transformada num vasto sistema de corporações nacionais". Entre outras coisas, isto preencheria uma grave lacuna das sociedades modernas, qual seja a falta de intermediação entre um Estado hipertrofiado e uma infinidade de indivíduos desorganizados.

Ressalte-se aqui o caráter conservador dessa concepção de Durkheim, que buscava no passado um instrumento para controlar as tensões e conflitos econômicos do presente, mantendo intacta, porém, a organização mercantil da economia que dá origem a esses "males". No mesmo sentido, cabe assinalar a semelhança entre a teoria corporativista de Durkheim e a moderna doutrina fascista, que anos depois também apregoaria a necessidade do Estado corporativo para conter as tendências "desagregadoras" da economia moderna.

— MARX: NATUREZA E SOCIEDADE.

As implicações da tipologia comunidade/sociedade que se pode identificar na obra de Marx, embora a vinculem à tendência geral, já mencionada, de opor formas "tradicionais" e "modernas" de organização social, afastam-se muito tanto de Tönnies e Weber como de Durkheim.

Para Marx, em primeiro lugar, só é "sociedade" no sentido estrito da palavra a sociedade capitalista, cujo estudo constituiu o foco de suas preocupações. A sociedade capitalista seria radicalmente diferente de todas as formas de organização social que a precederam, as quais Marx designa por expressões como "coletividade natural", "comunidade", "tribo", etc. Face ao capitalismo, a especificidade de todas essas organizações se dilui, permitindo chamá-las, genericamente, "formações econômicas pré-capitalistas".

Para entender como isso se justifica devemos recapitular a concepção das relações entre homem e natureza desenvolvida por Marx.

História dos Homens e História da Natureza

A certa altura de *A Ideologia Alemã,* Marx escreve:

"Conhecemos apenas uma única ciência, a ciência da História. A História, considerada segundo dois aspectos, pode ser dividida em História da natureza e História da humanidade. Ambos os aspectos, entretanto, não devem ser separados; enquanto existirem homens, história da natureza e história dos homens condicionam-se mutuamente."

Para Marx, o aparecimento e a superação das várias formas de organização social ao longo da história são marcados pelo esforço do homem para dominar a natureza. Tal esforço se realiza pelo processo de trabalho, descrito em *O Capital* como "condição natural eterna da vida humana e por isso independente de cada forma dessa vida, igualmente comum a todas as suas formas sociais". Marx utiliza freqüentemente o termo "metabolismo" – que em Biologia significa a troca de materiais entre os seres vivos e o meio ambiente – para designar o processo de trabalho enquanto processo que se passa entre o homem e a natureza. Esse "metabolismo" permeia cada uma das formas concretas e históricas assumidas pelo processo de trabalho.

Ora, é nessa caracterização que se determina a diferença fundamental entre a sociedade capitalista e as formas sociais pré-capitalistas.

Cada forma concreta do processo de trabalho representa um aperfeiçoamento, quanto ao domínio do homem sobre a natureza, em relação à forma anterior. Nas formas pré-capitalistas, contudo, esse aperfeiçoamento permanece meramente quantitativo, enquanto a atividade humana continua como função meramente natural, entrelaçada com a natureza.

Só com o advento do capitalismo a dominação da natureza muda realmente de qualidade. Torna-se, em sentido estrito, um processo de produção *social.*

Assim a divisão do trabalho numa tribo ou numa família depende das diferenças de sexo e idade entre seus membros, ou seja, depende de condições puramente fisiológicas. Ainda não é, portanto, uma divisão do trabalho em bases realmente sociais. Esta só surge quando, em virtude da expansão do mercado, a economia deixa de ser meramente local e os indivíduos se desligam da coletividade natural, tornando-se efetivamente *indivíduos.* E só com indivíduos pode haver processo de produção social propriamente dito.

Formações Pré-capitalistas

Nas formas de organização social que antecedem o capitalismo, os indivíduos não podem ser considerados "trabalhadores" no sentido que o capitalismo dá ao termo. Justamente, enquanto indivíduos eles não participam do processo de trabalho, mas somente enquanto membros de uma coletividade. Esta, por sua vez, visa apenas a sua própria manutenção, e não a criação de valores para o mercado.

Nas comunidades primitivas, pastoris ou agrícolas, os homens se relacionam com a natureza de modo não refletido. A natureza é como o prolongamento do seu próprio corpo.

Marx escreve:

"A terra é o grande laboratório, o arsenal que fornece tanto o meio de trabalho quanto o material de trabalho, e também o lugar, a base da coletividade. [Os homens] se relacionam ingenuamente com ela como com a *propriedade* da *coletividade,* da coletividade que se produz e reproduz pelo trabalho vivo. Cada indivíduo comporta-se como *proprietário* ou *possuidor* apenas enquanto membro . . . dessa coletividade."

Também na pequena propriedade territorial livre a coletividade continua sendo o pressuposto da apropriação do solo. Só que, nesse caso, os indivíduos deixam de ser componentes apenas naturais da coletividade.

Nesse estágio, a cidade surge, em lugar do campo, como centro dos proprietários de terra. Na propriedade comunal originária, a aldeia era um acessório do campo. Na pequena propriedade livre, é o campo que pertence ao território da cidade. A terra já não apresenta obstáculos para ser trabalhada pelos homens. A única dificuldade que estes enfrentam eventualmente provém de outras coletividades que tenham ocupado antes a mesma terra ou que a disputem.

A guerra torna-se então o grande trabalho comunitário e a comuna, antes composta apenas de famílias, organiza-se militarmente. O exército ou a milícia passam a fazer parte de sua composição e essa é uma das condições de sua existência de proprietária.

Desse modo, o trabalho comum deixa de ser condição suficiente para o aproveitamento da propriedade comunal, e tanto mais se apresenta o pressuposto para que os indivíduos se tornem proprietários da terra. Quando isso acontece, a comunidade se organiza como Estado, para proteger a propriedade privada contra o exterior e garanti-la no interior. Assim, a comunidade continua a ser o pressuposto da propriedade da terra, mas não mais como elemento natural apenas, e sim como produto histórico.

O indivíduo não se relaciona mais com a natureza da mesma forma que se relaciona com a coletividade, como acontecia nas relações tribais simplesmente naturais. Na medida em que se relaciona com sua propriedade privada da terra, ele se relaciona com seu próprio ser "como membro da comunidade", e enquanto se mantém, mantém a comunidade e vice-versa.

Segundo Alfred Schmidt, dois pontos são básicos para a compreensão de toda essa dinâmica das formações sociais pré-capitalistas em Marx:

"1º em todas as formas em que a propriedade da terra e a economia agrária formam a base econômica, o indivíduo comporta-se para com a terra como a 'natureza inorgânica de sua subjetividade' — condição que não aparece como produto do trabalho, mas que está dada anteriormente";

"2º esse comportamento prático do indivíduo que, ao contrário do tardio proletário, nunca surge na abstração como trabalhador, mas que tem um 'modo de existência objetivo', na medida em que dispõe da terra, desde o início é mediado pela sua existência como membro de um todo já mais ou menos subordinado à História, todo que, no entanto, não pode finalmente sair de seu envolvimento com a natureza e nessa medida é 'a-histórico' ".

A Sociedade Burguesa

As relações entre homem e natureza são a-históricas nas formas pré-capitalistas, porque se situam no grande contexto da natureza. Na sociedade burguesa, ou capitalista, mesmo o que diz respeito à natureza ainda não apropriada pelo homem situa-se no contexto da História. Aí a natureza deixa de ser uma "força para si" e torna-se pura questão de utilidade.

A sociedade burguesa, com a expansão dos mercados e a grande indústria, separa completamente a existência humana de suas condições inorgânicas. Isso a diferencia radicalmente dos estágios anteriores.

O escravo ou o servo, por exemplo, eram para seus senhores acessórios da terra; embora fossem acessórios orgânicos, estavam associados às condições inorgânicas da existência humana. No capitalismo, ao contrário, o trabalhador nada tem a ver com a natureza. De fato, ele não é sequer condição de produção. É apenas portador de força de trabalho, que é apropriada pelo capitalista em troca do salário. Em outras palavras, só na relação entre capital e trabalho assalariado se dá a separação total entre a existência humana e suas condições inorgânicas.

É importante observar, por outro lado, que no pensamento de Marx a formação da sociedade burguesa tem um papel decisivo do ponto de vista teórico. Com efeito, é a partir dela que se explica o passado e se captam as possibilidades do futuro. Embora historicamente as formas sociais mais recentes e complexas se baseiem nas mais antigas e simples, estas só são compreendidas quando aquelas se hajam desenvolvido totalmente.

Nas palavras de Marx:

"A anatomia do homem é a chave para a anatomia do macaco. O que nas espécies animais inferiores indica uma forma superior só pode, ao contrário, ser compreendido quando se conhece a forma superior."

Assim, também a "anatomia" da sociedade capitalista é essencial para se compreender a "anatomia" das sociedades que a antecederam. Ao mesmo tempo, ela possibilita vislumbrar a sociedade do futuro, a sociedade pós-capitalista.

Para Marx, esta será fatalmente a sociedade socialista, constituída pela dominação do proletariado sobre as demais classes sociais, como estágio de transição para a sociedade comunista, onde não existirão classes sociais e, portanto, dominação de classe. Esta concepção da mudança social em Marx é melhor discutida no Capítulo 6, dedicado às questões da Dinâmica Social.

Por ora pode-se concluir que, na teoria marxista, as idéias de comunidade e sociedade se ligam inicialmente à oposição natureza/história, ou formações sociais pré-capitalistas/sociedade capitalista. Num segundo momento, contudo, a própria emergência da sociedade capitalista torna possível a futura e inevitável emergência da verdadeira comunidade.

Inverte-se assim a relação evolutiva comunidade-sociedade para sociedade-comunidade. Esta surge agora como algo reservado ao futuro e não mais identificada com o passado. Aliás, difere também qualitativamente da comunidade do passado, já que seu traço fundamental – a exploração do homem pelo homem – deixaria de existir.

Comparada com as concepções de Tönnies e Weber e de Durkheim, portanto, a idéia de comunidade em Marx reveste-se de um sentido nitidamente revolucionário. Em vez de buscar no passado sua fundamentação, ela se volta para o futuro que se procura vislumbrar nas tendências do presente. E em vez de visar a preservação da sociedade existente, com seus conflitos e tensões, propõe-se a superá-la por uma nova ordem social.

– DESDOBRAMENTOS ATUAIS.

O Tradicional e o Moderno

Entre as expressões mais recentes da concepção dicotômica da vida social, contam-se os trabalhos de uma ampla corrente de sociólogos norte-americanos, e de sociólogos latino-americanos por eles influenciados, que aplicam conceitos derivados da tipologia comunidade/sociedade aos problemas do desenvolvimento e do subdesenvolvimento econômico. Tais conceitos são aplicados tanto no âmbito de uma microssociologia sistemática das relações sociais, como no plano macrossociológico, em estudos que enfocam a mudança sócio-estrutural.

No primeiro caso, desenvolveu-se uma tipologia das relações sociais "primárias" – caracterizadas como pessoais, afetivas, orientadas por normas tradicionais – e relações sociais "secundárias" – caracterizadas como impessoais, categóricas, orientadas por normas racionais.

No plano macrossociológico, desenvolveu-se uma tipologia dos países ou regiões "tradicionais" – onde o predomínio das relações sociais primárias se associa ao emprego de técnicas econômicas rotineiras, predominantemente agrícolas e atrasadas – e países ou regiões "modernos" – com predomínio de relações secundárias, economicamente ricos, caracteristicamente urbano-industriais e dinâmicos.

Caracterizada pela pretensão de revitalizar uma concepção evolucionista da mudança social essa teoria se inspira, por outro lado, no modelo estrutural-funcionalista de explicação sociológica, que discutiremos no próximo capítulo. Sua proposição básica diz respeito à inexorabilidade da modernização das sociedades tradicionais; por isso ela também é conhecida como "teoria da modernização".

Mais do que uma visão puramente analítica, a teoria representa, na verdade, um projeto para a transformação das sociedades tradicionais ou subdesenvolvidas, entre as quais o Brasil e os demais países da América Latina.

Mediante o surgimento de "pólos de desenvolvimento" no interior dessas sociedades tradicionais, ou seja, com a implantação de parques industriais e a concentração da população nas cidades, as cadeias do tradicionalismo seriam gradativamente rompidas. As populações urbanas se modernizariam diretamente pela pressão racionalizadora e secularizadora do próprio ambiente urbano-industrial. As populações rurais, indiretamente, pelos efeitos contagiantes da difusão de bens materiais e idéias modernas nos segmentos tradicionais da sociedade. Os modernos meios de comunicação de massa teriam uma importância fundamental nesse contexto.

Inúmeras críticas têm sido feitas, quase sempre procedentes, a essa teoria da modernização. Uma delas merece ser aqui registrada. Trata-se da constatação de que a ênfase atribuída à modernização obscurece o papel das oposições de classe no desenvolvimento econômico.

Com efeito, sociedades tão díspares como a capitalista norte-americana e a socialista da União Soviética têm sua especificidade diluída pela teoria. Desprezando os evidentes contrastes entre essas sociedades, ela as classifica meramente como sociedades modernas.

O *Continuum Folk*-urbano

Expressamente inspirado nas concepções de Durkheim a respeito das duas formas de solidariedade, e nas de Tönnies a respeito da oposição comunidade/sociedade, o trabalho do antropólogo norte-americano Robert Redfield sobre as chamadas "sociedades de *folk*" constitui outra manifestação recente da concepção dicotômica da vida social.

O termo inglês "*folk*", que como adjetivo significa folclórico ou popular, e como substantivo quer dizer tribo ou nação, é usado por Redfield para designar comunidades indígenas em processo de contato e assimilação cultural pela sociedade urbana moderna.

Estudando quatro comunidades indígenas da região de Yucatán, no México, Redfield as procurou caracterizar em diferentes estágios de exposição à influência da sociedade urbana. Dentro desse processo, as características de sua cultura tradicional – como a base doméstica da economia, a organização social fundada no parentesco e a sacralização das relações sociais – iam sendo abandonadas, dando lugar, em diferentes graus, a uma situação de desorganização social, secularização e individualização.

Tal como os conceitos de comunidade e sociedade, os conceitos de sociedade de *folk* e sociedade urbana representam, em Redfield, os pólos de uma escala contínua ao longo da qual se situam os agrupamentos humanos concretos. Na verdade o esquema de Redfield não acrescenta muito aos anteriores, a não ser a idéia de que, no plano da cultura, se estabelecem relações de simbiose entre as comunidades indígenas e a sociedade urbana com que elas entram em contato.

POSSIVEIS OBJETIVOS DO ESTUDANTE

Depois de completar a leitura deste capítulo e discuti-lo, quando necessário, você deverá ser capaz de:

1. **Resumir os antecedentes intelectuais mais remotos e mais imediatos da tipologia de Tönnies.**
2. **Relacionar, na concepção desse autor, a distinção entre as duas "vontades" e os dois tipos de relações e organização social.**
3. **Expor a relação entre tipos de ação social, formas de legitimidade da ordem social e os tipos societário e comunitário de relações sociais no pensamento de Weber.**
4. **Expor as diferenças entre a concepção da tipologia em Tönnies e em Weber, levando em conta o papel da luta nas relações sociais.**
5. **Indicar a relevância dos conceitos de comunidade e sociedade para uma análise da evolução histórica da sociedade ocidental.**
6. **Comentar as implicações da tipologia comunidade/sociedade no pensamento de Durkheim.**
7. **Fazer o mesmo em relação ao pensamento de Marx.**
8. **Resumir a proposição fundamental da teoria da modernização.**

SUGESTÕES PARA LEITURA

Durkheim, Émile. *La División del Trabajo Social.* Buenos Aires, Schapiro, 1967, p. 7–32.
Trata-se do prefácio à segunda edição do livro de Durkheim, apresentando a defesa do sistema corporativista de organização social.

Freund, Julien. *Sociologia de Max Weber.* São Paulo, Forense, 1975, p. 92–99.
Apresenta a tipologia comunidade/sociedade em Weber.

Nisbet, Robert. *La Formación del Pensamiento Sociológico.* Buenos Aires, Amorrortu, 1969, vol. I, p. 100–114.
Expõe a tipologia comunidade/sociedade em Tönnies e Weber.

Rocher, Guy. *Sociologia Geral II.* Lisboa, Presença, 1977, p. 160–173.
Discute os fundamentos psíquicos das relações sociais, do ponto de vista de Tönnies.

Schmidt, Alfred. "História e Natureza em Marx"' *In*: Cohn, Gabriel (org.) *Para Ler os Clássicos.* São Paulo, Livros Técnicos e Científicos, 1977, p. 240–258.
Analisa as relações entre história e natureza no pensamento de Marx.

Stavenhagen, Rodolfo. "Sete Teses Equivocadas sobre a América Latina". *In*: *Sociologia do Desenvolvimento.* Rio de Janeiro, Zahar, 1974.
Expõe e critica a aplicação da teoria da modernização às sociedades latino-americanas.

Redfield, Robert. "A Sociedade de *Folk* e a Cultura". *In*: Pierson, Donald Pierson (org.) *Estudos de Organização Social,* vol. II. São Paulo, Martins, 1970, p. 566–577.
Discute o significado das "sociedades de *folk*" para o estudo da mudança social.

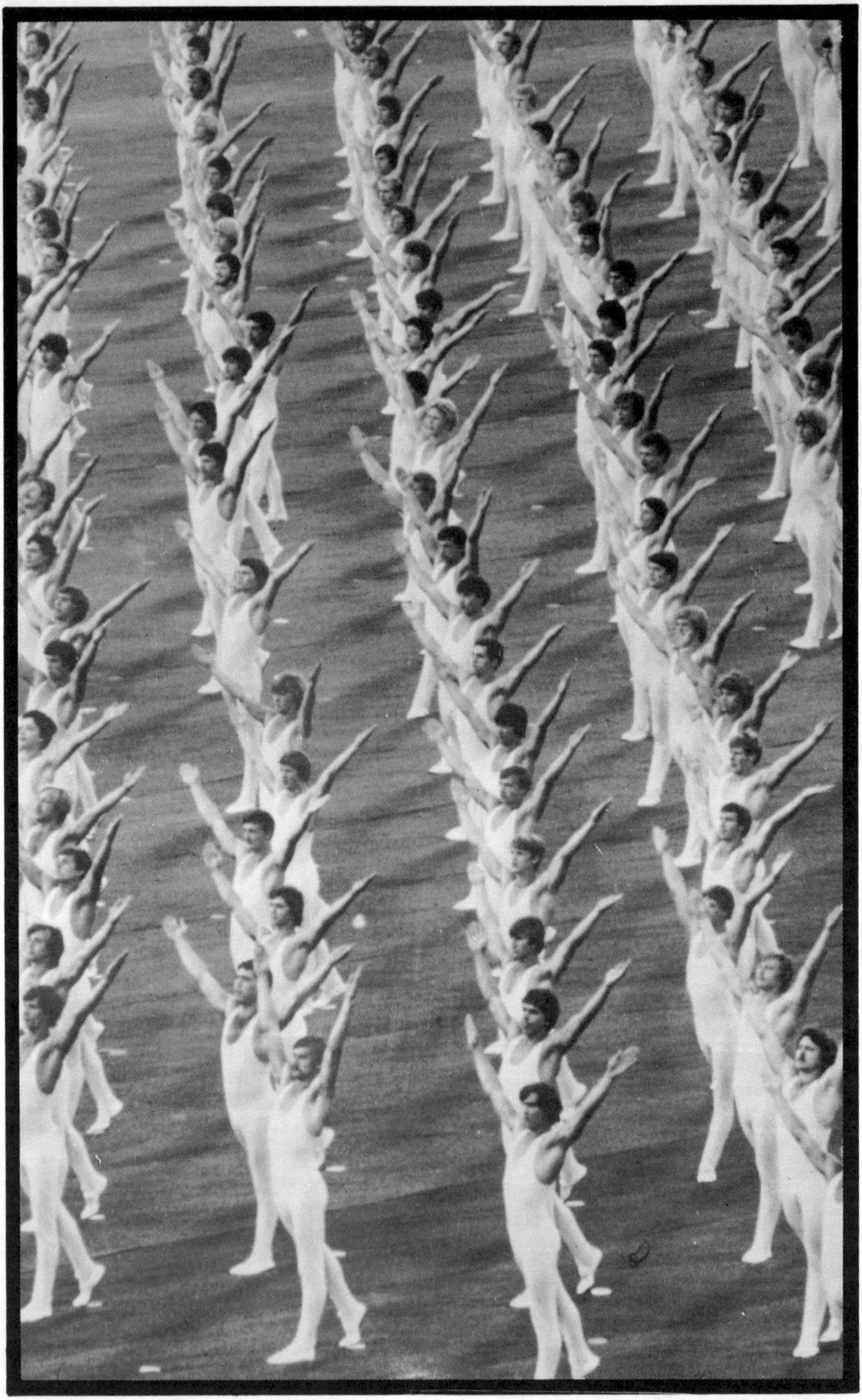

Fotografia ABRIL PRESS / J.B. Scalco

capítulo 4

Estrutura e Organização: Os Sistemas Sociais

Plano do capítulo

1. MODELOS DE EXPLICAÇÃO
   - *Limites dos Modelos*
   - *Modelos Materiais*
     Modelos Mecânicos
     Modelos Orgânicos
   - *Modelos Formais*
     Modelos Matemáticos
     Modelos Não-matemáticos
   - *Modelos e Verdade*

2. FUNÇÃO E ESTRUTURA SOCIAL
   - *Significados de "Função"*
   - *Modelo Biológico de Radcliffe-Brown*
     Estrutura
     Função
   - *Outros Funcionalismos*
   - *Avaliação do Funcionalismo*

3. ESTRUTURA E ORGANIZAÇÃO SOCIAL
   - *Estrutura Social*
   - *Organização Social*

4. O CONCEITO DE SISTEMA SOCIAL SEGUNDO TALCOTT PARSONS
   - *Sociologia e Ciências do Homem*
   - *Ação*
   - *Sistema*
     Institucionalização
     Sistema de Personalidade e Sistema Social Concreto
     Hierarquia dos Sistemas
   - *Estrutura do Sistema Social*
     Componentes Estruturais
     Hierarquia dos Componentes
   - *Função e Sistema Social*
     Imperativos Funcionais
     Hierarquia das Funções
   - *Diferenciação e Transformação Social*
     Perspectiva Evolucionista
     Perspectiva da Transformação Social
     Resistência à Transformação

5. O SISTEMA CULTURAL: VALORES E NORMAS
   - *Valores Culturais*
   - *Normas e Ação*
   - *Norma, Coerção e Liberdade*

6. SISTEMA SOCIAL E PAPÉIS SOCIAIS
   - *Papéis e Personalidade*
     Exemplos de Papéis
   - *Diferenciação e Integração dos Papéis*
     Sanções
     Socialização
   - *Integração dos Papéis e Consenso Moral*

Na primeira parte do Capítulo 1 iniciamos a abordagem do objeto geral da Sociologia – ali definido como a interdependência humana – a partir do que fomos levados a considerar sua expressão elementar observável: a ação social.

A partir do conceito de ação social, você travou conhecimento então com os conceitos de relação e organização social, reciprocidade, norma e desvio das normas, grupo e subgrupo. Tais conceitos, juntamente com os de função e estrutura social, valor, papel, sanção e socialização, constituem o instrumental que a Sociologia – entendida aqui como Sociologia Sistemática, na divisão de Florestan Fernandes* – aplica à análise dos *sistemas sociais.* Os conceitos introduzidos no Capítulo 1 nos encaminhavam, assim, à abordagem desses sistemas.

Nos Capítulos 2 e 3 desviamo-nos desse caminho para examinar em termos mais amplos as orientações teóricas fundamentais vigentes na construção do objeto da Sociologia. Foi o que fizemos, no Capítulo 2, através de uma exposição geral das concepções sociológicas de Durkheim, Weber e Marx, e no Capítulo 3, pela exposição da tipologia comunidade/sociedade de Tönnies e Weber e suas implicações em outros contextos teóricos.

Agora é hora de retomar a trilha inicial.

Assim, este capítulo é dedicado ao estudo dos sistemas sociais – em que consistem eles, como se organizam e se estruturam, como se mantêm, como se transformam. Como os conceitos apresentados na primeira parte do Capítulo 1 serão chamados a intervir nesta discussão, você deve certificar-se de que eles continuam bem claros em sua mente. Se achar necessário, releia rapidamente aquelas páginas.

A abordagem teórica dos sistemas sociais tem sido desenvolvida, especialmente na Sociologia contemporânea, pelos adeptos do estruturalismo funcionalista, ou estrutural-funcionalismo, um modelo de explicação sociológica diretamente enraizado no pensamento dos fundadores da Sociologia: Comte, Spencer, e sobretudo Durkheim.

Para você poder situar esse modelo no quadro das tendências teóricas atuais da Sociologia, começaremos com uma exposição geral dos modelos de explicação sociológica que pode ser considerada um prolongamento do Capítulo 2. Aqui verá você que a Sociologia, diante da necessidade de estabelecer hipóteses gerais para nortear a investigação dos fenômenos sociais, tem procurado enfocá-los a partir de imagens que muitas vezes correspondem a analogias com fenômenos de outros ramos do conhecimento, como a Física e a Biologia. Esse expediente, perfeitamente normal e mesmo indispensável para o avanço da teoria, acarreta no entanto diversos problemas que até o presente não deixaram de afetar mais ou menos seriamente a Sociologia.

Levar em conta a existência de modelos de explicação diferentes, ligados às tendências metodológicas básicas que se confrontam no interior da Sociologia, é

---

* Ver Capítulo 1, p. 45.

uma condição para você não se perder no emaranhado de divergências entre os sociólogos.

Divergências se manifestam até entre os adeptos de um mesmo modelo de explicação sociológica, como é o caso dos estrutural-funcionalistas. Assim, embora a maior parte deste capítulo seja dedicada à teoria dos sistemas sociais de Talcott Parsons, considerado o mais ilustre representante do estrutural-funcionalismo contemporâneo, outros autores terão suas contribuições discutidas igualmente, como Radcliffe-Brown, Malinowski, Firth e Merton.

Além disso, na exposição da teoria de Parsons você notará que, se por um lado este autor se vincula diretamente a uma tradição intelectual que remonta a Durkheim, ele assimila também influências de Weber na ênfase que imprime à ação social como ponto de partida da análise sociológica.

1. Modelos de Explicação.

O uso de imagens, incluindo ou não analogias, para apoiar a compreensão de uma dada classe de fenômenos, não é uma particularidade da Sociologia. As ciências em geral recorrem a esse tipo de expediente, seja para facilitar a passagem da teoria de um nível inferior para um nível superior de abstração, seja para encaminhar a explicação de fenômenos pouco conhecidos a partir de outros mais conhecidos.

Por exemplo, a Física lança mão eventualmente do chamado "modelo nuclear" para representar a estrutura do átomo por analogia com a estrutura de um sistema solar. Ao fazer isso, os físicos estão longe de pretender que as forças que regem o movimento dos elétrons em torno do núcleo atômico sejam da mesma natureza ou obedeçam às mesmas leis que as forças que regem o movimento dos planetas em torno do sol. Acontece apenas que admitir uma semelhança exterior entre esses dois campos da realidade revelou-se um expediente útil para orientar a investigação a respeito de certas propriedades do átomo, incitando a imaginação dos cientistas a fazer perguntas e a planejar experimentos que de outra forma poderiam ter ficado no esquecimento.

Nem todo modelo científico envolve analogias como esta. No entanto, corresponde sempre a uma *imagem geral* (visual ou não) dos fenômenos estudados, envolvendo suposições a respeito de que elementos da realidade se relacionam de que maneira para produzi-los.

Embora nem sempre seja fácil, é preciso distinguir "modelo", no sentido indicado, de "teoria científica".

É verdade que um modelo, se for realmente fecundo, pode conduzir à elaboração de uma ou de muitas teorias científicas; e uma teoria pode revelar-se tão rica de implicações que acaba se tornando um modelo de explicação. Rigorosamente falando, porém, um modelo é apenas uma orientação geral para o estudo de dada classe de fenômenos. Enquanto que uma teoria é a expressão ao mesmo tempo resumida, sistemática e exaustiva do *conhecimento positivo* de que se dispõe ou se acredita dispor sobre uma classe de fenômenos.

Assim sendo, uma teoria sempre apresenta alcance mais limitado que o modelo ao qual eventualmente se vincule. Em contrapartida, só de uma teoria se pode afirmar positivamente que é "certa" ou "errada" com base nos fatos; desse ponto de vista, uma teoria é tanto melhor quanto maior for a soma de experiências ou observações capazes de comprová-la ou de refutá-la.

Já um modelo nunca é, em princípio, "certo" ou "errado", porque nunca aponta diretamente nenhuma observação decisiva que o permitisse comprovar ou refutar. Tudo o que se pode dizer dele, então, é que é mais ou menos coerente e mais ou menos fecundo, na medida da sua capacidade de estimular a elaboração de teorias comprováveis.

Para entender melhor essa distinção, pense no seguinte exemplo tomado à Medicina.

A idéia de que toda uma série de doenças é causada por animais ou vegetais microscópicos chamados micróbios é uma teoria científica amplamente comprovada. Para o médico que procura determinar a origem de uma doença desconhecida, essa idéia constitui, no entanto, mais um modelo de explicação do que uma teoria. Com efeito, o médico, nessa situação, poderia orientar suas investigações por outras hipóteses gerais ou modelos: que a doença em questão é de origem psicossomática, ou causada pela desnutrição, etc. Ao supor que a doença é de origem microbiana, ele ainda não dispõe de nenhum conhecimento positivo sobre a causa da doença. Mas terá escolhido um rumo de investigação que o levará ou não a identificar um micróbio específico causador da doença. Só ao identificar esse micróbio e descrever o mecanismo de sua ação patogênica ele estaria de posse de uma teoria propriamente dita.

— LIMITES DOS MODELOS.

O exemplo acima chama nossa atenção para o fato de que os modelos, embora úteis para o avanço da teoria científica, têm limites que não podem ser ignorados, sob pena de transformar-se em estorvo o que é útil.

Com efeito, imagine se o nosso médico-pesquisador, aferrado por qualquer razão à idéia de que *só* o modelo microbiano serviria para explicar a origem da doença desconhecida, ignorasse sistematicamente todos os indícios contrários. É evidente que desse modo ele muito se arriscaria a nunca levar sua pesquisa a bom termo.

Um modelo de explicação é útil, portanto, como guia e estímulo ao esforço de reflexão. Mas nunca deveria condicionar a visão do cientista a ponto de impedir que ele enxergue fatos eventualmente incompatíveis com o modelo.

A história das ciências está repleta de exemplos de modelos de explicação que surgem, alcançam aceitação geral, dão resultados no desenvolvimento. Isto é perfeitamente natural, considerando que toda vez que um novo objeto de estudo é abordado, toda vez que uma classe de fenômenos até então ignorada atrai a atenção dos cientistas, a primeira imagem que se faz desse objeto é necessariamente grosseira, muito próxima do senso comum ou emprestada de outros ramos do conhecimento. Posteriormente, com o acúmulo de novos dados empíricos e a formulação de novas teorias, o modelo inicial precisa ser corrigido ou simplesmente substituído por outro que, incorporando o conhecimento adquirido, abra novos horizontes para a imaginação dos cientistas.

Voltando ao exemplo da Física Atômica, o modelo nuclear, concebido a partir dos movimentos observáveis de corpos celestes (macroscópicos), acabou se revelando muito limitado para explicar a estrutura do átomo (partícula microscópica). Na medida em que novas técnicas de observação ampliavam o conhecimento disponível sobre as propriedades atômicas e subatômicas da matéria, a imagem do elétron realizando uma órbita bem definida em torno do núcleo atômico teve de ser abandonada. A partir da teoria quântica, a localização espacial do elétron passa a ser descrita por uma imagem que já não deve nada ao senso comum ou a outros ramos do conhecimento: a de uma "nuvem de incerteza" cujo perfil é por sua vez descrito por uma fórmula matemática.

Ora, talvez em nenhuma outra ciência como na Sociologia se sinta a necessidade de levar em consideração os limites dos modelos explicativos, não os considerando mais que instrumentos relativamente provisórios da reflexão.

Isto se deve, desde logo, à origem recente da Sociologia, que faz que ela tenha fatalmente de recorrer a modelos rudimentares, destinados, portanto, a ser superados em prazo mais ou menos curto. Como se isso não bastasse, a extrema complexidade dos fenômenos sociais e a impossibilidade prática de observá-los em condições perfeitamente controladas, impondo à teoria sociológica as limitações e incertezas já mencionadas no Capítulo 1, deveriam aconselhar certo ceticismo em relação às explicações "definitivas".

Talvez mais que qualquer outro cientista, portanto, o sociólogo faria bem em evitar identificar-se pessoalmente, de modo muito profundo, com qualquer modelo geral de explicação. Como também deveria abandonar sem hesitação um modelo que se revelasse pouco fecundo para o avanço da teoria em comparação com outros modelos.

Contudo, não é isso o que normalmente acontece na Sociologia.

Três fatores contribuem especialmente para que, entre os sociólogos, os modelos de explicação se transformem facilmente de instrumentos úteis em verdadeiros trambolhos intelectuais.

1º Mais do que em qualquer outra ciência, na Sociologia os modelos de explicação, além de suas implicações puramente teóricas, apresentam implicações inevitáveis para as convicções morais e políticas dos indivíduos, a começar pelos próprios sociólogos. Abandonar um dado modelo pode, portanto, significar o abandono de crenças profundamente entranhadas no sociólogo enquanto cidadão ou homem comum.

2º Freqüentemente, a falta pura e simples de teoria, decorrente das dificuldades características com que esbarra o estudo científico dos fenômenos sociais, leva os sociólogos a se aferrarem a seus modelos de explicação como o único porto seguro num mar de incertezas.

3º Ao contrário das ciências naturais, onde os fatos são observados segundo técnicas geralmente aceitas, nas ciências sociais não há muito acordo quanto à forma de colher e organizar os dados. Assim, enquanto que nas ciências naturais fatos novos, observados segundo critérios uniformes, levam mais facilmente à formulação de novas teorias que acabam por afetar os modelos estabelecidos, nas ciências sociais as divergências começam na própria observação dos fatos.

Tudo isso faz que um sociólogo dificilmente leve em consideração críticas ao modelo de explicação de sua preferência, especialmente se partirem de um colega adepto de outro modelo.

Ocorre também que nem sempre os modelos de explicação utilizados pelos sociólogos são explicitados e reconhecidos como tais. É mesmo comum que um sociólogo negue terminantemente utilizar-se de um modelo que lhe é atribuído por outros. Isto se explica, em parte, pelo fato de que, quando são explicitados – principalmente de maneira resumida, como faremos aqui – os modelos sociológicos parecem demasiado rígidos, até grosseiros. De fato, numa exposição resumida é impossível apresentá-los com toda a sutileza com que são empregados pelos sociólogos que os adotam.

Seja como for, o certo é que praticamente todos os sociólogos orientam suas investigações por modelos de explicação relativamente coerentes, e que esses modelos podem ser considerados marcos divisores entre as várias "escolas" na Sociologia.

Isto posto, passemos à questão que constitui o tema central desta parte do capítulo.

Quais os modelos de explicação mais comumente adotados na Sociologia? É possível classificá-los segundo algum critério lógico?

Adotando a terminologia proposta por Arturo Rosenblueth e Norbert Wiener para os modelos científicos em geral, pode-se afirmar que na Sociologia se distinguem duas grandes classes de modelos: os "modelos materiais" e os "modelos formais".

O modelo nuclear do átomo e seu sucedâneo inspirado pela teoria quântica ilustram bem a diferença essencial entre as duas classes de modelos.

Modelo material, segundo Rosenblueth e Wiener, "é a representação de um sistema complexo por um sistema que se supõe mais simples e do qual se diz também que possui determinadas propriedades semelhantes às que foram escolhidas para o estudo no sistema complexo original". No modelo nuclear do átomo, como vimos, a semelhança exterior com o movimento dos planetas em torno do Sol – sistema considerado mais simples – permitia representar o movimento dos elétrons em volta do núcleo atômico – sistema considerado mais complexo.

Modelo formal, por sua vez, "é uma construção simbólica e lógica de uma situação relativamente simples, elaborada mentalmente e dotada das mesmas propriedades estruturais que o sistema factual original". Dentro do mesmo exemplo, a imagem visual da "nuvem de incerteza", juntamente com a fórmula matemática que permite descrever-lhe o perfil, é a construção simbólica e lógica cuja correspondência com o sistema factual original, o movimento dos elétrons em torno do núcleo atômico, é assegurada pela teoria quântica.

A substituição do modelo nuclear pelo modelo inspirado na teoria quântica do átomo ilustra, além disso, uma tendência geral no desenvolvimento da ciência, segundo Rosenblueth e Wiener. Em outros termos, no desenvolvimento das ciências em geral os modelos materiais tenderiam a ser substituídos por modelos formais.

Ao que tudo indica, isto também acontece na Sociologia. Enquanto que os modelos de explicação dos fenômenos sociais adotados na fase inicial do desenvolvimento da disciplina, bem como em toda a reflexão filosófica e religiosa anterior, baseavam-se em analogias com fenômenos de outra natureza, atualmente predominam os modelos formais, embora alguns modelos materiais ainda tenham alguma influência.

Vejamos isto mais de perto.

– MODELOS MATERIAIS.

Sempre de acordo com o esquema de Rosenblueth e Wiener, os modelos materiais de explicação classificam-se por sua vez em dois grupos: os "modelos mecânicos" e os "modelos orgânicos".

Modelos Mecânicos

Chamam-se modelos mecânicos aqueles que se baseiam em objetos inanimados, especialmente máquinas construídas pelo homem, desde as mais simples às mais complexas. As analogias que se estabelecem entre esses objetos e os fenômenos sociais dizem respeito tanto à sua construção como ao funcionamento.

O uso desse tipo de modelo é particularmente característico da reflexão pré-sociológica a respeito dos fenômenos sociais.

Assim, a simples escada, na medida em que sugere uma gradação do mais baixo para o mais alto, foi muitas vezes associada à idéia de escala social, isto é, aos diferentes graus de riqueza, poder ou prestígio dos indivíduos ou grupos sociais. A pirâmide egípcia foi muito usada na Antigüidade e na Idade Média para representar a sociedade em seu conjunto como expressão de uma hierarquia. Desde os primórdios da civilização ocidental a balança tem representado os atributos sociais da justiça, do direito, da lei.

Com o desenvolvimento inicial da Física – especialmente da Mecânica – no Renascimento, surgiram analogias mais complexas entre artefatos humanos e mundo social. Entre elas, a mais exemplar e mais conhecida é certamente a do relógio, que permitia representar ao mesmo tempo a complexidade da sociedade, sua harmonia e a complementaridade das funções de seus componentes.

Em nível superior de abstração, a idéia de que o entrechoque das "forças" sociais e políticas obedecia as leis ocultas mas passíveis de serem descobertas – decisiva para o surgimento da Sociologia, como sabemos – aparece pela primeira vez no pensamento de Maquiavel a partir de uma mal-disfarçada analogia entre Estado e máquina. Tratava-se, para o pensador italiano, de revelar ao príncipe os segredos da máquina do poder, as leis ocultas do funcionamento do Estado, para usá-las como verdadeiras alavancas de comando.

A noção de "lei natural" como instrumento de controle da máquina-sociedade surge no pensamento de outros precursores da Sociologia, como Hobbes, Montesquieu, Adam Smith.

O próprio Comte, ao denominar a nova disciplina alternativamente como "Sociologia" ou "Física Social", sugere uma analogia entre as forças operantes sobre a sociedade e o mundo físico. Em Spencer e Durkheim esse vocabulário é abandonado, como veremos, e os modelos materiais orgânicos impõem seu predomínio sobre a teoria sociológica.

Contudo, ainda hoje sociólogos como George Lundberg e Stuart Dodd elegem a Física como padrão de excelência científica para a Sociologia. Indo mais longe, tomam fenômenos físicos como modelo de explicação de fenômenos sociais específicos, e sustentam que as leis que se aplicam a uns também podem ser aplicadas aos outros.

A atração que as explicações extraídas da Física e também da Química exercem sobre os sociólogos é compreensível. Afinal, as extraordinárias conquistas dessas disciplinas na época moderna, tanto no plano teórico como no prático, conferem um grande prestígio aos físicos e químicos aos olhos dos demais cientistas.

É claro que a Sociologia também se beneficia com o avanço geral do método científico, para o qual os progressos da Física e da Química muito têm contribuído. Mas isso não basta para justificar a aplicação ingênua de seus modelos à Sociologia. O fato é que essa aplicação esbarra em enormes dificuldades, a começar pela de traduzir as observações de fenômenos sociais para a linguagem matemática empregada na Física e na Química.

Um exemplo que ilustra muito bem essas dificuldades é o do tratamento teórico dos processos de migração por dois autores norte-americanos, George Zipf e Samuel Stouffer.

Tomando por modelo o "princípio do menor esforço" – para ele, uma lei natural, – Zipf afirmou que o número de pessoas que migra de uma cidade para outra é proporcional à distância entre as duas cidades, desde que, quanto maior a distância, maior o esforço exigido pelo deslocamento.

Stouffer, no entanto, para ajustar essa teoria aos fatos observáveis em fluxos reais de migração, teve de introduzir nela o conceito de "oportunidades intervenientes", que nada tem a ver com o mundo físico. Para ele, a probabilidade de uma pessoa migrar de uma cidade para outra é tanto menor quanto maiores forem as oportunidades (de emprego, moradia, etc.) que encontrar no caminho, atraindo-a e fazendo-a desistir de ir em frente.

Outras transposições de conceitos da Física para a Sociologia são francamente curiosas. Alguns sociólogos descobriram, por exemplo, que as leis que explicam o vôo de uma folha de papel carregada pelo vento explicariam também a trajetória de um homem que corre fugindo de uma multidão.

Modelos Orgânicos

A influência dos modelos mecânicos no desenvolvimento da Sociologia não se compara nem de longe à dos modelos orgânicos. Como veremos a seguir, estes não se limitaram a marcar a reflexão de filósofos e sociólogos do passado. Além disso, certos modelos formais – notadamente o estrutural-funcionalista – resultaram da depuração de modelos materiais orgânicos.

Modelo orgânico, como é fácil adivinhar, é o que utiliza como imagem geral da sociedade o organismo vivo, particularmente o corpo humano.

As analogias entre sociedade e organismo têm uma longa tradição na história do pensamento ocidental. Aristóteles, na Grécia antiga, usava-a para justificar a escravidão, sugerindo ser natural que os "órgãos superiores" comandem os "inferiores". No início da era cristã, São Paulo, para descrever a solidariedade dos cristãos dentro da Igreja, comparava-a com o corpo de Cristo. Modernamente, vários historiadores alemães da escola da "história universal" compararam as etapas de desenvolvimento das civilizações com as fases da vida no homem. O historiador Oswald Spengler (1880–1936) adotou o mesmo modelo ao afirmar que as civilizações nascem, crescem, envelhecem e morrem.

Quanto à Sociologia, como vimos no Capítulo 1, toda uma etapa inicial do seu desenvolvimento no século XIX é dominada pela escola organicista, que se caracterizava precisamente por pensar a integração entre os diferentes elementos da organização social à semelhança da integração entre os órgãos dos seres vivos. Herbert Spencer, um dos fundadores da Sociologia, é considerado também o pai dessa escola.

Ainda entre os fundadores, Durkheim fez largo uso do modelo orgânico da integração social. Como vimos no Capítulo 2, eram os seres vivos que ele tinha em mente quando pensava a integração entre as várias "funções" no interior da sociedade. Levando mais longe a analogia, não hesitava em distinguir os fenômenos "normais" dos "patológicos" na vida social, assimilando-os à sanidade e à doença nos seres vivos. Sempre segundo um modelo orgânico da sociedade, dividia a Sociologia em Morfologia e Fisiologia Social, além da Sociologia Geral.

A principal contribuição do modelo orgânico da integração ao desenvolvimento da Sociologia foi certamente enfatizar a noção de totalidade no estudo dos fenômenos sociais, implicando a interdependência, complementaridade e solidariedade entre grupos, instituições e indivíduos no interior da sociedade. Resumida no conceito de "função social", é esta noção que estabelece a continuidade entre o modelo orgânico original e o modelo estrutural-funcionalista do presente.

No entanto, desde que eram antes de tudo modelos materiais, os modelos orgânicos do passado não tiveram melhor sorte que os modelos mecânicos. Seu problema básico é o mesmo: mecânicos ou orgânicos, os modelos materiais não passam de comparações entre realidades que, por maiores que sejam suas semelhanças exteriores, não são a rigor comparáveis, pois não têm a mesma natureza.

Por esse motivo, os perigos inerentes à utilização de qualquer modelo em Sociologia – de proporcionar uma visão parcial ou mesmo francamente distorcida da realidade, atraindo a atenção para certos aspectos e encobrindo outros tão ou mais importantes – são muito maiores quando se trata dos modelos materiais.

Some-se a isto a verdadeira armadilha que representa a transposição apressada de modelos de explicação das ciências naturais para a Sociologia. Desde que tais modelos se revestem do prestígio atribuído àquelas ciências, correm o risco não só de mascarar a realidade, mas principalmente de dar aos sociólogos que os adotam uma falsa impressão de segurança.

– MODELOS FORMAIS.

Os modelos formais, por sua vez, dividem-se, segundo Rosenblueth e Wiener, em "modelos matemáticos" e "modelos não-matemáticos".

Modelos Matemáticos

Sempre na esperança de se aproximar das conquistas de ciências consideradas mais avançadas, como a Física e a Química, os sociólogos têm sido atraídos pela possibilidade de aplicar a linguagem matemática sem suas investigações.

A explicação para o uso crescente da linguagem matemática em todos os ramos da ciência é muito simples. A linguagem verbal, não-matemática, além de se revelar freqüentemente ambígua e imprecisa, tende a transpor para o uso científico parte das expressões emotivas de que é carregada no uso comum. Do ponto de vista dos cientistas, isso traz prejuízos ao rigor e à objetividade do conhecimento.

Em contrapartida, a linguagem matemática, altamente precisa, específica, austera, parece perfeitamente adequada às exigências do método científico.

Obviamente é esse ideal de precisão, especificidade e austeridade que fascina os sociólogos.

Cabe notar, no entanto, que a maioria dos sociólogos, quando fala em empregar linguagem matemática em suas pesquisas, tem em mente um único capítulo da Matemática, o Cálculo de Probabilidades, e a técnica de análise de dados quantitativos nele baseada, a Estatística. Outros capítulos, como a Lógica Matemática, a Teoria dos Conjuntos, a Teoria dos Grupos e a Topologia, que permitem o tratamento rigoroso de dados qualitativos, mal começam a ser explorados nas Ciências Sociais.

Os sociólogos que utilizam a Estatística em suas pesquisas tendem a encará-la, não como um modelo de explicação dos fenômenos sociais, mas antes como uma técnica de coleta e análise de dados.

Digamos que um sociólogo usa uma dada regularidade estatística para medir a influência do *background* familiar sobre a escolha da carreira numa amostra de estudantes universitários. Esse pesquisador provavelmente estranharia se lhe sugerissem que o emprego dessa técnica vincula sua pesquisa a alguma concepção geral a respeito dos fenômenos estudados. É provável que ao planejar a pesquisa ele partisse de uma certa concepção das relações entre organização familiar, sistema de ensino e mercado de trabalho, inspirada, por exemplo, no modelo estrutural-funcionalista. A regularidade estatística, diria ele, apenas serviu para comprovar um nexo causal pressuposto a partir desse modelo.

A verdade, porém, é que já na escolha de uma técnica estatística o sociólogo está assumindo, ainda que implicitamente, suposições gerais a respeito da natureza e da inter-relação dos fenômenos sociais de que se ocupa. A Estatística é uma técnica de coleta e análise de dados considerada aplicável à grande classe dos chamados fenômenos "coletivamente típicos", isto é, dos fenômenos que, independentemente de sua natureza apresentam regularidades na observação de uma grande massa de casos. É a esta classe de fenômenos – envolvendo realidades tão díspares como a distribuição de caracteres genéticos numa população ou a distribuição de números na seqüência de lances de um jogo de roleta – que se aplica o Cálculo de Probabilidades.

Submeter determinados fenômenos sociais a tratamento estatístico implica, portanto, assimilá-los à classe dos fenômenos coletivamente típicos. Ao fazê-lo, o sociólogo está implicitamente adotando um "modelo probabilístico" desses fenômenos ou da sociedade como um todo.

As implicações da adoção desse modelo na Sociologia não têm sido, na verdade, muito exploradas. Seja como for, desde o fim da II Guerra Mundial, e especialmente nos Estados Unidos, o emprego de linguagem matemática ou estatística na investigação sociológica tende a se tornar cada vez mais difundido.

O ponto de partida para a aplicação de uma fórmula matemática específica à pesquisa social é sempre a constatação de que os dados colhidos pelo pesquisador seguem repetidamente certo padrão, apresentam regularidades determináveis. O pesquisador procura verificar então se há alguma fórmula matemática compatível com esse padrão, ao menos aparentemente. Em caso positivo, busca comprovar a adequação da fórmula, aplicando-a aos dados. Se a adequação for grande, o pesquisador pode utilizar a fórmula para prever o resultado de novas observações sobre a mesma classe de fenômenos, como também para sugerir a investigação de outros dados ou relações ainda não pesquisados.

O estudo do Prof. Robert Bales sobre pequenos grupos, citado no Capítulo 1 deste livro, é um bom exemplo da aplicação desse tipo de procedimento. Com sua técnica quantitativa de observação da interação em pequenos grupos, Bales não só foi capaz de comparar diferentes grupos a partir de critérios uniformes. Descobriu também um padrão, que se mantinha invariável para qualquer grupo de 3 a 8 pessoas, referente ao grau de atenção recebido por cada membro do grupo dos demais. Tal padrão, segundo Bales, correspondia aproximadamente ao que em Matemática se denomina uma "curva harmônica". Assim uma fórmula matemática foi aplicada como modelo aproximado para descrever certas propriedades da interação social nos pequenos grupos estudados pelo sociólogo.

Sem dúvida, a adoção de modelos matemáticos em Sociologia acarreta problemas. Um deles é que o sociólogo, confundindo o tratamento rigoroso dos dados com a simples aplicação de técnicas estatísticas, pode deixar de se interessar pelo que não é mensurável, perdendo de vista aspectos qualitativos relevantes da realidade estudada. Outro é que o sociólogo pode ser levado a se despreocupar com a possibilidade de aplicação dos modelos à realidade, contentando-se com uma reflexão puramente conjectural sobre as propriedades dos modelos.

Não obstante, há uma convicção bastante difundida – embora não unânime – entre os sociólogos, no sentido de que os modelos matemáticos têm grandes contribuições a prestar para o avanço de sua disciplina.

Modelos Não-matemáticos

Nem todo modelo formal é matemático. Para que a aplicação de um modelo formal a uma dada classe de fenômenos seja possível, é preciso apenas que se aceite o postulado básico segundo o qual a realidade de que dependem esses fenômenos apresenta as propriedades de um "sistema".

O que significa isso?

Resumidamente, dizer que uma realidade qualquer pode ser estudada como sistema equivale a admitir:

1º que ela é constituída de elementos interdependentes;

2º que a totalidade resultante dessas relações de interdependência não se reduz à soma dos elementos;

3º que tais relações e a totalidade por elas constituída seguem regras que podem ser expressas em termos lógicos.

É verdade que a adoção de modelos materiais também implica a aceitação desse postulado. Considera-se, no entanto, que só os modelos formais permitem levar às últimas conseqüências a admissão do caráter "sistêmico" de uma dada classe de fenômenos.

Vejamos, então, quais são os principais modelos formais não-matemáticos aplicados à explicação dos fenômenos sociais.

1º *Modelo Evolucionista* – O modelo evolucionista tem sido adotado desde as origens da Sociologia, representado por diversas teorias específicas. Sua idéia básica é que o homem e a sociedade atravessam estágios definidos e necessários de evolução, de maneira tal que cada nova etapa representa um aperfeiçoamento ou progresso em relação à anterior. Alguns sociólogos viram no final desse processo evolutivo um estágio de perfeição insuperável.

O próprio Comte, influenciado pelas idéias de Saint-Simon, defendia uma "teoria unilinear" da evolução, filiando assim sua Sociologia ao modelo evolucionista.

Segundo ele, todas as sociedades estariam destinadas a atravessar três estágios evolutivos, caracterizados por diferentes concepções do homem a respeito da natureza e da sociedade: a concepção teológica, a metafísica, e a da filosofia positiva. No primeiro estágio prevaleceria, no âmbito da vida social, a organização militar para fins de conquista; no segundo estágio, híbrido e de transição, assiste-se à dissolução das formas tradicionais de organização social em meio a grandes crises e convulsões sociais; por fim, no terceiro estágio a sociedade seria reorganizada em bases científicas, sob a direção dos industriais e dos sábios.

Logo se percebe que o modelo de explicação implícito nesse tipo de teoria resulta da depuração dos modelos materiais orgânicos que viam o desenvolvimento das civilizações à imagem e semelhança da trajetória da vida humana, do nascimento à morte. Aliás, a teoria biológica da evolução, exposta por Darwin em *A Origem das Espécies* (1859), embora posterior ao evolucionismo sociológico, contribuiu para consolidar-lhe o prestígio.

O modelo evolucionista se insinua no pensamento sociológico por outras vertentes, além de Comte. Como vimos no Capítulo 2, Marx e Engels também defendiam uma teoria unilinear da evolução, embora muito diferente da de Comte. Partindo da concepção evolucionista de Morgan a respeito da Pré-história (passagem da selvageria e barbárie à civilização), eles formularam um modelo de evolução histórica baseado no desenvolvimento das forças produtivas da humanidade e nas contradições de classe, em função das quais cada estágio alcançado pela civilização conteria em si "as sementes de sua destruição".

Para Marx e Engels, a expansão da ordem econômica capitalista prepara uma inflexão decisiva no processo evolutivo, comparável à passagem da barbárie para a civilização. O capitalismo impulsiona extraordinariamente a racionalização da produção material e sua concentração em grandes unidades, as fábricas modernas. Ao mesmo tempo, acirra ao máximo a contradição entre os produtores diretos – o proletariado – e os proprietários dos meios de produção – os capitalistas. Daí decorreria a tendência histórica ao desmoronamento da ordem capitalista sob o impacto da revolução social, e sua substituição pelo socialismo, em que a livre cooperação entre os trabalhadores permitiria levar às últimas conseqüências a racionalização da produção.

O modelo evolucionista influencia também teorias "semi-evolucionistas", como a que Durkheim desenvolveu a partir do estudo da divisão social do trabalho. Vimos no Capítulo 2 que Durkheim distinguia dois tipos de sociedade, conforme a maior ou menor complexidade alcançada pela divisão social do trabalho, e acreditava que o processo histórico tende do estágio menos complexo para o mais complexo.

Por que chamar de "semi-evolucionista" esta teoria?

Na verdade, como vimos no Capítulo 3, Durkheim pensava a oposição entre os dois tipos de sociedade tanto em termos históricos como em termos lógicos. Isso significa que as formas de "solidariedade mecânica" características de uma divisão social do trabalho pouco complexa, embora historicamente anteriores às formas de "solidariedade orgânica", não estariam necessariamente condenadas ao desaparecimento por alguma "lei" da evolução. Ao contrário, a sociedade contemporânea se caracterizaria por uma coexistência das duas formas de solidariedade, embora com o predomínio da solidariedade orgânica. E o próprio Durkheim, com a restauração do corporativismo, preconizava a revitalização de formas de solidariedade mecânica.

Uma variante que merece atenção dentro do modelo evolucionista é a representada pelas "teorias cíclicas". Estas também prevêem certo número de estágios pelos quais as sociedades deveriam passar, mas não de forma linear. Em vez disso, as sociedades deveriam passar por estes estágios mais de uma vez, ou até repetidamente.

Um exemplo de teoria desse tipo é a defendida por Piritim A. Sorokim. Segundo ele, são três os estágios de evolução que as sociedades atravessam ciclicamente, cada um deles dominado por um "sistema de verdade". No primeiro estágio, o "ideacional", a verdade é revelada por Deus e seu conhecimento se baseia na fé. No segundo, o "sensato", a verdade passa a depender da experiência, do testemunho dos sentidos. Finalmente, no terceiro estágio, o "idealista", há uma síntese dos dois sistemas anteriores dominada pela razão.

Para Sorokim, as sociedades da Europa e da América do Norte estariam vivendo os últimos momentos de desintegração do sistema sensato de verdade. A única saída para a crise decorrente seria uma nova síntese da fé com a ciência empírica.

Outro tipo de concepção evolucionista corresponde à "teoria universal" da evolução. Segundo ela, a cultura da humanidade considerada como um todo tem seguido uma linha definida de evolução, embora nem toda sociedade deva atravessar estágios fixos de desenvolvimento.

Alguns princípios dessa teoria aparecem na obra de Herbert Spencer. Mas foi o antropólogo Leslie White que mais a desenvolveu. White procurou demonstrar serem as formas e o conteúdo de uma cultura determinados basicamente pela quantidade de energia que ela utiliza por pessoa. Desse modo a evolução cultural não é uniforme, mas se dá aos arrancos, à medida que novas fontes de energia passem a ser utilizadas.

A revolução agrícola em que se basearam as grandes civilizações do Velho Mundo, observa White, foi seguida de longo período de estagnação, até que se iniciou a Era do Carvão no começo do século XIX. Hoje, com a difusão universal do progresso tecnológico, todas as sociedades participam do desenvolvimento cultural de cada uma. Ao mesmo tempo, com a expansão acelerada da população e do consumo de energia *per capita*, a própria evolução universal se acelera. White prevê que no fim desse processo a humanidade contará com níveis mais elevados de integração, maior concentração de controle e poder político, e possivelmente um único sistema de poder cobrindo todo o planeta.

Um desdobramento mais recente do modelo evolucionista encontra-se na "teoria multilinear" da evolução. Esta não se preocupa com a definição de estágios fixos, pelos quais toda sociedade teria de passar, nem com a evolução da humanidade como um todo. Em vez disso, busca explicar seqüências limitadas de desenvolvimento. Assim, o pesquisador que trabalha sobre essa teoria, ao constatar a passagem de uma sociedade tribal do estágio da caça para o da agricultura, procurará verificar se esta foi acompanhada por mudanças em outros aspectos da vida social, como a religião, a família, a organização política.

Não se pode dizer que o modelo evolucionista esteja passando por uma fase de grande prestígio na Sociologia. Isto se deve sobretudo ao fato de que as diferentes teorias evolucionistas foram sob muitos aspectos refutadas por descobertas da pesquisa sociológica e antropológica.

Por exemplo, a ampliação dos conhecimentos disponíveis sobre os chamados povos "primitivos" da América, África e Oceania, bem como sobre as grandes civilizações do Extremo Oriente e da América pré-colombiana, abalaram muito a crença de que todas as sociedades estão destinadas a atravessar estágios fixos de evolução. O suposto de que a sociedade capitalista contemporânea representa uma transição para um estágio superior de evolução é altamente controvertido, envolvendo as questões políticas mais candentes da atualidade. Já a teoria universal e a teoria multilinear da evolução, que sob muitos aspectos pareceriam mais aceitáveis aos sociólogos, têm sido na prática deixadas ao encargo de historiadores e antropólogos.

Com a rejeição generalizada do modelo evolucionista, algumas perspectivas por ele estimuladas, e que continuariam tendo importância para a Sociologia, acabaram sendo abandonadas. É o caso, por exemplo, dos estudos sobre a sociedade pré-histórica, que poderiam trazer novos esclarecimentos a respeito de mecanismos básicos de integração social.

Em todo caso, observa-se hoje entre os sociólogos mais jovens, principalmente nos Estados Unidos, uma crescente preocupação com o estudo das formas de organização social resultantes da industrialização. Tributários, em boa medida, da teoria universal da evolução, tais estudos ainda poderão reabilitar o modelo evolucionista na Sociologia contemporânea.

2º *Modelo Estrutural-Funcionalista* – Também chamado de "organismo", o modelo estrutural-funcionalista surgiu, como já dissemos, em resultado da depuração do modelo material orgânico de integração social.

Fruto de um processo relativamente longo de depuração daquele modelo, o estrutural-funcionalismo goza hoje de grande aceitação na Sociologia. Ele se preocupa basicamente com a organização da sociedade global e os padrões de relacionamento entre os seus elementos constituintes – grupos, subgrupos, instituições, – e não com o inter-relacionamento dos indivíduos em pequenos grupos. A principal questão que se coloca é: como a sociedade se mantém, ao longo do tempo? Sua resposta básica é que a sociedade encontra meios ou "estruturas" para satisfazer suas necessidades ou "funções", que representam condições prévias ou conseqüências da vida social organizada.

Não se pode dizer que o modelo evolucionista e o estrutural-funcionalista sejam contraditórios. Antes disso, são apenas duas perspectivas de abordagem da mesma realidade. Assumindo a perspectiva evolucionista, o sociólogo será levado a abordar a vida social, não apenas reconhecendo, mas *enfatizando* o fator tempo, as mudanças que se acumulam e permitem traçar um sentido de evolução. Ao contrário, assumindo a perspectiva estrutural-funcionalista ele será levado, não a ignorar, mas a *minimizar* o fator tempo, para tentar compreender como os vários componentes da organização social se integram num dado momento.

Toda a discussão sobre sistemas sociais, na seqüência deste capítulo, constitui uma exposição relativamente minuciosa do modelo estrutural-funcionalista. Por isso não nos deteremos nele por mais tempo aqui. Basta acrescentar que a aceitação do modelo na Sociologia contemporânea explica-se basicamente por sua clara vinculação com o pressuposto de que existe uma ordem inteligível na vida social.

Por isso mesmo, o maior desafio ao prestígio do modelo estrutural-funcionalista parte daqueles que preferem adotar um "modelo de conflito" da sociedade, em oposição ao "modelo de equilíbrio".

3º *Modelo de Equilíbrio* – O modelo de equilíbrio da vida social não é, na verdade, mais que uma versão especial do modelo estrutural-funcionalista. A teoria dos sistemas sociais de Talcott Parsons, que discutiremos em detalhe mais adiante, inspira-se mais diretamente no modelo de equilíbrio que no modelo estrutural-funcionalista.

A noção de equilíbrio que os sociólogos dessa corrente aplicam à vida social baseia-se na noção de homeostase, introduzida por Walter B. Cannon por referência à fisiologia humana.

O corpo humano, observou Cannon, reage prontamente às condições exteriores que ameaçam romper o equilíbrio de suas várias funções. Por exemplo, diante de uma lesão, contraem-se os vasos sangüíneos que irrigam o local ferido, há ajustes químicos que asseguram a coagulação do sangue naquele ponto, aumenta a produção de glóbulos vermelhos para substituir os perdidos, etc. Dessa forma, o corpo evita que a lesão acarrete danos mais graves e restabelece o equilíbrio anterior.

A esse processo de manutenção do equilíbrio orgânico sob condições variáveis dá-se o nome de homeostase.

Parsons e seus discípulos buscam caracterizar a sociedade por uma idêntica capacidade de manter seu equilíbrio mais ou menos automaticamente sob condições externas e internas variáveis.

Os críticos do modelo, porém, consideram que embora ele conserve algumas qualidades provenientes do modelo estrutural-funcionalista original, não acrescenta nada a este último. Ao mesmo tempo, apontam várias deficiências na analogia com o conceito de homeostase de Cannon.

Em primeiro lugar, afirmam os críticos, há inúmeras provas de que nem sempre as sociedades se mantêm em equilíbrio estável. Muitas vezes elas mudam radicalmente, ou simplesmente desaparecem. Em segundo lugar, para se saber o que é perda de equilíbrio, seria preciso conhecer exatamente qual é o "estado ótimo" de funcionamento do sistema considerado. Isso é fácil quando se trata, por exemplo, da temperatura do corpo humano, mas praticamente impossível quando se trata de fenômenos sociais. Finalmente, são apontados os problemas que envolve saber quais são os mecanismos responsáveis pelo restabelecimento do equilíbrio social quando este é ameaçado. Cannon mostrou como no corpo humano esta função é cumprida pela estrutura celular, os órgãos e as substâncias químicas orgânicas. Mas ninguém apontou até hoje, com a mesma precisão, mecanismos comparáveis na sociedade.

4º *Modelo de Conflito* – Os maiores críticos do modelo de equilíbrio são os sociólogos que adotam o modelo de conflito para explicar a sociedade. Para eles, longe de viver em estado de equilíbrio harmonioso, a maioria absoluta das sociedades vive em constante estado de conflito, sobretudo conflitos de interesses. Conseqüentemente, o processo básico da vida social não seria o esforço para manter ou restaurar o equílibrio, mas a luta constante entre grupos e classes sociais com interesses opostos.

Para os sociólogos que adotam esta perspectiva, o modelo de equilíbrio não passa de uma tentativa, consciente ou inconsciente, de justificar o *status quo*, ou seja, o predomínio do interesse de certos grupos ou classes sobre outros.

Em última análise, tende a haver uma associação entre o modelo semi-evolucionista de Durkheim, o estrutural-funcionalismo e o modelo de equilíbrio. Foi Durkheim, com sua teoria da integração social, que lançou as bases da explicação estrutural e funcional da sociedade, vista como um todo de partes diferenciadas mas solidárias, complementarmente responsáveis pelo equilíbrio do conjunto. A noção de solidariedade social, seja mecânica ou orgânica, é central no pensamento de Durkheim. Ela exprime justamente sua preocupação com o equilíbrio da sociedade e a integração de suas partes num todo coerente.

Por outro lado, o modelo de conflito encontra sua versão mais elaborada nos trabalhos de Marx e Engels. Nestes, como vimos, a idéia de evolução histórica baseava-se diretamente numa concepção das contradições de classe, com os conflitos daí resultantes, como o motor das transformações sociais. Esse ponto de vista, entretanto, será melhor discutido no próximo capítulo.

O modelo de conflito e o modelo de equilíbrio são normalmente associados ao que poderíamos chamar respectivamente uma "sociologia conservadora" e uma "sociologia transformadora". Tendem também a ser mutuamente excludentes enquanto explicação sociológica, como já foi assinalado no Capítulo 2.

Não obstante, algumas teorias de inspiração estrutural-funcionalista tentaram incluir o conflito em sua concepção da vida social. Daí resultam esquemas explicativos ecléticos de considerável interesse.

As melhores apresentações da teoria do conflito social ligada ao estrutural-funcionalismo estão nas obras de Lewis Coser, Ralf Dahrendorf e Johan Galtung. Mas a crítica ao modelo de equilíbrio também encontra eco e apoio em outros sociólogos, como C. Wright Mills.

– MODELOS E VERDADE.

Uma pergunta poderia ser feita com naturalidade, a esta altura: mas afinal, a qual desses modelos de explicação dar preferência? Qual deles é capaz de levar mais longe nosso esforço de compreensão da sociedade?

Uma maneira simples de responder seria: não temos de escolher entre os modelos divergentes. Cada um deles possui sua parte de verdade.

De fato, como assinalamos no início, modelos não são explicações acabadas – não são teorias científicas, – mas antes recursos para orientar a pesquisa e a reflexão, colocar problemas, sugerir o levantamento de dados ainda não coligidos. Nessa medida, não são "certos" ou "errados", mas apenas mais ou menos coerentes e fecundos.

Isso não significa, porém, que toda a discussão sobre as qualidades e limitações específicas dos vários modelos de explicação na Sociologia seja pura perda de tempo. Se não somos obrigados a fazer uma escolha *definitiva* entre modelos divergentes, cada contribuição teórica ou empírica ao conhecimento dos fenômenos sociais vincula-se, consciente ou inconscientemente, a um dado modelo geral de explicação. E o fato de um modelo não poder ser declarado positivamente "errado", com base em alguma experiência ou observação decisiva, não quer dizer que todos os modelos se equivalham.

Desse modo, a pergunta acima, embora não admita uma resposta positiva, não deve ser simplesmente descartada.

Como também não faz sentido abandonar todo modelo geral de explicação dos fenômenos sociais apenas porque nenhum deles tem garantia absoluta de validade. O fato é que é impossível pensar sem modelos. Uma pretensa recusa deles, nesse caso, significaria uma utilização inconsciente. E isso só complica o problema: não explicitados, os modelos transformam-se muito mais facilmente em verdadeiros antolhos para o pesquisador.

Isso significa, então, que a polêmica entre defensores de modelos divergentes de explicação será eterna na Sociologia?

Provavelmente, sim. O passado, é verdade, mostra-nos que, de uma época para outra, há modelos da sociedade que se esgotam e são praticamente abandonados, enquanto outros surgem e ganham aceitação. Nesse sentido, o próprio surgimento da Sociologia poderia ser descrito como a difusão de um novo modelo, científico, de explicação dos fenômenos sociais, por oposição aos modelos religiosos e filosóficos anteriores. Isso leva a crer que todos ou alguns dos modelos hoje vigentes na Sociologia serão abandonados dentro de certo prazo. Mas isso provavelmente depende menos do desenvolvimento da Sociologia que do desenvolvimento da própria sociedade. E nada garante que tal desenvolvimento levará à aceitação de um único modelo explicativo na Sociologia.

Seja como for, para nós que lidamos com as incertezas do presente, o mais razoável parece ser, primeiro, reconhecer que o uso de modelos gerais de explicação responde a uma necessidade do método científico à qual a Sociologia não pode escapar. Segundo, admitir que na Sociologia, mais do que em qualquer outra disciplina, a escolha de um modelo envolve mais ou menos diretamente as convicções e preferências do pesquisador a respeito do sentido das transformações da sociedade. E finalmente, conservar um mínimo de ceticismo para que a nossa visão dos fenômenos sociais não seja nunca inteiramente condicionada por um modelo, ainda que ele nos pareça mais coerente ou fecundo que os outros.

A idéia de que precisamos conviver com modelos de explicação divergentes pode levar a uma opinião negativa acerca do caráter científico da Sociologia. Para alguns autores, esta só seria ciência, como se pretende, se fosse muito mais ordenada, precisa e unificada do que é na realidade.

Como sempre, porém, esse ideal de perfeição só existe na imaginação das pessoas. O caráter de "obra inacabada" não é em absoluto exclusivo da teoria sociológica. Robert Oppenheimer, um dos grandes físicos da nossa época, assim se referia às diferentes possibilidades de abordagem na Física Atômica:

"Existe lugar para muitas abordagens do sistema [atômico], nenhuma das quais esgota o assunto. É preciso pensar em mais de uma abordagem e verificá-la, a fim de descobrir tudo o que é possível descobrir."

Se a Física, que os mais exigentes tomam como padrão de excelência científica, é capaz dessa abertura para a diversidade, por que não o seriam as Ciências Sociais, que tratam de fenômenos muito mais complexos?

2. Função e Estrutura Social.

Dissemos há pouco que o conceito de "função social" estabelece o nexo de continuidade entre o modelo orgânico da integração social desenvolvido pelos fundadores da Sociologia e o atual modelo estrutural-funcionalista. No entanto, o termo função é usado em mais de um sentido na teoria sociológica contemporânea. Por isso, ao iniciar uma exposição mais detalhada do modelo estrutural-funcionalista devemos primeiramente especificar esses vários sentidos.

– SIGNIFICADOS DE "FUNÇÃO".

Numa abordagem inicial, os vários sentidos do termo "função" podem ser reduzidos a quatro acepções básicas.

As duas primeiras dentre elas também são utilizadas na linguagem corrente.

1º *Cargo* – É muito comum referirmo-nos a alguém que trabalha, por exemplo, como diretor de uma escola, dizendo: "A função dele é de diretor"

2º *Tarefa* – O termo também pode ser usado para se referir, não ao cargo, mas às tarefas que cabem ao indivíduo numa organização. Por exemplo: "A função dele aqui na seção é protocolar os documentos recebidos no balcão".

Estes podem ser chamados os significados comuns do termo "função". Existem outros dois, usados em Sociologia, que são os chamados significados técnicos ou específicos do termo.

3º *Significado "Matemático"* – Tem esse nome porque é um significado extraído da Matemática, onde "função" significa uma relação entre dois ou mais elementos tal que qualquer variação num deles determina uma variação no outro ou nos outros. Assim, em linguagem matemática diz-se que x é função de y, ou abreviadamente, $x = f(y)$, quando para cada valor de x há um valor determinável de y.

Em Sociologia um exemplo clássico de emprego do conceito de função nesse sentido é o estudo de Durkheim a respeito do suicídio, já mencionado no Capítulo 2. Durkheim demonstrou que, nos grupos estudados, a taxa de suicídio era influenciada pelo estado civil dos indivíduos (os solteiros suicidam-se mais que os casados), a existência ou não de filhos (os que não têm filhos suicidam-se mais que os que têm), a religião (os protestantes suicidam-se mais que os católicos), e assim por diante. Com base nesses dados, Durkheim concluiu que "o suicídio varia na razão inversa do grau de integração dos grupos sociais, de que o indivíduo faz parte". Em outros termos, Durkheim explicou a taxa de suicídio como uma função do grau de integração dos grupos sociais.

4º *Significado "Biológico"* – É o significado que se define por analogia com o conceito de função em Biologia, onde ele se refere à atividade de cada órgão ou aparelho do corpo considerando sua contribuição para a subsistência do conjunto.

Em Sociologia, falando ainda genericamente, a função de um elemento qualquer da organização social corresponderia à sua contribuição para a manutenção do conjunto de que faz parte. Coerentemente com a origem organicista do modelo estrutural-funcionalista, é nesse sentido que ele incorpora o conceito de função. O conceito é tão central para o modelo que se denominam habitualmente "funcionalistas" as teorias a ele filiadas.

– MODELO BIOLÓGICO DE RADCLIFFE-BROWN.

Durkheim, que a muitos títulos pode ser considerado fundador da escola funcionalista em Sociologia, não se limitou a escrever sobre a sociedade ocidental contemporânea. Um de seus livros mais famosos, *As Formas Elementares da Vida Religiosa; o Sistema Totêmico na Austrália* (1912), trata das crenças religiosas dos povos primitivos australianos. Com esse e outros trabalhos, Durkheim influenciou profundamente também o desenvolvimento da Antropologia Social. Desde o início do século, seu modelo funcionalista da integração social vem sendo aperfeiçoado e depurado tanto por antropólogos como por sociólogos.

Um dos mais destacados representantes do funcionalismo depois de Durkheim não é de fato um sociólogo, mas um antropólogo: o britânico A. R. Radcliffe-Brown (1881–1955).

Inspirando-se reconhecidamente em Durkheim e em sua distinção entre fisiologia e morfologia social, Radcliffe-Brown desenvolveu uma concepção do objeto da Antropologia Social calcada no mesmo modelo orgânico, ou mais particularmente num modelo biológico, considerado uma variante do primeiro.

Os conceitos de "processo", "estrutura" e "função" constituem, segundo Radcliffe-Brown, o arcabouço básico para a compreensão científica da vida social. Para defini-los, diz ele, "é conveniente usar a analogia entre vida social e vida orgânica", ainda que, "como todas as analogias, ela tenha de ser usada com cautela". A partir daí Radcliffe-Brown oferece uma das exposições mais explícitas e detalhadas do paralelismo entre sociedade e ser vivo.

As unidades do organismo biológico são as células, que têm como correspondentes no organismo social os indivíduos. A atividade observável das células constitui o processo vital no organismo biológico, enquanto que o processo social é constituído pela atividade observável dos indivíduos. No organismo biológico, a estrutura é constituída pela totalidade das relações entre as células, e pela totalidade das relações entre indivíduos no organismo social. Finalmente, no organismo biológico função é a contribuição de cada atividade, quer dizer, de cada aspecto parcial do processo vital, para a manutenção da estrutura global; ao que corresponde no organismo social a contribuição de cada atividade, quer dizer, de cada aspecto parcial do processo social, para a mesma finalidade. Função define-se igualmente como a correspondência entre os efeitos de cada atividade e as necessidades da estrutura, seja no organismo biológico, seja no social.

Para maior clareza, a analogia de Radcliffe-Brown pode ser resumida no seguinte quadro:

	Organismo Biológico	Organismo Social
UNIDADES	Células	Ser humano individual
ESTRUTURA	Totalidade das relações entre células	Totalidade das relações entre seres humanos
PROCESSO	Atividade observável das células	Atividade observável dos seres humanos
FUNÇÃO	Contribuição de cada atividade para a manutenção da estrutura orgânica, ou correspondência entre os efeitos de cada atividade e as necessidades da estrutura orgânica	Contribuição de cada atividade para a manutenção da estrutura social, ou correspondência entre os efeitos de cada atividade e as necessidades da estrutura social

Estrutura

O conceito de função em Sociologia pode ser usado, numa outra fórmula de Radcliffe-Brown, "por referência à interconexão entre a estrutura social e o processo da vida social". Explicar um aspecto qualquer do processo social é determinar-lhe a interconexão com a estrutura social, ou seja, determinar-lhe a função.

O próprio Radcliffe-Brown reconhece, no entanto, que definir a estrutura social não é tão simples como definir a estrutura orgânica. Isso se deve, diz ele, ao fato de que, nos seres vivos, a estrutura orgânica pode até certo ponto ser observada independentemente do seu funcionamento, enquanto que a estrutura social só pode ser observada "em função".

Com efeito, nos seres vivos a simples disposição espacial das células nos órgãos e aparelhos diz muito a respeito das relações entre as células em atividade, de modo que sua morfologia pode ser estudada com certa independência da fisiologia.

Nas sociedades, porém, traços como a distribuição geográfica dos indivíduos ou grupos em seu território dizem pouco a respeito das relações entre pais e filhos, compradores e vendedores, senhores e súditos, etc., que constituem o tecido da estrutura social. Tais relações só podem ser observadas pela atividade dos indivíduos, quer dizer, no processo social, que constitui de fato a principal expressão empírica imediata da vida social. Por isso a morfologia social nunca pode ser estudada independentemente da fisiologia social.

A analogia entre estrutura orgânica e estrutura social apresenta uma outra dificuldade. Nos seres vivos, ou pelo menos nos seres vivos saudáveis, toda atividade do organismo tem por resultado a manutenção da vida, e conseqüentemente a manutenção da estrutura orgânica. Manutenção da vida e manutenção da estrutura orgânica na verdade se identificam, pois não se conhece ser vivo que mude de estrutura ao longo de sua vida, e o fim da vida é invariavelmente acompanhado do desaparecimento da estrutura.

Ora, isso não acontece na vida social. Os indivíduos, que são as unidades do organismo social, realizam muitas ações sociais, assim entendidas como ações *cooperativas*, que não têm por efeito a manutenção da estrutura. Basta pensar no moderno partido revolucionário – socialista, comunista ou nacionalista, – como um "órgão" social que engloba a atividade coordenada de um número mais ou menos amplo de indivíduos visando precisamente destruir a estrutura social existente.

Tal dificuldade corresponde realmente a uma limitação do modelo biológico de Radcliffe-Brown: assim como o modelo orgânico do qual constitui uma variante, ele só se presta para explicar a atividade humana que tem por efeito a manutenção da estrutura social.

Função

Definir a função de uma dada atividade humana como a correspondência entre seus efeitos e as necessidades da estrutura social exige, naturalmente, que se defina quais são essas necessidades em cada caso observado. O próprio Radcliffe-Brown reconhece que isto não pode ser feito da mesma maneira na Sociologia e na Biologia.

O biólogo é capaz de demonstrar, para organismos determinados, que se determinadas células ou conjuntos de células deixam de desempenhar sua atividade, o organismo morre – com o conseqüente desaparecimento da estrutura – ou pelo menos adoece. Nas sociedades a supressão de uma atividade não tem resultados tão claros em termos do desaparecimento da estrutura social. Ao que se pode observar, quando uma dada atividade é suprimida a sociedade não "adoece" nem "morre". No entanto, garante Radcliffe-Brown, ela muda de estrutura.

O problema seria então saber se é possível definir as mudanças de estrutura, em Sociologia, de maneira tão clara como a Biologia define morte ou doença. Na realidade os organismos sociais estão em constante mudança, o que permitiria concluir que a diferença entre uma mudança corriqueira e uma mudança de estrutura será – excluídos casos extremos – relativamente arbitrária.

Os casos extremos, onde não há dificuldade de demonstrar a ocorrência de mudanças estruturais, existem realmente. É o que acontece, por exemplo, com uma comunidade primitiva que, depois de atravessar um longo período de estabilidade, entra em contato com a sociedade ocidental civilizada e começa a abandonar seus costumes e práticas tradicionais. O abandono dessas formas de atividade acarreta quase sempre um período de instabilidade ao longo do qual relações sociais básicas de parentesco ou de chefia podem dissolver-se ou mudar abruptamente.

A demonstração também pode ser clara quando se comparam duas coletividades de estrutura social semelhante – como por exemplo duas cidades vizinhas – a partir da introdução, numa delas, de uma nova atividade – como por exemplo uma indústria. Se a introdução dessa nova atividade for acompanhada de grande instabilidade na coletividade envolvida, diferenciando-a rapidamente da outra, há razão para afirmar que as atividades substituídas tinham efeitos determinados na manutenção da estrutura social.

Note, porém, que nem sempre é possível demonstrar com essa clareza a funcionalidade de uma atividade social, tal como requereria o modelo biológico de Radcliffe-Brown. Na maioria das vezes, aliás, isso é bem difícil. Para realizar a demonstração, é indispensável que o sociólogo tenha provas conclusivas da existência de uma situação de estabilidade anterior, seguida de grande instabilidade a partir da supressão da atividade considerada ou da introdução de uma nova atividade. Em sociedades que vivem em mudança constante, como é o caso praticamente da totalidade das sociedades contemporâneas, isto não é lá muito fácil de demonstrar.

– OUTROS FUNCIONALISMOS.

Outros representantes da corrente funcionalista em Sociologia definem função social em termos diferentes de Radcliffe-Brown.

O que todas as teorias funcionalistas têm em comum é, em primeiro lugar, a vinculação com o modelo estrutural-funcionalista, quando não com o velho modelo material orgânico. Em segundo lugar, nessas teorias o conceito de função possui em geral a conotação de intencionalidade, objetivo ou propósito. Em outros termos, função nessas teorias corresponde explícita ou implicitamente à "finalidade" de um dado aspecto do processo social, sendo tal finalidade definida como a manutenção da estrutura social.

Este é, aliás, o motivo pelo qual os funcionalistas são comumente acusados de manter ou introduzir uma tendência finalista na explicação sociológica, como se a sociedade pudesse ter intenções, objetivos ou vontade, da mesma forma que um indivíduo.

Seja como for, há várias maneiras de conceber a intencionalidade das atividades sociais; quer dizer, há várias maneiras de entender o conceito de função no quadro geral do modelo estrutural-funcionalista. Vejamos as principais.

1º Pode-se definir função como o resultado conscientemente desejado de uma dada atividade social, expresso, por exemplo, nas cláusulas de um estatuto. Assim, um fiscal que investiga o funcionamento de uma repartição pública trata de saber se a atividade de seus funcionários produz os resultados estatutariamente determinados. Função, neste sentido, é quase o mesmo que tarefa, conforme uma das acepções comuns já assinalada. Na realidade este uso do conceito de função é muito restrito em Sociologia. É mais comum em estudos práticos de administração do que em pesquisa científica.

No caso, o interesse do sociólogo é menos saber da adequação das atividades observadas com as finalidades expressas da organização, do que explicar tais atividades pela aceitação das finalidades da organização por seus membros. Supondo, por exemplo, que a educação dos filhos é um dos objetivos expressos do grupo doméstico em nossa sociedade, a pergunta básica que se faz o sociólogo não é: conseguem os grupos domésticos contribuir adequadamente para a educação dos filhos?

Ele se pergunta antes: o que leva os membros dos grupos domésticos a agir como se a educação dos filhos fosse um de seus objetivos?

2º Outra maneira de definir função é pela correspondência entre atividade social e a satisfação, não das necessidades sociais em geral, mas das *necessidades básicas* de uma dada população. É com este sentido que o conceito de função aparece na obra de Malinowski, filiando-a, na expressão do metodologista francês Raymond Boudon, a um "funcionalismo absoluto".

Bronislaw Malinowski, antropólogo polonês radicado na Inglaterra, foi o primeiro pesquisador acadêmico a se dedicar à observação sistemática da vida dos povos primitivos em seu próprio ambiente, considerando inexatos e insuficientes os relatos de viajantes utilizados por seus predecessores. Partilhando da vida cotidiana dos nativos das Ilhas Trobriand, na Melanésia, Malinowski desenvolveu a convicção de que cada cultura deve ser estudada em sua originalidade, sem recurso a critérios exteriores de julgamento. Tal originalidade decorreria da peculiar articulação dos diversos elementos culturais em um todo que define o papel de cada elemento e lhe confere seu sentido original. Em outras palavras, cada traço cultural – hábito, instituição, etc. – só pode ser compreendido por sua participação no contexto cultural.

Malinowski critica os antropólogos evolucionistas por ignorarem esse caráter de todo integrado das culturas humanas, estudando cada traço cultural isoladamente para determinar suas origens. Determinar as origens de um traço cultural isolado não basta para explicá-lo, diz ele. É preciso mostrar como, num contexto cultural determinado, tal traço responde à satisfação de uma necessidade humana, seja esta necessidade fisiológica, técnica, econômica ou propriamente sócio-cultural.

Em qualquer hipótese, são as necessidades humanas básicas de alimento, abrigo, satisfação sexual, segurança, etc., que estão na base das diferentes culturas. Sobre tais necessidades se aplicam outras, criadas pelos próprios meios técnicos e sociais de que a cultura lança mão para satisfazê-las.

O funcionalismo de Malinowski adota, assim, o pressuposto geral de que cada atividade do organismo vivo – biológico ou social – só se explica por desempenhar uma função necessária, e que a ausência dessa função condenaria a atividade ao desaparecimento ou à atrofia. No entanto, em vez de definir o papel de cada atividade por referência à simples conservação de certo padrão estrutural, de certo "estilo de vida", vincula-a direta ou indiretamente às necessidades decorrentes da natureza biológica do homem.

3º Uma definição mais flexível de função encontra-se na teoria do sociólogo norte-americano Robert K. Merton, classificada por Raymond Boudon como um "funcionalismo relativo".

Em Merton, função não significa exclusivamente a contribuição direta ou indireta de uma dada atividade social para a satisfação de necessidades humanas básicas (biológicas), como em Malinowski. Nem tampouco a contribuição para a manutenção de um padrão estrutural determinado, como em Radcliffe-Brown. Merton preocupa-se antes, sob o conceito de função, com as "conseqüências observadas [de uma dada atividade social], que justificam a adaptação ou o ajuste de determinado sistema". Recusa-se, no entanto, a determinar objetivamente quais são as necessidades do sistema em relação às quais se verifica a adaptação. Para ele isso equivaleria ao abandono do método científico, por envolver um raciocínio finalista impossível de validar empiricamente.

Ao centrar a atenção nas conseqüências observáveis das atividades sociais, Merton se afasta do sentido estritamente organicista do conceito de função para aproximar-se do sentido matemático. Desse modo, atribui ao conceito um caráter operatório, pois as conseqüências de uma dada atividade social são empiricamente verificáveis. Este caráter operatório do conceito favoreceu o florescimento da pesquisa empírica dentro da escola funcionalista. Por outro lado, ao procurar relacionar variáveis sociais em termos de causa e efeito, Merton abandonou parcialmente a preocupação com o caráter de totalidade da vida social, que representa, talvez, o principal mérito dos funcionalismos de Radcliffe-Brown e Malinowski.

Não obstante, a relativização do funcionalismo em Merton tornou a teoria, não apenas mais facilmente operacionalizável para fins de pesquisa empírica, como também mais maleável e elaborada.

Rejeitando a suposição de que a existência de um elemento sócio-cultural é prova suficiente de ser ele indispensável, Merton busca demonstrar que uma necessidade qualquer – fisiológica, psicológica ou mesmo sócio-cultural – pode ser satisfeita por outros elementos, com o mesmo sucesso. Por exemplo, as práticas mágicas cuja função seria proporcionar tranqüilidade aos pescadores artesanais, que correm muito perigo em alto mar, podem ser substituídas por técnicas de navegação que aumentem a margem de segurança da pesca. Merton defende, assim, a existência de alternativas para o preenchimento de uma mesma função, elaborando a noção de "equivalente funcional" ou "substituto funcional".

Esta noção foi explicitada na regra segundo a qual "assim como um só elemento pode ter várias funções, também uma só função pode ser desempenhada por elementos intercambiáveis".

Merton admite também a possibilidade da ocorrência de "disfunções" na vida social. Ao contrário das funções, estas são atividades "que perturbam a adaptação ou o ajustamento do sistema". Um exemplo de disfunção lembrado pelo próprio autor seria a adoração das vacas na Índia moderna, prática religiosa que traz evidentes inconvenientes econômicos num país onde a fome é um grave problema.

Mas talvez a contribuição mais importante de Merton à teoria funcionalista seja a distinção, por ele proposta, entre as "funções manifestas" e as "funções latentes". Correspondem as funções manifestas às conseqüências de uma atividade social compreendidas e desejadas pelos agentes; e as funções latentes às conseqüências não esperadas, não compreendidas nem desejadas, mas que ocorrem objetivamente, independentes das intenções e da compreensão dos agentes sociais.

Um exemplo da distinção, citado também pelo próprio Merton: uma campanha de propaganda pode ser lançada com o objetivo de estimular o patriotismo dos cidadãos, apelando para seus sentimentos de orgulho nacional e de lealdade às autoridades constituídas. Esta corresponderia à função manifesta da campanha. Mas a mesma campanha de propaganda pode ter como resultado não esperado nem desejado fazer que os grupos políticos de oposição ao governo se sintam constrangidos por expor suas divergências em relação à política oficial. Esta seria a função latente.

– AVALIAÇÃO DO FUNCIONALISMO.

Uma observação geral que já fizemos a respeito do modelo estrutural-funcionalista vale igualmente para as várias teorias funcionalistas que nele se inspiram: apesar das críticas de que têm sido objeto, elas prestaram uma contribuição valiosa para equacionar alguns problemas importantes da Sociologia.

John Rex sintetizou essa contribuição em cinco pontos:

1º o funcionalismo valorizou as determinantes sociais em relação às determinantes individuais do comportamento humano;

2º estabeleceu uma distinção importante entre as explicações da vida social dadas a partir dos motivos dos indivíduos e as explicações dadas a partir das exigências da própria vida social;

3º em conseqüência, afastou da Sociologia as especulações a respeito dos motivos humanos individuais. O funcionalismo relativo de Merton, contudo, reintroduz essa preocupação pelos motivos dos agentes individuais, embora sem se descuidar das determinantes sociais;

4º procurou excluir da Sociologia os juízos de valor, ao tentar estabelecer fatores objetivamente determináveis, em lugar de fatores puramente subjetivos, como determinantes da vida social;

5º conseguiu demonstrar que as atividades sociais não têm apenas conseqüências imediatas e isoladas, mas também sistemáticas e a longo prazo.

Apesar dessa contribuição, não se pode dizer que o funcionalismo tenha conseguido resolver todos os problemas que levantou.

A dificuldade de demonstrar que uma atividade coletiva qualquer é indispensável para a manutenção da estrutura social torna problemática a determinação objetiva das necessidades estruturais específicas da vida social. Por outro lado, quando o funcionalismo tenta escapar desse impasse concentrando-se nos efeitos observáveis das atividades sociais, como faz Merton, acaba tornando a apelar para a discussão dos motivos individuais da ação humana, o que representa a reintrodução de um elemento subjetivo na análise. Diante dessa dificuldade de definir as necessidades estruturais da vida social, o funcionalismo parece ter sua capacidade explicativa limitada às provas mais grosseiras, como as que são obtidas em raros casos de mudança social repentina e acelerada. Do contrário, a teoria entra num impasse.

Este impasse não superado limita seriamente a contribuição correspondente aos quatro primeiros pontos que acabamos de assinalar. Na realidade, apenas no quinto ponto citado, que corresponde à distinção introduzida por Merton entre funções manifestas e latentes, a contribuição do funcionalismo à explicação sociológica parece por-se a salvo de críticas mais sérias.

3. Estrutura e Organização Social.

Em qualquer de suas versões, o esforço de explicação da vida social pelo funcionalismo centra-se, como sublinhou Radcliffe-Brown, nas interconexões entre processo e estrutura social, interconexões estas cuja natureza é definida pelo conceito de função social.

Ora, dos dois pólos do esquema explicativo – processo e estrutura social – o segundo é sempre mais rico de implicações teóricas. O processo social corresponde, como vimos ao discutir a teoria de Radcliffe-Brown, à soma das atividades observáveis dos indivíduos. É portanto o pólo empírico do esquema, referente à única realidade que pode ser diretamente observada pelo pesquisador. Em contraste, a estrutura social corresponde sempre a uma construção teórica, a uma realidade que precisa ser inferida a partir das regularidades observáveis do processo social.

Por isso mesmo, a maior dificuldade teórica dos funcionalistas reside na determinação dos requisitos específicos da manutenção ou transformação das estruturas sociais. O processo social, como corresponde à realidade empírica imediata, é um conceito que não levanta maiores dificuldades teóricas.

Note, porém, que a definição de estrutura social de Radcliffe-Brown não dá o peso devido a esta distinção entre realidade empírica e construção teórica. Com efeito, ao definir estrutura social como a totalidade das relações concretas entre os indivíduos de uma dada coletividade num dado período de tempo, Radcliffe-Brown ignora o fato de que a própria percepção da existência dessas relações resulta de uma inferência do observador, como já assinalamos no Capítulo 1.

O esclarecimento dessa questão requer uma discussão mais detalhada do conceito de estrutura social.

Reconheçamos então, em primeiro lugar, que todo esforço no sentido de descrever um campo qualquer da realidade em termos de estrutura exprime uma intenção globalizante. Isto fica implícito nas definições mais correntes do termo "estrutura". Assim André Lalande, em seu *Vocabulário Técnico e Crítico da Filosofia*, escreve:

"Emprega-se [o termo 'estrutura'] para designar, por oposição a uma simples combinação de elementos, um todo constituído por fenômenos solidários, de tal forma que cada um deles depende dos outros e só pode ser o que é na e pela sua relação com eles."

É praticamente o mesmo sentido que Jean Piaget dá ao termo em sua *Introdução à Epistemologia Genética:*

"Existe estrutura (no seu aspecto mais geral) quando os elementos se reúnem numa totalidade que apresenta certas propriedades enquanto totalidade e quando as propriedades dos elementos dependem inteira ou parcialmente destes caracteres da totalidade."

Qualquer que seja a orientação teórica do pesquisador, todo esforço de definir estrutura em Sociologia exprime essa mesma intenção globalizante. Pressupõe, por conseguinte, que a sociedade seja encarada como um conjunto de partes interdependentes, constituindo uma totalidade com certas características próprias que não se limitam à soma das características das partes.

É este, a propósito, o suposto básico da aplicação de qualquer modelo geral de explicação aos fenômenos sociais, como vimos páginas atrás.

– ESTRUTURA SOCIAL.

O ponto de partida de qualquer abordagem da vida social em termos de estrutura é invariavelmente a constatação de que aquela apresenta regularidades observáveis, na ausência das quais o próprio conceito de relações sociais não teria sentido.

Como vimos no Capítulo 1, pelo fato de observarem normas ou regras determinadas, as ações sociais dos indivíduos tendem a seguir um curso mais ou menos idêntico em cada situação. Se uma mulher entra numa farmácia levando uma receita médica, sua próxima ação será provavelmente pedir ao farmacêutico os remédios indicados. É este o comportamento "normal" das pessoas em situações semelhantes, entendendo-se normal num duplo sentido: é o comportamento correspondente às normas vigentes em nossa sociedade, e é também o comportamento que se verifica na grande maioria dos casos.

Se não seguissem normas determinadas, as ações individuais seriam quase sempre imprevisíveis. Conseqüentemente, não se encadeariam de maneira corrente nem dariam lugar ao estabelecimento de relações mais ou menos estáveis entre os indivíduos. A existência de regularidades observáveis na vida social traduz, portanto, a existência de normas que tornam reiterativas e previsíveis tanto as ações como as relações sociais.

Assinalamos também, no Capítulo 1, que as normas conformam as relações sociais mediante o estabelecimento de obrigações recíprocas.

Por exemplo, numa sociedade homogênea, o comportamento do pai em relação aos filhos, e o dos filhos em relação ao pai, tenderão a seguir quase que invariavelmente o curso previsto pelas obrigações recíprocas que derivam das normas vigentes. No Brasil, num passado não muito distante, as normas vigentes a esse respeito previam que o pai agisse em relação aos filhos como um disciplinador severo, autoritário; reciprocamente, a obrigação dos filhos era a de se comportar em relação ao pai com respeito, submissão e até temor.

Ao constatar a existência desse tipo de relação entre pai e filhos, o observador poderia caracterizar como "patriarcal" a família onde ele se verifica. Em outras palavras, de uma longa série de observações empíricas ele infere a existência de um "princípio estrutural" que é denominado "patriarcalismo". Tal princípio não é suficiente para uma caracterização completa da família. Com efeito, ele nada diz a respeito de outras obrigações recíprocas, como as que existem entre os irmãos, entre o irmão mais velho e os mais novos, entre o grupo doméstico, formado por pais e filhos, e outros parentes, etc. Não obstante, a caracterização da família como "patriarcal" representa um passo para a caracterização de sua estrutura global.

Em resumo, princípios estruturais são, por definição, generalizações de formas de ação social observáveis. E é o caráter reiterativo dessas ações, isto é, o fato de elas se repetirem segundo normas determinadas, que possibilita inferir princípios estruturais.

A abordagem da vida social como realidade "estruturada" não se detém na mera definição de princípios estruturais isolados, como no exemplo acima. O suposto básico é que esses princípios – ou padrões, ou traços, ou elementos sócio-culturais, como quer que os chamemos – se inter-relacionam numa totalidade, que constitui a estrutura social. Nas teorias funcionalistas, o conceito de função representa justamente uma maneira de definir a natureza do inter-relacionamento entre os múltiplos princípios estruturais na totalidade que eles constituem, ou seja, na estrutura global.

O conceito de estrutura ficará mais claro se o distinguirmos do conceito correlato de organização social.

Com efeito, se em Radcliffe-Brown esses conceitos tendem a se confundir, outros autores consideram que eles comportam uma distinção, sutil mas necessária para encaminhar a compreensão das questões da estabilidade e da mudança social, tão importantes para a Sociologia. Assim para o antropólogo norte-americano Raymond Firth, por exemplo, "se estrutura implica ordem, organização implica atividade que visa uma ordem, mas não necessariamente a mesma ordem".

Tratemos de esclarecer essa distinção aparentemente misteriosa.

Dissemos que o conceito de estrutura social se refere às regularidades observáveis da vida social, resultando estas do fato de as ações sociais tenderem a se repetir segundo normas determinadas. Isto significa que, ao descrever a estrutura social de uma dada coletividade, o sociólogo não lida diretamente com as ações e relações sociais concretas, mas com generalizações elaboradas a partir dessas ações e relações.

Voltando ao mesmo exemplo, ao afirmar que um dos princípios estruturais da família no Brasil tradicional era o patriarcalismo, o sociólogo não está se referindo particularmente a nenhuma relação concreta entre pai e filhos, mas a uma generalização feita a partir da observação de uma pluralidade de relações concretas, entre uma pluralidade de pais e os respectivos filhos.

Construções teóricas desse tipo "implicam ordem", nas palavras de Firth, na medida em que traduzem a obediência das ações sociais concretas a normas determinadas. Quando quer descrever a estrutura de uma dada coletividade, o que o sociólogo faz é de certo modo ignorar a variabilidade concreta das ações e relações sociais para só levar em conta seu aspecto reiterativo. Tal reiteratividade, a estabilidade conferida à vida social pela obediência às normas, é o que geralmente se entende por ordem social; esta é, portanto, um atributo da estrutura social.

– ORGANIZAÇÃO SOCIAL.

Sabemos, porém, que as normas sociais nem sempre são obedecidas. E já verificamos, ao discutir no Capítulo 1 o conceito de desvio das normas, que o fato de as normas serem eventualmente desobedecidas não significa necessariamente o caos, o fim de toda ordem social.

De fato, as ações sociais que obedecem normas contribuem para a manutenção da estrutura social existente, logo para a manutenção da ordem social. Mas as ações que se afastam das normas, embora de imediato possam gerar desordem social, tendem, com o passar do tempo, a mudar a estrutura social ou mesmo a provocar sua substituição por uma nova, mesmo quando os indivíduos que assim agem não têm consciência disso.

Ora, mas o conjunto das ações sociais que se desenrolam numa coletividade num dado momento de sua existência constitui, como vimos no Capítulo 1, sua organização social.

Entende-se assim por que, para Firth, organização social implica ordem, "mas não necessariamente a mesma ordem" implícita no conceito de estrutura social. Pois, enquanto que o conceito de estrutura se refere apenas ao aspecto reiterativo das ações sociais, o conceito de organização se refere à totalidade das ações concretas, quer obedeçam, quer se desviem das normas estabelecidas. Desse modo as ações que constituem a organização social podem contribuir tanto para a manutenção da estrutura existente, logo da ordem, como para sua mudança ou substituição por uma nova estrutura.

A capacidade criadora dos processos de organização social deve ser considerada, portanto, como um dos elementos que constituem a própria organização. Toda inovação se realiza dentro e por meio da organização social.

O surgimento de qualquer inovação pode ser acompanhado de conflitos mais ou menos intensos. Mas estes não devem ser considerados em absoluto uma "anormalidade" da vida social. Representam antes momentos de decisão ou escolha.

Se os interesses dentro de uma sociedade se tornam inconciliáveis, o conflito pode tornar-se permanente, ameaçando a própria continuidade da estrutura social. Um partido político revolucionário, por exemplo, age no sentido de reforçar sua própria estrutura enquanto grupo. Mas suas ações sociais, sua organização, representam uma ameaça para a estrutura global da sociedade. Em outras palavras, elas são "funcionais" do ponto de vista dos objetivos do grupo, mas "disfuncionais" em relação ao conjunto da sociedade.

Assim, a organização de nobres, comerciantes, fazendeiros, militares e propagandistas que conduziu o movimento de independência do Brasil foi funcional do ponto de vista da criação de uma nova estrutura – o Império Brasileiro – mas disfuncional do ponto de vista da estrutura pré-existente do Império Português. Na medida em que são disfuncionais, as ações sociais não "organizam" mas "desorganizam" as estruturas. Nesse sentido, porém, a desorganização social não implica o colapso total e simultâneo das normas vigentes em dada coletividade. Em alguns casos, a desorganização não chega sequer a abalar a estrutura existente, ou seja, a estabilidade da vida social. Isso acontece quando as ações desorganizadoras são neutralizadas por ações que reforçam a estrutura. As várias formas de punição legal, por exemplo, costumam ser definidas como ações que o Estado, enquanto guardião das normas sociais, executa para neutralizar esse tipo especial de ação desorganizadora que é o crime.

Estabilidade ou ordem social não querem dizer portanto marasmo nem sonolência. Correspondem antes a um equilíbrio dinâmico entre ações que tendem a desorganizar e a organizar a estrutura social.

Por outro lado, a História não registra casos de um colapso total e simultâneo das normas vigentes numa coletividade, nem mesmo nas situações de maior instabilidade de que se tem notícia. Geralmente a desorganização social afeta um ou vários níveis da estrutura, mas nunca todos ao mesmo tempo. Assim a desorganização pode afetar as relações de chefia ou comando político sem atingir as crenças religiosas. Ou pode afetar a política e a religião, mas sem afetar as relações de parentesco e outras esferas da estrutura social.

Deve-se notar, finalmente, que mesmo nas esferas da estrutura afetadas pela desorganização, esta não tem por resultado inevitável o caos. Pelo contrário, o resultado é geralmente a "reorganização", ou seja, a organização de uma nova estrutura que sintetiza normas antigas e novas.

4. O Conceito de Sistema Social Segundo Talcott Parsons.

Toda a discussão precedente a respeito dos modelos explicativos em geral na Sociologia, e sobre o modelo estrutural-funcionalista em particular, pode ser tomada como uma introdução ao objeto principal deste capítulo: a exposição da teoria dos sistemas sociais de Talcott Parsons.

Parsons é talvez o mais importante sociólogo contemporâneo. Dizemos talvez, porque sua obra se filia precisamente ao modelo estrutural-funcionalista de explicação, e este não é, como já sabemos, o único modelo aceito na Sociologia contemporânea. Sua repercussão maior circunscreve-se à Sociologia norte-americana e, por extensão, à Sociologia latino-americana. A Sociologia européia apresenta autores tão ilustres quanto Parsons, cuja obra se filia a outros modelos de explicação.

Retificando então a afirmação do parágrafo anterior, diríamos: Parsons é certamente o mais importante representante contemporâneo do estrutural-funcionalismo. Sua teoria representa uma síntese brilhante das contribuições clássicas dos modelos orgânico, semi-evolucionista e de equilíbrio, aqui já discutidos em linhas gerais. Desse modo ele se opõe, em última análise, ao modelo de conflito em suas versões mais recentes, expostas por autores marxistas ou neomarxistas como Louis Althusser e Anthony Giddens.

A preocupação de situar Parsons no contexto das principais tendências teórico-metodológicas vigentes na Sociologia justifica-se por dois motivos. Em primeiro lugar, Parsons é considerado uma espécie de clássico contemporâneo da Sociologia. Ao mesmo tempo, ele representa uma ponte entre dois clássicos do passado, Max Weber e Émile Durkheim, cujo pensamento abordamos no Capítulo 2.

Na verdade, levando-se em conta sua preocupação com os sistemas sociais e as relações entre eles, Parsons parece muito mais fortemente influenciado por Durkheim do que por Weber. O ponto de partida de sua teoria dos sistemas sociais é, contudo, o conceito de ação social, que é central no pensamento de Weber. Tal como Weber, Parsons define a ação social como uma conduta humana observável que envolve a "orientação" para algo, isto é, como uma conduta dotada de significado para o agente. Mas Parsons redefine a ação de modo radical ao admitir que também os sistemas sociais "agem". Para Weber, quem age, em última análise, é sempre um indivíduo.

Daí decorre que, enquanto para Weber a ação dotada de significado é a que se orienta *para* algo, em Parsons ela é a que é orientada *por* algo, ou seja, por padrões supra-individuais de ação, conceito que já é tributário do pensamento de Durkheim.

Há outro ponto em que Parsons combina o pensamento de Weber com o estilo de análise de Durkheim: trata-se da distinção entre os diversos tipos de ação.

Parsons adotou de Weber a idéia de que numa ação concreta pode-se distinguir, para fins de análise, diversos tipos de ação conforme os sentidos de que ela é dotada. Assim, considerando seus vários sentidos, uma ação concreta pode englobar uma ação econômica, uma ação política, uma ação religiosa, sem que haja qualquer relação necessária entre estas ações analiticamente discerníveis. Mas elas se interpenetram, pois estão presentes simultaneamente na mesma ação concreta.

Analisar uma ação social concreta, para Weber, consiste em verificar como o sentido de cada uma das ações analiticamente discerníveis que ela engloba é influenciado pelos outros. A diferença do ponto de vista de Parsons está em que para Weber os atores são sempre indivíduos. A partir do momento em que Parsons admitiu que os sistemas sociais agem – adotando o estilo de análise de Durkheim, – pôde conceber a existência de conjuntos de sistemas independentes e complexos, mas também interdependentes e subordinados a um sistema social mais geral.

Desse modo, tal como faz Weber em relação à ação individual, Parsons vê em cada sistema social concreto a presença simultânea de um sistema de personalidade, um sistema social propriamente dito e um sistema cultural, subordinados aos quais existem diversos subsistemas.

– SOCIOLOGIA E CIÊNCIAS DO HOMEM.

A influência de Weber se faz sentir na aguda consciência revelada por Parsons de que o objeto da Sociologia a relaciona intimamente com as demais ciências do homem, particularmente a Psicologia.

"A Sociologia é uma ciência que se relaciona claramente com a observação e a análise do comportamento social humano", escreve Parsons em uma de suas obras. Enquanto isso, "a Psicologia se relaciona tradicionalmente com o comportamento do 'indivíduo', ainda que grande parte do comportamento individual se verifique em relação com outros indivíduos". Daí conclui ele não haver diferença entre as duas "em termos de um estudo de fenômenos concretos diferentes", mas apenas em termos "da abstração básica ou da análise em nível diverso dos dados relacionados com estes fenômenos."

Tanto a Sociologia como a Psicologia, do ponto de vista de Parsons, ocupam-se basicamente do comportamento ou da ação humana. O fato de o psicólogo dar prioridade à ação individual e o sociólogo à interação, como resultado de uma pluralidade de ações individuais, não significa que haja conflito ou contradição entre as duas disciplinas. Pelo contrário, embora as perspectivas da Sociologia e da Psicologia sejam mutuamente irredutíveis, ambas são válidas e complementares, porque fornecem premissas para uma teoria geral da ação, impossível de elaborar a partir de uma só dessas perspectivas.

Para Parsons, portanto, um dos objetivos primordiais da Sociologia é, juntamente com as outras ciências do homem, oferecer sua contribuição específica para uma teoria geral da ação. Conseqüentemente, é da ação que ele parte para desenvolver o conceito de sistema social.

– AÇÃO.

Enquanto objeto de todas as ciências do homem, a ação deve ser entendida em termos amplos, como tudo o que é movimento ou ato humano, desde as condutas exteriores observáveis até as funções neurofisiológicas internas do organismo, os pensamentos, sentimentos e desejos.

A Sociologia, no entanto, se interessa apenas pelas ações humanas que envolvem interação. Nas palavras de Parsons, isto inclui toda ação que "diz respeito à 'orientação' de um ou mais atores relativamente a uma situação que inclui outros atores". Nesse contexto, o termo "situação" tem o significado específico "de objeto de orientação, de tal modo que a orientação de um dado ator se diferencia em relação aos diferentes objetos, e suas categorias, que em conjunto compõem a situação".

Parsons classifica os objetos que constituem as diferentes situações da ação humana em três grupos:

1º *objetos sociais* – São os atores, tomados seja como ponto de referência de si mesmos ("ego"), seja como outros indivíduos quaisquer ("alter"), seja como uma coletividade;

2º *objetos físicos ou empíricos* – São as coisas físicas que não reagem ao ator nem interagem com ele. Em outras palavras, são simples meios e condições exteriores da ação;

3º *objetos culturais* – São elementos simbólicos da tradição cultural, como idéias, crenças ou padrões de valores, mas apenas enquanto são considerados objetos de orientação pelo ator, não fazendo parte, portanto, da estrutura da sua personalidade.

Toda relação de um ator com a situação, ou seja, toda ação humana, supõe um elemento de motivação. Isso quer dizer que toda ação representa um esforço, um dispêndio de energia do ator para obter satisfações e evitar privações. O que seja "satisfação" e o que seja "privação" para cada ator individual dependem da estrutura de sua personalidade.

Encarada dessa forma, a motivação tem suas raízes nas necessidades básicas do organismo. São elas que devem ser basicamente satisfeitas. Mas a motivação não deve ser entendida nesse sentido puramente orgânico. Segundo Parsons, todo ator, para além de suas necessidades básicas, desenvolve ao longo da vida um "sistema" de expectativas em relação aos vários objetos da situação. Em outras palavras, os objetos condicionam a ação, proporcionando ao ator diferentes possibilidades de obter satisfações e de evitar privações.

As expectativas desenvolvidas pelo ator em relação aos objetos sociais, ou seja, em relação a si mesmo e a outros atores considerados individual ou coletivamente, apresentam um interesse especial para a Sociologia. Quando a ação envolve interação, é especialmente relevante a possível reação de alter, dos outros atores. Como tal reação é geralmente previsível, ela afeta de modo fundamental as escolhas de ego.

Um exemplo simples ilustra a relação entre ator e objetos da situação. Digamos que você lê estas páginas preparando-se para uma prova. O lugar onde você se encontra, a cadeira onde está sentado, a mesa à sua frente, a luz acesa, tudo isso são os objetos físicos da sua situação no momento. Este livro, enquanto elemento deste aspecto particular da tradição cultural do Ocidente que é a Sociologia, constitui um objeto cultural da mesma situação. Você mesmo, enquanto ponto de referência da ação de ler o livro e estudar para a prova, faz parte da situação enquanto objeto social. Seu sistema particular de expectativas, no entanto, o colocam em relação com outros objetos sociais que também devem ser incluídos na situação: seu professor, os colegas, outras pessoas que você estima e que sabe que gostariam de ver você se sair bem na prova.

Segundo Parsons, a ação humana, no que interessa à Sociologia, se desenrola em três situações ou contextos básicos:

1º *o contexto psíquico,* da personalidade individual, que é estudado pela Psicologia;

2º *o contexto social,* o da interação dos objetos sociais, que é estudado sobretudo pela Sociologia;

3º *o contexto cultural,* dos objetos culturais, que são estudados sobretudo pela Antropologia Cultural.

Um quarto contexto, que poderia ser citado antes destes, é o biológico, das funções neurofisiológicas do organismo, que é estudado pelos vários ramos da Biologia. Como o próprio Parsons o considera secundário para a conceituação de sistema social, não voltaremos a nos referir a ele.

Note, porém, que para Parsons a ação concreta ocorre sempre num contexto global, ou seja, está inserida simultaneamente nos quatro contextos citados e é resultado da interação de forças provenientes de cada um deles. A distinção entre os quatro contextos só ocorre, portanto, no plano da análise, embora seja fundamental para a teoria dos sistemas sociais.

É por isso, aliás, que do ponto de vista de Parsons todas as ciências do homem têm sua contribuição a prestar para uma teoria geral da ação.

— SISTEMA.

O conceito de sistema, sublinha Parsons, não é importante apenas para as ciências do homem, mas para toda ciência. Escreve ele: "O conceito de sistema não é essencialmente mais que a aplicação do critério de integração lógica de proposições gerais". Em última análise, Parsons se refere aqui ao mesmo suposto básico da aplicação de modelos gerais de explicação a qualquer campo da realidade. A saber, que os fenômenos considerados são passíveis de estudo como uma totalidade de partes interdependentes. Aplicando esse critério às dimensões da ação humana que interessam à Sociologia, temos que a cada contexto ou situação da ação corresponde um sistema:

1º *sistema de personalidade ou psíquico,* que corresponde ao contexto psíquico;

2º *sistema social,* que corresponde ao contexto social;

3º *sistema cultural,* que corresponde ao contexto cultural.

A mesma observação feita a respeito das situações ou contextos da ação se aplica, segundo Parsons, aos sistemas correspondentes: a distinção entre eles só se dá num plano analítico, e a ação concreta se desenrola sempre no interior dos três sistemas simultaneamente. Por isso mesmo, embora cada sistema tenha sua lógica interna, o que permite tratar cada um separadamente em termos analíticos, eles se interpenetram, mantendo relações de interdependência e complementaridade.

No estudo de cada sistema analiticamente discernível é preciso, portanto, levar sempre em conta a existência dos outros. Nessa medida eles podem ser considerados como subsistemas de um sistema geral da ação.

Institucionalização

Pelo que foi dito acima, pode-se notar que Parsons não engloba toda a realidade social no conceito de sistema social. Com efeito, o que Parsons denomina objetos culturais, ou seja, as idéias, crenças e valores compartilhados pelos membros de uma coletividade, também faz parte do que se entende normalmente por realidade social. No entanto, Parsons os inclui num sistema específico, o sistema cultural, distinto do sistema social propriamente dito.

Isto leva o autor a lembrar que seu conceito de sistema social não contém, realmente, todos os aspectos necessários à elaboração teórica dos sistemas sociais concretos – aquilo que chamaríamos comumente grupos sociais. Em outras palavras, seu conceito de sistema social não exprime toda a realidade da ação social concreta. Esta, para ser apreendida, exige que se considere, em primeiro lugar, a interseção entre sistema social e sistema cultural.

No esquema de Parsons, a ligação entre esses dois planos da realidade da ação é estabelecida pelo conceito de "institucionalização".

Institucionalização, define o autor, é a tradução dos objetos culturais, que têm sempre um caráter geral, em normas específicas de ação e interação social. Assim, o valor geral da justiça, que é um objeto cultural, se institucionaliza nas leis, no poder judiciário, nas normas que regem a ação dos funcionários desse poder, etc.

Sistema de Personalidade e Sistema Social Concreto

Para Parsons, porém, a realidade dos sistemas sociais concretos não se esgota no processo de institucionalização. Ela inclui também, necessariamente, o sistema de personalidade.

A idéia de que a personalidade individual deve ser incluída na abordagem dos sistemas sociais concretos pode causar alguma estranheza. Afinal, estamos acostumados a contrapor indivíduo e sociedade como duas realidades claramente separadas, tratadas por ramos distintos da ciência, a Psicologia e a Sociologia, respectivamente.

Parsons, no entanto, tem uma visão mais complexa dessa questão.

Em primeiro lugar, argumenta ele, é preciso não confundir sociedade e sistema social. Qualquer processo de interação entre indivíduos – como uma equipe de trabalho ou um grupo familiar – pode constituir um sistema social, sem que por isso constitua uma sociedade. Por outro lado, a sociedade não é um sistema social como qualquer outro, mas antes uma rede complexa de subsistemas interdependentes, cada um deles se constituindo num verdadeiro sistema social. Parsons tem em mente, nesse ponto, a distinção entre grupos sociais parciais e sociedade global, já discutida no Capítulo 1.

Ora, definida a sociedade como sistema social abrangente, é perfeitamente possível contrapor indivíduo e sociedade, considerando o indivíduo como a "unidade" da sociedade. O mesmo não se pode dizer, no entanto, quando consideramos a participação dos indivíduos nos diferentes subsistemas sociais, cada um dos quais constitui um sistema social no sentido estrito da palavra.

Com efeito, o indivíduo concreto participa de vários sistemas sociais, cada um deles correspondendo a um grupo parcial no interior da sociedade. Como sabemos, porém, o indivíduo participa de cada um desses sistemas sociais na qualidade de membro do grupo correspondente. Em outras palavras, seus "papel" no sistema, e não o indivíduo como um todo, é a unidade constituinte de cada sistema social parcial.

Isto nos encaminha à questão de relacionamento dos sistemas social e de personalidade com o cultural.

Lembremos que, para Parsons, toda ação envolve a relação de um ator com um conjunto de objetos numa situação determinada. Daí decorre que o significado dos objetos da ação resulta da significação que eles têm para o ator. Por sua vez, os significados dos vários objetos se inter-relacionam constituindo o "sistema de significação" do ator. Tal sistema de significação, entretanto, não é senão um conjunto de idéias, crenças, valores; ou seja, um conjunto de objetos culturais, "internalizado" na personalidade do indivíduo, da mesma forma que as normas são, como vimos, cultura institucionalizada no sistema social.

Vejamos agora como Parsons concebe a articulação desses três sistemas. Dissemos há pouco que o papel do indivíduo no sistema, e não o indivíduo como um todo, é a unidade de cada sistema social parcial. Do ponto de vista da interação, portanto, cada sistema social enfeixa uma pluralidade de papéis, cada um correspondendo à participação de um indivíduo no sistema.

Do ponto de vista do indivíduo, no entanto, cada papel que ele desempenha aparece antes como um setor de sua personalidade, que enfeixa assim uma pluralidade de papéis correspondentes à participação do indivíduo em diferentes sistemas sociais. Um papel, enquanto setor da personalidade, inclui os comportamentos esperados ou padronizados do indivíduo quando ele participa efetivamente do sistema social correspondente. Mas inclui também os momentos em que o ator não está efetivamente participando daquele sistema social particular; tais momentos correspondem à "fase de latência" do papel.

Um exemplo proposto no Capítulo 1 para ilustrar a questão da múltipla participação do indivíduo nos grupos sociais pode ser recordado neste ponto. Um jogador de futebol desempenha seu papel dentro do sistema social constituído pelo time por meio de uma série de comportamentos padronizados: apresenta-se pontualmente para os treinamentos e concentrações, treina, joga, confraterniza com os companheiros. Voltando para casa, em certo sentido ele deixa de ser jogador para assumir outros papéis: de filho, marido, namorado, etc. Digamos, porém, que ele recusa um convite para sair à noite com os amigos porque precisa estar em forma no dia seguinte. Isso mostra que seu papel de jogador, embora em fase de latência, continua presente como um setor de sua personalidade.

A atividade global do ator se organiza através de seus diferentes papéis. Como parte do sistema de personalidade, cada papel precisa, em primeiro lugar, estar organizado de forma a não entrar em choque com as outras partes do mesmo sistema, ou seja, com os outros papéis. Ao mesmo tempo, a maneira como o indivíduo desempenha um papel precisa se adaptar continuamente às ações dos outros participantes do mesmo sistema social.

A interdependência das ações dos diferentes atores dentro do mesmo sistema social, denominada por Parsons "processo do sistema interativo", requer uma padronização dos significados dos objetos comuns destas ações. Sem isto não há estabilidade possível para o sistema social.

Num jogo de futebol, por exemplo, a interação dos jogadores de um mesmo time, ou de ambos, requer que para todos eles os objetos básicos da situação "jogo" – os próprios jogadores, o campo, a bola, o juiz, os bandeirinhas, a torcida – tenham aproximadamente o mesmo significado. Pense no que aconteceria, como às vezes acontece, se para alguns jogadores o juiz, digamos, deixasse de significar "autoridade imparcial" dentro do campo.

Essa padronização de significados constitui a cultura comum de um sistema social, ou seja, seu sistema de significação.

O mesmo conceito de sistema de significação serve, portanto, para exprimir, não só a tradução do sistema cultural para o sistema de personalidade através da internalização dos objetos culturais, como também a tradução do sistema cultural para o sistema social através da institucionalização dos mesmos objetos.

Este dado é de grande importância para Parsons. Na medida em que os sistemas de personalidade e social são realidades distintas, raciocina ele, estão sujeitos a complexos diferentes de exigências adaptativas e integrativas. Sua interdependência deve, pois, supor certa coação, que resulta justamente da presença, nos dois, de uma cultura comum, entendida como sistema comum de significação.

Um último ponto deve ser destacado dentro desse tópico. Se, por um lado, Parsons acentua a importância da consideração do sistema de personalidade para a ação concreta, por outro lado ele se preocupa em sublinhar a irredutibilidade do sistema de personalidade em relação ao sistema social. Do ponto de vista do indivíduo, seu organismo é antes de tudo fonte de energia para a ação, e como tal não pode ser repartido com ninguém. Além disso, o organismo é um instrumento único da ação enquanto sujeito, e alvo único das reações dos outros atores, enquanto objeto. Tal unidade não pode ser em absoluto diluída pela participação no sistema social.

Mas não é só do ponto de vista do indivíduo que Parsons demonstra a irredutibilidade entre sistema de personalidade e sistema social. Esta também ressalta da consideração do próprio papel do ator no sistema social.

Em primeiro lugar, é impossível encontrar dois atores exatamente com o mesmo papel num sistema social, diz Parsons, já que o papel de cada um faz parte de um sistema de personalidade diferente. Isso só seria possível se, imaginariamente, dois sistemas de personalidade idênticos participassem de um sistema social perfeitamente simétrico. Um exemplo aproximado dessa situação-limite seria o de dois irmãos gêmeos idênticos criados nas mesmas condições e desempenhando papéis semelhantes no sistema social constituído pela família.

Outra fonte da irredutibilidade é o fato de a sociedade constituir uma rede complexa de subsistemas, onde cada indivíduo participa de uma combinação específica de subsistemas. Assim, dois funcionários que exercem funções semelhantes num escritório provavelmente se diferenciarão pelo time de sua preferência, o partido político, a religião.

As duas últimas fontes citadas da irredutibilidade entre sistema de personalidade e sistema social, consideradas em conjunto, chama atenção para uma terceira: no decorrer de sua história de vida, os indivíduos costumam revelar acentuadas diferenças no que diz respeito à capacidade de participação num número maior ou menor de sistemas sociais.

Hierarquia dos Sistemas

Segundo Parsons, a interdependência dos diferentes sistemas da ação social – o da personalidade, o cultural e o social em sentido estrito – não é "horizontal", como se os três se equivalessem. Pelo contrário, trata-se de uma interdependência hierarquizada em função do nível de "informação" e do nível de "energia" de cada um deles. Um sistema é mais alto na escala hierárquica quanto mais rico for em informação, e mais baixo quanto mais rico for em energia.

Segundo esse critério, o posto mais alto na hierarquia cabe ao sistema cultural. Ele é composto exclusivamente de elementos simbólicos – idéias, crenças, valores, etc. – de modo que conduz e controla a ação exclusivamente por meio da informação.

No extremo oposto da escala, ou seja, no lugar mais baixo, encontra-se o sistema de personalidade. Além do teor de informação representado pelo sistema de significação individual, que como vimos é cultura internalizada, o sistema de personalidade inclui toda a energia que constitui a motivação, o impulso básico da ação.

Decorre da hierarquia que os sistemas mais elevados controlam os inferiores. Desse modo, o sistema cultural controla o social, que por sua vez controla o de personalidade. Daí conclui Parsons que, além de hierarquizada, a interdependência entre os sistemas é também organizada. Tal organização se dá justamente pela justaposição sucessiva dos sistemas de controle da ação.

– ESTRUTURA DO SISTEMA SOCIAL.

Fiel ao modelo estrutural-funcionalista em que se inspira, Parsons, ao se aprofundar na conceituação de sistema social, apela para os conceitos de estrutura e função. Em seu pensamento tais conceitos assumem, no entanto, um significado muito peculiar.

Para Parsons, a estrutura dos sistemas sociais concretos liga-se intimamente ao sistema cultural. Para ele, com efeito, a estrutura dos sistemas sociais define-se, em termos gerais, como "modelos institucionalizados de cultura normativa". Em outras palavras, a estrutura dos sistemas sociais resulta do processo de institucionalização dos objetos culturais, tal como descrevemos acima.

Consistindo em modelos institucionalizados, a estrutura é, conseqüentemente, relativamente estável. Nas palavras de Parsons, os modelos institucionalizados que constituem a estrutura são os componentes do sistema social que "podem ser considerados como independentes das flutuações de fraca amplitude e de curta duração, que resultam das relações do sistema com seu meio externo.

Componentes Estruturais

Parsons distingue quatro tipos de componentes dos sistemas sociais que são suficientemente estáveis para ser considerados componentes estruturais:

1º os *papéis*, ou seja, a ação desenvolvida pelo ator em correspondência a um setor de sua personalidade, pelo qual ele participa de um sistema social;

2º as *coletividades*, que se constituem pela institucionalização de determinados objetos culturais, como a família, o clube, o partido político, a empresa, a igreja, etc.;

3º as *normas*, que são os modelos mais gerais de ação institucionalizada;

4º os *valores*, que determinam os objetivos para o sistema social em seu conjunto.

Como se pode perceber, o primeiro componente estrutural diz respeito à integração dos vários indivíduos ou atores nos sistemas sociais; o segundo, à integração dos diferentes sistemas da ação – de personalidade, cultural e social em sentido estrito – em sistemas sociais concretos; e os dois últimos à integração do sistema social global, ou seja, da sociedade como um todo. Nos quatro casos, trata-se da internalização ou da institucionalização de objetos culturais. Sendo assim, os componentes estruturais representam canais por meio dos quais a cultura controla a ação concreta.

Hierarquia dos Componentes

Tal como faz com os sistemas da ação, Parsons também hierarquiza os componentes estruturais do sistema social segundo seu maior ou menor teor de informação ou energia.

Os papéis e as coletividades, como envolvem diretamente a motivação individual, são considerados pelo autor mais ricos em energia. Por isso, são colocados mais abaixo na hierarquia dos componentes estruturais. Os outros dois componentes, as normas e os valores, situam-se na fronteira entre o sistema cultural e o sistema social. São por isso mais ricos em informação, o que os coloca mais acima na escala hierárquica e no controle dos dois primeiros componentes.

– FUNÇÃO E SISTEMA SOCIAL.

Parsons define as funções no sistema social como "modos sistematicamente ordenados de ajustamento do sistema, nas relações em transformação contínua, que existem entre modelos institucionalizados da estrutura do sistema e propriedades de sistemas exteriores circundantes".

Por "sistemas exteriores circundantes" Parsons entende, nesse contexto, o sistema cultural e o sistema de personalidade. Seu conceito de função implica, por um lado, que esses dois sistemas são independentes entre si e em relação ao sistema social, possuindo cada um sua dinâmica própria. Mas implica também, por outro lado, que sistema de personalidade, sistema cultural e sistema social são realidades interdependentes, de modo que qualquer mudança numa delas afeta as outras.

Para o equilíbrio do sistema social concreto, é necessária uma constante adaptação da estrutura do sistema social a mudanças que ocorrem nos sistemas cultural e de personalidade. Os modos organizados pelos quais se dá tal adaptação são as funções.

Imperativos Funcionais

Para Parsons, os sistemas sociais enfrentam quatro problemas fundamentais de ajustamento, aos quais ele dá o nome de "imperativos funcionais". A cada imperativo funcional corresponde uma função, ou seja, um modo organizado pelo qual o problema de ajustamento é resolvido:

1º. *função de estabilidade normativa,* pela qual o sistema social assegura que seus valores sejam conhecidos por todos os atores e que estes sejam motivados a aceitá-los e a submeter-se a eles;

2º. *função de integração,* pela qual o sistema social assegura a coordenação entre suas unidades ou partes;

3º. *função de prosseguimento de fins,* pela qual o sistema social define e atinge seus objetivos gerais e os objetivos das unidades que o constituem;

4º. *função de adaptação,* pela qual o sistema social assegura a utilização dos meios necessários ao prosseguimento dos seus fins.

Hierarquia das Funções

Também as funções são hierarquizadas segundo o critério do nível de informação e energia. As funções de estabilidade normativa e de integração, mais diretamente ligadas ao sistema cultural, ocupam os lugares mais altos na hierarquia. As funções de prosseguimento de fins e de adaptação, mais diretamente ligadas aos objetos sociais e físicos da ação, ocupam os lugares mais baixos.

Existe, além disso, uma correspondência termo a termo entre a hierarquia das funções e a hierarquia dos componentes estruturais: os valores correspondem à função de estabilidade normativa; as normas, à função de integração; as coletividades, à função de prosseguimento de fins; e os papéis à função de adaptação.

HIERARQUIA DOS COMPONENTES ESTRUTURAIS E DAS FUNÇÕES		
	Componentes estruturais	*Funções*
+ informação	Valores	Estabilidade normativa
	Normas	Integração
	Coletividades	Prosseguimento de fins
+ energia	Papéis	Adaptação

– DIFERENCIAÇÃO E TRANSFORMAÇÃO SOCIAL.

Apesar da solidez que a correspondência entre componentes estruturais e funções dá à estrutura dos sistemas sociais, estes não são vistos por Parsons como realidades estáticas. Para ele, as mudanças dos sistemas sociais podem ser analisadas de dois pontos de vista:

1º na perspectiva *evolucionista;*

2º na perspectiva da *transformação social* propriamente dita.

Perspectiva Evolucionista

Desse ponto de vista, a constatação básica de Parsons é que, quanto mais "avançada" for uma sociedade, tanto maior será sua diferenciação estrutural e funcional. Em outras palavras, as sociedades mais avançadas são mais complexas.

Por exemplo, na sociedade européia medieval a Igreja Católica, além de coletividade religiosa, era também uma força política e econômica. Desempenhava pois, ao mesmo tempo, funções de integração, prosseguimento de fins e adaptação, além de contribuir decisivamente para a estabilidade normativa do sistema social global. Com a evolução histórica, a estrutura da sociedade européia tornou-se mais diferenciada estrutural e funcionalmente. Hoje a Igreja Católica, apesar de ainda deter alguma força política e econômica, é antes de tudo uma simples coletividade religiosa. Diversas funções que ela desempenhava na Idade Média são desempenhadas agora por outras coletividades.

Perspectiva da Transformação Social

Desse ponto de vista, o ponto de partida da abordagem de Parsons é o conceito de equilíbrio. Como já vimos, a ênfase neste aspecto da vida social tem valido muitas críticas ao estrutural-funcionalismo em geral e a Parsons em particular. Uma valorização excessiva do equilíbrio, em detrimento do conflito social, afirmam os críticos, tende a transformar a Sociologia de ciência em mera ideologia justificadora do *status quo*.

Mas para Parsons, ao menos em princípio, o recurso à idéia de equilíbrio é um simples procedimento metodológico sem maiores implicações práticas.

Suponha-se por hipótese, raciocina Parsons, que os componentes estruturais do sistema social se apresentam estáveis num dado período de tempo. Essa estabilidade, que garante a estabilidade da estrutura do sistema como um todo, constitui teoricamente o ponto de equilíbrio que o sistema buscará manter diante de perturbações que possam surgir, quer em seu interior, quer na relação com os outros sistemas da ação. Em qualquer hipótese, uma vez surgida uma perturbação, ela acarretará algum tipo de mudança no sistema social, mesmo que a mudança não afete a totalidade da sua estrutura.

A noção de equilíbrio serve, portanto, de caminho para a abordagem da mudança ou transformação social. A partir dela Parsons distingue dois tipos de transformação:

1º *transformação de equilíbrio*, aquela em que o rompimento e a recuperação do equilíbrio têm lugar sem que se verifiquem mudanças na estrutura do sistema social;

2º *transformação de estrutura*, aquela em que uma pressão extremamente forte, do interior ou do exterior do sistema social, afeta-o em seu conjunto.

Existem três diferenças básicas entre esses dois tipos de transformação.

A primeira diferença está no nível de acumulação de tensões. A transformação de estrutura ocorre quando o acúmulo de tensões no interior do sistema social é de tal ordem que só ela pode reduzir as tensões. Na transformação de equilíbrio, por não haver um acúmulo tão grande, as tensões que surgem são dissolvidas por meio de ajustes diversos.

A segunda diferença está na amplitude das transformações. A transformação de equilíbrio só afeta unidades do sistema social, enquanto a transformação de estrutura afeta a natureza global do sistema.

A história do sistema social constituído pelo Império Colonial português ilustra essa diferença. Do século XVI ao século XX, tal sistema preservou sua identidade básica atravessando várias mudanças de equilíbrio. Depois de uma fase de expansão relativamente curta, o sistema foi pouco a pouco se retraindo à medida que Portugal decaía como potência mundial. O Brasil, colônia mais importante, passou no começo do século à condição de vice-reino, reino unido, e finalmente se desligou da metrópole. Os territórios africanos foram elevados de colônias a províncias ultramarinas de Portugal. Na própria metrópole, a monarquia absoluta deu lugar à monarquia constitucional, e posteriormente à República e ao regime corporativista de Salazar.

Essa longa série de transformações não impediu que, até meados da década de 1970, o sistema colonial mantivesse sua identidade básica. Esta só foi definitivamente rompida com a queda do regime salazarista e a emancipação dos territórios africanos. Seguiram-se transformações de estrutura tanto em Portugal como nas antigas colônias recém-emancipadas.

Este exemplo, embora esclarecedor, não nos deve levar a imaginar que para Parsons toda transformação de estrutura deva ser assim tão abrupta e acentuada.

Uma última diferença entre os dois tipos de transformação está no nível hierárquico dos componentes estruturais envolvidos. A transformação de estrutura supõe sempre mudanças dos valores, que respondem pela função de estabilidade normativa e ocupam o lugar mais alto na hierarquia dos controles da ação social. Isto não ocorre com a transformação de equilíbrio. Por outro lado, para que se verifique uma transformação de estrutura, é preciso que ao menos uma parte dos membros do sistema social envolvido internalize os novos valores para que eles se institucionalizem e resultem em nova estrutura.

Resistência à Transformação

Pelo que acabamos de ver, os valores, com a correspondente função de estabilidade normativa, são de importância decisiva para a concepção de transformação social em Parsons. Mudando os valores, verificam-se transformações de estrutura no sistema social.

Por outro lado, a função de estabilidade normativa pode ser tão forte num sistema social a ponto de impedir qualquer transformação de estrutura, mesmo quando o sistema está submetido a tensões excepcionais. Quando isto ocorre, é comum desenvolverem-se subsistemas paralelos que, de maneira mais ou menos ordenada, contestarão pela força a manutenção da estrutura do sistema. Na concepção de Parsons, tais subsistemas podem ser das mais diversas naturezas, desde partidos revolucionários até bandos de criminosos.

5. O Sistema Cultural: Valores e Normas.

Vimos que os três diferentes sistemas da ação social analiticamente discerníveis – sistema de personalidade, sistema social e sistema cultural, – embora interdependentes, possuem dinâmica própria que permite sejam estudados separadamente. Na parte anterior deste capítulo discutimos o inter-relacionamento dos três sistemas, tomando por eixo o conceito de sistema social. Cabe agora discutir em separado alguns aspectos do sistema cultural enquanto dimensão analítica dos sistemas sociais concretos.

Os objetos que compõem o sistema cultural são genericamente denominados "valores", enquanto que as "normas" correspondem à sua tradução para o plano do sistema social em sentido estrito. Valores e normas são, portanto, os apectos básicos do sistema cultural.

– VALORES CULTURAIS.

Relembrando: para Parsons, toda ação implica uma relação entre o ator e os objetos da situação em que se encontra. Nessa relação, o significado dos objetos da situação é o seu significado para o ator.

Como qualquer objeto da ação, também os objetos culturais têm um significado que lhes é atribuído pelo ator. O significado da cruz, enquanto objeto religioso, é o significado que lhe atribuem os cristãos. O significado das moedas e notas, enquanto meio de pagamento, é o significado que lhes atribuem compradores e vendedores.

Daí decorre que não se pode estudar um objeto cultural, mesmo que ele seja fisicamente palpável, da mesma maneira que se estuda os objetos físicos, como uma pedra ou uma árvore. Um objeto cultural não existe independentemente do ser humano. Se tentássemos estudá-lo assim, nunca chegaríamos a compreender seu papel nos sistemas da ação. Esse papel não depende basicamente das características físicas do objeto, mas das características que adquiriu para os atores através da experiência dos próprios atores, enquanto existiu como objeto cultural.

Os sociólogos e antropólogos podem apreender as características culturais de um objeto de duas maneiras, que são complementares:

1º pela interpretação daquilo que as pessoas comunicam a respeito das suas experiências, direta ou indiretamente, por meio do objeto;

2º pela observação do comportamento manifesto das pessoas em relação ao objeto.

Por ter um significado determinado para o ator, o objeto cultural é capaz de influenciar seu comportamento. Devido a essa influência que exercem sobre a ação humana, os objetos culturais são denominados "valores", em oposição aos objetos naturais, chamados "coisas".

As coisas têm apenas "conteúdo" e é pelo conteúdo que se distinguem umas das outras. Um valor também tem conteúdo, na medida em que é um objeto físico. Mas além do conteúdo tem também "significado", que é a capacidade de sugerir ou representar para o ator outros objetos aos quais foi associado no passado. Por exemplo, o conteúdo da cruz são duas hastes cruzadas, que podem ser de madeira, metal ou outros materiais. Para os cristãos, no entanto, a visão da cruz sugere outros objetos ou acontecimentos: o suplício de Jesus Cristo, a salvação da humanidade. Este é o seu significado.

Essa distinção não deve ser encarada como se o conteúdo correspondesse às características fixas e objetivas do objeto, e o significado às características subjetivas e que variam de pessoa para pessoa. Se um significado pode ser compartilhado por uma pluralidade de pessoas – se para todos os cristãos a cruz, por exemplo, quer dizer a mesma coisa – então o significado é uma característica igualmente objetiva do objeto.

O fato de que a compreensão de um significado exige preparo ou aprendizagem não o torna menos objetivo que o conteúdo do objeto. Também a reprodução de uma percepção sensorial, considerada como conteúdo, exige treinamento prévio. E se considerarmos a questão do ponto de vista do desenvolvimento psíquico do ser humano, a percepção dos significados deve ser considerada como anterior à percepção dos conteúdos. Para a criança, de fato, todo objeto "quer dizer" algo em termos de experiência humana. Só muito mais tarde alguns seres humanos aprendem a tratar certos objetos, em certos momentos, como se fossem destituídos de significado – como por exemplo o cientista interessado nas propriedades puramente físicas da matéria.

Um último ponto distingue o valor da simples coisa: quando considerado em relação a outros valores de um mesmo sistema cultural particular, um valor pode ser considerado positivo ou negativo.

Essa característica é denominada "significação axiológica". O significado axiológico de um valor é positivo quando ele é considerado desejável ou útil dentro de determinado sistema; será negativo, quando for considerado indesejável ou prejudicial. A cruz tem um significado axiológico positivo para os cristãos e negativo para os judeus, que a vêem como simples instrumento de suplício.

– NORMAS E AÇÃO.

Na teoria de Parsons as normas estabelecem a ponte entre sistema cultural e sistema social em sentido estrito, ou seja, entre os valores, cujo significado é sempre geral, e a ação efetiva.

No Capítulo 1 expusemos algumas características básicas das normas sociais, e na terceira parte deste capítulo tornamos a falar delas para sublinhar-lhes o papel de "estruturadoras" da vida social. Parsons, como vimos, retoma essa idéia, definindo as normas como um tipo de componente estrutural dos sistemas sociais.

A fonte desse ponto de vista é na verdade Durkheim. Para ele a ação humana é social na medida em que obedece a maneiras coletivas de agir, pensar e sentir, as quais são exteriores às pessoas e têm um poder de coerção sobre sua conduta.

As maneiras coletivas de agir, pensar e sentir exercem coerção sobre nossa conduta porque se apresentam a nós como normas que exigem a nossa adesão ou obediência. Basta examinar nossa atividade cotidiana para vermos que, mesmo inconscientemente, nos deixamos guiar por uma multiplicidade de regras de etiqueta, imperativos morais, leis, regulamentos – enfim, normas de todo tipo.

Enquanto nossa conduta deve tanto a essas normas, que a conformam, as próprias normas devem muito pouco à nossa conduta. Geralmente nós as encontramos prontas quando nascemos. Nós mesmos, individualmente, criamos pouquíssimas normas originais. Durkheim parece ter razão, portanto, quando afirma que as maneiras coletivas de agir, pensar e sentir são exteriores (bem como anteriores, muitas vezes) a nós. Ao indivíduo elas aparecem como se emanassem diretamente da sociedade. Daí o seu poder de coerção.

Coerção é, no entanto, uma palavra que o próprio Durkheim usava com ressalvas devido à sua conotação despótica. Parsons, assim como outros sociólogos contemporâneos, prefere falar de "orientação normativa da ação". Com isso, procura sublinhar que as normas não conduzem a ação individual somente "de fora", mas também "de dentro", na medida em que são internalizadas pelo ator. Durkheim já deixava isto implícito ao referir-se a maneiras coletivas de pensar e sentir, juntamente com as de agir.

– NORMA, COERÇÃO E LIBERDADE.

O fato de a Sociologia contemporânea preferir a neutralidade da expressão "orientação normativa da ação", em vez de falar no poder de coerção das normas, não basta para afastar um problema sério: o da relação entre normas sociais e liberdade humana.

Com efeito, toda norma é uma regra geral de ação que pode exprimir-se, quer como uma negativa ou proibição, quer como um mandato positivo: "não faça isto", ou então, "faça aquilo". Em ambos os casos, sua essência pode ser entendida como uma limitação da liberdade do ator. A proibição é o fechamento de um caminho que deixa todos os outros abertos. O mandato positivo é o fechamento de todos os caminhos, com exceção de um; assim, representa uma proibição ampliada.

Cabe notar, todavia, que nem todos os mandatos ou proibições são normas, mesmo que se dirijam a muitas pessoas. Quando se pede silêncio a um auditório, isto não quer dizer que jamais se deva falar no auditório. Fazer silêncio em auditório, em termos gerais, não é norma. É norma apenas, no caso, e em termos gerais, fazer silêncio no auditório enquanto o conferencista está falando.

Assim, a generalidade é uma característica das normas, que as distingue de outras formas de mandato ou proibição.

Também pode haver normas que não são normas sociais. O que caracteriza as normas sociais é que as pessoas para as quais elas devem ser válidas são as mesmas que as estabelecem e desejam, direta ou indiretamente. Diretamente, quando de antemão as pessoas se põem de acordo para aceitar as normas. Indiretamente, quando lhes reconhecem a validade e aplicam as normas estabelecidas por outros.

Mandar e proibir são atos freqüentes nas manifestações da vida social. Devemos considerá-los, em primeiro lugar, como atos exercidos por um homem em relação a outro, o que é absolutamente corriqueiro na vida de qualquer um de nós. Nesse sentido uma pessoa pode tentar, pelo mandato ou proibição, limitar a liberdade de outra.

Mas o mandato e a proibição não são, naturalmente, as únicas formas de fazer isto. Existem também o pedido, o conselho, a exortação, a advertência, o convite, a doutrinação, a persuasão, a recomendação, a incitação, a sedução, o suborno e outras ações, representadas por palavras ou gestos, cujo resultado possível é limitar a liberdade de outra pessoa. A mera expectativa em relação aos bons ou maus resultados de uma ação determinada, pode induzir o ator à obediência, à limitação da sua liberdade.

O que caracteriza os atos de mandar e proibir em relação a estas outras formas é que eles são "tentativas de necessidade", segundo a expressão de Ferdinand Tönnies. Isto quer dizer que seu propósito é obter da pessoa mandada ou proibida o sentido expresso pela frase: "Eu devo".

Ao contrário, as outras tentativas de limitação da liberdade não chegam a excluir a possibilidade de as pessoas agirem conforme seus próprios impulsos. Só no mandato e na proibição está presente o desejo de afastar qualquer possibilidade de que a ação se faça de forma diferente da indicada.

Mas isso não quer dizer que o mandato ou proibição sejam tentativas de submeter uma pessoa ao *arbítrio* de outras. O sentimento de dever que eles buscam despertar não se traduz necessariamente por: "Eu devo obedecer este indivíduo em quaisquer circunstâncias". O sentimento suscitado tende a ser antes: "Eu devo obedecer esta ordem porque ela corresponde à ação mais certa nesta situação".

A obediência às normas não significa, pois, necessariamente, privação da liberdade.

Com efeito, é preciso observar que alguém só pode dar um direito a outra pessoa se antes já possuía esse direito. Conseqüentemente, só posso permitir que outra pessoa queira de mim uma ação "certa" se antes eu mesmo tiver a faculdade de escolher tal ação. Por outro lado, o homem, como ser racional, é senhor de suas ações. Sendo assim, ele pode dar ordens a si próprio. Ora, dar ordens é um querer racional, e a liberdade da vontade é um direito a querer.

Nesse sentido, quem dá a outros o direito de lhe dar ordens, como quem obedece às normas sociais, está querendo de antemão o que lhe é ordenado. Antes de dizer "Eu devo", a pessoa que obedece diz "Eu quero", o que exprime a consciência do dever. Quando uma norma deixa de despertar essa consciência num número cada vez maior de pessoas, tende por isso mesmo a perder validade. Em outras palavras, deixa de ser obedecida.

6. Sistema Social e Papéis Sociais.

Examinemos, para terminar, alguns aspectos ainda não abordados a respeito do significado dos papéis como unidade dos sistemas sociais.

Já sabemos que os papéis são cursos padronizados de ação ligados ao sistema de personalidade, pelo qual este se articula com o sistema social e se integra nos sistemas de ação concretos. Nessa medida, para fins de análise, a unidade das estruturas sociais não é a pessoa, mas o papel.

Na realidade, o papel é constituído pelas normas que orientam a ação do indivíduo enquanto participante de um sistema social.

As diferenças de funções, quer entre pessoas, quer entre grupos, existem em praticamente todas as coletividades, por menores que sejam. Num simples grupo de amigos pode haver aquele que se comporta como chefe, outro que assume o papel de "eminência parda", outro ainda que é o crítico, etc. A cada uma dessas funções corresponde uma forma de conduta particular, que faz parte das expectativas dos outros membros do grupo.

Daí se pode concluir que, além das normas que são válidas para todos os participantes de um sistema social, há outras que só valem para determinados membros enquanto eles têm funções específicas no grupo. A estas normas específicas dá-se o nome de "papéis sociais".

— PAPÉIS E PERSONALIDADE.

Para Parsons, como vimos, a maneira de desempenhar um papel está indissoluvelmente ligada à estrutura de personalidade do ator.

Isso quer dizer que um papel pode ser executado de tantas maneiras quantas forem as pessoas que o executem. Em outras palavras, há tantas maneiras de agir como chefe quantos chefes existam. Além disso, grande número de papéis não são constituídos por normas minuciosamente regulamentadas, o que amplia as alternativas para o seu desempenho.

Ao mesmo tempo, há uma estreita interdependência entre a estrutura da personalidade e a soma dos papéis desempenhados pelo indivíduo. As sanções e expectativas originadas por cada papel podem exercer pressões sobre o indivíduo, com repercussões importantes sobre outros componentes de sua personalidade. Tais repercussões podem, por sua vez, acarretar várias conseqüências sociais, como o aparecimento de mecanismos de controle ou impulsos que levem à mudança social.

Exemplos de Papéis

A família costuma ser citada como exemplo, toda vez que se discute papéis sociais.

Embora as tarefas cumpridas pelo pai e pela mãe não sejam exatamente as mesmas em todas as sociedades e classes sociais, numa determinada sociedade ou classe pais e mães cumprem, em geral, as mesmas tarefas básicas. Assim, na família brasileira tradicional cabe em primeiro lugar ao pai a tarefa de sustentar a família. À mãe cabe a tarefa de administrar a casa. Entre os filhos, também há papéis diferenciados. O mais velho goza de certos direitos, ao mesmo tempo que assume certas responsabilidades, sobretudo quando a família é numerosa. Os privilégios do caçula também são comuns. Por outro lado, o sexo da criança contribui desde cedo para definir-lhe o papel na família, o que se expressa no tipo de roupa usada pelo bebê, nos brinquedos que lhe são dados, etc., sempre com a preocupação de diferenciar os meninos das meninas.

O papel que um ator, no sentido comum de artista e não de ator social, desempenha no palco não é propriamente um exemplo, mas uma boa analogia. Na verdade o próprio termo "ator", aplicado ao indivíduo que age socialmente, decorre de uma analogia entre papel social e papel teatral. Weber utilizou inicialmente esta analogia, e Parsons adotou-a.

Assim como o ator teatral com seu papel numa peça, cada indivíduo, no desempenho de um papel social, busca "se pôr na pele" de um personagem, que pode ser o de pai, mãe, chefe, etc. Como o ator no teatro, cada ator social tem certa margem de liberdade para desempenhar seus papéis de maneira pessoal, com o "estilo" próprio correspondente à sua personalidade. Mas essa liberdade só pode ser exercida dentro de limites, que são dados pelas normas que regulem o papel e por sua interdependência em relação aos demais papéis da mesma coletividade.

Também no teatro a forma pessoal de representação do ator é limitada pela orientação que o autor deu ao personagem, pela concepção que o diretor desenvolveu do espetáculo que está sendo montado, e por vários outros fatores, incluindo o desempenho dos demais personagens da peça.

Em certas montagens teatrais, um mesmo ator desempenha vários papéis. É isto normalmente o que acontece na sociedade. Um mesmo ator social pode ser, por exemplo, pai de família, funcionário público, sócio de um clube, membro de uma igreja, etc. Cada um desses papéis o obriga a vestir um personagem, adotando comportamentos diferenciados em casa, na repartição, no clube, na igreja.

— DIFERENCIAÇÃO E INTEGRAÇÃO DOS PAPÉIS.

Segundo Parsons, os papéis de um sistema social são orientados por "alternativas de valores". É claro que o desempenho de determinado papel envolve normalmente opções individuais, mas dentro de um sistema social os papéis não são escolhidos ao acaso.

Os imperativos funcionais de um sistema social se resumem, para Parsons, "nos problemas de atribuição e integração" de papéis.

Já sabemos que um sistema social enfeixa uma pluralidade de papéis, cada um deles correspondendo a uma função diferenciada. Por isso mesmo, os papéis devem ser complementares.

Por outro lado, como a vida dos indivíduos é limitada e a dos sistemas sociais não, estes, para subsistir, precisam contar com um processo contínuo de substituição dos indivíduos dentro dos papéis. Um problema adicional decorre do fato de que as funções não existem em número ilimitado num sistema social. Daí decorre que a atribuição de funções não pode ser feita por um processo de competição desordenada, já que o resultado seriam grandes frustrações e conflitos.

O equilíbrio do sistema social depende, pois, de uma regulamentação adequada da atribuição e execução de funções, o que por sua vez supõe um sistema eficiente de definição de papéis e de sanções correspondentes, para evitar desvios. Se a diferenciação de funções de um sistema atinge grau muito elevado de complexidade, surgem papéis ou subsistemas de papéis com funções integrativas específicas.

Sanções

A existência de um sistema de sanções é, para Parsons, um requisito para a adequada atribuição e integração dos papéis dentro do sistema social. As sanções são de fato um requisito básico para assegurar a validade das normas que definem os papéis. Não devem ser entendidas, porém, no sentido estrito de castigo. Na realidade elas podem ser positivas ou negativas. Recompensa também é sanção.

Seja como for, o importante é que em toda coletividade a conformidade com as normas pode merecer recompensas, e a não conformidade pode merecer punições. Positivas ou negativas, as sanções podem, de resto, ser classificadas em quatro grupos:

1º *sanções físicas* – Entre as sanções físicas negativas, a mais drástica é obviamente a pena de morte. A prisão e as várias formas de tortura também entram nessa categoria. Mas há sanções mais discretas como a palmada, o beliscão e a mera ameaça, que normalmente se aplicam às crianças. Entre as sanções físicas positivas contam-se as várias formas de proporcionar prazer por meio dos sentidos. O simples afago na cabeça de uma criança que se comportou bem é, neste sentido, uma sanção. Em certos contextos, a própria satisfação sexual pode tornar-se uma espécie de sanção;

2º *sanções econômicas* – Algumas são oficiais, como a multa de trânsito ou a multa por atraso de pagamento de um imposto, em sentido negativo, ou as várias formas de incentivo fiscal, em sentido positivo. Mas a maioria das sanções econômicas é não-convencional: boicote comercial, restrição de crédito, demissão de empregados que têm atividade política ou sindical, etc.;

3º *sanções sobrenaturais* – Podem ser religiosas ou mágicas, na medida em que religião e magia se distinguem realmente. Segundo uma definição corrente, as sanções religiosas dizem respeito às relações do homem com a divindade ou os espíritos, ou ao destino do homem depois da morte. O inferno e o paraíso cristãos são exemplo de sanção religiosa negativa e positiva, nesse sentido. As sanções mágicas consistem na manipulação de um ritual visando prejuízos ou vantagens para uma pessoa ou coletividade;

4º *sanções propriamente sociais* – A expulsão ou afastamento de uma coletividade é a forma mais drástica de sanção social negativa. Existem, porém, formas menos radicais, como a repreensão, e outras bastante sutis, como o silêncio ou o olhar de reprovação. Entre as sanções positivas contam-se formas cerimoniais de aprovação coletiva como a homenagem, a condecoração, etc.

Ao conjunto das sanções positivas e negativas destinadas a garantir a conformidade do comportamento com as normas, e por conseguinte a atribuição harmônica e a integração dos papéis sociais, dá-se o nome de "controle social".

Socialização

Outro fator decisivo da validade das normas é a socialização. "Socialização" é a maneira pela qual os membros de uma coletividade aprendem suas normas, as assimilam e as adotam como regras de sua vida pessoal.

O aprendizado das normas é necessário, como já vimos no Capítulo 1, porque elas, assim como os objetos culturais em geral, não estão inscritas no organismo biológico, ou seja, não são transmitidas por hereditariedade. Cada pessoa, cada geração, precisa assim internalizar as normas da sociedade onde vive por um processo que é ele próprio social.

Ao processo de socialização, que consiste no aprendizado, corresponde a internalização dos objetos culturais. Assim, por meio da socialização, as normas e os valores em que estas se baseiam, além de fazerem parte do sistema cultural, passam a fazer parte do sistema de personalidade.

Pela importância que o conceito de socialização tem na teoria sociológica, voltaremos a discuti-lo mais detidamente no Capítulo 7.

Integração dos Papéis e Consenso Moral

A regulamentação das funções e a atribuição e integração dos papéis supõem, no esquema de Parsons, um processo de seleção de acordo com padrões que correspondem à avaliação de características de objetos individuais e coletivos. Assim, a estrutura de um sistema social pode ser considerada resultado cumulativo de um balanço de muitas seleções individuais, estabilizadas e reforçadas pela institucionalização dos padrões de valores.

Essas definições de comportamento se incorporam à estrutura do sistema social como um de seus componentes fundamentais. Elas constituem um consenso moral geral, que estabelece e delimita direitos e obrigações. Muitas vezes, a diferença de estrutura entre sistemas sociais consiste justamente nos diferentes modos de estabelecer o conteúdo e a extensão desse consenso moral.

É a partir do consenso moral que se originam os padrões e limites que regulamentam a atribuição de funções e papéis. Para essa regulamentação, contribuem também mecanismos institucionais especiais, pelos quais se torna possível chegar a decisões e executá-las.

Nesse sentido, os papéis institucionais ligados ao poder e ao prestígio têm uma importância especial. Tais papéis têm um alto significado quando se trata de distribuir recursos materiais e recompensas. Daí decorre que a distribuição do poder e do prestígio, assim como os mecanismos institucionais que regulam essa distribuição, são fatores decisivos para o equilíbrio do sistema social.

A necessidade de integração de funções e papéis exige, pois, que a atribuição e integração de papéis estejam por sua vez associadas a papéis intimamente correlacionados. Exige também que os mecanismos que regulam a distribuição do poder e do prestígio delimitem suficientemente estas esferas no que elas são inerentes aos papéis de integração e atribuição. Finalmente, exige ainda que as pessoas incumbidas desses papéis se comportem de acordo com o consenso moral da sociedade.

Evidentemente, não há, para Parsons, sistema social perfeitamente integrado. Sempre haverá expectativas que não podem ser satisfeitas por papéis institucionalizados. Sempre haverá normas sociais em conflito com as tendências individuais. Sempre haverá pressões não compensadas por válvulas de segurança. Nos setores não integrados, como estes, é que se localizam as principais fontes de mudança social.

POSSÍVEIS OBJETIVOS DO ESTUDANTE

Depois de completar a leitura deste capítulo e discuti-lo, quando necessário, você deverá ser capaz de:

1. Definir o papel dos modelos de explicação no método científico.
   a) Indicar os principais modelos utilizados na Sociologia desde seus primórdios.
   b) Citar os modelos atualmente mais aceitos pelos sociólogos.
   c) Relacionar a questão da validade dos modelos de explicação sociológica com as restrições que costuma fazer à validade da Sociologia como ciência.
2. Especificar os vários sentidos com que é utilizado o termo "função" em Sociologia.
   a) Definir função de acordo com o modelo biológico de Radcliffe-Brown.
   b) Definir outros conceitos de função propostos por outros funcionalistas.
   c) Discutir as contribuições do funcionalismo para a explicação científica da vida social.
3. Discutir o conceito de estrutura social em Radcliffe-Brown e expor suas limitações.
4. Distinguir estrutura e organização social.
   a) Explicar por que a desorganização não precisa ser considerada um fenômeno "anormal" na vida social.
5. Indicar as contribuições de Weber e Durkheim à teoria dos sistemas.
6. Especificar a importância do conceito de ação para a teoria de Parsons.
7. Distinguir sistema social em sentido estrito de sistema social concreto.
   a) Definir institucionalização.
   b) Definir internalização.
   c) Expor a articulação entre sistema cultural, sistema social e sistema de personalidade.
   d) Expor a hierarquia dos sistemas da ação dentro do sistema social concreto.
8. Citar os componentes estruturais do sistema social e indicar-lhe a hierarquia.
9. Citar os imperativos funcionais do sistema social e hierarquizar as funções correspondentes.
10. Resumir os dois pontos de vista dos quais Parsons enfoca a mudança social.
11. Definir norma social.
    a) Discutir a relação entre a capacidade coercitiva das normas e a liberdade humana.
12. Definir valor cultural, distinguindo objeto cultural e "coisa".
13. Definir papel social.
14. Indicar os requisitos necessários à diferenciação e integração dos papéis sociais.
    a) Definir sanção e controle social.
    b) Definir socialização.

SUGESTÕES PARA LEITURA

Bales, Robert. *Interaction Process Analysis.* Cambridge, Addison-Wesley, 1951.
Trata-se de um caso de aplicação de modelos matemáticos à pesquisa sociológica.

Cohn, Gabriel. *Sociologia: Para Ler os Clássicos.* São Paulo, Livros Técnicos e Científicos, 1977, p. 7–10.
Comenta as contribuições de Weber e de Durkheim à teoria dos sistemas sociais de Talcott Parsons.

Coser, Lewis. *The Function of Social Conflict.* Glencoe, Ill., The Free Press, 1956.
Apresentação e defesa de uma tentativa de síntese do modelo do conflito com o modelo estrutural-funcionalista.

Dahrendorf, Ralf. *Class and Class Conflict in Industrial Society.* Stanford, Stanford University Press, 1959.
Aplicação do modelo de conflito numa pesquisa sociológica, a partir de uma perspectiva basicamente funcional.

Dodd, Stuart. *Dimensions of Society.* New York, Macmillan, 1942.
Um exemplo contemporâneo da adoção de modelos materiais mecânicos de explicação na pesquisa sociológica.

Durkheim, Émile. *De la Division du Travail Social.* 8ª ed., Paris, P.U.F., 1967.
Apresentação de uma teoria semi-evolucionista, que segue o modelo evolucionista de explicação.

Inkeles, Alex. *Que é Sociologia*? São Paulo, Pioneira, 1974, cap.3
Apresentação dos modelos evolucionista, estrutural-funcionalista, de equilíbrio e de conflito, conceituação de modelo e avaliação de sua utilidade na pesquisa sociológica.

Johnson, Harry M. *Introdução Sistemática ao Estudo da Sociologia.* Rio de Janeiro, Lidador, 1967, p. 65–67 e 99–104.
Demonstra a possibilidade de determinar os valores e normas dominantes numa sociedade usando como critério os subsistemas funcionais.

Lundberg, George. *Foundations of Sociology.* New York, Macmillan, 1939.
Outro exemplo contemporâneo de utilização de modelos materiais mecânicos de explicação em Sociologia.

Malinowski, Bronislaw. *A Scientific Theory of Culture.* Chapel Hill, University of North Carolina Press, 1944.
Apresentação do funcionalismo absoluto.

Merton, Robert K. *Social Theory and Social Structure.* Cap. 1. Glencoe (Illinois), The Free Press, 1949.
Apresentação do funcionalismo relativo.

Parsons, Talcott. Os componentes dos sistemas sociais. *In*: *Homem e Sociedade,* org. por Fernando Henrique Cardoso e Octavio Ianni. São Paulo, Companhia Editora Nacional, 1966, p. 56–59
Fala da ação como base de referência para a conceituação de sistema social e conclui afirmando que o sistema social é apenas uma das três dimensões dos sistemas sociais de ação concretos.

Parsons, Talcott. O conceito de sistema social. *In*: *Homem e Sociedade,* cit., p. 47–55.
Partindo da análise das relações entre Psicologia e Sociologia, Parsons desenvolve os conceitos de sistema social, sistema cultural e sistema de personalidade.

Parsons, Talcott. Papel e sistema social. *In*: *Homem e Sociedade,* cit., p. 63–68.
Depois de mostrar que os papéis são a unidade do sistema social, Parsons analisa os processos de diferenciação e integração dos sistemas sociais.

Radcliffe-Brown, Alfred R. *Estrutura e Função na Sociedade Primitiva.* Petrópolis, Vozes, 1973.
O autor apresenta seu modelo biológico de explicação da sociedade.

Rex, John. *Problemas Fundamentais da Teoria Sociológica.* Rio de Janeiro, Zahar Editores, 1973, Cap. 4.
Apresentação do modelo biológico de Radcliffe-Brown, de outros conceitos de função propostos por sociólogos funcionalistas, e avaliação geral do funcionalismo.

Rocher, Guy. *Sociologia Geral 1.* Lisboa, Editorial Presença, 1977 p. 69–99.
Define norma, coerção e orientação normativa da ação; analisa a estrutura normativa da ação; define padrão cultural, papel, sanção, controle social e socialização.

Rocher, Guy. *Sociologia Geral 3.* Lisboa, Editorial Presença, 1977 p. 8–46, 114–130, 138–146 e 192–194.
O primeiro texto é dedicado à apresentação da teoria de Talcott Parsons. O segundo demonstra a necessidade da utilização de modelos de explicação e os distingue em materiais e formais. O terceiro apresenta os vários sentidos da palavra "função" em Sociologia. O quarto expõe o conceito de estrutura como manifestação de uma intenção globalizante.

Simon, Herbert A. *Models of Man: Social and Rational.* New York, Willey, 1957.
Defende a utilização de modelos matemáticos na Sociologia e analisa suas possibilidades e perspectivas.

Sorokim, Pitirim A. *Social and Cultural Dynamics.* Boston, Sargent, 1957.
Apresentação de uma teoria cíclica que se filia ao modelo evolucionista de explicação sociológica.

Tönnies, Ferdinand. Normas sociais: características gerais. *In*: *Homem e Sociedade,* cit., p. 92–97.
Análise do conceito de norma social, coerção, e discussão das relações entre dever e liberdade.

White, Leslie. *The Science of Culture.* New York, Farrar, Strauss, 1949.
Apresentação de uma teoria universal da evolução, filiada, portanto, ao modelo evolucionista de explicação sociológica.

Willems, Emílio. *Antropologia Social,* São Paulo, Difusão Européia do Livro, 1962, p. 25–31.
Analisa a distinção entre organização social e estrutura social e explica por que desordem e desorganização sociais devem ser considerados fenômenos normais.

Znaniecki, Florian. A Noção de Valor Cultural. *In*: *Homem e Sociedade,* cit., p. 88–91.
Exposição do conceito de valor.

Boudon, Raymond. Remarques sur la notion de fonction. *Revue Française de Sociologie,* VIII, 1967, p. 198–206.
Análise dos três funcionalismos: o absoluto (Malinowski), o relativo (Merton) e o estrutural-funcionalismo (Parsons).

Fotografia ABRIL PRESS / Carlos Namba

capítulo 5

A Diferenciação Social: Estrutura de Classes e Estratificação Social

Plano do capítulo

1. DESIGUALDADE SOCIAL
   - *Características Básicas da Desigualdade*
     Caráter Social
     A Onipresença da Desigualdade
     Diversidade de Formas e Graus
     Influência da Desigualdade
   - *Desigualdade e Conceitos de Classe*
     Crítica a Ossowski

2. AS CLASSES SOCIAIS
   - *Classe Social como Categoria Histórica*
   - *O Modelo Abstrato de Dominação de Classe*
     Dominação Econômica e Dominação Política
     Classes e Sistema de Classes
     Conflito de Classes e Transformação Social
   - *Modelo Abstrato e Formas Históricas de Sociedade*

3. A ESTRATIFICAÇÃO SOCIAL
   - *Classe, Status e Partido*
     Classes e Pluralismo
     Classe e *Status*
     Poder e Partido
   - *Conceito de Estratificação*
     A Estratificação e Seus Critérios
     Critérios Objetivos de Estratificação
     Unidade da Estratificação

4. ESTRUTURA DE CLASSES E ESTRATIFICAÇÃO SOCIAL EM CONFRONTO
   - *Marx e Weber*
     Estado, Sociedade e Burocracia
     Classes, *Status* e Consciência
     O que Classe não É
   - *Classes e Estratificação*

5. CLASSES SOCIAIS, ESTAMENTOS E CASTAS
   - *Estamentos*
     Feudalismo
     Capitalismo
   - *Castas*
   - *Raças e Minorias*
     Raça
     Minoria

Dentro do seu objetivo geral de explicar a ordem e a desordem social, a Sociologia não poderia deixar de se interessar pelo fenômeno básico que é a diferenciação entre indivíduos e grupos no interior da sociedade.

Na verdade, se entendermos a palavra "diferenciação" num sentido suficientemente amplo, toda teoria sociológica trata, direta ou indiretamente, da diferenciação social. Por exemplo, Tönnies e Weber, por meio de sua tipologia comunidade/sociedade, não fazem mais que estabelecer um critério de diferenciação dos grupos sociais segundo o conteúdo subjetivo das ações humanas que neles se desenrolam. Parsons, assim como seus antecessores da "escola" estrutural-funcionalista, concebe os requisitos gerais da estabilidade social a partir da diferenciação e integração das múltiplas funções – com os papéis correspondentes – no interior dos sistemas sociais.

Os indivíduos e os grupos se diferenciam segundo a natureza de suas atividades e o papel que desempenham na atividade geral da sociedade. Assim, entendida em sentido amplo, diferenciação social é quase sinônimo de vida social organizada.

Não é nesse sentido que discutiremos aqui a diferenciação social, mas no sentido restrito em que diferenciação supõe desigualdade. Para ser mais exato, aquele tipo de desigualdade que estamos habituados a perceber entre quem está "por cima" e quem está "por baixo" numa hierarquia social qualquer. Assim, tanto entre padeiro e carpinteiro como entre patrão e empregado há diferenciação social. Mas a diferenciação entre padeiro e carpinteiro refere-se a papéis sociais (profissionais) que em princípio se colocam no mesmo plano. Só a diferenciação entre patrão e empregado supõe desigualdade no sentido de que um é socialmente superior ao outro – dentro da empresa, pelo menos, quando não dentro da sociedade global.

A preocupação com *esse* tipo de diferenciação é tão antiga quanto a Sociologia. Ou melhor, tão antiga quanto os primeiros esforços de reflexão sistemática a respeito da vida social que a História registra.

Vimos no capítulo anterior que um dos primeiros modelos orgânicos da sociedade, exposto na Antigüidade por Aristóteles, buscava justificar a desigualdade entre senhor e escravo, comparando-os respectivamente aos órgãos "superiores" e "inferiores" do corpo humano. Na Idade Média, os argumentos de justificação ou restrição dos direitos senhoriais, quer dizer, dos direitos do senhor feudal em relação aos servos, ocupam boa parte da reflexão social de teólogos e filósofos. No século XVIII os filósofos do Iluminismo, afirmando uma igualdade básica e natural entre os homens, preocupar-se-ão, como Rousseau, com a origem das desigualdades de riqueza e poder.

O próprio nascimento da Sociologia pode ser visto como uma resposta aos agudos conflitos de classes que convulsionaram a Europa no século XIX, pondo em questão as desigualdades características da sociedade industrial moderna.

Karl Marx, com sua concepção da luta de classes como motor das transformações sociais, e Max Weber, lançando as bases do que mais tarde viria a ser conhecido como a teoria da estratificação social, constituem as duas vertentes principais de explicação da diferenciação social na Sociologia. Acrescente-se que em Marx a preocupação de explicar a desigualdade une-se ao esforço por estabelecer cientificamente os meios pelos quais ela poderá ser superada e a igualdade instaurada entre os homens.

É a esses dois autores que recorreremos basicamente para abordar o tema da diferenciação ou desigualdade social neste capítulo.

Antes de nos referirmos diretamente ao pensamento de Marx e Weber, no entanto, veremos como são definidas na Sociologia contemporânea as características básicas da desigualdade social e examinaremos em conjunto seus principais modelos de explicação.

Depois da exposição em separado das concepções de Marx e de Weber, você encontrará uma análise de seus pontos de contato e de divergência, concluindo por uma demonstração de que os dois apresentam contribuições complementares para a explicação da desigualdade social.

Finalmente, encerrando o capítulo, vamos apresentar-lhe alguns conceitos complementares que intervêm com certa freqüência nos estudos de estrutura de classes e estratificação social. Um deles é o de estamento, que Marx aplicava às "classes" na sociedade feudal, em contraste com as classes propriamente ditas da sociedade capitalista. Os outros são os conceitos de casta (em torno do qual há grandes divergências entre os sociólogos), de raça e minoria.

1. Desigualdade Social.

Já indicamos o sentido em que as expressões "diferenciação" ou "desigualdade social" serão aqui empregadas. Quando falamos de desigualdade social, referimo-nos ao fato de que, nos grupos sociais e sociedades, existem relações hierárquicas nas quais quem ocupa as posições superiores goza de vantagens ou privilégios em relação a quem ocupa as posições inferiores.

A que dizem respeito tais vantagens ou privilégios?

Dizem respeito à distribuição do que chamaremos, genericamente, "bens sociais". A Sociologia costuma distinguir quatro espécies de bens sociais: poder, propriedade, valorização social e satisfação psicológica.

"Poder", neste contexto, deve ser entendido em sentido amplo, como capacidade de atingir os próprios objetivos, mesmo enfrentando a oposição de outras pessoas. Tem poder, nesse sentido, não apenas quem ocupa posições de mando formalmente estabelecidas, como um chefe político ou um dirigente de empresa. Também desfruta de poder, por exemplo, o indivíduo "bem relacionado" ou "influente", que é capaz de conseguir o que quer independentemente dos cargos formais que ocupa.

"Propriedade" é sinônimo de riqueza material: uma forma de se referir, tanto à soma de bens materiais que um indivíduo possui a título privado ou em sociedade com outros, como à renda que aufere, a qual se traduz na possibilidade de adquirir novos bens e serviços.

"Valorização social" quer dizer prestígio atribuído ao indivíduo dentro de um dado grupo social, não importando qual a fonte desse prestígio. É o reconhecimento, pelo grupo, de que o indivíduo em questão é "importante" ou digno de admiração, seja por que motivo for.

"Satisfação psicológica" é a obtenção de prazer de um modo geral, seja a fonte desse prazer a valorização social, a propriedade, o poder ou qualquer outra que se possa imaginar.

Deve ficar claro que a possibilidade de desfrutar desses bens sociais envolve normalmente o uso ou a posse de bens materiais determinados, mas não se confunde com eles. Um objeto determinado pode ser considerado ao mesmo tempo como fonte de todas as espécies de bens sociais mencionadas ou de qualquer uma delas.

Por exemplo, um automóvel não representa em si mesmo poder, nem propriedade, nem valorização social, nem satisfação psicológica. Mas pode representar tudo isto. Para quem gosta de passear de automóvel, pode ser fonte de satisfação psicológica independentemente de qualquer outra consideração. Pode ser fonte de prestígio, na medida em que possuir um automóvel (de preferência caro e novo) é considerado sinal de que se está "bem de vida", e que portanto se é digno de admiração. Já para um vendedor de automóveis, ele pode ser uma simples unidade em estoque, um número a mais na contabilidade da firma, ou seja, uma propriedade entre outras, e nada mais. Por fim, se o automóvel for usado para se ter acesso a lugares e a oportunidades que de outro modo permaneceriam inacessíveis, ele pode ser considerado uma fonte de poder.

Em suma, os bens sociais nunca se identificam diretamente com objetos concretos e determinados. Mas um objeto concreto e determinado, como um automóvel, pode ser "portador" de diferentes bens sociais, dependendo da situação em que é usado ou apropriado e do significado que assume para os indivíduos e grupos sociais.

É preciso notar, por outro lado, que um objeto concreto nem sempre tem o mesmo significado em todas as sociedades. Isto altera, às vezes radicalmente, suas possibilidades de tornar-se portador de bens sociais determinados.

Por exemplo, no Brasil um Cadillac ainda é considerado por muita gente "o máximo" em matéria de automóvel. Ter um Cadillac pode significar, assim, não apenas possuir um objeto valioso, mas despertar a admiração das outras pessoas. Já nos Estados Unidos, há anos o Cadillac é considerado um tanto "vulgar", apesar de caro. O norte-americano que deseje se distinguir socialmente, quase com certeza dará preferência a outras marcas de automóvel, igualmente caras, mas mais "sóbrias" que o Cadillac.

– CARACTERÍSTICAS BÁSICAS DA DESIGUALDADE.

Tal como aqui a definimos, a desigualdade social refere-se, portanto, à existência de privilégios na distribuição dos bens sociais que são o poder, a propriedade, a valorização social e a satisfação psicológica.

Assim considerada, a desigualdade social possui certas características básicas que convém mencionar antes de nos aprofundarmos na discussão. Destacaremos quatro delas:

1º a desigualdade, como a própria expressão indica, é um *fenômeno social* dependente de fatores sociais;

2º é um fenômeno *onipresente,* verificável em todas as sociedades de que se tem notícia;

3º assume *formas e graus variáveis* de sociedade para sociedade e de época para época;

4º *influencia as condições de vida* dos grupos sociais e dos indivíduos de maneira mais ou menos profunda.

Examinemos separadamente cada uma dessas características.

Caráter Social

Afirmar o caráter social da desigualdade implica, antes de tudo, reconhecer que ela não é essencialmente determinada por condições naturais, biológicas, e muito menos transmitida por herança genética.

Isto não quer dizer que fatores biológicos, como sexo, idade e força física, não possam influenciar a existência de formas determinadas de diferenciação social. Eles podem fazê-lo, mas somente na medida em que a sociedade os reconheça como importantes e lhes atribua significado preciso como elementos de diferenciação social. Esse significado depende, por sua vez, dos padrões culturais vigentes na sociedade.

Por exemplo, a idade é um fator biológico que por toda parte influencia a diferenciação social. Mas nem sempre ela o faz da mesma maneira. Entre nós, os velhos, por exemplo, têm, com poucas exceções, menos poder e prestígio que os moços. Têm também menos acesso à propriedade, especialmente se forem trabalhadores assalariados. E circunstâncias como o sentimento de inutilidade e a solidão tendem a restringir drasticamente a satisfação psicológica de que desfrutam. Em contraste, outros povos, como muitas comunidades primitivas ou camponesas, concedem aos velhos grandes privilégios na distribuição de todas as espécies de bens sociais. Para esses povos, os velhos são o principal repositório das tradições culturais e conhecimentos práticos que a sociedade não pode conservar em livros, já que desconhece a escrita. Assim, enquanto em nossa sociedade os velhos tendem a sofrer uma perda relativa de poder, prestígio, satisfação psicológica e, muitas vezes, também de riqueza, em outras sociedades o indivíduo pode adquirir mais de tudo isto à medida que envelhece.

O caráter social da desigualdade tem outras implicações que precisam ser explicitadas.

1º *Desigualdade, Normas e Sanções* – O que dá caráter social à desigualdade é o fato de que a distribuição dos bens sociais é sempre ordenada por normas; é isso que torna a desigualdade um componente da estrutura dos grupos sociais e sociedades.

Parte dessas normas consiste de leis e regras formais. Por exemplo, a aquisição de poder político nas sociedades modernas é formalmente regulada por uma Constituição, a legislação eleitoral e outras leis. Em outros casos as normas são informais e bastante difusas, especialmente quando se referem à distribuição da valorização social e da satisfação psicológica. Tais normas incluem aspectos tão sutis e variáveis como a moda e as regras de etiqueta.

Como tendência geral, as normas que ordenam a distribuição dos bens sociais atendem aos interesses daqueles que as estabelecem. Os prejudicados, ou seja, aqueles que ocupam as posições inferiores na hierarquia social, sujeitam-se a essas normas – freqüentemente com resignação – por causa das sanções que garantem sua coercitividade.

2º *Desigualdade e Socialização* – Como todas as normas, as que orientam a distribuição dos bens sociais não se transmitem naturalmente, mas devem ser aprendidas por cada criança, isto é, por cada novo membro da sociedade. Tanto quanto as sanções, o processo de socialização é, portanto, requisito essencial da estabilidade das diferentes formas de desigualdade social.

3º *Desigualdade e Instabilidade das Normas* – Apesar da eficácia específica das sanções sociais e da socialização, a desigualdade nunca pode ser tomada como um aspecto imutável da estrutura social, como de resto a própria estrutura em seu conjunto não é uma realidade imutável.

Dois fatores contribuem para a mutabilidade das formas de desigualdade social.

Em primeiro lugar, a eficácia das sanções e da socialização no sentido de estabilizar a desigualdade nunca é inteiramente uniforme, mas varia entre os diferentes grupos sociais. Especificamente, as normas que ordenam a distribuição dos bens sociais podem vir a ser desafiadas pelos grupos destituídos de privilégios. Considere, por exemplo, a Revolução de 1930 no Brasil: em termos sociológicos, ela não foi mais que um movimento de inconformismo dos demais estados brasileiros contra as normas formais e informais que privilegiavam São Paulo e Minas Gerais na distribuição do poder político.

Em segundo lugar, é comum haver diferenças na proporção de nascimentos nos vários grupos de uma sociedade. Se um grupo privilegiado não se reproduz em número suficiente para preencher todos os seus papéis, provavelmente alguns filhos de outros grupos serão chamados a preenchê-los. Você com certeza conhece a história do "moço pobre mas cheio de qualidades" que abre caminho rumo à fortuna e ao coração de uma herdeira rica; a literatura e o cinema já exploraram o quanto podiam esta situação que, como se vê, tem seu fundamento sociológico.

4º *Desigualdade e Instituições Sociais* – O caráter social da desigualdade espelha também sua interdependência das outras instituições da sociedade, como o Estado, a família, a economia. Em outras palavras, a desigualdade é influenciada por essas instituições e também as influencia.

Nada mais evidente, por exemplo, que a interdependência de economia e desigualdade. Nas sociedades capitalistas, onde a instituição econômica fundamental é a empresa privada, aqueles que possuem e administram as grandes empresas privadas são fortemente privilegiados na distribuição tanto da propriedade como do poder de decisão sobre o que, como e quanto produzir. Em contraste, nos países socialistas de economia estatizada, as principais decisões econômicas cabem aos altos funcionários do Estado.

Verifica-se, portanto, uma estreita correlação entre a soma de privilégios acumulados por um indivíduo ou grupo na distribuição dos bens sociais e as posições que ele ocupa em outras instituições da sociedade.

A Onipresença da Desigualdade

Até onde os registros históricos e arqueológicos nos permitem conhecer o passado, formas de desigualdade já existiam nos pequenos bandos nômades que foram as primeiras sociedades humanas. Poder, propriedade, prestígio e satisfação psicológica parecem ter sido sempre distribuídos desigualmente desde as épocas mais remotas da história da humanidade.

Tudo indica, porém que nas sociedades primitivas a desigualdade deve ter sido muito mais diretamente determinada por traços biológicos como os já mencionados um pouco acima: sexo, idade, força física. Isto é aparentemente confirmado pelo estudo das sociedades não-letradas da atualidade: os povos tribais da África e da Ásia, os índios americanos, os aborígines da Oceania. A submissão das mulheres é um traço comum a praticamente todas essas sociedades. Da mesma forma, muitas delas tendem a privilegiar o guerreiro, o ancião.

Nas grandes civilizações da Antigüidade, assim como no mundo civilizado contemporâneo, a desigualdade assume formas muito mais claramente dependentes da organização social, mais complexas e, sob muitos aspectos, mais brutais. Talvez a mais chocante seja a desigualdade entre as multidões famintas do chamado Terceiro Mundo e as minorias privilegiadas dos países desenvolvidos, cujos padrões de consumo chegam às raias do desperdício. As guerras e revoluções dos nossos dias representam em boa medida a evidência explosiva de que o mundo vive o drama das agudas desigualdades entre povos inteiros. Ao mesmo tempo, os conflitos sociais abertos ou latentes no interior dos países desenvolvidos mostram que também nesse âmbito se verificam desigualdades crescentes na distribuição dos bens sociais.

O certo é que, sejam quais forem os critérios determinantes da desigualdade, ela parece estar presente em todas as sociedades.

Diversidade de Formas e Graus

Uma vez que os critérios que a determinam são variáveis – pois dependem, em última análise, das normas sociais, – é compreensível que a desigualdade assuma formas e graus variáveis de sociedade para sociedade. Termos como "classe social", "casta" e "estamento", cujo sentido preciso veremos mais adiante, são usados em Sociologia para exprimir diferentes formas de desigualdade, embora não cubram todas elas.

Quanto aos graus de desigualdade, teoricamente é possível conceber as sociedades conhecidas como dispostas em posições variáveis entre dois extremos: um máximo de igualdade, onde todos os grupos sociais seriam contemplados com poder, propriedade, valorização social e satisfação psicológica em partes iguais; e um máximo de desigualdade, onde cada grupo discernível seria contemplado com diferente cota desses bens sociais.

É claro que nenhuma sociedade real chega a representar qualquer desses extremos. Talvez a Índia tradicional, com mais de 5 000 subcastas, tenha se aproximado da máxima desigualdade concebível. E povos tribais muito pobres, assim como algumas experiências comunitárias do presente, parecem aproximar-se do máximo de igualdade.

Influência da Desigualdade

A influência da desigualdade na vida social é uma questão complexa a que autores como Marx e Weber, cujos pontos de vista exporemos a seguir, dão tratamento teórico marcadamente divergente. Seja como for, é de todo evidente que a desigualdade produz conseqüências em pelo menos dois aspectos da vida social: o que chamaremos "oportunidades de vida" e o "estilo de vida" dos indivíduos e grupos. A desigualdade afeta as oportunidades de vida na medida em que influencia aspectos básicos do bem-estar das pessoas, tais como os que se traduzem na taxa de mortalidade infantil, a esperança média de vida, a incidência de doenças físicas e mentais, taxa de natalidade, conflitos conjugais. A influência sobre o estilo de vida corresponde a aspectos não tão ligados às necessidades humanas básicas, como o tipo de bairro e de moradia das famílias, suas atividades de lazer, os produtos culturais que consome.

Com a cautela natural que se recomenda nesse tipo de generalização, é possível afirmar que nos países do Terceiro Mundo as formas de desigualdade mais sentidas dizem respeito às oportunidades de vida, enquanto que nos países desenvolvidos elas dizem respeito ao estilo de vida.

– DESIGUALDADE E CONCEITOS DE CLASSE.

Tanto no pensamento popular como na teoria sociológica, a desigualdade social tem sido expressa por meio de uma variedade de imagens e conceitos de classe. Analisando essas imagens e conceitos, o sociólogo Stanislaw Ossowski procurou mostrar, num de seus livros, que exprimir a desigualdade em termos de "classe" implica recorrer a uma metáfora especial da sociedade; uma metáfora segundo a qual a sociedade seria constituída por várias "camadas" empilhadas umas sobre as outras.

Segundo Ossowski, tais imagens se traduzem em três tipos básicos de concepções.

1º *A Concepção Dicotômica* – É aquela que vê a sociedade dividida basicamente em duas classes. Do ponto de vista do poder, frisa-se a divisão entre "governantes" e "governados"; do ponto de vista da propriedade, entre "ricos" e "pobres"; e do ponto de vista da exploração econômica, entre "aqueles para quem os outros trabalham" e a "classe trabalhadora".

Os três planos dicotômicos não se excluem mutuamente; podem coexistir numa mesma sociedade, embora neste caso haja uma tendência a considerar sempre um deles como o principal.

A maioria dos pensadores socialistas, tanto no século XIX como no atual, considerou a exploração econômica o principal fator de desigualdade, condicionante dos outros dois. Por isso os socialistas consideram a abolição das relações de exploração o requisito básico para eliminar as desigualdades de classe.

2º *Esquemas de Graduação* – Embora os partidários da concepção dicotômica possam reconhecer a existência de classes ou camadas médias, vêem-nas sempre como grupos secundários ou apêndices das duas classes fundamentais. Em contraste, o que caracteriza os esquemas de graduação é que neles a classe média (ou classes médias) tende a ser o elemento básico a partir do qual são determinadas as posições das outras classes.

Há outra diferença marcante entre os esquemas de graduação e a concepção dicotômica. Nesta uma classe é sempre definida por sua relação com a classe antagônica, de tal maneira que a existência do escravo, por exemplo, só se explica pela existência do senhor, e vice-versa. Já nos esquemas de graduação, as relações entre as classes são de simples ordenação, e não de dependência.

Ossowski distingue dois tipos de esquemas de graduação. Os esquemas "simples" são aqueles em que a ordenação das classes é feita a partir de um único critério, como por exemplo o rendimento econômico. Os esquemas "sintéticos" combinam diversos critérios para estabelecer a ordenação; por exemplo, a renda pode ser associada ao tipo de trabalho e ao grau de instrução.

3º *O Esquema Funcional* – É o que concebe a diferenciação social em sentido amplo, conforme o indicado no começo deste capítulo. Adeptos do modelo estrutural-funcionalista, os sociólogos que aplicam esse esquema da diferenciação social concebem-na como o resultado da divisão do trabalho, que determina a diferenciação e integração de grupos funcionais no interior da sociedade. Assim, distingue-se uma "classe" de executivos, outra de trabalhadores de escritório, outra de operários especializados, e assim por diante.

Como se vê, o esquema funcional admite uma grande pluralidade de classes, que não são vistas nem como antagônicas – segundo a concepção dicotômica –

nem como escalonadas – segundo os esquemas de graduação. No esquema funcional, as principais características das classes são a interdependência e a cooperação mútua.

Essas diferentes representações da desigualdade social não se excluem necessariamente, assinala Ossowski. Vários pensadores se utilizaram de mais de uma delas.

No entanto, as concepções dicotômicas, por atribuir um caráter antagônico às relações de classes, têm implicações revolucionárias mais ou menos nítidas. Para Ossowski, a concepção dicotômica teria sido utilizada por Marx em seus escritos de propaganda justamente com o propósito de despertar o espírito revolucionário do operariado. Em escritos mais acadêmicos, entretanto, ao dar atenção ao problema das classes intermediárias, Marx teria chegado mais perto dos esquemas de graduação, que Ossowski vê como o tipo mais neutro de representação da desigualdade social.

O esquema funcional, por seu lado, seria o mais atraente para os defensores do *status quo*, seja ele qual for, aí compreendidas as suas formas características de desigualdade.

Segundo Ossowski, há hoje no mundo duas versões fundamentais de uma ideologia justificadora da desigualdade social: uma desenvolvida no Ocidente capitalista, outra nos países socialistas do bloco soviético. Ambas derivariam do esquema funcional de representação da desigualdade.

Assim, na União Soviética e demais países do Leste europeu a realidade da desigualdade social é justificada por uma concepção de "classes não-antagônicas" em cujos termos os desníveis salariais e outros privilégios materiais seriam uma forma de estimular ao mesmo tempo a emulação e a cooperação entre os trabalhadores na empresa estatal. Ossowski sublinha a semelhança desta concepção com a concepção liberal da "igualdade de oportunidades", segundo a qual, no regime da empresa privada, o indivíduo tem possibilidades ilimitadas de ascensão ou degradação social de acordo com seus méritos pessoais.

A diferença entre essas duas versões ideológicas não estaria no tipo de representação da desigualdade que adotam, que é o esquema funcional. A principal diferença, do ponto de vista de Ossowski, estaria no fato de que a existência de "classes não-antagônicas" é vista, nos países socialistas, apenas como uma etapa de um processo que deveria desembocar na sociedade sem classes e sem desigualdade.

Crítica a Ossowski

A análise de Ossowski está longe de ser aceita sem críticas por todos os sociólogos.

Anthony Giddens, por exemplo, em polêmica com seu colega, contesta em primeiro lugar a afirmação de que as representações dicotômicas da desigualdade social sempre têm implicações revolucionárias. Na verdade, lembra ele, não faltam exemplos de concepções da sociedade em que esta é dividida em duas classes harmônicas e cooperativas, e não antagônicas. É o caso das representações derivadas de formas aristocráticas de governo, como o feudalismo na Europa medieval, onde se enfatiza a capacidade natural e legítima de uma minoria para a liderança. No âmbito da teoria sociológica, autores como Pareto e Mosca também expuseram concepções dicotômicas das classes sociais com implicações conservadoras, e não revolucionárias.

Outra afirmação de Ossowski contestada por Giddens é a de que Marx teria usado uma concepção dicotômica das classes sociais somente em seus escritos de propaganda, e não nas obras teóricas. Giddens lembra que a análise das relações de exploração entre capitalistas e trabalhadores é o objeto básico de *O Capital*, a obra mais importante de Marx, que de modo algum poderia ser considerada um simples escrito de propaganda.

O mesmo tipo de restrição é feito por Giddens à afirmação de que o esquema funcional de representação da desigualdade social tem implicações necessariamente conservadoras. Escreve ele:

"Onde se representam três ou mais classes como componentes de uma estrutura de classes [como no esquema funcional], ainda se pode reconhecer que há conflitos endêmicos entre elas. Naturalmente, pode-se sustentar que as classes em questão tenderão a formar 'coalizões' em circunstâncias de conflito aberto, mas tais coalizões podem ser de caráter transitório ou inconstante, e não classificáveis sob um modelo dicotômico de classes."

Finalmente, Giddens observa que nem todas as representações da desigualdade que adotam critérios múltiplos poderiam ser enquadradas no esquema de graduação sintético, como Ossowski sugere. Giddens cita como exemplo as categorias de diferenciação de classes de Max Weber, que examinaremos ainda neste capítulo. Embora envolvam critérios múltiplos, as categorias de Weber, se tivessem de ser enquadradas em algum dos tipos de representação da desigualdade distinguidos por Ossowski, estariam mais próximas do esquema funcional.

2. As Classes Sociais.

Da maneira como as resumimos, a análise das concepções de classe por Ossowski, bem como as críticas que lhe dirige Giddens, não dão a noção exata do peso que têm nessa discussão as contribuições de Marx e Engels. Na verdade, a concepção de classe social desenvolvida por esses dois autores influencia até hoje toda a literatura sobre o assunto, a ponto de se poder dizer que praticamente tudo o que foi escrito depois deles visa confirmar, aprofundar, corrigir ou refutar suas idéias.

Há aí um fato curioso: apesar de serem unanimemente considerados ponto de referência obrigatório para qualquer discussão séria sobre classes, nem Marx nem Engels chegaram a dar uma definição exaustiva e sistemática de classe social.

O tema seria objeto de uma análise sistemática no último volume de *O Capital*, que Marx, no entanto, deixou inacabado. O conceito de classe só faz sentido, porém, dentro de uma teoria das classes sociais, e esta foi desenvolvida em vários escritos de Marx e Engels. Por isso é possível tentar uma síntese do que eles pensavam sobre o assunto.

– CLASSE SOCIAL COMO CATEGORIA HISTÓRICA.

Já sabemos que para Marx a sociedade se divide basicamente em duas classes antagônicas ligadas por uma relação de exploração.

Mas a divisão em classes não é encarada por Marx como uma fatalidade a que todas as sociedades estariam condenadas. A desigualdade em geral pode ser um traço identificável em todas as sociedades do passado e do presente, como indicamos páginas atrás. Do ponto de vista de Marx, porém, a forma *específica* de desigualdade que é a divisão em classes só se manifesta numa fase relativamente recente da história da humanidade: aquela que se inicia com o surgimento das grandes civilizações do Extremo Oriente e da bacia do Mediterrâneo.

No estágio anterior ao surgimento das grandes civilizações, com o fraco desenvolvimento da divisão do trabalho social e a propriedade comum do principal meio de produção – a terra, – não se pode falar de divisão da sociedade em classes. Na terminologia de Engels, vigora nessa fase o "comunismo primitivo", caracterização que poderia ser aplicada à maioria das sociedades que hoje conhecemos como "tribais".

O surgimento da propriedade privada, que é o pressuposto básico da divisão da sociedade em classes, supõe por sua vez o desenvolvimento da divisão do trabalho social e o incremento do nível de riquezas por ele gerado. Por fim o trabalho social torna-se suficientemente produtivo para gerar um produto excedente –superior às necessidades mínimas dos produtores diretos, – o qual será apropriado pela minoria de não-produtores que monopoliza a terra na condição de propriedade privada. Nesse momento a minoria de não-produtores e a maioria de produtores diretos se enfrentam pela primeira vez na condição de explorados e exploradores; a sociedade dividiu-se em classes antagônicas.

Para Marx, classe social é, portanto, antes de tudo uma categoria histórica. Em outras palavras, a divisão em classes é resultado da evolução histórica da sociedade. E as feições particulares que tal divisão assume refletem a estrutura da sociedade a cada momento do seu desenvolvimento. Quando Marx fala, por exemplo, de "proletariado" e "burguesia", esses termos têm para ele um sentido específico e concreto conferido pela relação estrutural dessas duas classes dentro da sociedade capitalista.

Daí decorre que as classes sociais não são realidades imutáveis. À medida que a sociedade evolui, novas classes sociais surgem, se desenvolvem e se modificam, enquanto outras desaparecem. Reciprocamente, cada novo estágio do desenvolvimento da sociedade aparece como resultado da ascensão e da luta das classes sociais que o caracterizam.

As particularidades das relações entre as classes, e das classes com a sociedade, só podem ser determinadas por meio da investigação empírica. Elas decorrem de condições estruturais determinadas, ao mesmo tempo em que são elemento decisivo para a caracterização da estrutura da sociedade.

As classes sociais não são, pois, idênticas em todos os tipos de sociedades de classes. Mas todas as classes compartilham de certas propriedades formais que permitem elaborar um conceito geral de classe social.

– O MODELO ABSTRATO DE DOMINAÇÃO DE CLASSE.

A caracterização do modelo abstrato de dominação de classe presente na obra de Marx não coloca, por si mesma, dificuldades especiais. Trata-se de um modelo dicotômico da desigualdade social, como já assinalamos, baseado nos critérios da propriedade e da exploração.

Assim, em todas as sociedades de classes concebe-se a existência de duas classes fundamentais: uma minoria de "não-produtores" que monopoliza os meios de produção e se apropria do produto excedente, e uma maioria de produtores, afastada do controle dos meios de produção e explorada pelos "não-produtores".

O critério fundamental para a constituição e integração das classes sociais é a relação com os meios de produção. As relações dos homens com os meios de produção – ou mais exatamente as relações dos homens entre si *mediadas* pela propriedade e o uso dos meios de produção – determinam a existência das categorias sociais chamadas classes, porque as forças produtivas e as relações de produção dão o conteúdo, a forma e o sentido da transformação da estrutura da sociedade em cada etapa histórica.

O fato de esse critério fundamental ser de natureza econômica não deve, entretanto, levar-nos a confundir classe social com "grupo de renda".

Um eletricista empregado de uma grande empresa capitalista pode ter renda igual à de outro que trabalha por conta própria. Não se pode, contudo, dizer que os dois pertencem à mesma classe social, pois se relacionam de maneiras muito diferentes com os meios de produção. O primeiro enfrenta os seus como propriedade alheia, à qual só tem acesso enquanto trabalhador assalariado e nas condições ditadas pelo capitalista; o segundo detém a propriedade e o controle dos seus meios de produção, com os quais se relaciona enquanto produtor autônomo de mercadorias. Esquematicamente falando, um faria parte do proletariado; o outro, da pequena burguesia.

Dominação Econômica e Dominação Política

Para Marx, dominação econômica e dominação política estão intimamente ligadas. O controle dos meios de produção por uma classe, diz ele, conduz normalmente ao controle do poder político pela mesma classe. O poder político aparece, pois, como um critério secundário na concepção dicotômica da desigualdade social em Marx.

Em conseqüência disso, as relações entre classes, que são basicamente relações entre explorados e exploradores, se constituem também em relações entre "opressores" e "oprimidos".

Assim como a dominação econômica de classe significa o controle exclusivo dos meios de produção na sociedade, dominação política de classe significa o controle exclusivo dos meios de administração da violência que constituem o aparelho do Estado: o exército e a polícia com suas armas, quartéis, prisões, a burocracia com seu poder coercitivo sobre os mais variados aspectos da vida social.

A supremacia econômica da classe dominante é a base do seu controle sobre este aparelho especial de repressão que é o Estado. Ao mesmo tempo, o controle do aparelho do Estado e seu uso sistemático contra a classe dominada, ou seja, a supremacia política da classe dominante, é requisito indispensável para a manutenção de sua supremacia econômica.

Por estarem baseadas na violência, porém, tanto a dominação econômica como a dominação política de classe são necessariamente instáveis. Por isso a dominação de classe não é completa se não for ao mesmo tempo supremacia ideológica.

Escrevem Marx e Engels:

"A classe que tem os meios de produção material à sua disposição controla ao mesmo tempo os meios de produção mental de tal forma que, falando em geral, as idéias dos que não têm os meios de produção mental estão sujeitas a ela."

Quais são esses "meios de produção mental"?

Nem mesmo Marx e Engels exploraram muito a questão. Parece evidente que se trata, em todo caso, daquelas instituições públicas e privadas cuja função primordial é *difundir idéias*: a Igreja, a escola em todos os níveis e graus, a imprensa as artes e a literatura. A estas seria preciso acrescentar, como veículo de importância cada vez mais decisiva na atualidade, os meios eletrônicos de comunicação de massa, de cujo desenvolvimento nem Marx nem Engels naturalmente sequer suspeitavam.

Pelo controle desses meios de produção mental, a classe dominante impõe sua ideologia ao conjunto da sociedade. E a ideologia da classe dominante serve, evidentemente, para convencer os dominados a aceitar sua dominação, quer dizer, a aceitar voluntariamente uma condição que o aparelho do Estado estaria pronto a impor-lhes pela violência se necessário.

Classes e Sistema de Classes

A concepção marxista das classes sociais é comumente caracterizada como estrutural, funcional e dinâmica.

Como vimos, um aspecto fundamental da concepção é que as classes não são consideradas isoladamente, mas dentro de suas relações recíprocas. Em outros termos, as classes, para Marx, só existem como parte de um sistema de classes. É isso o que permite caracterizar a concepção como estrutural.

Porque só existem dentro de suas relações recíprocas, as classes são categorias complementares e mutuamente dependentes. Tais relações não se manifestam, porém, senão no funcionamento do sistema de classes, que se confunde com o próprio processo da vida social nos planos econômico, político e ideológico. Nesse sentido pode-se dizer que a concepção é funcional.

A mútua dependência e complementaridade das classes sociais não é concebida por Marx, entretanto, da maneira simétrica, "horizontal", que caracteriza o estrutural-funcionalismo. Pelo contrário, as relações de classe são sempre assimétricas.

Já sabemos que a relação fundamental entre as classes é a que resulta da relação específica que elas mantêm com os meios de produção. Sabemos igualmente que essa relação permite a uma classe apropriar-se do excedente produzido pela outra, o que caracteriza uma relação de exploração. Assim, embora exista complementaridade e dependência mútua entre as classes, suas relações são essencialmente de *oposição.*

A oposição entre as classes leva, por sua vez, à eclosão de luta aberta ou velada entre elas, à medida que a classe dominada resiste à dominação, e a classe dominante busca por todos os meios ampliá-la e intensificar a exploração. Por isso as classes são categorias antagônicas e suas relações mútuas são de conflito, desembocando, mais cedo ou mais tarde, na transformação radical da estrutura da sociedade. Daí que a concepção marxista de classes sociais possa ser qualificada como dinâmica.

Conflito de Classes e Transformação Social

Do ponto de vista de Marx uma classe social se define antes de tudo por sua relação com os meios de produção. É isso o que determina sua "vocação histórica", o sentido da sua participação no sistema de classes, independentemente da consciência que seus membros possam ter, a cada momento, de sua situação de classe particular. Escreve Marx em *A Sagrada Família*:

"Não se trata do que diretamente se *figure* tal ou qual proletário, ou mesmo o proletariado inteiro. Trata-se *do que é* e do que historicamente se verá obrigado a fazer por esse *ser.*"

Não obstante, em várias passagens de sua obra Marx sugere que só se pode verdadeiramente chamar de "classe" à categoria social que tenha tomado consciência de sua situação comum e atue de acordo com essa consciência.

A ambigüidade é manifesta, e se resolve pela análise histórica das manifestações concretas da luta de classes. Com efeito, a oposição de classes não corresponde a uma "essência" geral das relações sociais, mas se exprime em lutas e conflitos concretos. Isso significa que classe dominada, além de se distinguir da classe dominante por suas relações específicas com os meios de produção, que geram interesses divergentes, em certas circunstâncias toma consciência dos seus interesses específicos e se organiza para intervir *como classe* nos acontecimentos históricos.

Analisando a história contemporânea da França – para ele, o país onde as lutas de classes assumiam caráter mais agudo no século XIX, – Marx tratou de pôr a prova sua concepção, traçando as etapas do desenvolvimento da "consciência de classe" do proletariado.

Segundo ele, no período que se inaugura com a queda da monarquia em 1789, o proletariado francês participa dos acontecimentos inicialmente como massa de manobra da burguesia, apoiando-a na luta contra o absolutismo e a nobreza. Mas à medida que a nova classe dominante consolida sua supremacia política, ou seja, seu controle sobre o poder do Estado, a oposição de base entre a burguesia e o proletariado vem à tona e tende a ocupar o primeiro plano da cena histórica.

O proletariado já não se limita a cerrar fileiras com a burguesia enquanto força auxiliar, que na verdade arca com os maiores sacrifícios nos sucessivos confrontos com o Antigo Regime mas quase não participa dos frutos da vitória. Nas revoluções de 1830 e 1848 , os trabalhadores parisienses fazem os primeiros e tímidos esforços para fazer valer seus interesses específicos ao lado dos interesses da burguesia. Paralelamente, a luta por melhores salários e condições de trabalho faz avançar o movimento sindical, que é por onde se inicia em bases sólidas a organização autônoma dos operários.

Mas um período relativamente longo de amadurecimento deve transcorrer até que, sob a influência das idéias socialistas de intelectuais como o próprio Marx, o proletariado chegue a se propor claramente os objetivos correspondentes à sua vocação histórica: a conquista do poder do Estado e tomada do controle dos meios de produção das mãos da burguesia. A insurreição de 1871, na qual é instaurado o primeiro governo proletário da história, a Comuna de Paris, é saudada por Marx como um momento decisivo desse processo de amadurecimento da consciência de classe do proletariado.

A consciência é, pois, o elo que liga duas etapas distintas no desenvolvimento de uma classe social. Marx designa essas duas etapas pelas expressões "classe em si" e "classe para si".

Enquanto classe em si o proletariado, classe dominada, define-se apenas por contraste com a classe dominante, em função de sua relação específica com os meios de produção. O antagonismo de seus interesses em relação à burguesia é apenas latente. Só ao tomar consciência de sua situação e de seus objetivos, o proletariado passa a intervir como classe nos acontecimentos históricos. Torna-se então classe para si, que é classe no sentido pleno da palavra.

Por que a luta de classes deve ser considerada como o fator primordial das transformações sociais?

Segundo Marx, a resposta a esta questão tem como ponto de partida a constatação de que os conflitos sociais exprimem contradições internas da sociedade. A contradição principal, que é o verdadeiro motor da evolução histórica, é a existente entre o desenvolvimento das forças produtivas e as relações de produção.

Em cada etapa histórica, a classe dominante representa e se identifica com as relações de produção vigentes na sociedade – relações que lhe asseguram, precisamente, o controle exclusivo dos meios de produção. A classe dominada, por seu lado, representa e se identifica, sob certas circunstâncias, com o impulso de desenvolvimento das forças produtivas, isto é, com a ampliação do domínio do homem sobre a natureza pela produtividade crescente do trabalho social.

Mais cedo ou mais tarde, as relações de produção vigentes se tornam um empecilho para o desenvolvimento das forças produtivas. Devem, então, ser substituídas. Sendo o agente dessa substituição, a classe dominada passa a dominante, e as novas relações de produção que estabelece em seu benefício abrem novas possibilidades de desenvolvimento das forças produtivas.

A ascensão da burguesia à condição de classe dominante teve inicialmente esse caráter progressista, liberando as forças da grande indústria da camisa-de-força em que a mantinham as relações feudais de produção. Como classe dominante, a burguesia cumpre um papel revolucionário até que as relações em que funda seu próprio domínio passam por sua vez a frear o desenvolvimento das forças produtivas.

É nesse sentido que, para Marx e Engels, toda a história da humanidade desde o advento da civilização tem sido a história das lutas de classes.

Obviamente, esta afirmação genérica não pode ser aplicada de maneira esquemática a qualquer situação histórica concreta. Marx esteve longe de supor que a oposição entre as duas classes fundamentais de explorados e exploradores é o único fator impulsionador das transformações históricas. Em cada situação concreta há sempre uma multiplicidade de fatores econômicos e políticos que também precisam ser considerados.

Cabe lembrar, além disso, que embora para Marx o Estado represente em geral os interesses da classe dominante, na prática ele pode exprimir, em certas situações, uma relação de equilíbrio de forças ou de compromisso entre as classes.

Seja como for, posto que há oposição entre as classes, toda classe fundamental luta ou tenderá a lutar sempre pelo controle exclusivo do poder do Estado.

– MODELO ABSTRATO E FORMAS HISTÓRICAS DE SOCIEDADE.

Como já notamos, não há maiores dificuldades para se reconstituir o modelo abstrato de dominação de classe a partir da obra de Marx e Engels. Sua aplicação a situações históricas concretas suscita, no entanto, alguns problemas.

Um deles diz respeito à compatibilização entre o caráter dicotômico do modelo abstrato – que postula a existência de apenas duas classes fundamentais em cada etapa histórica – e a pluralidade das classes sociais identificáveis nas situações concretas.

Marx não ignorava, é claro, essa pluralidade. E na análise de situações históricas concretas ele deu indicações relativamente precisas sobre como compatibilizá-la com seu modelo abstrato.

A solução do problema resume-se no seguinte: embora a dicotomia entre explorados e exploradores seja o traço determinante da estrutura de classes, nas sociedades concretas há agrupamentos identificáveis como classes mas que não se situam no eixo dessa oposição fundamental.

Marx distingue três tipos de agrupamentos dessa natureza.

1º Há "classes de transição" que se encontram em formação no interior de uma sociedade cuja oposição de classes fundamental está em vias de ser superada. Em seu período de aparecimento no interior da sociedade feudal, a burguesia e o proletariado tinham essa natureza. Ambos já se opunham, potencialmente, como exploradores e explorados. Mas a relação de exploração fundamental ainda era a que opunha senhores feudais e servos.

2º Outras "classes de transição" encontram-se, não em ascensão, mas em decadência. São elementos de uma estrutura social caduca que sobrevivem residualmente na nova sociedade. É o caso, por exemplo, da nobreza feudal, que sobrevive como classe decadente, no século XIX, numa Europa burguesa. Tanto nesse tipo como no anterior, a existência de classes de transição testemunha o fato de que as transformações sociais, embora atravessando fases de aceleração revolucionária, prolongam-se geralmente em processos relativamente lentos de mudança. Por isso, em cada etapa do desenvolvimento histórico a sociedade tende a apresentar uma superposição de modelos dicotômicos abstratos de dominação de classe, dos quais um corresponde à oposição fundamental.

3º Finalmente, é possível distinguir um tipo de agrupamento que costuma ser chamado de "quase classe". Exemplo típico é o dos camponeses independentes da Europa medieval e pós-medieval, os quais, embora compartilhassem certos interesses econômicos de classe, nunca chegaram a estar no eixo da oposição fundamental entre exploradores e explorados.

Outro ponto em que a relativa complexidade das situações concretas faz contraste com a simplicidade do modelo abstrato diz respeito à diferenciação interna de cada agrupamento de classe.

Com efeito, uma classe social nunca é um agrupamento perfeitamente homogêneo, mas tende a se dividir em múltiplas frações e camadas. Assim, ao mesmo tempo que cerra fileiras enquanto classe diante do proletariado, a burguesia se divide internamente segundo o porte dos capitais e o ramo de atividade em que se aplicam. É preciso, pois, distinguir uma "pequena burguesia" da "grande burguesia", assim como é preciso distinguir o industrial do comerciante, do banqueiro, etc.

Todas essas precisões não retiram necessariamente a validade do modelo dicotômico. Ao mesmo tempo, permitem esclarecer, de um ponto de vista marxista, o significado da expressão "classes médias".

Dependendo de cada caso concreto, classe média é, na realidade, uma expressão que se aplica tanto a uma classe de transição como a uma fração de classe ou a um agrupamento quase classe. Enquanto classe de transição, a burguesia era uma classe média no sistema feudal, desde que se situava numa posição intermediária entre a nobreza e a massa de camponeses e proletários.

Na sociedade capitalista moderna, passam a ser designados como classes médias setores de diferentes classes, bem como agrupamentos quase classe. Assim, a pequena burguesia, embora seja a rigor um setor da classe dominante, é chamada de classe média porque se subordina, a muitos respeitos, aos detentores do grande capital. Da mesma forma, os altos funcionários das grandes empresas, embora participem da condição de assalariados junto com os operários, são considerados da classe média porque seus interesses estão longe de identificar-se com os do proletariado. Finalmente, diz-se que pertencem à classe média os profissionais liberais ou autônomos, que estão à margem da oposição de classes fundamental e nessa medida constituem um agrupamento quase classe.

3. A Estratificação Social.

Uma análise sistemática do conceito de classes, que Marx não chegou a empreender, foi realizada por Max Weber nas duas versões de seu estudo "Classe, Status e Partido".

No entanto, o que Weber entende por classe social é algo bastante diferente da conceituação marxista, que acabamos de apresentar. Para Marx, como vimos, a propriedade ou não-propriedade dos meios de produção é o critério decisivo a partir do qual se concebe a oposição entre exploradores e explorados. Weber, de sua parte, encara esse critério como um entre outros igualmente válidos e decisivos. Para ele, classes são "grupos de renda" que se definem a partir de sua situação no mercado de bens e serviços.

Vejamos mais de perto as implicações dessa definição.

— CLASSE, *STATUS* E PARTIDO.

O conceito de classes de Weber afasta-se do de Marx em dois pontos principais. Primeiro, Weber encara as diferenças de classe como um de três planos da diferenciação social, aos quais se refere o próprio título de seu estudo: classe, *status* e partido. Segundo, embora adote um modelo dicotômico da diferenciação social em relação a alguns objetivos, sua análise enfatiza muito mais uma concepção pluralista das classes sociais:

Classes e Pluralismo

Para Weber, classe é um agrupamento que se define por interesses comuns no mercado. Como tais interesses são diversificados, não há como deixar de admitir a pluralidade das classes sociais.

É verdade que no ponto de partida da análise weberiana das classes há uma dicotomia entre o que se denomina "classes proprietárias" e "classes de aquisição". Segundo Weber, as classes proprietárias (*Besitzklassen*) se distinguem pelo tipo de propriedade de que podem extrair sua renda, como por exemplo o aluguel de um imóvel. As classes de aquisição (*Erwebsklassen*) se distinguem pelo tipo de serviços que podem oferecer à venda no mercado, como por exemplo os serviços profissionais de um médico.

Mas, se há alguma semelhança entre essa dicotomia e aquela que detém a atenção de Marx, é apenas aparente. Pois para Weber, como existem vários tipos de propriedades utilizáveis para a obtenção de renda, bem como vários tipos de serviços que podem ser oferecidos no mercado, resulta que tanto as classes proprietárias como as de aquisição se dividem num grande número de agrupamentos.

Entre os proprietários, além das diferenças quantitativas entre os que possuem mais e os que posssuem menos, há também diferenças qualitativas. Assim como provém da propriedade de imóveis, a renda pode ser obtida da propriedade de estabelecimentos comerciais, indústrias, minas, terras férteis, dinheiro. E a cada um desses tipos de propriedade correspondem interesses diferentes.

Entre as classes de aquisição, há diferenças não só quanto ao tipo de serviços oferecidos, mas também quanto ao grau de monopolização dessa oferta. Em geral há milhares ou milhões de indivíduos que oferecem seus serviços no mercado na condição de trabalhadores braçais não-qualificados; mas há muito poucos grandes cantores ou cientistas disponíveis, de modo que seus serviços podem ser oferecidos em condições muito mais vantajosas.

Assim, entre as classes "positivamente privilegiadas" – proprietárias – e as "negativamente privilegiadas" – que só podem oferecer serviços não-especializados – Weber reconhece a existência de vários agrupamentos de "classe média". A qualificação educacional é um importante critério de diferenciação dentro desse esquema. Contudo, a monopolização de habilidades por certos grupos de trabalhadores manuais também tem grande influência.

Weber também se distancia de Marx pela maior ênfase que põe na distinção entre o que, em linguagem marxista, se chamaria "classe em si" e "classe para si". Como esta foi uma distinção relativamente pouco explorada na obra de Marx, muitos marxistas tenderam a estabelecer um elo direto e imediato entre classe e consciência de classe – como se bastasse ser operário, por exemplo, para possuir uma consciência revolucionária.

Em contraste, Weber distingue escrupulosamente o interesse objetivo de classe, que pode ser inferido da situação de mercado independentemente da consciência dos agentes, e a consciência clara desses interesses. E para ele não há relação necessária entre situação objetiva e consciência; não há nada que leve a classe em si, nem mesmo como tendência, a se tornar classe para si.

Classe e *Status*

Se pode haver classe na plena acepção do termo, sem consciência de classe, não há *status* sem que haja a nítida consciência de se participar de um agrupamento.

Isso não quer dizer, entretanto, que o conceito de *status* se identifique com o de classe em si. Para Weber, classe e *status* são agrupamentos de natureza diferente porque se constituem a partir de critérios diferentes. Enquanto as classes se definem por interesses comuns de mercado, exprimindo relações sociais no âmbito da *produção* econômica, os grupos de *status* se definem por estilos de vida específicos, exprimindo relações sociais no âmbito do *consumo*.

Por conseguinte, indivíduos da mesma classe podem pertencer a grupos de *status* diferentes e vice-versa. O preconceito das camadas mais antigas das classes proprietárias em relação aos "novos-ricos" dá um claro testemunho dessa possibilidade. É claro que o dinheiro do novo-rico, como ele mesmo diria, pode ser "tão bom quanto o de qualquer um", e provir do mesmo tipo de propriedade que o de seus pares "sofisticados". Mas justamente a questão não está na maneira como ele *ganha* dinheiro, e sim na maneira como *gasta*. As roupas que usa, a decoração da casa onde mora, os lugares que freqüenta, a cultura que aparenta – estes são os critérios que podem abrir-lhe ou fechar-lhe as portas de determinado grupo de *status*.

Não obstante, classe e *status* tendem a se apresentar ligados de maneira mais ou menos íntima. A posse de determinado tipo de propriedade ou de habilidade não se limita, na verdade, a determinar a situação de classe. Via de regra, define também a possibilidade assim como a probabilidade de participar de um dado estilo de vida.

Poder e Partido

Segundo Weber, classe e *status* são duas formas possíveis e concorrentes de diferenciação dos grupos sociais. O objeto último dessa diferenciação é, no entanto, idêntico em ambos os casos: a distribuição do poder na sociedade. Tanto quanto os partidos políticos, portanto, classe e *status* são para Weber "fenômenos de distribuição de poder" na sociedade.

Por outro lado, ao contrário de Marx, Weber considera que a distribuição do poder não está necessariamente ligada à dominação econômica. Conseqüentemente, o partido, como grupo explicitamente orientado para a aquisição e manutenção da liderança política, deve ser considerado uma dimensão da hierarquia social tão importante quanto a classe ou o grupo de *status*. Apenas ele é uma dimensão que só se realiza plenamente no Estado moderno, enquanto classe e *status* representam formas de diferenciação social muito mais antigas.

– CONCEITO DE ESTRATIFICAÇÃO.

Weber também se refere a classe, *status* e partido como "dimensões da estratificação social". O que vem a ser estratificação nesse contexto?

Rodolfo Stavenhagen, conhecido sociólogo mexicano que tem procurado aplicar as categorias weberianas ao estudo do desenvolvimento econômico da América Latina, afirma que por estratificação social "se entende, geralmente, o processo mediante o qual os indivíduos, as famílias ou os grupos sociais são hierarquizados numa escala, uns nos escalões superiores e outros nos inferiores".

Estratificação, nesse sentido, é quase um sinônimo de desigualdade social em geral.

Os sociólogos norte-americanos Kingsley Davis e Wilbert Moore vão pelo mesmo caminho ao assinalar que as estratificações são universais e exprimem a distribuição desigual dos direitos e obrigações na sociedade. Segundo eles, é com base no prestígio diferencial atribuído às várias posições sociais, bem como às pessoas que as ocupam, que a sociedade se torna capaz de situar e motivar os indivíduos.

Uma pergunta se interpõe de imediato: a partir de quais critérios é possível aferir a distribuição do prestígio numa dada sociedade de modo a conhecer-lhe o sistema de estratificação?

A Estratificação e seus Critérios

A preocupação de definir critérios unívocos e operacionais de estratificação tem sido a tônica de toda uma série de investigações empíricas e teóricas na Sociologia norte-americana, onde os estudos de estratificação social são largamente aplicados como um instrumento da chamada "pesquisa de mercado". Boa parte da discussão nessa área gira em torno da possibilidade de estabelecer critérios livres do subjetivismo, ou seja, não distorcidos por julgamentos pessoais.

Os sociólogos que se dedicam a esse tipo de problema costumam sublinhar que há pelo menos quatro critérios para aferir o prestígio de uma posição social ou de um indivíduo a partir de opiniões subjetivas:

1º. há o prestígio que o pesquisador atribui à posição;
2º. o que é atribuído à posição pelo próprio indivíduo que a ocupa;
3º. o que um indivíduo atribui à posição de outro; e
4º. o que é aceito, em geral, por toda a sociedade.

Sociólogos como W. Lloyd Warner e seus discípulos, que realizaram estudos empíricos sobre estratificação nos Estados Unidos, têm sido criticados por não distinguirem com suficiente clareza esses quatro critérios, misturando seus julgamentos pessoais com as opiniões das pessoas entrevistadas.

A acusação de subjetivismo também é levantada contra a teoria da estratificação de Talcott Parsons. Do ponto de vista de Parsons, a estratificação exprime diferentes valorações dos objetivos da ação social. Em outras palavras, exprime uma hierarquia de valores, o que supõe necessariamente a existência de um sistema de valores comum a toda a sociedade.

Critérios Objetivos de Estratificação

A insatisfação com o enfoque subjetivista inspirou esforços no sentido de analisar a estratificação social por meio de critérios objetivos, independentes de julgamentos pessoais. Quase todas as escalas elaboradas dentro dessa orientação tomam as profissões como ponto de partida. Contudo, as tentativas de classificar as posições profissionais dentro de uma escala de estratificação levam invariavelmente à reintrodução de um critério subjetivo nos estudos.

Por exemplo, uma dessas escalas, citada por Henri Mendras em seu *Princípios de Sociologia,* classifica as profissões levando em conta o prestígio e o nível de renda. Daí resultam seis categorias sócio-econômicas assim ordenadas:

1º as carreiras liberais;
2º proprietários, chefes de empresa e altos funcionários;
3º empregados de escritório e grupos assimilados;
4º operários qualificados e contramestres;
5º operários semiqualificados e especializados;
6º operários não-qualificados.

O defeito desse tipo de escala, segundo Mendras, é a mistura de critérios insuficientemente definidos – exceto a renda, – o que o torna extremamente incerto.

Outros pesquisadores buscaram classificar as profissões levando em conta exclusivamente o prestígio atribuído. Uma dessas escalas, construída pelos sociólogos norte-americanos North e Hatt, procurou apresentar um retrato fiel das opiniões predominantes no conjunto da sociedade norte-americana a respeito das profissões.

North e Hatt preferiram não agrupar previamente as profissões, mas sim elaborar uma lista de profissões que foi submetida a uma amostra representativa da população dos Estados Unidos. Pedia-se aos entrevistados que atribuíssem nota de 1 a 5 a cada uma das profissões listadas, justificando, na medida do possível, a nota dada.

As médias calculadas a partir dessas notas mostraram que, para o povo norte-americano, a posição de maior prestígio na sociedade é a de juiz da Suprema Corte, seguindo-se as de médico e governador de estado.

Como as profissões não foram previamente agrupadas segundo qualquer critério "razoável", do ponto de vista dos pesquisadores, a distribuição das notas colocou no mesmo nível combinações realmente curiosas de profissões. Por exemplo, apurou-se que os norte-americanos dedicam aproximadamente o mesmo grau de admiração aos pilotos da aviação comercial, pintores que têm seus quadros expostos em galerias, donos de fábricas de mais de 100 operários e . . . sociólogos!

Os próprios autores da pesquisa reconhecem que esse tipo de inferência levanta alguns problemas.

Primeiro, há a questão de saber se as notas médias apuradas representam realmente um *consenso* ou se são simples médias aritméticas. A diferença é clara. Se uma profissão ganha média 3 a partir de notas fortemente concentradas em torno de 3 e 4, digamos, isto indica que a grande maioria da população lhe atribui aproximadamente o mesmo grau de prestígio; o mesmo não se pode dizer se a nota 3 representa a média de valores homogeneamente distribuídos entre 1 e 5.

Esse fator foi levado em conta, mas de fato verificou-se que havia uma notável consistência nas opiniões dos entrevistados. Tal consistência não era basicamente afetada por pequenas diferenças de opinião entre regiões e grupos, que no entanto foram claramente identificadas. Assim, no nordeste dos Estados Unidos as profissões científicas são mais bem cotadas que no sul. No campo, as profissões agrícolas têm um pouco mais de prestígio que nas cidades, e as profissões artísticas um pouco menos. Os homens atribuem maior prestígio do que as mulheres aos industriais. E assim por diante.

Por outro lado, North e Hatt foram levados a concluir que uma única escala de prestígio é insuficiente para exprimir a complexidade da estratificação social. Digamos que o médico é considerado "mais importante" que o lavrador na escala sócio-profissional. O médico, no entanto, é admirado por sua qualificação técnica, enquanto o lavrador é respeitado pela persistência e energia. Até que ponto é significativa uma comparação entre os dois em termos de prestígio?

Para superar essa limitação, além de classificar as profissões numa escala geral, os pesquisadores julgaram necessário elaborar escalas especiais que denominaram "*situs*"; cada uma dessas escalas é aplicável a um número mais restrito de profissões, permitindo, porém, uma classificação mais rigorosa.

Seguindo esse procedimento, North e Hatt chegaram a identificar oito *situs*:

1º. o político, tendo por extremos as posições de mando em nível nacional e em nível local;

2º. o dos quadros intelectuais, onde aparecem em ordem decrescente de prestígio as profissões liberais, ciências puras e aplicadas, e funcionários;

3º. o mundo dos negócios;

4º. atividades de recreação-estética (artes e comunicação);

5º. ocupações agrícolas;

6º. ocupações manuais;

7º. profissões militares;

8º. ocupações de serviços.

Todas essas escalas deixam, porém, a mesma pergunta no ar: que fatores objetivos levam as pessoas a atribuir maior ou menor prestígio a uma profissão?

Segundo Davis e Moore, sociólogos norte-americanos citados páginas atrás, dois fatores determinam o lugar de uma ocupação dentro da hierarquia social: sua importância ou função na sociedade, e o treinamento ou qualificação necessária para ocupar essa função. As principais funções, do ponto de vista dos mesmos autores, seriam a religião, governo, riqueza, propriedade e trabalho, e conhecimento técnico.

Quanto aos critérios empíricos, a maioria dos estudos de estratificação, quando não trabalha exclusivamente com o prestígio atribuído, leva em consideração variáveis como o nível de renda e a origem da renda, riqueza, educação, área residencial, raça e outros critérios secundários.

Como observa Stavenhagen, cada um desses critérios pode servir para se estabelecer uma hierarquia. Mas nenhuma hierarquia estabelecida com base em apenas um desses critérios é capaz de exprimir a realidade da estratificação social. Esta só pode ser expressa por meio de uma combinação de critérios.

Cabe ao pesquisador, portanto, combinar critérios distinguindo claramente sua natureza. Por um lado, as variáveis qualitativas, como nível de renda ou escolaridade, que podem ser expressas por gradações e curvas, devem ser distinguidas das variáveis qualitativas. E entre estas é preciso distinguir as variáveis objetivas, como a posse de certos bens, profissão, função dirigente ou subalterna das variáveis subjetivas, que se baseiam, como assinalamos, em julgamentos pessoais.

O pesquisador precisará ainda delimitar com rigor o universo social para o qual uma estratificação descrita é válida. O ideal seria pesquisar sempre estratificações válidas para a sociedade inteira. O estabelecimento de escalas gerais de estratificação envolve, no entanto, esforço de coleta de dados quase sempre acima das possibilidades dos pesquisadores. E os poucos que o fizeram, como North e Hatt, constataram a ausência de consenso absoluto. Isto é compreensível, considerando que praticamente todas as sociedades-nações modernas apresentam um grau considerável de heterogeneidade cultural; não se constituem, pois, em unidades quanto à estratificação social.

Unidade da Estratificação

Outra questão levantada nos estudos de estratificação é a de saber se a unidade a ser considerada é o indivíduo ou o grupo social.

Muitas vezes os estudos de estratificação limitam-se a estabelecer *status* individuais. Outros estudos reconhecem, no entanto, que além de escalas de *status* individuais é possível determinar a existência de categorias sociais mais ou menos homogêneas, objetivamente hierarquizadas umas em relação às outras.

Essas categorias são chamadas de estratos ou camadas e, às vezes equivocadamente, de classes.

Na realidade os sistemas de estratificação podem ser alternativamente representados como hierarquias de *status* individuais ou hierarquias de categorias, dependendo dos critérios de investigação adotados. Os critérios quantitativos levam ao indivíduo e os qualitativos às categorias. Quanto à combinação desses critérios, levará o investigador para a alternativa que lhe parecer mais adequada aos propósitos da pesquisa.

O certo é que o estudo da estratificação social ainda não produziu esquemas definitivos a esse respeito.

A rigor os estudos de estratificação na Sociologia contemporânea não acrescentam muito, do ponto de vista teórico, ao esquema de Weber, onde todos se inspiram direta ou indiretamente. Os vários critérios operacionais em torno dos quais discutem os pesquisadores não são mais que maneiras diferentes de expressar a situação de classe, relacionada à ordem econômica, o *status*, relacionado à ordem social, e o partido, relacionado à ordem política.

Ao examinar as relações entre estratificação e estrutura social, percebe-se de um ponto de vista weberiano, que cada uma dessas ordens tem seu próprio esquema de estratificação.

Na ordem econômica, o critério é o dos bens e serviços de que o indivíduo dispõe e a renda que eles produzem. Na ordem social, o critério é o prestígio de que goza o indivíduo. E na ordem política, o poder exercido.

Para Weber, ao contrário de Marx, a ordem econômica é, pois, apenas uma das dimensões da estrutura social. Para Marx, a estrutura compõe um todo econômica, política e socialmente integrado – as classes sociais – que não pode ser decomposto em dimensões restritas e específicas. Mas a Sociologia não-marxista, sobretudo a norte-americana, tende a dar uma importância crescente ao *status* como fator principal da estratificação social.

4. Estrutura de Classes e Estratificação Social em Confronto.

Marx e Weber pertenceram a gerações diferentes. A sociedade européia, estudada por Weber na passagem do século XIX, era algo diferente da que Marx estudou em meados do mesmo século.

Este dado talvez explique, em parte, as diferenças entre os dois autores, mas não as diminui em absoluto. Permanece o fato de que o ponto de partida da análise marxista é uma visão macrossociológica e dinâmica onde o funcionamento da sociedade capitalista é explicado pelo conflito de duas macrocategorias, a burguesia e o proletariado. Na sociologia weberiana, em contraste, parte-se de um ponto de vista microssociológico para analisar as relações entre indivíduos e grupos e dos grupos entre si.

Até hoje essas duas perspectivas são confrontadas no estudo da desigualdade social. Enquanto alguns sociólogos investigam as classes sociais no sentido marxista, outros procuram construir escalas de prestígio e escalas sócio-econômicas.

Os dois processos de investigação são totalmente incompatíveis do ponto de vista lógico. Mas isto não significa que as duas perspectivas se excluam necessariamente.

Antes, porém, de examinar os aspectos em que elas se completam, convém aprofundar a discussão dos pontos de contato e divergência existentes entre Marx e Weber, bem como tentar delinear os limites do pensamento dos dois autores.

– MARX E WEBER.

Boa parte da obra sociológica de Weber constitui uma contestação à tese marxista de que as lutas de classes constituem o principal fator dinâmico da vida social. Por um lado, Weber considerava que Marx, ao atribuir importância secundária aos fatores "políticos", exagerou o significado das relações econômicas na ordem social. Por outro lado, Weber critica Marx por não haver reconhecido o papel desempenhado na história pelos grupos de *status*, constituídos por processos que, ao menos diretamente, não dependem das relações de classes.

Tais divergências não devem, contudo, ser ampliadas para além de seu próprio alcance. Cometem esse tipo de exagero, por exemplo, os sociólogos que, em nome de Weber, pretendem atribuir aos grupos de *status* uma preponderância sobre as relações de classe como fator determinante da estrutura social.

Na verdade o próprio Weber reconheceu que a situação de classe, mais que o *status*, é o fator preponderante na sociedade moderna. Para ele a sociedade capitalista é uma sociedade de classes em dois sentidos: primeiro, porque estendeu o alcance das relações mercantis para além do que caracterizava as formas anteriores de sociedade; segundo, porque é um sistema baseado nas relações entre o capital e o trabalho assalariado "livre".

A divergência básica entre Marx e Weber não está, portanto, em saber se a sociedade capitalista é ou não uma sociedade de classes. O grande ponto de divergência está no que um e outro consideram o elemento mais essencial do capitalismo. Marx considera que é seu caráter de classe, isto é, o fato de a sociedade capitalista se constituir num sistema de exploração e opressão do proletariado pela burguesia. Quanto a Weber, para ele o elemento essencial é o caráter racionalizado da empresa produtiva capitalista.

Com efeito, analisando a história econômica da Europa, Weber procurou demonstrar como o desenvolvimento do capitalismo implicou a destruição sistemática dos vínculos tradicionais que barravam ao mesmo tempo a afirmação do indivíduo enquanto agente econômico "livre" e a racionalização do processo produtivo. Nesse sentido, a constituição de relações de classe é apenas um sintoma do processo de racionalização da produção. Esta, por sua vez, deverá permanecer em qualquer forma de socialismo que suceda ao capitalismo.

Estado, Sociedade e Burocracia

Alguns autores consideram que a importância secundária dada por Marx aos fatores políticos acarreta uma ambigüidade em sua concepção das relações entre Estado e Sociedade. Marx refere-se freqüentemente ao Estado como sendo nada mais que um instrumento a serviço dos interesses da classe dominante. Não obstante, muitas outras vezes ele se refere ao Estado como uma organização que supervisiona "de cima" o funcionamento da economia capitalista.

Instrumento dócil ou órgão supervisor?

Na realidade, dentro do pensamento de Marx, não se pode dizer que essa ambigüidade seja gritante. Pelo fato mesmo de administrar globalmente a produção capitalista como um órgão colocado acima dos interesses particularistas que se digladiam na sociedade, o Estado garante a manutenção das relações de produção vigentes, servindo assim aos interesses gerais da classe dominante.

Existe, no entanto, uma divergência real entre os dois pontos de vista, a qual, segundo os críticos, Marx nunca analisou coerentemente. Nas palavras de Anthony Giddens, isto faz que duas imagens distintas e até certo ponto conflitantes coexistam na visão marxista do Estado:

"(1) a de que o Estado é, num sentido direto, o *instrumento* de dominação de classe, e que, portanto, a maioria de suas características organizacionais depende do sistema capitalista de relações de classes e (2) a de que o Estado é uma agência coordenadora, responsável pelas operações administrativas globais da sociedade, *dentro da qual* uma relação de dominação de classe pertence à esfera econômica 'separada' ".

Por ter dado maior ênfase à primeira dessas imagens, Marx não desenvolveu uma teoria da burocracia senão num nível muito rudimentar, em comparação com a teoria consideravelmente elaborada que se encontra em Weber.

Segundo a interpretação de Giddens, Marx teria, na verdade, se limitado a inverter a concepção de Hegel segundo a qual a burocracia estatal representa os interesses gerais da comunidade, em contraposição à multiplicidade de interesses egoístas existentes na sociedade civil. Assim, ao afirmar que a burocracia estatal representa os interesses da classe dominante, Marx deixa de lado o problema da burocracia como algo a ser resolvido após o desaparecimento das classes. Por isso a burocracia não mereceu, em sua obra, uma análise especial.

Weber, em contraste, ao valorizar os fatores políticos, dá maior ênfase à segunda das duas imagens do Estado discernidas por Giddens.

Para Weber, no entanto, as relações de classe não são o fator determinante do Estado burocrático. Tal fator, ele o identifica antes na própria burocracia enquanto forma racionalizada de administração que tende a predominar tanto no âmbito do Estado como no da empresa capitalista.

Livre de restrições externas, o funcionamento do mercado capitalista tende realmente a favorecer os interesses do capital, reconhece Weber. Mas, ao contrário do que pensa Marx, a mudança dessa situação pela abolição da propriedade privada não é, do ponto de vista weberiano, suficiente para determinar uma transformação profunda da sociedade, já que a burocracia permaneceria como padrão dominante de organização do Estado e da economia.

Classes, *Status* e Consciência

A semelhança dos conceitos de classe social em Marx e Weber não é meramente formal. Com efeito, ambos definem a situação de classe a partir da propriedade e da falta de propriedade.

Weber, entretanto, ao conceber classe como um agrupamento de agentes sociais que compartilham uma situação comum de mercado, admite, ao contrário de Marx, a existência de uma pluralidade de classes.

Outra diferença importante entre os dois autores diz respeito, como vimos, à maneira de encarar o fenômeno da consciência de classe.

Para Marx, o que caracteriza uma classe social é basicamente sua relação específica com os meios de produção, que a distingue e opõe a outra classe. Mas só a consciência de classe, ou seja, a consciência dos interesses comuns decorrentes dessa situação econômica específica transforma o agrupamento assim caracterizado numa classe propriamente dita.

Para Weber, diferentemente, o que constitui um grupo enquanto classe é apenas sua situação objetiva de mercado, independentemente da consciência de seus membros. É isto, a propósito, que permite a Weber distinguir claramente "classe" de "comunidade" – caracterizando-se esta, como vimos no Capítulo 3, exatamente pelo sentimento ou consciência de pertencer a um dado agrupamento.

Os indivíduos que pertencem a uma mesma classe tendem a agir da mesma maneira em certas situações análogas, admite Weber. Mas isto não significa necessariamente que eles possuam consciência de classe, a consciência de pertencer a um mesmo todo. Por exemplo, se numa recessão econômica todos os industriais tendem a reduzir seus custos de produção para fazer face à retração da demanda, estão simplesmente obedecendo à lógica da sua situação de mercado, tenham ou não consciência de que tal situação é comum a todos os industriais. Da mesma forma, quando começa a chover todas as pessoas na rua abrem seus guarda-chuvas, sem que esta identidade de comportamento indique a consciência de pertencerem a qualquer agrupamento em particular.

Tendo em vista sua preocupação de distinguir escrupulosamente classe e consciência de classe, seria de esperar que Weber tentasse uma análise sistemática das condições sob as quais as relações de classe levam ao desenvolvimento da consciência de classe. No entanto, ele não deu muitas indicações a esse respeito.

Uma das razões dessa lacuna está, talvez, no fato de que Weber, como já vimos, adota um conceito especial para se referir aos fenômenos de diferenciação social que supõem basicamente a consciência de participação num dado agrupamento: o conceito de *status.*

Assim, a diferença entre classe e *status* encontra-se justamente na base "objetiva" do primeiro conceito, em contraste com a base "subjetiva" do segundo. Outra maneira de apreender a diferença entre os dois conceitos, nos termos do próprio Weber, é ver as classes sociais como agrupamentos que se definem por formas específicas de participação na produção de bens e serviços, enquanto os grupos de *status* se definem a partir de formas específicas de consumo.

Tanto o aspecto objetividade-subjetividade como o aspecto produção-consumo são importantes para a teoria das classes sociais em Marx. Mas o segundo assume maior relevância, na medida em que o privilegiamento dos grupos de *status* corresponderia, do ponto de vista de Marx, a uma redução do significado das relações de classe.

Do ponto de vista de Weber, por outro lado, é o aspecto objetividade-subjetividade que permite perceber mais claramente os grupos de *status* como uma forma de diferenciação social específica, gerada, por assim dizer, "fora" das relações de classes. Na análise weberiana, com efeito, classes e grupos de *status* correspondem a formas de diferenciação que podem eventualmente se sobrepor, mas jamais se reduzem uma à outra.

O que Classe não É

O confronto entre os pontos de vista de Marx e Weber permite traçar as duas grandes vertentes da interpretação das classes sociais na Sociologia. Antes de prosseguir, parece oportuno, entretanto, precavermo-nos contra algumas confusões comuns em relação ao tema.

Para evitar equívocos, deixemos claro o que classe *não é*.

Em primeiro lugar, classe não é uma entidade específica, como uma empresa ou um estabelecimento de ensino, nem tem identidade pública formalmente reconhecida.

Por conseguinte, só mesmo em sentido figurado é possível fazer qualquer afirmação usando o termo "classe" como sujeito de verbos ativos: tal classe "fez" isto ou aquilo. Também quando se diz que "alguém pertence a uma classe", não se deve depreender daí que classe seja um grupo perfeitamente delimitado ao qual se é admitido, como se é admitido no corpo social de um clube.

Em segundo lugar, classe também não é "estrato", nem teoria de classes é "estratificação".

Estratificação, como vimos, é um conceito que se liga à elaboração de escalas sociais. As divisões entre estratos podem ser estabelecidas com precisão, na análise sociológica, na medida em que eles possam ser colocados numa escala de mensuração. É o caso, por exemplo, dos estratos de renda. Já as divisões entre classes não podem ser visualizadas facilmente dentro de escalas de qualquer tipo. Se faz sentido afirmar que o senhor feudal, por exemplo, situa-se "acima" do seu servo, é só como representação espacial de uma relação de dominação e exploração; isto não quer dizer que senhores e servos ocupem "graus" diferentes numa escala contínua.

Finalmente, não se pode confundir classe com elite.

Uma teoria da diferenciação social calcada na oposição entre "elite" e "massas" foi desenvolvida no começo deste século pelos sociólogos italianos Vilfredo Pareto e Gaetano Mosca, em boa medida por oposição à teoria de classes de Marx.

Segundo eles, as grandes transformações políticas e sociais que marcam a história do Ocidente seriam explicáveis pela substituição cíclica das elites dominantes. Apesar de se tratar de uma concepção dicotômica, como a de Marx, há muito pouco em comum entre a teoria das elites e a teoria marxista das classes sociais.

– CLASSES E ESTRATIFICAÇÃO.

O fato de não se dever confundir classe com estrato, nem teoria de classes com estratificação, como acabamos de ver, não nos impede de buscar pontos de aproximação entre esses dois conceitos.

Na medida em que as oposições de classe não são simétricas, pode-se perceber que as posições diferenciais ocupadas pelas classes numa dada sociedade constituem de fato uma estratificação. Isto é possível mesmo que continuemos a não encarar as classes como estratos superpostos.

Assim, as hierarquias de cada sociedade agrupam nos extremos "superior" e "inferior" classes ou blocos de classes em oposição, separados pelos estratos intermediários.

Tais hierarquias não podem, contudo, ser reduzidas a um esquema válido para todas as sociedades. Cada sistema de estratificação tem características próprias, que dependem do conteúdo das relações e oposições de classes em cada sociedade. Em outras palavras, a estratificação numa sociedade baseia-se nas relações entre as classes e tende a refletir o sistema de classes.

Algumas estratificações não parecem, todavia, ao menos à primeira vista, relacionar-se de maneira inequívoca com as oposições de classes. É o caso, por exemplo, das estratificações baseadas em critérios raciais.

Neste caso como em outros, porém, a independência do sistema de estratificação é apenas aparente. Considere-se, por exemplo, o critério racial de estratificação vigente no Brasil ou nos Estados Unidos. Guardadas as especificidades de cada país, a situação de inferioridade a que se vê reduzida a população negra em ambos explica-se pelas relações de classe de uma fase anterior de escravismo.

Em muitas outras situações verifica-se, igualmente, que a origem de um sistema de estratificação se encontra num sistema de classes já desaparecido.

As estratificações são cristalizações sociais e psicológicas, muitas vezes também jurídicas, de certas relações de classe. Mas nelas intervêm também fatores secundários, como os religiosos, étnicos, etc.

Tais fatores secundários têm uma dupla função. Por um lado, reforçam o sistema de estratificação. E, em conseqüência, garantem-lhe uma certa autonomia em relação à base econômica. Isto permite que a estratificação se mantenha, em certos casos, mesmo depois que as oposições de classe que a originaram tenham perdido a base econômica.

Em linguagem marxista, dir-se-á que as estratificações são, portanto, um fenômeno de "superestrutura", dependente da base econômica da estrutura social, mas dotado de inércia própria. Exemplo disso são as estratificações originárias do regime monárquico, graças às quais, em vários países europeus, os reis e nobres ainda têm seus títulos reconhecidos, embora o sistema de classes do qual se originam esteja inteiramente abolido.

A autonomia da estratificação em relação à sua base social faz que ela não seja apenas um reflexo das relações de classe, mas tenha também uma influência sobre essas relações. Por exemplo, a presença de camadas intermediárias num sistema de estratificação costuma ser considerada um fator de abrandamento da oposição entre as classes situadas nos extremos do sistema. Se num sistema há, além disso, grande mobilidade entre os estratos, considera-se que esta tende não só a reduzir a oposição como a reforçar a própria estratificação.

Há vários tipos de estratificação. Todos servem aos interesses do estrato superior de cada sistema de estratificação particular. Mas nem toda estratificação serve aos interesses das classes dominantes da sociedade. Só aquelas que correspondem à sua estrutura sócio-econômica.

Por outro lado, há etapas históricas em que estrato superior e classe dominante podem não ser idênticos. Isto acontece quando determinadas relações de classe se desenvolvem para além dos limites das estratificações que se encontrem em vigor numa dada sociedade.

Mais cedo ou mais tarde, no entanto, desenvolver-se-á um novo sistema de estratificação que melhor corresponda à nova estrutura de classes da sociedade. Por isso é possível haver numa sociedade diversos sistemas de estratificação concomitantemente, mas há sempre uma única estrutura de classes.

5. Classes Sociais, Estamentos e Castas.

Muitas vezes a análise da estrutura de classes e da estratificação social pode se complicar com o aparecimento de termos como "estamento", "casta", "raça" ou "minoria".

Antes de encerrar o capítulo, convém examinar o significado desses termos.

— ESTAMENTOS.

Marx utilizava freqüentemente palavras diferentes, como *Klasse* (classe) e *Stand* (posição, *status*, estamento) para designar a mesma realidade. Mas há momentos em que é evidente que ele dá sentidos diferentes às duas palavras.

É o caso, por exemplo, desta frase:

"A burguesia, pelo simples fato de ser uma classe (*Klasse*) e não mais um estamento (*Stand*), é forçada a se organizar nacionalmente, e não mais localmente, e a dar uma forma geral à sua média de interesses."

Nesse trecho, Marx liga o conceito de classe à organização em âmbito nacional. Em outras palavras, o surgimento das classes supõe um desenvolvimento das trocas comerciais para além do âmbito local ou regional, até abranger países inteiros. Seria, pois, um fenômeno típico do capitalismo.

Deveríamos concluir daí que as chamadas "classes feudais" – nobreza e servos – não eram classes propriamente ditas?

Para responder a essa questão, é preciso levar em conta, em primeiro lugar, que estamos diante de mais uma dificuldade relativa à aplicação do modelo dicotômico abstrato de Marx a uma realidade histórica concreta.

Na medida em que o modelo abstrato possa ser aplicado à sociedade feudal, ela deve ser considerada uma sociedade de classes. Em outras palavras, na medida em que seja possível identificar, nessa sociedade, a divisão básica entre uma minoria de exploradores e a maioria de explorados, deve-se reconhecer que estamos diante de verdadeiras classes sociais.

Não obstante, uma comparação do feudalismo com o capitalismo que lhes enfatize as particularidades enquanto etapas históricas concretas, revela diferenças fundamentais entre a sociedade feudal e a capitalista. Isso equivale a dizer que há diferenças fundamentais entre as classes nas duas situações. É o que leva Marx a designar as "classes feudais" com o termo "estamento", num claro propósito de ressaltar-lhes as características próprias em contraste com as classes na sociedade capitalista.

Vejamos quais são as diferenças em questão.

Feudalismo

Na Europa, não houve apenas um, mas vários feudalismos. Mas em todos eles é possível constatar a existência de uma estrutura comum, dotada das seguintes características:

1º *alocação autoritária do trabalho* – No feudalismo, a hierarquia de ocupações era sancionada por Deus. Cada homem, por sua vez, tinha de executar as tarefas próprias de sua ocupação, à qual seria chamado por vocação, não podendo abandoná-la. Com o fim da ordem medieval, os indivíduos ficaram formalmente livres para se ocupar com o que desejassem;

2º *estamentos legalmente sancionados* – Trata-se de uma característica diretamente ligada à anterior. Um indivíduo não poderia sair de seu estamento, e este era regido por normas que definiam rigidamente a posição do indivíduo dentro da sociedade, seus privilégios e obrigações. A abolição dos estamentos legalmente sancionados tornou possível que os homens participassem de um mercado de trabalho competitivo;

3º *produção para consumo local* – A economia feudal era orientada para o consumo local. Uma família de camponeses produzia diretamente ou adquiria no comércio local todos os meios necessários à sua subsistência. Com o desenvolvimento dos mercados e a expansão de uma economia monetária, o mecanismo de preços tornou-se o elo entre o produtor e o consumidor, distantes um do outro em termos geográficos;

4º *caráter personalizado da dominação* – Os laços pessoais de fidelidade e servidão eram a base da estrutura da sociedade feudal. Assim, as relações de subordinação e dominação, tanto no âmbito da comunidade senhorial como de grupos maiores, resultavam num sistema de relações pessoais. Isso é totalmente incompatível com um sistema baseado em princípios impessoais de mercado, que supõe igualdade de oportunidades, ao menos formalmente;

5º *fusão dos poderes "político" e "econômico"* – A decadência da ordem feudal foi acompanhada e promovida pela separação de suas esferas institucionais que originalmente se confundiam: de um lado, o comércio e a indústria, ou seja, o poder "econômico"; de outro, o Estado, ou seja, o poder "político". No feudo, os dois poderes se fundiam na figura do senhor feudal;

6º *caráter fundamentalmente agrário* – O feudalismo estava necessariamente ligado ao campo. Seu declínio está relacionado com o crescimento das cidades, as quais, por sua vez, tinham sua existência baseada nas atividades de comércio e manufatura.

Capitalismo

Admitindo-se que o conceito de classe só se realiza plenamente no capitalismo, pode-se distinguir nele quatro características básicas:

1º *agrupamento em larga escala* – Por serem resultantes do desenvolvimento do mercado, as classes supõem uma ruptura do sistema social e econômico baseado na produção para consumo de uma comunidade local auto-suficiente. As classes são, portanto, agrupamentos em larga escala;

2º *agregado de indivíduos* – Por esta característica, entende-se que as classes não são grupos sociais no sentido corrente, isto é, agrupamentos com limites claramente definíveis. Muitas vezes é difícil precisar se um indivíduo participa ou não de uma dada classe social, e a questão pode ser absolutamente irrelevante do ponto de vista teórico;

3º *relações de tipo contratual* – O surgimento das classes pressupõe que as relações predominantes na sociedade deixem de ser personalizadas para se tornar impessoais, ou seja, de tipo contratual. Ao contrário das obrigações pessoais do servo para com o senhor feudal, as obrigações do trabalhador assalariado para com o capitalista são sempre claramente delimitadas e condicionadas na forma de um contrato de compra e venda da mercadoria especial que é a força de trabalho;

4º *abertura* – As classes sociais são "abertas", ao menos nominalmente, no sentido de que a filiação a elas não é determinada por uma posição herdada, nem garantida por costumes ou leis.

Para situar com precisão esse conceito de classe, é preciso levar em conta que Marx usa o termo "capitalismo" em sentido específico.

Muitos historiadores da economia caracterizam o capitalismo pela formação de relações comerciais e mercados financeiros, e o fazem remontar à Idade Média. Alguns falam da existência de capitalismo até na Roma antiga.

Marx reconhece que o desenvolvimento de mercados é uma condição para o aparecimento do capitalismo. Mas a ordem social capitalista implica mais que isto. Escreve Marx em *O Capital*:

"As condições históricas de sua existência [do capitalismo] não são de forma alguma dadas pela simples circulação de bens e dinheiro. Ele só pode surgir quando o proprietário dos meios de produção e de subsistência se encontra no mercado com o trabalhador livre que vende sua força de trabalho."

Assim, o que caracteriza o capitalismo em sentido específico, para Marx, é um sistema de classes que articula capital e trabalho assalariado.

Nesse sentido, é completamente diferente a relação entre burguesia e nobreza no sistema feudal e pós-feudal, de um lado, e entre burguesia e proletariado, de outro.

A burguesia e a nobreza não estão ligadas por uma relação de exploração. A burguesia desenvolveu-se dentro do sistema feudal, mas não como parte integrante dele. Seus conflitos com a nobreza resultavam do crescimento do poder econômico e político das cidades diante da economia feudal em processo de enfraquecimento.

Já o confronto entre burguesia e proletariado deriva da relação de exploração que liga as duas classes. E esta relação é a característica fundamental do capitalismo como sistema econômico e político.

– CASTAS.

Há muita controvérsia entre os sociólogos a respeito do conceito de castas e de sua aplicabilidade a diferentes sociedades concretas. Praticamente, só existe consenso geral em torno de um ponto: a idéia de que as castas constituem sistemas de estratificação social e, conseqüentemente, de que não se pode falar de casta sem se referir a um sistema de castas.

As divergências existentes a respeito do conceito podem ser reduzidas a três pontos de vista básicos.

1º *Conceito amplo* – Parte dos estudiosos do tema considera possível elaborar um conceito de casta suficientemente amplo para aplicá-lo a diversos tipos de sociedade. Um conceito, pois, que não teria alcance restrito à sociedade hindu, a cujas camadas sociais hereditárias o termo "casta", de origem ibérica, foi aplicado pela primeira vez no começo do século XVI.

Representando esta corrente, o antropólogo norte-americano Alfred L. Kroeber assim definiu casta:

". . . . é uma subdivisão endógama e hereditária de determinada unidade étnica, que ocupa uma posição superior ou inferior em nível ou prestígio social comparada com outras subdivisões da mesma unidade."

No mesmo sentido, Gerald Barreman afirma:

"Existe um sistema de castas quando uma sociedade é composta de grupos culturalmente distintos (castas), ordenados hierarquicamente e cujos membros são adscritos a eles pelo nascimento."

Examinemos mais detidamente os vários elementos desta última definição.

"Sociedade": Os grupos que constituem um sistema de castas são partes distintas, interdependentes e interatuantes de uma sociedade abrangente. Os membros de uma casta se consideram, e são considerados pelos outros membros, membros igualmente de um conjunto mais amplo, identificado como "povo", "nação", "país", etc. Por outro lado, todos os membros de uma sociedade de castas pertencem a uma casta e a apenas uma.

"Grupos culturalmente distintos": Cada casta é constituída por indivíduos que, no interior da sociedade abrangente, reconhecem formar uma entidade separada, claramente delimitada e com uma posição determinada no conjunto do sistema. Os membros de uma casta compartilham um nome de grupo, usam formas características de relacionamento mútuo, e identificam os membros de seu próprio grupo e de outros por traços físicos como a cor da pele ou traços culturais como o dialeto, a ocupação, as vestes ou o local de residência. Os indivíduos só se sentem entre iguais quando estão entre os membros de sua própria casta. O tamanho e o grau de corporatividade de cada grupo variam muito.

"Adscritos pelo nascimento": Um indivíduo pertence a uma casta por ter nascido nela, e sua posição é, a partir daí, considerada imutável. Uma forma de garantir a imutabilidade da posição é a obrigatoriedade do casamento endógamo, quer dizer, dentro da própria casta. Assim, o filho pertencerá à mesma casta do pai e da mãe. Esse método, entretanto, não é adotado em todas as sociedade onde se identifica a existência de castas. Na própria Índia, a adscrição de um indivíduo a uma casta freqüentemente é feita unilinearmente, isto é, levando em consideração somente a condição do pai ou da mãe. A adscrição pode ser feita de acordo com normas mais complexas, mas sempre com base no nascimento.

"Ordenados hierarquicamente": Os sistemas de castas são hierárquicos, ou seja, supõem uma distribuição desigual de poder, riqueza e prestígio. O critério pelo qual as castas são hierarquizadas pode variar muito. Na Índia, por exemplo, o critério é religioso: as castas se escalonam das mais "puras" às mais "impuras", com os brâmanes ocupando o ápice do sistema, e os párias, ou intocáveis, situados na base. Qualquer que seja o critério, os membros das castas mais elevadas dão a si mesmo maior valor que aos membros das castas inferiores. Estes, por seu lado, parecem sempre colocar em questão, quando não o próprio critério de hierarquização, pelo menos o julgamento que os coloca nos escalões inferiores do sistema.

Além de ser um sistema de estratificação, todo sistema de castas pode ser considerado também um modelo peculiar de relações sociais.

Com efeito, as castas, como vimos, são grupos culturalmente distintos. Deste fato, e da hierarquização das castas, decorre que elas se diferenciem pelas experiências de vida, oportunidades e prestígio de que gozam seus membros. Este conjunto de influências, aliado à adscrição pelo nascimento, parece ter conseqüências psicológicas e de comportamento muito especiais para os membros de uma casta.

Assim, embora o conceito que os membros de uma casta têm de si mesmos não coincida inteiramente com o que têm deles os membros de outras castas, é impossível que eles não sejam influenciados pela maneira como os outros os encarem e pelo comportamento que daí decorre. É comum, por exemplo, observar nos membros das castas inferiores traços de comportamento como a apatia, o retraimento, a submissão extrema, ou o escapismo e a resistência. As castas superiores, por seu lado, desenvolvem sentimentos de superioridade em relação às inferiores, expressando-se freqüentemente no menosprezo ou arrogância.

Fica bem clara, a partir desta caracterização, a impossibilidade de se confundir um sistema de castas com um sistema de classes. Nos sistemas de classes as pessoas são classificadas a partir de seus atributos individuais, enquanto que no sistema de castas isso acontece a partir do grupo a que elas pertencem pelo nascimento.

Conseqüentemente, num sistema de castas o indivíduo assume os atributos da sua casta porque faz parte dela, ao passo que num sistema de classes o indivíduo passa a pertencer à classe porque tem os atributos correspondentes.

A mobilidade social é por definição impossível num sistema de castas, o que não acontece num sistema de classes, embora neste caso a mobilidade seja mais ou menos rigidamente controlada, do ponto de vista das normas sociais, e mais ou menos improvável, do ponto de vista estatístico.

Os sociólogos que adotam o conceito amplo de castas que acabamos de definir consideram-no aplicável a áreas tão diferentes do mundo como a Península Arábica, a Polinésia, várias partes da África (incluindo o sistema de segregação racial da África do Sul), a Índia, a América Latina (caracterizando as diversas etnias) e os Estados Unidos (caracterizando os grupos raciais).

2º *Conceito restrito à sociedade hindu* – Na posição oposta encontram-se os sociólogos que consideram o sistema de castas um fenômeno cultural especificamente hindu. Embora não discordem fundamentalmente do conceito de casta acima exposto, esses sociólogos julgam que ele só tem sentido real dentro do contexto da sociedade hindu.

3º *Posição intermediária* – Trata-se também de uma posição restritiva, aliás bem próxima à anterior, mas que amplia a aplicabilidade do conceito de castas a toda a área cultural pan-indiana. Isto significa que seria possível identificar sistemas de castas, além da sociedade hindu, em todo o sul da Ásia. Rodolfo Stavenhagen, um dos defensores desse ponto de vista, considera que, fora da área pan-indiana, o fato de um sistema de estratificação ser rígido não implica que deva ser identificado com o sistema de castas.

Por exemplo, as relações entre grupos raciais na África do Sul e nos Estados Unidos, bem como as relações entre etnias em diversos países da América Latina, resultam de fatores históricos como a escravidão, o colonialismo e a conquista militar, associados à expansão do capitalismo europeu. Analisar tais relações como se constituíssem um sistema de castas seria, para Stavenhagen, esquecer inteiramente a especificidade desses fatores, o que equivale a confundir e não explicar a realidade.

– RAÇAS E MINORIAS.

Os conceitos de "raça" e "minoria" não provocam tanta discussão como o de casta. Mas, como eles intervêm com freqüência nos estudos de estrutura de classes e estratificação social, convém examiná-los rapidamente no final deste capítulo.

Raça

De um ponto de vista sociológico – diferente, portanto, do ponto de vista da antropologia física, – raça pode-se definir como um agrupamento que, de acordo com *padrões culturais* vigentes na sociedade, é identificado e se distingue de outros agrupamentos por características biológicas que lhe são atribuídas e podem variar de um lugar para outro.

Deve-se frisar a distinção entre o conceito biológico – da antropologia física – e o conceito sociológico de raça. Enquanto do ponto de vista biológico as raças humanas constituem unidades altamente plásticas, instáveis, cuja caracterização depende da combinação probabilística de traços geneticamente independentes, os padrões culturais referentes às relações inter-raciais tendem em geral a pintar as raças como entidades fixas e estanques.

Esta tendência é tanto maior quanto mais conflituosas forem as relações inter-raciais numa sociedade. Assim, para o segregacionismo dos brancos sul-africanos, que sustenta um regime de opressão política e espoliação econômica, é fundamental que um "branco" seja algo absolutamente distinto de um "negro".

Do ponto de vista da Sociologia, as relações inter-raciais são sempre enfocadas, portanto, como relações políticas, culturais e econômicas.

Raças diferentes podem se relacionar dentro de um sistema de classes, como nos Estados Unidos e no Brasil, ou de um sistema colonial, como na África, ou num entrelaçamento dos dois tipos de relações, como na América espanhola.

Geralmente, quando se fala de relações inter-raciais, fala-se de relações de dominação e subordinação. Da mesma forma, quando se fala de conflitos raciais, trata-se geralmente de lutas que têm por objetivo manter ou abolir privilégios políticos e econômicos ligados a uma divisão racial. Em certos casos, o conflito corresponde a uma competição entre raças por determinados privilégios.

Minoria

Na Sociologia norte-americana, é comum associar a análise das relações raciais ao estudo das "minorias". Minoria, deste ponto de vista, é um subgrupo da sociedade cujos membros estão sujeitos a preconceitos, discriminação, perseguição ou segregação por parte de outro subgrupo, que é considerado como maioria.

As minorias podem ser nacionais, lingüísticas ou religiosas. Tal como acontece com as raças, elas podem se constituir em estratos num sistema de estratificação, bem como em grupos de poder em conflito político e econômico com outras minorias ou com o grupo considerado majoritário.

Características comuns às minorias são, por um lado, a tendência à endogamia, e por outro a manutenção de tradições culturais próprias, o que as define como subculturas.

As minorias não são classes sociais, porque o que as constitui como grupo não é sua relação com os meios de produção. Não obstante, é possível que uma minoria se encontre em situação de classe e que sua luta contra o grupo considerado majoritário assuma o caráter de um verdadeiro conflito de classes. É este o caso, por exemplo, dos movimentos reivindicatórios dos imigrantes árabes e europeus "meridionais" admitidos como trabalhadores não-qualificados nos países desenvolvidos da Europa Ocidental.

POSSÍVEIS OBJETIVOS DO ESTUDANTE

Depois de ler atentamente este capítulo e discuti-lo, quando necessário, você deverá ser capaz de:

1. Indicar as características básicas da desigualdade social.
   a) Enumerar e resumir os principais modelos de explicação sociológica da desigualdade social.
2. Explicar por que, segundo Marx e Engels, as classes sociais são categorias históricas.
   a) Expor o modelo abstrato de dominação de classe em Marx.
   b) Discutir os problemas suscitados pela aplicação desse modelo a situações históricas concretas.
3. Definir classe, *status* e partido, segundo Max Weber.
   a) Contrapor a dicotomia e a pluralidade das classes sociais no modelo weberiano.
4. Definir estratificação social
   a) Expor os critérios de estratificação correntes na Sociologia contemporânea.
5. Indicar os pontos de contato e divergência entre Marx e Weber no que diz respeito à explicação da desigualdade social.

6. Discutir a possibilidade de combinação dos conceitos de estrutura de classes e de estratificação social como instrumentos da análise sociológica da desigualdade.
7. Explicar a distinção entre estamento e classe no pensamento de Marx.
8. Definir casta e sistema de castas.
   a) Resumir as três principais posições correntes na Sociologia a respeito do alcance do conceito de castas.
9. Definir raça e minoria.

SUGESTÕES PARA LEITURA

Barreman, Gerald D. Concepto de Casta, *in Enciclopedia Internacional de las Ciencias Sociales.* Madrid, Aguilar, 1974, vol. 2, p. 211–216.
Análise do conceito de casta, dentro de uma posição que admite ser ele aplicável a sociedades em diferentes partes do mundo.

Giddens, Anthony. *A Estrutura de Classes das Sociedades Avançadas.* Rio de Janeiro, Zahar, 1975, p. 28–36, 46–50, 56–59, 87–101, 126–127.
As passagens indicadas apresentam o conceito marxista de classes; os conceitos de classe, *status* e partido em Weber; uma comparação entre as concepções de Marx e Weber; as imagens e conceitos de classe no pensamento popular e na teoria científica, segundo Ossowski; uma crítica ao trabalho de Ossowski; a questão da diferença entre consciência de classe em Marx e consciência de *status* em Weber; os fundamentos da distinção entre estamento e classe em Marx; uma discussão a respeito daquilo que classe não é.

Mendras, Henri. *Princípios de Sociologia; Uma Iniciação à Análise Sociológica.* Rio de Janeiro, Zahar, 1969, p. 210–214.
Comparação entre as concepções de Marx e Weber a respeito da diferenciação social, seguida de uma exposição sobre os indicadores de estratificação e escalas sócio-econômicas e de prestígio.

Ossowski, Stanislaw. *Estrutura de Classes na Consciência Social.* Rio de Janeiro, Zahar, 1964.
Apresentação do estudo sobre imagens e conceitos de classe no pensamento popular e na teoria científica.

Stavenhagen, Rodolfo. Classes Sociais e Estratificação Social, trad. Berenice Moraes Lacroix e Shiguenoli Myiamoto, *in Sociologia e Sociedade,* org. M. A. Foracchi Martins. Rio de Janeiro, Livros Técnicos e Científicos 1978, p. 281–296.
Análise da estratificação social, seus critérios, suas relações com a estrutura de classes. Apresenta também uma discussão sobre o conceito de castas e define raça e minoria.

Tumin, Melvin N. *Estratificação Social.* São Paulo, Pioneira. 1970, p. 27–36.
Apresenta o conceito sociológico de desigualdade social e suas características básicas.

Weber, Max. Class, Status and Party, *in Economy and Society*. New York, 1968, vol 1, p. 302–307; vol. 2, p. 926–940.
Duas versões da concepção weberiana de classe, *status* e partido.

Fotografia ABRIL PRESS / Sérgio Sade

capítulo 6

A Dinâmica Social: Mudança e Movimentos Sociais

Plano do capítulo

1. EVOLUÇÃO, MUDANÇA E PROCESSOS SOCIAIS
   - *Mudança Social*
     A Ação Histórica
     Mudança Social e Processo Social
   - *Fatores, Condições e Agentes de Mudança Social*
2. A MUDANÇA ESTRUTURAL
   - *Mudança Social e Desenvolvimento do Capitalismo*
   - *O "Modelo" Marxista em Discussão*
     O Papel da Tradição na Mudança
     O Alcance do "Modelo" Europeu-Ocidental
     Método Materialista, Essencialmente Histórico
   - *Divisão do Trabalho e Alienação*
     Socialismo, Fim das Classes e da Alienação
     Uma Crítica a Marx
3. A MOBILIDADE SOCIAL
   - *Conceito e Tipos de Mobilidade Social*
     Mobilidade Sócio-Profissional
     Continuidade, Mudança e Mobilidade Social
   - *Conseqüências Sociais da Mobilidade*
   - *Uma Crítica aos Estudos de Mobilidade*
4. MOVIMENTOS SOCIAIS
   - *Touraine e a Análise dos Movimentos Sociais*
     O Princípio da Identidade
     O Princípio da Oposição
     O Princípio da Totalidade
   - *As Funções dos Movimentos Sociais*
     Função de Mediação
     Função de Clarificação da Consciência Coletiva
     Função de Pressão
   - *Movimentos Sociais e Grupos de Pressão*
   - *Movimentos Sociais Gerais*
   - *Movimentos Sociais Específicos*
     A Agitação
     O *Esprit de Corps*
     O Desenvolvimento do Moral
     A Ideologia Grupal
     A Tática
   - *Reforma e Revolução*

A esta altura do nosso estudo, você com certeza já tem claro que, do ponto de vista da Sociologia, a sociedade não é estática, mas dinâmica; uma realidade cujas formas mutáveis contrastam com as formas relativamente fixas do mundo físico, ou mesmo com a aparente fixidez das espécies vivas.

Dizer que a sociedade "se move" é, no entanto, uma afirmação ainda muito vaga para os nossos propósitos. *Como* ela se move – eis a questão. Em outras palavras, quais as formas e mecanismos da dinâmica social?

É este o tema dos dois últimos capítulos da nossa exposição.

Para começar, trataremos neste capítulo de precisar o sentido de alguns termos que já apareceram, aqui e ali, nos capítulos anteriores. Qual a diferença entre evolução e mudança social? Que tipos de mudança social a Sociologia distingue? Estas noções, e mais as de ação histórica e processo social, serão discutidas na primeira parte do capítulo.

Seguindo uma linha de raciocínio assumida por Parsons, entre outros, podem-se distinguir, como veremos, dois tipos de mudança na sociedade: a mudança "de equilíbrio" e a "estrutural". A mudança estrutural, que constitui a mudança social propriamente dita, teve em Marx seu intérprete mais destacado até o presente. As concepções marxistas a este respeito serão abordadas na segunda parte do capítulo. Discutiremos aí temas como o papel das ideologias – especialmente da tradição – nesse tipo de mudança, o caráter histórico da mudança social, o alcance limitado do modelo europeu-ocidental de mudança.

A exposição da teoria marxista da mudança social termina pelo resumo de uma crítica que lhe é dirigida por Anthony Giddens, apontando lacunas nos escritos de Marx e Engels a respeito da abolição da divisão do trabalho social e do Estado sob o socialismo.

O exame do conceito de mobilidade social – que constitui o tema da terceira parte deste capítulo – leva-nos a considerar a contribuição de uma outra corrente teórico-metodológica ao estudo da mudança social: o estrutural-funcionalismo, mais especificamente os representantes dessa corrente na Sociologia norte-americana.

Veremos então que a questão da dinâmica social admite um outro tipo de tratamento, que enfatiza o movimento dos indivíduos e grupos ao longo de escalas sociais de riqueza, poder e prestígio. Nesse sentido, as pessoas se movem "para cima" ou "para baixo" na sociedade conforme ganham ou perdem *status*. Nos estudos de mobilidade social, esse tipo de movimento é apreendido, como veremos, seja do ponto de vista da história de vida individual, seja do ponto de vista da sucessão de gerações.

Os estudos de Rogoff, Lipset e Bendix, Fox e Miller nos levam do terreno teórico para o da pesquisa empírica dentro deste tema. O conhecimento desses estudos nos dará melhores condições de apreciar as críticas que se dirigem mais freqüentemente às concepções de mobilidade social: que se apresentam falsamente dinâmicas, que assumem um enfoque psicologizante, que têm implicações políticas e ideológicas indesejáveis. Tais críticas serão expostas a seguir.

Por último você travará contato com a concepção de movimentos sociais desenvolvida pelo sociólogo francês Alain Touraine.

Veremos quais os princípios que regem esse tipo de movimento, segundo Touraine, e suas funções nos processos de mudança social. Discutiremos também a diferença entre movimentos sociais e grupos de pressão, as diferenças e semelhanças entre movimentos sociais gerais e específicos e, finalmente, as diferenças e semelhanças entre movimentos sociais de cunho reformista e de cunho revolucionário.

1. Evolução, Mudança e Processos Sociais.

– É incrível como isto aqui mudou nos últimos tempos . . .

Aquilo a que se refere o "isto aqui" varia muito. Pode ser um país inteiro, ou uma região, uma cidade, um bairro, um simples grupo como uma empresa ou um clube. No entanto, você que certamente já ouviu a frase muitas vezes sabe que seu sentido é quase sempre o mesmo.

Mudou a paisagem de um lugar, para começar: abriram-se novas estradas ou avenidas, ergueram-se prédios, ou quem sabe trocou-se o comportamento das pessoas: a moda no falar e no vestir, o jeito de cortar ou não cortar o cabelo, os assuntos das conversas, as oportunidades de estudo e emprego, as formas preferidas de lazer, e assim por diante.

Tudo isso são manifestações observáveis da dinâmica social; evidências, à disposição de qualquer um de nós, de que a vida social não é nunca mera repetição de ações rotineiras, mas um processo permanente de mudança.

"Permanente", no caso, não quer dizer linear. Se é verdade que a sociedade não pára nunca de mudar, é verdade também que a mudança não segue sempre o mesmo ritmo. Às vezes se acelera, como por exemplo num período de rápida industrialização ou de avanço da fronteira agrícola numa região. Às vezes acontece de maneira não só acelerada como violenta, como nas guerras e revoluções. Às vezes, em compensação, avança a passo de tartaruga, quase imperceptivelmente.

Neste último caso, é comum que as pessoas reparem nas mudanças da sociedade quase da mesma maneira como reparam no crescimento de uma criança. Alguém passa uns anos fora, volta e se espanta: "Puxa, como isto mudou!" No mesmo tom poderia dizer: "Puxa, o fulaninho está um homem feito!"

Em ambos os casos, das mudanças da sociedade e do crescimento das crianças, depois do espanto vem quase sempre o comentário: "É, o tempo passa . . . "

Sejam as mudanças lentas ou rápidas, o tempo é, na verdade, a dimensão principal em qualquer abordagem dinâmica da vida social. Pois é nisto, em suma, que uma abordagem dinâmica se distingue de uma abordagem estática da realidade: enquanto esta ignora os elementos de mudança para só considerar aquilo que se repete, como se o objeto estudado pudesse "parar" num momento, aquela considera o objeto num período mais ou menos longo de tempo, através do qual os elementos de mudança tendem a se destacar.

É compreensível, portanto, que dependa essencialmente do fator tempo a distinção que habitualmente se faz em Sociologia entre dois aspectos da dinâmica social: a "mudança", em sentido restrito, e a "evolução social".

Evolução social, desse ponto de vista, é o resultado cumulativo de mudanças sofridas pela sociedade no decorrer de um longo período, mais longo que a vida de uma ou muitas gerações.

Como diz Guy Rocher, a evolução social "só é observável a grande altitude, e os pormenores da paisagem fundem-se numa imagem ou num movimento de conjunto".

Isto significa, em primeiro lugar, que quando se discutem processos de evolução social têm pouca importância as pequenas mudanças, exceto à medida que uma série de pequenas mudanças possa ser tomada como expressão de uma tendência geral de transformação. Segundo, tendências gerais de transformação da sociedade têm pouco interesse para o estudo da evolução social se não apresentam efeito cumulativo a longo prazo, isto é, se as mudanças consideradas não apresentam uma *orientação* duradoura e bem definida.

Por exemplo, a Revolução Industrial consistiu numa série de mudanças tecnológicas e sociais na organização da produção que em conjunto definiu uma tendência geral de transformação da sociedade européia nos séculos XVIII e XIX. Poucos estudiosos admitiram, no entanto, que por si só essa série de mudanças constitui um processo evolutivo. Pode-se, isto sim, como no marxismo, ligar a Revolução Industrial a uma série muito mais longa de mudanças, compreendendo várias etapas econômico-sociais desde a "selvageria" até o capitalismo. Na medida em que apresente uma orientação duradoura, definida pelos efeitos cumulativos do desenvolvimento das forças produtivas e da emancipação progressiva do indivíduo de seu círculo social imediato, essa sucessão de etapas constitui um processo de evolução social.

A definição de mudança social fica implícita neste conceito de evolução. Fala-se de mudança por referência a transformações da sociedade observáveis em períodos de tempo mais curtos, e não necessariamente cumulativas. As caprichosas mudanças da moda, com suas oscilações de inovação e retorno ao passado, ilustram bem um tipo de mudança de curto prazo e não orientada.

A mudança social em sentido restrito tem mais uma característica: corresponde geralmente a processos mais localizados geográfica e socialmente. É possível observá-la numa área geográfica ou numa situação sócio-cultural bem delimitada.

Em suma, todo conceito de evolução social supõe uma série consideravelmente extensa de mudanças sociais orientadas na mesma direção. Mas nem toda mudança social pode ser inequivocamente ligada a um processo de evolução social.

Estabelecida essa distinção fundamental, exploremos mais a fundo o conceito de mudança social.

– MUDANÇA SOCIAL.

Parsons e outros autores distinguem, como já assinalamos, dois tipos de mudança na sociedade: a mudança "de equilíbrio" e a mudança "estrutural". Tomemos esta distinção para entender melhor, primeiramente, o que *não é* mudança social.

Sugerimos um pouco acima que as mudanças de comportamento das pessoas, assim como as da paisagem humana num dado lugar, são sinais visíveis da dinâmica social.

Agora devemos notar, porém, que desde logo não constitui mudança social a mudança de comportamento que afete apenas uma ou algumas pessoas. Assim, o fato de uma pessoa ou um grupo mudarem de opinião a respeito de certo tema, por exemplo, só pode ser considerado mudança social se fizer parte de um conjunto mais amplo de mudanças.

Por outro lado, nenhum acontecimento singular é por si mesmo mudança social, mesmo que envolva um grande número de pessoas. Todo dia acontecem eleições, greves, catástrofes, comemorações, eventos que envolvem às vezes um povo inteiro, e no entanto não se pode dizer que um deles isoladamente represente mudança social. Mudanças sociais podem ser, é verdade, acompanhadas, provocadas ou seguidas de acontecimentos marcantes. A queda da Bastilha, por exemplo, acompanhou e até hoje simboliza a série de mudanças sociais profundas trazidas pela Revolução Francesa. Mas nem mesmo esse tipo de correlação entre mudança social e acontecimento singular é obrigatório.

Também não constitui mudança social a substituição de pessoas nesta ou naquela posição social, mesmo que seja um cargo proeminente como o de chefe de Estado. Como sabemos, as pessoas passam e a sociedade é capaz de permanecer igual ao que era antes. Uma nova geração ocupa o lugar da mais velha, uma empresa admite novos empregados enquanto outros são demitidos ou se aposentam, mudam os homens e os partidos no governo – e nem por isso a sociedade como tal muda, embora a substituição de pessoas em seus cargos e funções, assim como qualquer outro acontecimento singular, possa eventualmente ser sintoma ou prenúncio de mudanças sociais.

Da mesma forma, a vida social implica a cada momento um número incontável de trocas, o que não deixa de ser uma forma de mudança. Trocam-se mercadorias, presentes, favores, informações, direitos, gentilezas, grosserias. E também isto não quer dizer necessariamente que haja mudança social.

Em suma, nem toda mudança que se verifica *na sociedade* – seja um acontecimento, substituição de pessoas em posições, ou trocas de toda sorte – é mudança social.

Como argumenta Parsons, boa parte das mudanças em questão é exigida pelo próprio funcionamento normal da sociedade. Longe de alterar-lhe a estrutura, contribuem, isto sim, para manter a sociedade em equilíbrio, nos termos da teoria dos sistemas sociais exposta no Capítulo 4. Esta é a diferença entre mudança de equilíbrio e mudança social propriamente dita, que é a mudança estrutural.

A Ação Histórica

Convém distinguir, por outro lado, mudança social de "ação histórica". Pode-se dizer que a ação histórica está para a mudança social assim como a ação social está para a organização social. Tanto ação histórica como ação social são noções que se referem à atividade observável dos agentes sociais; enquanto que mudança social e organização social se referem a realidades que precisam ser *inferidas* a partir da ação observável.

Ação histórica é toda a atividade que se destina ou é de natureza a provocar, intensificar, refrear ou impedir mudanças na estrutura da sociedade em seu conjunto ou em alguma das suas partes.

É raro que a totalidade dos membros de uma sociedade, ou de um grupo social parcial, se encontre empenhada em algum tipo de ação histórica. Na realidade, são determinadas pessoas, grupos ou movimentos que a cada momento influenciam ativamente a orientação da sociedade, traçam seu destino – em suma, fazem história. A ação histórica se refere, assim, mais particularmente à influência desses agentes da mudança.

A ação de tais agentes pode ter influência tanto sobre a direção como sobre o ritmo da mudança social. Quem tem idéias novas ou propõe novos valores, como um filósofo ou um escritor "inconformista", pode estar influindo sobre a direção de mudanças sociais futuras. Quem adota essas idéias e valores e procura difundi-los, por seu lado, pode estar contribuindo para tornar essas mudanças mais ou menos rápidas.

Mas ação histórica também pode ser aquela que constitui um freio ou obstáculo à mudança social, opondo-se aos novos valores ou retardando-lhes a difusão. Tanto quanto a inovação ou a luta contra os valores vigentes, a recusa ativa da mudança deve pois ser considerada uma forma de ação histórica.

Pode-se dizer, portanto, que a ação histórica é a mudança social vista do ângulo dos agentes que a influenciam positiva ou negativamente. Em outras palavras: ação histórica é a dimensão da ação social que se funda na inovação, seja para difundi-la ou para a ela se opor.

A ação histórica aparece, deste ponto de vista, como o aspecto mais propriamente sociológico da mudança social (supondo-se, como certos sociólogos, que a ação social é o ponto de partida necessário da Sociologia). Pois ela é o aspecto que se encontra efetivamente na perspectiva da ação social, definindo-se como uma dimensão desta.

Mudança Social e Processo Social

Com os elementos de que já dispomos, estamos em condições de definir com maior clareza o que é mudança social. Resumidamente, ela é a mudança de estrutura da sociedade que resulta da ação histórica de indivíduos ou grupos no seu seio.

Sem serem sinônimos, ação histórica e mudança social são noções intimamente relacionadas, que no entanto podemos separar analiticamente. É possível, de fato, apreender as mudanças de estrutura ocorridas numa sociedade num dado período de tempo, sem levar em conta as ações históricas que as produziram. Num plano superficial, não teórico, é isto o que faz a pessoa que retorna de uma longa viagem, como em nosso exemplo páginas atrás.

De outra parte, por "processo social", neste contexto, deve-se entender a seqüência e o encadeamento de circunstâncias e ações históricas que no conjunto constituem o curso das mudanças sociais.

Pelo estudo do processo correspondente podemos saber como transcorreu uma mudança social, em que seqüência e graças a qual combinação de ações históricas. O estudo dos processos sociais, neste sentido, não explica a mudança social, mas *conta* (no sentido de narrar) o seu desenrolar no tempo.

Tanto no plano da organização social – entendida como o conjunto de ações que preserva e reproduz uma dada estrutura na sociedade – como no da mudança social, há alguns tipos de processos de interação que vale a pena distinguir.

Dois tipos básicos contrastam: os processos pelos quais os indivíduos ou grupos se aproximam e se associam, e os processos pelos quais se afastam e se opõem.

O processo social básico de aproximação é a "cooperação", em que os indivíduos ou grupos agem conjunta e complementarmente, visando atingir um objetivo comum que pode ser vaga ou totalmente consciente para os agentes envolvidos. Assim, mesmo perseguindo objetivos diferentes, o operário que busca o salário e o capitalista que busca o lucro, por exemplo, cooperam dentro do objetivo comum de produzir os artigos necessários tanto à realização do lucro como dos salários.

Em contraste, a "competição" é o processo básico de afastamento. Indivíduos e grupos sociais em competição buscam atingir finalidades opostas, de tal maneira que o sucesso de uns implica necessariamente o insucesso dos outros. Para ficar no mesmo exemplo, quando negociam um reajuste salarial, patrões e empregados participam claramente de um processo de competição: quanto maior o reajuste obtido pelos empregados menor o lucro dos patrões e vice-versa.

No entanto, a competição é um processo ambíguo, pois também pode caracterizar-se como cooperação desde que existam regras comuns obedecidas pelos competidores. Isto fica patente numa competição esportiva, por exemplo, onde os adversários cooperam deliberadamente para em conjunto promover o espetáculo que proporcionam ao público.

Rompidas as regras que disciplinam a competição e que a submetem a uma dada ordem social, eclode o "conflito", o mais extremo dos processos de afastamento. No limite, o conflito termina pela eliminação física do indivíduo ou grupo rival; em casos menos agudos, visa o seu controle e domínio. No entanto, mesmo no conflito podemos encontrar algum traço de cooperação, pois sem a mútua decisão de luta o conflito não existiria.

A "acomodação" é o processo de aproximação que comumente sucede ao conflito. Não significa que as desavenças que o causaram tenham sido superadas, mas que os indivíduos e grupos adversários resolveram tolerar-se mutuamente. Podem até cooperar em algumas atividades de interesse comum, mas mantêm-se afastados no restante, marcando as diferenças de objetivos e a distância social que os separa.

Processos de acomodação seguindo-se ao conflito são relativamente comuns em sociedades altamente diferenciadas, como praticamente todas as nações modernas. Geralmente, nesses casos, a acomodação é efetivada pela mediação ou arbitragem de terceiros interessados na normalização das relações das partes em conflito.

Pense, por exemplo, no caso de uma greve por reajuste salarial terminando com a intervenção da polícia, que dissolve piquetes, prende líderes grevistas e eventualmente invade sindicatos. Esse tipo de conflito termina normalmente com a intervenção de um mediador – o Ministério do Trabalho, digamos – que promove a acomodação entre patrões e empregados.

Nas situações de acomodação em que as diferenças e a distância entre os indivíduos ou grupos persistem apesar do precário equilíbrio alcançado, há sempre a iminência do retorno ao conflito. Este só é eliminado, ou afastado como possibilidade iminente, à medida que se avança num processo de assimilação. Por esse tipo de processo, as diferenças e distância social entre os adversários, até então apenas acomodados, desaparecem ou se reduzem a um mínimo, possibilitando assim o retorno à plena colaboração.

O fato de os conflitos trabalhistas tornarem sempre a ocorrer ciclicamente na maioria dos países de economia de mercado sugere, neste sentido, que nunca chega a haver real assimilação entre patrões e empregados.

Cooperação, competição, conflito, acomodação e assimilação apresentam-se muitas vezes como uma seqüência recorrente de processos sociais. Mas não como processos mutuamente excludentes. Salvo nos casos extremos de total cooperação ou conflito, os diferentes tipos de processo social coexistem e se compõem das mais diversas maneiras em cada sociedade.

– FATORES, CONDIÇÕES E AGENTES DA MUDANÇA SOCIAL.

No estudo dos processos de mudança social, costuma ser útil distinguir os fatores, condições e agentes da mudança.

Vimos que os agentes da mudança social são indivíduos e grupos que participam da introdução ou da difusão de novos valores ou idéias na sociedade. Definem-se, assim, como os agentes sociais cuja ação, sob certos aspectos, se caracteriza como ação histórica.

Quando falamos, por outro lado, de fatores e condições da mudança, referimo-nos aos demais elementos das situações em que se desenrola a ação histórica.

Um fator é um elemento de uma determinada situação que, pelo simples fato de existir ou pelos efeitos que produz, provoca ou impulsiona a mudança social. Por exemplo, a introdução de máquinas para a fabricação de determinado produto pode acarretar modificações nos métodos de trabalho, na organização das equipes, nos níveis de autoridade e outros aspectos da organização de uma indústria. Da mesma forma, a implantação de uma indústria no meio rural tende a acarretar uma transformação no mercado de trabalho, aumentar a mobilidade da população, determinando mudanças nos costumes, na cultura e na organização social da comunidade atingida.

Em ambos os casos citados estamos diante de fatores de mudança social.

Quanto às condições da mudança, são elementos da situação que favorecem ou desfavorecem, ativam ou moderam, encorajam ou atrasam a influência de um ou vários fatores operantes. Os exemplos acima podem ser retomados aqui. No caso da indústria, a ação ou omissão do sindicato dos trabalhadores no sentido de aceitar ou combater a introdução de máquinas modernas na linha de produção será uma condição favorável ou desfavorável às mudanças daí decorrentes. Na comunidade rural, pode ocorrer que o tipo de agricultura anteriormente praticado, o grau de prosperidade das famílias, as atitudes predominantes em relação ao progresso, sejam condições favoráveis ou desfavoráveis às mudanças acarretadas pela implantação da indústria.

Como se vê, fatores e condições da mudança social são noções complementares. As condições de mudança são elementos da situação que favorecem ou desfavorecem a ação dos fatores, intensificando ou inibindo sua influência.

As condições existentes podem afetar o ritmo da mudança, fazendo que a ação dos fatores seja mais ou menos rápida. Podem influir também na direção da mudança. Assim, devido a determinadas condições, uma inovação pode sofrer modificações na fase de difusão, desviando a mudança conseqüente da direção original. Por fim, as condições podem afetar o próprio alcance da mudança social. Uma mudança pode não encontrar condições favoráveis num setor da sociedade ou numa região particular e por isso não penetrar aí, ou fazê-lo tardiamente.

2. A Mudança Estrutural.

Assinalamos, no início deste capítulo, que Marx é até hoje considerado o intérprete "clássico" da mudança social. Cabe notar, entretanto, que as concepções marxistas a esse respeito, embora incluindo proposições sobre a mudança social "em geral", são inteiramente condicionadas pelo desejo de esclarecer *um* processo de mudança historicamente determinado: aquele que se põe em marcha com o desenvolvimento do capitalismo e, na visão de Marx, conduzirá necessariamente à abolição desse tipo de sociedade e à instauração do comunismo.

Numa de suas frases mais citadas, Marx torna explícita sua posição básica em relação ao processo em questão. Escreve ele:

"Os filósofos limitaram-se a *interpretar* o mundo diferentemente, cabe *transformá-lo.*"

Mais do que um pensador contemplativo – ou um cientista "neutro", como se diria hoje, – Marx encarava a si mesmo como um participante ativo da transformação radical do mundo que para ele seria a abolição do capitalismo e a instauração do comunismo. Enquanto teórico, todo o seu esforço dirigiu-se no sentido de esclarecer os fatores e condições dessa mudança social revolucionária para aqueles que considerava seus principais agentes históricos: os "proletários de todos os países" aos quais se dirige o famoso *Manifesto Comunista* de 1848.

Ao abordar a mudança social, Marx o faz, portanto, de um ponto de vista histórico, ou mais precisamente do ponto de vista do agente histórico coletivo que ele identificava no proletariado mundial. Tendo como principal objetivo elevar o nível da consciência do proletariado a respeito de sua vocação revolucionária, a teoria marxista é levada a captar a mudança a um nível estrutural e macrossociológico, isto é, como mudança das estruturas globais da sociedade, ao mesmo tempo que a refere a um processo secular de evolução social.

– MUDANÇA SOCIAL E DESENVOLVIMENTO DO CAPITALISMO.

Vimos no Capítulo 5 como a concepção marxista das classes sociais pode ser qualificada de dinâmica desde que as lutas de classes são vistas como o motor das transformações sociais decisivas na história da humanidade. Vimos também que para Marx, embora a noção de classes sociais se aplique às etapas anteriores ao advento do capitalismo, só com este adquire sentido pleno, à medida que o capitalismo aguça ao máximo a divisão da sociedade em exploradores e explorados.

É na sociedade capitalista burguesa, portanto, que a luta de classes revela todas as suas potencialidades como fator de mudança social. Vejamos por que isso acontece.

O capitalismo se caracteriza antes de mais nada por um desenvolvimento dos técnicos de produção e da divisão do trabalho social, ou seja, por um desenvolvimento das forças produtivas da sociedade, numa escala absolutamente sem precedentes na história. Marx liga esse desenvolvimento à ascensão de uma nova classe social, a burguesia moderna, a cujo apogeu ele assistiu na primeira metade do século XIX.

Escrevem Marx e Engels no *Manifesto* de 1848:

"A burguesia, durante seu domínio de classe, apenas secular, criou forças produtivas mais numerosas e mais colossais que todas as gerações passadas em conjunto. A subjugação das forças da natureza, as máquinas, a aplicação da química à indústria e à agricultura, a navegação a vapor, as estradas de ferro, o telégrafo elétrico, a exploração de continentes inteiros, a canalização dos rios, populações inteiras brotando na terra como por encanto – que século anterior teria suspeitado que semelhantes forças produtivas estivessem adormecidas no seio do trabalho social?"

Todo esse desenvolvimento teve por requisito a destruição da antiga organização feudal da agricultura e da manufatura, a qual se revelara um arcabouço demasiado estreito para conter a expansão do comércio e da grande indústria.

A supremacia econômica e política da burguesia ergue-se, assim, sobre as ruínas da sociedade feudal.

Mal se consolida, no entanto, a própria sociedade burguesa passa a sofrer os efeitos de uma contradição semelhante à que determinara a falência do feudalismo. Acontece que em pouco tempo as forças produtivas modernas, liberadas dos laços tradicionais que lhe impediam o desenvolvimento, passam a se chocar com as relações de produção fundadas na livre concorrência e na propriedade capitalista, bases da própria supremacia burguesa.

As crises cíclicas do capitalismo, em que se assiste ao paradoxo da miséria coexistindo com a superprodução, denunciam, segundo Marx, a contradição que solapa a nova sociedade. Contradição tanto mais chocante quanto a grande indústria, elevando ao máximo a produtividade do trabalho social, traz a promessa de uma era de abundância geral na qual o homem se libertaria finalmente das necessidades primárias que até hoje marcam sua sujeição às forças da natureza.

O capitalismo, porém, assim como engendra as condições de sua própria superação, cria o agente ao qual caberá realizar essa missão histórica: o proletariado.

Com efeito, ao mesmo tempo que estabelece as bases efetivas da supremacia burguesa e potencia a produtividade do trabalho social, o desenvolvimento da grande indústria capitalista requer a formação de vastas massas de trabalhadores "livres", quer dizer, destituídos de toda propriedade exceto sua própria força de trabalho. Esta nova classe de proletários, que a dissolução da antiga ordem feudal expulsa do campo e a grande indústria concentra nas cidades, só tem acesso aos meios de produção e de subsistência se puder vender sua força de trabalho ao capital na condição de operários assalariados.

O salariato é a forma moderna de exploração de classe; é a forma pela qual, nas condições da sociedade burguesa, uma minoria de não-produtores usa seu monopólio dos meios de produção para extrair dos produtores diretos um excedente econômico em que baseia seu enriquecimento privado. E a própria lógica do mercado de trabalho capitalista faz que o salário da grande massa de trabalhadores oscile em torno do mínimo necessário à sua sobrevivência pura e simples.

É da lógica da produção capitalista, portanto, que a concentração de riquezas inimagináveis nas mãos de uma minoria da sociedade – a burguesia – tenha por contrapartida a miséria da grande maioria – o proletariado. Como se isso não bastasse para tornar inevitável a luta de classes entre a burguesia e o proletariado, afirma Marx, na sociedade burguesa as relações de exploração se despem de todos os disfarces religiosos e políticos que as envolviam sob o feudalismo, para serem abertamente governadas pelo único objetivo do lucro.

Escreve Marx:

"Todos os complexos e variados laços que prendiam o homem feudal a seus 'superiores naturais', [a burguesia] os despedaçou sem piedade, para só deixar subsistir, de homem para homem, o laço frio do interesse, as duras exigências do 'pagamento à vista'."

O capitalismo não se limita, desse modo, a substituir uma forma de exploração por outra. Mais que isso, leva a exploração a extremos de cinismo e brutalidade. Mais nítida do que nunca torna-se então a divisão da sociedade em uma classe de explorados e uma classe de exploradores. Conseqüentemente, mais encarniçada do que nunca se torna a luta de classes.

Para Marx, à medida que o proletariado se organiza para resistir à exploração e toma consciência de sua real situação de classe – passando de "classe em si" a "classe para si", conforme a terminologia explicada no Capítulo 5, – a luta de classes conduz inevitavelmente à revolução social e ao aniquilamento da burguesia.

Mas o proletariado, diferentemente de todas as outras classes que ascenderam ao poder no passado, não funda sua existência na exploração de nenhum setor da sociedade. Ao contrário, sua ascensão deve necessariamente representar a libertação de todos os oprimidos e o fim de toda exploração.

Assim, através de um período transitório de ditadura do proletariado, a antiga classe explorada aplicará sua violência organizada para expropriar os exploradores, abolindo a propriedade privada dos meios de produção e transformando-os em propriedade social por meio do Estado.

Abolidas as divisões de classe, a revolução proletária entra na fase de construção do "comunismo", em que o próprio Estado deixa de existir enquanto instrumento de dominação, para dar lugar à associação livre e igualitária de produtores. Só assim o homem se verá livre da tirania da produção, passando esta a ser determinada tão somente pelas necessidades do consumo da sociedade.

Terminaria assim o que Marx chama a "pré-história" da humanidade, iniciando-se a história verdadeiramente humana.

– O "MODELO" MARXISTA EM DISCUSSÃO.

A revolução social contemporânea foi o centro das preocupações de Marx na interpretação da mudança social.

Mas isso não o impediu de estender sua visão para o passado mais remoto, procurando identificar na história as leis gerais que permitiriam explicar o presente, isto é, o desenvolvimento do capitalismo. Daí resultaram formulações generalizantes como esta, que consta do clássico prefácio à *Contribuição à Crítica da Economia Política* (1859):

"Em certo estágio do seu desenvolvimento, as forças materiais da sociedade entram em conflito com as relações de produção existentes, ou – o que nada mais é do que a expressão legal da mesma coisa – com as relações de propriedade dentro das quais operavam anteriormente. De formas de desenvolvimento das forças de produção, tais relações se tornam suas algemas. Advém, então, o período de revolução social. Com a mudança do fundamento econômico, toda a imensa superestrutura é mais ou menos rapidamente transformada. Ao considerar tais transformações, dever-se-ia sempre distinguir a transformação material das condições econômicas de produção, que pode ser determinada com a precisão da ciência natural, das formas legais, políticas, religiosas, estéticas ou filosóficas – em suma, ideológicas, nas quais os homens se tornam conscientes desse conflito e o decidem à força."

Nesse trecho podem-se perceber os elementos sempre ressaltados pelos autores que fazem uma interpretação "estruturalista" de Marx: os aspectos materialistas, mecânicos e supra-históricos do seu "modelo" de mudança social.

Os aspectos materialistas podem ser identificados ali onde a análise marxista distingue níveis de "profundidade" na organização social. O nível mais profundo corresponde à base material da sociedade, isto é, ao grau de desenvolvimento das forças produtivas por cujo intermédio se realiza o "metabolismo" do homem com a natureza. Sobre esse nível, organizando-o, erige-se o das relações de produção, ou seja, o das relações de propriedade ou não-propriedade que os agentes sociais estabelecem com seus meios de produção. Em conjunto as forças produtivas e as relações de produção constituem a infra-estrutura econômica da sociedade, que por sua vez determina as formas variáveis da superestrutura política e ideológica.

Os aspectos mecânicos correspondem ao automatismo que presidiria à transformações do conjunto do edifício social em conseqüência do desenvolvimento de novas forças produtivas e de sua contradição com as relações de produção vigentes.

Finalmente, os aspectos supra-históricos se revelam na idéia de que toda a história da humanidade se resumiria numa sucessão de "modos de produção" – definidos pela unidade das forças produtivas com as relações de produção, – evoluindo do modo de produção "asiático" ao capitalista moderno, passando pelo antigo e pelo feudal.

É possível admitir, na verdade, que a negação enfática de todo idealismo contida no "Prefácio", bem como o esquematismo excessivo de um texto extremamente sucinto, tenham resultado numa visão a-histórica e estruturalista da mudança social. Outros autores sustentam, no entanto, que tal visão é incompatível com o conjunto da obra de Marx.

Para esses autores, outros textos de Marx, da própria *Contribuição à Crítica da Economia Política,* anteriores, como *A Ideologia Alemã* (1846), ou posteriores, como *O Capital* (1867, 1885, 1894), justificam uma interpretação bem diferente das suas concepções a respeito da mudança social.

Afirma Marx em um de seus escritos da juventude:

"Não é a consciência dos homens que determina sua vida; ao contrário, é seu ser social que determina sua consciência."

Nesta fase, a ênfase é colocada, não na economia em sentido estrito como fato determinante da história, mas antes na ação humana, na "paraxis". Desse modo, o materialismo se transformaria em "vitalismo", não biológico mas social. Não haveria lugar no marxismo, portanto, para a idéia de uma determinação rígida e mecânica da infra-estrutura sobre a superestrutura. A questão da contradição entre as forças produtivas e as relações de produção, na medida em que estas modifiquem seu caráter frente àquelas, passando de agentes de desenvolvimento a entraves, autoriza a pressupor uma relativização das determinações no conjunto formado pela totalidade dos níveis da organização social.

Em outros termos, o "modelo" marxista da mudança social deveria ser pensado em termos dialéticos – de condicionamento recíproco entre os diferentes níveis da organização social, – e não em termos de condicionamentos unidirecionais.

O Papel da Tradição na Mudança

Sempre que se propõe explicar de maneira menos sumária suas concepções de mudança social, Marx é levado a dar muito mais destaque ao papel desempenhado pelas ideologias do que faz supor o trecho do "Prefácio" acima citado.

Alguns historiadores, observou ele a esse respeito, preocuparam-se em saber como seria possível a transformação dos modos de produção, já que os meios de produção se encontram, de fato, nas mãos da classe menos interessada na mudança. Rebatendo esta objeção, Marx salienta o papel histórico dessa forma importantíssima de ideologia que é a tradição.

"É evidente", diz ele, "que a tradição deve desempenhar um papel poderoso" na configuração das circunstâncias em que se baseiam as relações sociais de produção. Uma vez que "é do interesse da fração dominante sancionar a ordem existente em termos de lei e perpetuar seus limites fixados pelo hábito e pela tradição como limites legais", as relações de produção "assumem gradativamente uma forma regular e ordenada. E essa regulamentação e ordem são elementos indispensáveis de qualquer modo de produção, na medida em que se destine a assumir solidez social. (. . .) A sociedade assume essa forma através da reprodução repetida do mesmo modo de produção, em que o processo de produção se estagna e com ele as relações sociais correspondentes. Se isso continuar por algum tempo, essa ordem se fortifica através do costume e da tradição, e é finalmente sancionada como lei expressa."

Dessa maneira, ainda nas palavras de Marx, "quanto mais a forma normal de inter-relação da sociedade e, com ela, as condições da classe dominante, desenvolvem sua contradição com as forças produtivas avançadas, e quanto maior a conseqüente clivagem dentro da própria classe dominante bem como a clivagem entre ela e a classe dominada, mais falsa, evidentemente, torna-se a consciência que originalmente correspondia a essa forma de inter-relação . . . e mais as anteriores idéias tradicionais dessa inter-relação, em que os interesses privados atuais, etc., estão expressos como interesses universais, baixam para o nível de meras frases idealizantes, ilusão cônscia, hipocrisia deliberada. Mas quanto mais sua falsidade é exposta pela vida e quanto menos significado tiverem para a própria consciência, tanto mais firmemente serão asseveradas, mais hipócrita, moral e sagrada se tornará a linguagem dessa sociedade normal".

Richard Aschcraft, um comentador de Marx na literatura sociológica contemporânea, nota que o trecho acima citado, de *A Ideologia Alemã,* faz ver a tradição como uma faca de dois gumes no processo de mudança social. Por um lado, ela é um repositório de ilusões a que a classe dominante se apega o mais que pode para persuadir a si mesma e ao resto da sociedade de que tudo deve continuar como antes. Por outro lado, "é fonte de uma nova ideologia, à medida que os desvios com respeito a ela própria se tornam mais 'transparentes', definidos em termos de interesses de classe".

Assim, por exemplo, os ideais de "liberdade, igualdade e fraternidade" que selaram a aliança da burguesia com a plebe urbana na Revolução Francesa, logo revelaram sua estreiteza à medida que essa mesma plebe pretendeu por meio deles afirmar *seus* interesses de classe. Os ideólogos burgueses, que falavam em nome dos direitos universais do homem, tiveram então de reconhecer que estavam particularmente interessados num direito entre todos, o direito à propriedade privada.

N' *O 18 Brumário,* analisando os acontecimentos da história francesa que levaram da queda de Luís Filipe em 1848 ao golpe de estado de Luís Napoleão em 1851, Marx aponta uma outra faceta da tradição: seu caráter de "linguagem" tomada ao passado, de que os homens se valem para exprimir os sentimentos e ideais do presente nos períodos revolucionários.

Para Marx, com efeito, uma das razões mais importantes da intensidade das lutas de classe na França do século XIX — não obstante o escasso desenvolvimento do capitalismo no país em comparação com a Inglaterra — foi a força da tradição revolucionária de 1789.

Em resumo: a tradição, tomada como expressão ideológica, é um importante fator de mudança social porque, de acordo com Marx, a transformação das forças produtivas "só se efetua vagarosamente. Os vários estágios e interesses nunca são inteiramente superados, mas apenas subordinados aos interesses prevalentes, e arrastam-se ao lado destes por séculos. (. . .) Isso explica por que, em relação a pontos específicos que permitem uma síntese mais geral, a consciência pode às vezes parecer mais avançada do que as relações empíricas contemporâneas, de tal modo que, nas lutas de uma época posterior, pode haver referência a teóricos anteriores como autoridades".

Reconhecendo, desse modo, o peso específico da tradição nos processos de mudança social, a teoria marxista não abre mão do ponto de vista segundo o qual o desenvolvimento das forças produtivas, tomado como resposta social às necessidades básicas e diretas dos homens, é o fator primordial a ser considerado. Fica claro, no entanto, que a ação desse fator tem lugar dentro de um processo *histórico* de mudança, mais do que nos resultados explosivos de um ou vários acontecimentos singulares.

O Alcance do "Modelo" Europeu-Ocidental

Outro ponto em que é preciso se resguardar contra uma interpretação demasiado simplista das concepções de Marx refere-se à possibilidade de extrapolar seu "modelo" da mudança social, calcado na realidade européia-ocidental, para outros contextos históricos.

Cabe lembrar, a propósito, a afirmação de Engels segundo a qual "cada imagem mental do sistema do mundo é e permanece objetivamente limitada pelas condições históricas e subjetivamente limitada pela constituição física e mental de seu formador".

Na verdade, sublinha Engels em outra passagem, toda representação da realidade é necessariamente empobrecedora, já que uma exposição científica exaustiva da interconexão entre os fenômenos sociais é simplesmente impossível. Principalmente ao examinar os fatos da história cotidiana, diz ele, "nunca será possível para ninguém ir diretamente ao encontro das causas econômicas finais", seja pela grande complexidade das inter-relações envolvidas, seja pela falta de informação empírica ao mesmo tempo abrangente e atualizada.

Só por isso se justifica que, para efeito de análise, se admita certa constância na situação social, um ponto de vista fixo que permita situar as forças em ação na sociedade. Se a filosofia for empregada corretamente, diz Engels, poderá assim proporcionar ao estudioso "uma soma de resultados mais gerais, abstrações que surgem da observação desse desenvolvimento histórico dos homens".

Nas palavras de Marx, tais "abstrações" podem ser úteis "para facilitar o arranjo do material histórico, indicar a seqüência de seus estratos separados". Mas, prossegue ele, não podem ser tomadas como "uma receita ou esquema" capaz de "pôr em ordem clara as épocas históricas".

Marx não aceita, definitivamente, a tentativa de transformar seu esboço histórico das origens e do desenvolvimento do capitalismo na Europa ocidental numa concepção esquemática dos passos gerais que cada sociedade teria de dar, seja qual for o contexto histórico em que se encontre.

Segundo Aschcraft, tal abordagem "super-histórica" jamais proporcionaria "o conhecimento necessário para compreender uma sociedade histórica particular". No capítulo de *O Capital* dedicado aos primórdios da acumulação capitalista, Marx sublinha que não pretende senão "traçar os passos pelos quais, na Europa ocidental, a ordem capitalista da economia emergiu do seio da ordem econômica feudal". De fato ele foi mais longe, ao insistir que suas observações se limitavam expressamente aos países da Europa ocidental e que suas conclusões só se podiam aplicar "à transformação de uma forma de propriedade privada em outra forma de propriedade privada".

Por não levar em conta devidamente essas ressalvas, muitos intérpretes marxistas do desenvolvimento da América Latina – notadamente do Brasil – foram levados a distorcer os fatos históricos, "descobrindo" uma etapa feudal na formação das sociedades coloniais do lado de cá do Atlântico.

Método Materialista, Essencialmente Histórico

Weber, em polêmica com o marxismo, dizia que nenhuma "lei" histórica, "inclusive a chamada teoria materialista da história", pode ser mais que "um instrumento de análise" de utilidade "provisória" para o estudo de uma dada sociedade.

Contrariamente à expectativa de Weber, Marx com certeza teria concordado com esta afirmativa. "Eventos notavelmente análogos mas ocorrendo em ambientes históricos diferentes", afirmou ele, podem levar a "resultados totalmente distintos." Contudo, "estudando-se cada uma dessas formas de evolução em separado, e comparando-as, pode-se facilmente encontrar a chave para esse fenômeno". Só que isto nunca seria possível "empregando como orientação principal uma teoria geral histórico-filosófica".

Para Marx, portanto, a teoria materialista da história deve ser encarada como "princípio orientador da investigação histórica", e não como "um padrão acabado de acordo com o qual são modificados os fatos da história para caberem no molde". Por isso mesmo, Engels acusava os jovens marxistas de fins do século XIX de usarem o materialismo histórico como "desculpa para *não* estudar história".

Prossegue Engels:

"De acordo com a concepção materialista da história, o elemento determinante da história *em última instância* é a produção e a reprodução da vida real. Mais do que isso, nem Marx nem eu afirmamos. Daí que, se alguém distorce essa afirmação, dizendo que o elemento econômico é o *único* determinante, transforma aquela proposição numa frase abstrata e sem sentido. A situação econômica é a base, mas os vários elementos da superestrutura . . . também exercem sua influência sobre o curso das lutas históricas e em muitos casos predominam na determinação de sua *forma.* Existe uma interação de todos esses elementos, na qual, em meio a todo um conjunto de acidentes (isto é, de coisas e acontecimentos cuja inter-relação interna é tão remota ou tão impossível de provar que podemos encarar como não existentes, irrelevantes) o movimento econômico finalmente se afirma como necessário. Se não a aplicação da teoria a qualquer período da história seria mais fácil do que a solução de uma simples equação de primeiro grau."

– DIVISÃO DO TRABALHO E ALIENAÇÃO.

Outros problemas se colocam quando a teoria marxista passa da análise do desenvolvimento efetivo do capitalismo para a tentativa de indicar os caminhos de sua superação. Para Anthony Giddens, as maiores dificuldades partem da relação estabelecida por Marx entre divisão do trabalho e alienação.

Desde seus primeiros escritos, Marx identificou no desenvolvimento da divisão do trabalho social a origem da alienação do homem, isto é, a sujeição do homem aos produtos do seu próprio trabalho. Segundo ele, a divisão do trabalho social é alienante porque, embora gerando riqueza material, fragmenta as capacidades humanas genéricas.

Em seus escritos da maturidade, Marx procura analisar de maneira concreta os processos sociais e econômicos subjacentes ao fenômeno da alienação. Permanece, no entanto, a idéia de que a divisão do trabalho social fragmenta as capacidades humanas de duas maneiras principais.

Em primeiro lugar, a divisão do trabalho provoca a especialização das ocupações – processo que é levado ao extremo pela grande indústria capitalista. Aí a divisão do trabalho subordina o homem à máquina, "limitando", como salienta Giddens, "a amplitude das atividades do trabalhador a operações repetitivas, de rotina". Desse ponto de vista, os efeitos alienantes da divisão do trabalho parecem agravar-se na razão direta do progresso tecnológico.

Em segundo lugar, o desenvolvimento da divisão do trabalho fragmenta o homem pelo próprio fato de dividir a sociedade em classes. Vimos, com efeito, que a divisão da sociedade em classes só se torna possível quando o desenvolvimento da divisão do trabalho cria as condições para a geração de um produto excedente capaz de ser apropriado em caráter privado pela minoria de não-produtores que monopoliza os meios de produção. O caráter alienante da divisão do trabalho se revela aqui no fato de que, com o aparecimento das classes sociais, alguns homens são obrigados a ceder a outros o controle de grande parte dos seus atos.

Socialismo, Fim das Classes e da Alienação

Ao procurar esclarecer os objetivos finais da revolução proletária, diz Marx que na sociedade comunista não haverá alienação, e a divisão do trabalho, tomada como especialização ocupacional, desaparecerá juntamente com as classes. A abolição da propriedade privada dos meios de produção é o elo que liga esses dois processos, de abolição das classes e da divisão do trabalho.

Nesse ponto, segundo Giddens, a teoria marxista apresenta lacunas que podem ser atribuídas a uma dificuldade insuperável: a de reconciliar satisfatoriamente os dois aspectos do caráter alienante da divisão do trabalho que acabamos de mencionar. Tal dificuldade resultaria, por sua vez, do papel incerto atribuído por Marx à tecnologia.

A especialização ocupacional – que faz do homem um mecânico, carregador ou engenheiro – é fundamentalmente o resultado da mudança tecnológica. Marx percebe, naturalmente, que esta é estimulada ao máximo pelo capitalismo, como uma poderosa alavanca para aumentar o lucro. Sob este aspecto a tendência à diferenciação ocupacional está, certamente, relacionada com o sistema de classes.

Isto, contudo, não é o mesmo que demonstrar que a supressão do sistema de classes torna necessária, ou até possível, a abolição da divisão do trabalho em sentido mais amplo. De acordo com Marx, a passagem da ditadura do proletariado ao comunismo depende da criação de uma abundância material possibilitada pelo potencial representado pela tecnologia que se desenvolve sob o capitalismo, mas que não pode ser completamente aproveitada devido às limitações inerentes a esse modo de produção.

Quando se refere à superação da divisão do trabalho, no entanto, Marx tende a enfatizar ocupações pré-industriais. N' *A Ideologia Alemã*, por exemplo, ele descreve uma sociedade hipotética "que torna possível a alguém fazer uma coisa hoje e outra amanhã, caçar pela manhã, pescar à tarde, criar gado à tardinha, fazer crítica literária depois do jantar . . . sem se tornar um caçador, um pescador, um vaqueiro ou um crítico".

O aspecto contraditório da questão está em que, quando fala da nova ordem sócio-econômica, Marx não é nem de longe um opositor da tecnologia industrial moderna. O fato de apelar para imagens pré-industriais revela, segundo Giddens, dificuldades não resolvidas em suas opiniões sobre o problema.

Para se referir à abolição ou ao desaparecimento da divisão do trabalho no comunismo, Marx costuma utilizar o termo hegeliano *Aufhebung*, que significa mais propriamente "transcendência" do que "erradicação". Mas tudo o que ele tem a dizer sobre como se daria a abolição da divisão do trabalho consiste em algumas generalizações, lugar-comum no século XIX, a respeito da tendência de a mecanização culminar na produção automatizada, por meio da qual "o homem se relaciona com o processo [de trabalho] apenas como supervisor e superintendente".

Há uma ligação direta entre essa questão e a da autoridade na indústria e no Estado na fase de transição para o comunismo, tal como Marx a concebe.

No capitalismo, as relações de autoridade em ambas as esferas, indústria e Estado, repousam em direitos próprios da posse e do desdobramento do capital, direitos cuja legitimidade deriva dos conceitos de liberdade e igualdade.

O mercado de trabalho é, de fato, a esfera em que o direito de livre contrato sustenta a dominação do capital, uma vez que o proletário não tem outra via de acesso aos meios de produção e consumo que não a venda de sua força de trabalho na condição de assalariado. Essa liberdade nominal, que corresponde a uma escravização de fato, é reforçada e estabilizada pelo Estado moderno, que reconhece os direitos *políticos* de cidade mas defende antes de tudo a forma jurídica da propriedade capitalista. Assim, a estrutura da indústria capitalista é vista por Marx como resultante dos direitos e, portanto, dos poderes do capital, sustentados e sancionados pelo poder do Estado burguês.

Marx não dá muita atenção, desse modo, à questão da influência da técnica sobre as relações de dominação e subordinação no interior da própria empresa industrial. Para ele, a abolição da propriedade privada conduzirá naturalmente a uma reorganização completa da indústria. Mas a falta de uma discussão direta da influência da tecnologia moderna deixa no escuro a forma dessa reorganização.

É claro, também, que o advento da produção automatizada em larga escala será compatível com novas formas de relações sociais dentro da indústria, ou mesmo as exigirá. Marx, porém, não chega a se aprofundar no problema. Quem se ocupa dele é Engels, que usa um argumento muito simples: uma divisão do trabalho rigorosa é necessária à tecnologia moderna, o que leva a supor que no mundo socialista a indústria contará com o mesmo tipo de hierarquia característica da indústria capitalista.

Uma Crítica a Marx

Para Giddens, o fato de Marx oferecer poucos detalhes sobre as formas sociais que seriam características do socialismo obscurece também outros aspectos da organização futura da indústria, bem como do próprio Estado.

Supondo que Marx acreditasse que, mesmo num "estágio mais alto" da sociedade comunista, a organização industrial ainda iria requerer alguma distribuição definida de autoridade, há poucas indicações sobre como isto deveria ser relacionado com a abolição do poder político, isto é, com a abolição do Estado. Parece evidente que a expressão "abolição do poder político" deve ser entendida de maneira semelhante a "abolição da divisão do trabalho": não implica a simples destruição do Estado burguês, mas a sua superação por uma nova forma de organização social que sintetiza elementos já presentes na estrutura existente, diz Giddens.

O Estado "desaparece", prossegue o autor, uma vez que fica "subordinado à sociedade". Uma indicação clara do que Marx queria dizer com isto é apresentada em sua discussão sobre a organização da Comuna de Paris. No primeiro governo proletário da história, "os órgãos repressivos do velho poder governamental deveriam ser amputados" por meio do sufrágio universal, da possibilidade de demissão imediata dos funcionários eleitos, de sua escolha a partir da massa da população e da sua remuneração com salários equivalentes aos dos operários.

Nas palavras de Marx:

"A Comuna deveria, portanto, servir como uma alavanca para extirpar as bases econômicas sobre as quais repousa a existência das classes e, assim, do governo baseado em classes. Com o trabalho emancipado, todo homem torna-se um operário, e o trabalho produtivo deixa de ser um atributo de classe."

Nos escritos de Marx há, porém, muito pouca discussão direta do problema levantado pela distribuição diferencial do conhecimento técnico e das habilidades – o equivalente ao problema da divisão do trabalho, aparentemente acentuado pela tecnologia industrial – fator que Weber destaca em sua análise da burocracia.

Giddens considera muito complicado, no pensamento de Marx, o contraste entre o "caráter de classe" do capitalismo e a "inexistência de classes" no socialismo. A passagem entre um estágio e outro envolve vários fios sobrepostos, e sua complexidade não é adequadamente expressa pelo conceito de classe adotado por Marx em seu modelo abstrato, que examinamos no Capítulo 5.

Na análise marxista, esta complexidade fica escondida por dois motivos: primeiro, porque Marx tomou o conceito de classe ainda não inteiramente elaborado, dos trabalhos de autores anteriores; segundo, porque não quis se aprofundar na descrição do previsto "estágio mais alto" da sociedade sem classes.

Sem dúvida essa recusa em descrever detalhadamente a sociedade comunista futura é coerente com o repúdio de Marx a toda forma de "utopismo". Não obstante, ela acaba por reforçar uma falta de inclinação dos autores mais recentes pela análise de todas as implicações da antítese entre "sociedade de classes" e "ausência de classes". O fato, conclui Giddens, é que a abolição formal da propriedade privada não pode ser igualada à "inexistência de classes" por um "truque de definição", mas constitui apenas um momento num processo complexo e demorado de mudanças econômicas e sociais.

3. A Mobilidade Social.

Como acabamos de ver, o estudo da mudança social enquanto mudança estrutural da sociedade nos leva para o contexto da teoria marxista das classes sociais. Esta procura cantar a dinâmica social na perspectiva daquilo que, no início deste capítulo, chamamos de evolução social. Trata-se aí de transformações sociais que só revelam seu sentido quando observadas através de um longo período de tempo, afetando, além disso, a estrutura global da sociedade. Em razão disto, como assinalamos, a teoria marxista aborda a mudança social de um ângulo que pode ser considerado macrossociológico.

Existe, porém, na Sociologia uma outra maneira de abordar processos de mudança social: aquela presente nos estudos de "mobilidade social". E quando falamos em mobilidade social, referimo-nos a uma concepção característica de outra teoria sociológica, a da estratificação social, também abordada no capítulo anterior da nossa exposição.

Inversamente à abordagem inspirada na teoria das classes sociais, os estudos de mobilidade social tratam de mudanças que não ultrapassam, normalmente, o tempo de vida de uma geração. Trata-se na verdade de mudanças conjunturais, não estruturais; ou de mudanças de equilíbrio, para usar a terminologia de Parsons já exposta na primeira parte deste capítulo.

Em virtude destas características, a teoria da mobilidade social tende a ser microssociológica, concentrando sua atenção nas mudanças de posições dos indivíduos entre estratos sociais que podem ser identificados com base em critérios como ocupação, renda, prestígio, educação, etc.

De resto a teoria em questão não pretende limitar sua própria validade a quaisquer sociedades historicamente determinadas, embora se aplique especialmente às sociedades ocidentais contemporâneas.

– CONCEITO E TIPOS DE MOBILIDADE SOCIAL.

Existe um conceito intuitivo de mobilidade social de amplo curso na nossa sociedade. "Subir na vida" – quem já não usou essa expressão e não tem uma idéia mais ou menos precisa do que ela significa?

Enriquecer, adquirir educação, arrumar um emprego melhor, fazer sucesso na carreira profissional – é assim que geralmente, as pessoas concebem suas possibilidades de ascensão social. E ao mesmo tempo, têm uma noção bastante exata do que é o contrário da ascensão, a degradação social, aquilo que desejam evitar a todo custo: perder todo o dinheiro num negócio infeliz, ser obrigado a interromper os estudos, ficar desempregado, fracassar profissionalmente.

A possibilidade de "subir" ou "cair na vida" supõe, obviamente, a existência de degraus mais altos e mais baixos numa escala social. Confirmando e apurando essa noção do senso comum, a teoria da estratificação, como já sabemos, procura identificar rigorosamente as escalas dessa natureza existentes em cada sociedade. Em relação a elas se define, do ponto de vista sociológico, a mobilidade social.

Passando do vocabulário do senso comum para o da Sociologia, distinguiremos, portanto, a ascensão e a descensão ao longo de escalas de estratificação como uma forma básica de mobilidade social: a mobilidade "vertical".

Ela não é a única, porém. Ainda do ponto de vista de sua *direção,* é possível identificar outra forma de mobilidade: a experimentada pelo indivíduo que deixa de participar de certos grupos sociais para se integrar a outros, sem alterar, entretanto, sua posição relativa nas escalas sociais. É o caso, por exemplo, do empregado que passa de uma firma para outra, sem qualquer mudança significativa de função ou salário. É o caso também do migrante que muda de uma região para outra do país, mas sempre na condição de operário braçal.

A essa forma de mobilidade a Sociologia denomina "horizontal".

Outras distinções podem ser estabelecidas levando em conta a *duração* e a *unidade* dos processos de mobilidade social.

Quanto à duração, distingue-se geralmente uma mobilidade "intrageracional" da mobilidade "intergeracional". O chamado *self-made man* é o exemplo mais notório de mobilidade intrageracional ascendente: o indivíduo que "sai do nada" e faz fortuna mais ou menos rapidamente.

Um bom exemplo de mobilidade intergeracional é, por outro lado, aquele envolvido na assimilação dos filhos de migrantes italianos ricos pela chamada "aristocracia" paulista. Os primeiros grandes industriais paulistas eram quase sempre imigrantes italianos enriquecidos – *self-made men,* portanto, exemplos típicos de mobilidade intrageracional. No entanto, a ascensão desses indivíduos na escala econômica não foi acompanhada por uma ascensão correspondente na escala de prestígio. Embora ricos, eles continuavam a ser menosprezados pela camada superior de fazendeiros paulistas que via a si mesma como uma aristocracia. Na década de 1930, porém, com a crise da cafeicultura, muitos fazendeiros financeiramente quebrados tiveram de se conformar em dar a mão de suas filhas em casamento aos filhos dos "carcamanos" – como eram depreciativamente chamados os italianos. Desse modo, a ascensão que começara na primeira geração de imigrantes, na esfera econômica, completou-se na segunda geração, no plano social.

Quanto à unidade, distingue-se a mobilidade de indivíduos isolados, famílias ou grupos sociais restritos.

Como já assinalamos, os estudos de mobilidade social se atêm à circulação de indivíduos ou *pequenos* grupos ao longo das escalas de estratificação. Fenômenos de "mobilidade" envolvendo grandes grupos, camadas sociais ou mesmo sociedades inteiras caem no âmbito da mudança estrutural e escapam às possibilidades da teoria da estratificação e mobilidade social.

Pode-se falar, contudo, em "mobilidade estrutural", ou seja, no deslocamento de grandes contingentes populacionais de um setor da economia para outro, quando a sociedade entra em fase de mudança estrutural. É o que ocorre, por exemplo, nas fases de industrialização intensa, quando trabalhadores até então ocupados na agricultura são recrutados em massa para a indústria ou o setor terciário (comércio, serviços) que se desenvolve junto com ela.

Mobilidade Sócio-Profissional

Na busca de critérios objetivos para a mensuração da mobilidade social, os estudiosos tendem a adotar a mesma orientação seguida nas pesquisas de estratificação: tomam a escala sócio-profissional como ponto de referência.

Os estudos realizados dentro dessa orientação podem se ater a duas realidades bem diferentes.

Em primeiro lugar, a análise de biografias profissionais revela o fato de que nem sempre as pessoas passam a vida toda exercendo a mesma ocupação; de que podem, com o passar dos anos, subir ou descer na hierarquia das profissões. A isto se dá o nome de "mobilidade social individual".

O grau desse tipo de mobilidade é difícil de avaliar, pois na realidade certas carreiras profissionais se caracterizam por um progresso mais lento que outras. Além disso, há carreiras nas quais, uma vez atingido o ápice, há pouca probabilidade de descensão, enquanto em outras isto acontece com mais freqüência.

A grande variedade de situações reflete, naturalmente, a complexidade da divisão do trabalho nas sociedades contemporâneas, e tende a limitar a validade das comparações nos estudos de mobilidade social individual.

É justamente a comparação, no entanto, que fundamenta um segundo tipo de estudos: aquele em que se procura medir a mobilidade intergeracional, a que já nos referimos.

O procedimento básico, nesses casos, é a comparação, numa idade determinada da situação profissional dos filhos com a dos pais. Os estudos de mobilidade intergeracional procuram saber, por exemplo, em que medida os filhos de médicos têm mais facilidade de acesso à profissão de médico do que os filhos de lavradores, ou os filhos de empresários chegam mais facilmente à posição de empresário que os filhos de operários especializados.

Continuidade, Mudança e Mobilidade Social

Os estudos de mobilidade intergeracional, cuja natureza geral descrevemos acima, esbarram geralmente com alguns problemas referentes à continuidade e mudança das hierarquias sócio-profissionais.

Em princípio, a comparação entre o *status* profissional de filhos e pais supõe uma continuidade básica da escala correspondente. Em outras palavras, é preciso supor a existência de uma escala sócio-profissional fixa ao longo do tempo para poder determinar tendências de ascensão ou descensão de uma geração para outra.

Nas condições de desenvolvimento econômico e tecnológico do mundo contemporâneo, porém, a distribuição das profissões numa sociedade pode mudar muito no espaço de três ou quatro décadas. Para só tomar um exemplo, em países em processo de industrialização, como o Brasil, há uma substancial alteração na proporção de trabalhadores ocupados na agricultura e na indústria, assim como se multiplica a variedade e a quantidade de cargos técnicos e especializados.

Isto quer dizer que os estudos de mobilidade intergeracional esbarram, inevitavelmente, com a transformação global das profissões na sociedade, refletindo mudanças na estrutura social.

Os efeitos da mudança global atingem, evidentemente, toda tentativa de medir o grau de "hereditariedade" das posições profissionais, isto é, em que medida a posição sócio-profissional dos pais pré-determina a posição dos filhos.

Escalas sócio-profissionais mais ou menos refinadas permitem colocar mais concretamente o problema, que se torna tanto mais complexo quanto mais precisa for a escala. Se nos limitamos a distinguir dois estratos profissionais – por exemplo, ocupações manuais e não-manuais, – será fácil determinar os movimentos de um estrato para o outro. Se um maior número de estratos for discriminado, os movimentos serão naturalmente mais complexos, os cálculos serão mais incertos e a amostragem necessária mais ampla.

Seja como for, mesmo na hipótese de discriminarmos somente ocupações manuais e não-manuais, permanece o fato de que o número de ocupações não-manuais é muito mais elevado hoje do que, por exemplo, há sessenta anos.

– EXEMPLOS CONCRETOS DE MOBILIDADE SOCIAL.

Os estudos resumidos a seguir exemplificam as possibilidades de aplicação da teoria da mobilidade social à pesquisa empírica.

Num estudo realizado pelo Instituto Nacional de Estatística e Estudos Econômicos da França, os pesquisadores buscaram comparar a situação profissional dos pais com a dos filhos que haviam alcançado um estágio aproximadamente equivalente do seu ciclo de vida em 1964. Para tanto, três índices foram elaborados:

1º um índice de *inércia,* que relaciona o número de indivíduos da mesma categoria sócio-profissional dos pais na sociedade real e numa sociedade teórica em que a mobilidade seria absolutamente ilimitada. O estudo mostrou que as profissões que têm índice mais elevado de inércia são as liberais, seguidas das ocupações industriais, diretores de empresa e assalariados agrícolas. Isto quer dizer que a mobilidade social é mais intensa nos extremos da escala social, sendo bastante reduzida nas camadas superiores;

2º um índice de *saída*, que compara o número de indivíduos que abandona uma categoria sócio-econômica na sociedade real com o número teórico;

3º um índice de *entrada*, que da mesma forma compara o acesso a uma categoria sócio-profissional na sociedade real e na sociedade teórica. As categorias cujo peso numérico relativo está em declínio na sociedade – que o estudo mostrou serem, entre outras, as de agricultores, industriais, comerciantes e artesãos, – têm um índice de saída maior que o índice de entrada; e a recíproca é verdadeira para as categorias em expansão.

Os Estados Unidos são provavelmente o país mais estudado, até hoje, do ponto de vista da mobilidade social.

Um dos estudos pioneiros do gênero, de N. Rogoff, trouxe algumas conclusões que surpreenderam os norte-americanos quando da sua publicação em 1940. Rogoff constatou, por exemplo, que a probabilidade de os filhos terem a mesma profissão dos pais era praticamente a mesma em 1940 que em 1910, com um índice médio de mobilidade 20 por cento abaixo do esperado. Verificou também que não havia grande correlação entre a categoria sócio-profissional de onde partiam os filhos e a probabilidade de virem a mudar de categoria. Não obstante, havia uma clara correlação entre o ponto de chegada e o ponto de partida nos casos de circulação efetiva ao longo da escala sócio-profissional.

Outra conclusão de Rogoff foi que a ocupação mais provável para qualquer filho era a mesma do pai. Faziam exceção a esta regra os filhos de profissionais liberais, proprietários, vendedores ou escriturários, que isoladamente eram as ocupações associadas às maiores probabilidades de mobilidade intergeracional.

Segundo Rogoff, contrariando uma crença generalizada na época, os Estados Unidos não eram, em 1940, uma sociedade muito mais aberta do que em 1910 no que diz respeito à mobilidade social.

Estudos posteriores reforçaram esta conclusão.

Por exemplo, em *Mobilidade Social na Sociedade Industrial,* S.M.Lipset e R. Bendix citam os resultados obtidos por Rogoff e acrescentam, com base nos dados por eles próprios levantados: "O padrão geral de mobilidade social parece ser mais ou menos o mesmo nas sociedades industriais dos vários países ocidentais".

Segundo os dois pesquisadores, os Estados Unidos, apesar do mito do "país das oportunidades", não ofereciam realmente maiores chances de ascensão social que as sociedades européias, muito mais antigas e supostamente mais estanques.

De acordo com Lipset e Bendix, os padrões de mobilidade nas sociedades industrializadas são determinados muito mais pela estrutura ocupacional do que por diferenças quanto ao valor atribuído à ascensão social. "O desejo de subir de *status*", escreveram eles, "é intrínseco a todas as pessoas de *status* mais baixo . . . os indivíduos e grupos tentarão melhorar seu *status* (e sua auto-avaliação) sempre que tenham possibilidade de fazê-lo."

Outro estudo voltado para a comparação entre diferentes sociedades no que diz respeito à mobilidade social foi publicado por Thomas Fox e S. M. Miller em 1965. Estes dois sociólogos norte-americanos abrangeram em sua pesquisa 12 países para os quais se dispunha de dados suficientemente homogêneos sobre certas características da mobilidade social.

Um dos pontos comparados foi a mobilidade da categoria de trabalhadores manuais para a de não-manuais, o que dá uma medida aproximada da mobilidade ascendente na sociedade. Verificou-se que, sob esse aspecto, havia uma grande semelhança entre a maioria dos países industrializados. Todos apresentavam mobilidade relativamente elevada. O Japão e a Alemanha fogem, no entanto, a esse padrão, embora os dados referentes à Alemanha tenham sido considerados pouco confiáveis.

A mobilidade descendente, isto é, da categoria de trabalhadores não-manuais para a de manuais, é pelo menos tão importante quanto a ascendente.

O estudo de Fox e Miller mostrou que há na realidade países com forte mobilidade ascendente e fraca mobilidade descendente, e vice-versa. A França, por exemplo, apresenta forte mobilidade ascendente e fraca mobilidade descendente em comparação com os Estados Unidos.

Levando em conta a circulação das ocupações manuais ou das categorias intermediárias, não-manuais, para o topo da escala sócio-profissional – quer dizer, a maior amplitude possível de mobilidade, – as diferenças entre os Estados Unidos e a França ressaltam ainda mais. De acordo com Fox e Miller, a França, em comparação com os Estados Unidos, apresenta elevada mobilidade das ocupações manuais para as categorias intermediárias, e fraca mobilidade das categorias intermediárias para a "elite". Já nos Estados Unidos a mobilidade descendente é bem maior em comparação com a França, e a circulação nos extremos da escala de estratificação é menos intensa.

Nas suas conclusões, os dois autores procuram identificar alguns fatores gerais de mobilidade, válidos para o conjunto dos países estudados. Algumas de suas afirmativas merecem ser registradas:

1º embora os fatores econômicos sejam importantes, não são os únicos que determinam a mobilidade, e não atuam de maneira simples;

2º a matrícula em escola é o determinante isolado mais importante da mobilidade ascendente para as profissões manuais;

3º não é possível dizer que a estabilidade política e a motivação de ascensão tenham influência direta na mobilidade para fora da categoria de trabalhadores manuais;

4º nem a urbanização nem o nível de desenvolvimento econômico parecem importantes para a mobilidade ascendente;

5º quanto mais alto o nível de desenvolvimento econômico de um país, maior a mobilidade descendente, das ocupações não-manuais para as manuais;

6º as variáveis principais consideradas – grau de desenvolvimento econômico do país, matrícula em escola, estabilidade política e motivação de realização – ajudam a explicar, em conjunto, boa parte das diferenças entre os países estudados.

Outros sociólogos tentaram esclarecer o complexo de variáveis sociais, econômicas, políticas e culturais ligadas à mobilidade.

Wilbert Moore, um desses autores, nota que, de um ponto de vista analítico, é possível talvez isolar o grau de mobilidade observado das mudanças na estrutura ocupacional da sociedade; mas que na realidade a maior parte da mobilidade que se verifica nas sociedades industriais reflete as mudanças na estrutura ocupacional, e não mudanças na distribuição de oportunidades ou na motivação individual.

Em seu livro *Estratificação Social,* Melvin Tumin argumenta, por outro lado, que o surgimento de novas posições na estrutura ocupacional terá pouco impacto se não existir, na sociedade, indivíduos com a motivação, a qualificação e os valores adequados para ocupar tais posições.

– CONSEQÜÊNCIAS SOCIAIS DA MOBILIDADE.

Boa parte dos estudos de mobilidade social nos Estados Unidos trata da relação entre mobilidade, atitudes e estrutura ocupacional. É muito difundida a tese de que o desenvolvimento econômico de uma sociedade pode ser decisivamente impulsionado ou retardado pela presença ou ausência, entre seus membros, de um tipo de motivação denominado "necessidade de realização".

David McClelland, autor de um trabalho pioneiro a esse respeito, supõe que a necessidade de motivação pode explicar índices diferenciais de desenvolvimento à medida que "elevada necessidade de realização leva as pessoas a terem o comportamento que deveriam ter para representar adequadamente o papel interpessoal, tal como este foi definido por economistas, historiadores e sociólogos".

No entanto, muitos outros sociólogos preferem tomar a própria estrutura social, incluindo a estrutura ocupacional, como determinante básico tanto da mobilidade social como das atitudes. Tal relação é ilustrada por vários estudos empíricos norte-americanos.

Vejamos alguns exemplos:

1º as pesquisas demonstram que, nos Estados Unidos, as pessoas que atingem a classe média são mais conservadoras do que as que nasceram nessa classe, enquanto que na Europa ocorre o inverso. Mas a influência da mobilidade descendente sobre as atitudes é a mesma em ambas as regiões: por exemplo, os que desceram para uma classe votam de maneira mais conservadora do que as pessoas que já nasceram nessa mesma classe;

2º os universitários norte-americanos cujos pais vêm da classe operária tendem a ser mais liberais em suas atitudes com relação aos direitos civis que os filhos de profissionais liberais, gerentes e funcionários. Mas os universitários cujos pais trabalham em escritórios, vendas ou pequenos negócios tendem a ser menos liberais do que os filhos de profissionais liberais, gerentes e funcionários, pelo menos durante os dois primeiros anos de faculdade;

3º as pessoas com menos tendência a visitar parentes distantes e a manter relações de amizade com vizinhos e participar de associações voluntárias, normalmente têm emprego de trabalho manual e baixa mobilidade. Já os que se situam no topo da escala sócio-profissional têm igualmente baixa mobilidade mas apresentam relacionamento mais intenso com a família, clubes e associações de vizinhança. Os grupos com mobilidade ascendente e descendente ficam entre esses extremos;

4º os norte-americanos com mobilidade descendente são mais conservadores em seus valores e crenças quanto ao sistema de estratificação. Isto inclui uma tendência a rejeitar a identificação com a classe trabalhadora, crença numa sociedade de classes abertas e na capacidade como base para promoção e aspiração a posições de classe média para si mesmos e para seus filhos;

5º uma proporção significativamente maior de mulheres com mobilidade experimentaram, na infância, a rejeição por seus pais e pela comunidade global. Além disso, as mulheres com mobilidade tendem a ser mais isoladas socialmente durante a vida adulta e significativamente mais sujeitas a doenças psicossomáticas;

6º um enfoque muito interessante da relação entre mobilidade social e atitudes encontra-se no estudo de Hollingshead, Ellis e Kirby, *Social Mobility and Mental Illness.* Investigando diversas camadas sócio-profissionais da população norte-americana, os autores verificaram que em muitos casos havia uma relação positiva entre a mobilidade social e a incidência de doenças mentais específicas como a esquizofrenia;

7º Bettelheim e Janowitz, em entrevistas com 150 veteranos de guerra em Chicago, constataram que as atitudes explícitas e intensas contra os negros se concentravam no grupo com mobilidade descendente, enquanto os indivíduos com mobilidade ascendente manifestavam menos preconceito e os que nunca haviam mudado de *status* ficavam numa posição intermediária, mas bastante diferenciada dos extremos.

Outros pesquisadores, Tumin e Collins, confirmam a existência de uma relação bem determinada entre o grau e a direção da mobilidade social e as atitudes dos norte-americanos quanto à integração racial. Numa amostra estudada, os autores discerniram quatro grupos sob este aspecto:

a) o grupo mais predisposto à integração contava com um predomínio de indivíduos de *status* elevado na segunda geração, isto é, pais e filhos de *status* elevado;

b) a seguir vinham os indivíduos de *status* elevado na primeira geração, isto é, filhos de *status* elevado com pais de *status* baixo;

c) o terceiro grupo contava com indivíduos de *status* baixo de primeira geração, isto é, filhos de *status* baixo com pais de *status* elevado;

d) finalmente, o grupo menos predisposto à integração racial reunia indivíduos de *status* baixo na segunda geração, isto é, pais e filhos de *status* baixo.

Em suma, os indivíduos estabilizados de *status* elevado e de *status* baixo representavam as atitudes extremas a respeito da integração, favorável e desfavorável, respectivamente; e os de mobilidade ascendente e descendente ocupavam as posições intermediárias.

A partir de um outro enfoque, Fred Silberstein e Melvin Seeman chegaram a resultados um pouco diferentes sobre a relação entre mobilidade social e atitudes raciais.

Na pesquisa que realizaram, o objetivo desses dois autores foi determinar até que ponto a preocupação com a mobilidade social – ou seja, a preocupação com a aquisição ou perda de *status,* – contrastando com o desejo de realização profissional *dentro* da mesma categoria, modificava o impacto das experiências de mobilidades sobre as atitudes dos indivíduos entrevistados a respeito dos negros e dos judeus.

Os autores verificaram que os grupos mais preocupados com a mobilidade tendiam a ser mais preconceituosos do que os orientados para a realização profissional, qualquer que fossse a história da sua mobilidade efetiva. Notaram também que o maior preconceito estava presente naqueles indivíduos que, preocupados com a mobilidade, sofreram perda de *status,* ou seja, passaram por uma experiência de mobilidade descendente. As pessoas com mobilidade descendente, mas pouco preocupadas com sua própria mobilidade, apresentaram, ao contrário, índices extremamente baixos de preconceito. E os índices mais baixos de preconceito foram encontrados entre os indivíduos com mobilidade ascendente e orientação para a realização profissional, isto é, entre os indivíduos que de alguma forma haviam adquirido *status* embora se preocupassem pouco com a mobilidade social;

8º os indivíduos com mobilidade ascendente tendem a avaliar de maneira muito favorável seu próprio grupo profissional, desde que facilmente aceitos pelos colegas e capazes, dessa maneira, de reduzir os efeitos perturbadores da mobilidade. "Mas se não conseguem obter aceitação social entre esses participantes, tendem a reagir contra sua disposição original favorável e a adaptar-se . . . através da depreciação do valor de seu grupo profissional", escreve o sociólogo Peter Blau.

A observação mostra que, numa sociedade altamente preocupada com a aquisição ou perda de *status,* como os Estados Unidos, a mobilidade social tende geralmente a ser uma experiência bastante perturbadora, seja pelas intensas expectativas que envolve, seja pela incapacidade do indivíduo de se adaptar a um novo grupo de *status* no qual ingressa, abaixo ou acima do seu grupo original.

A maioria dos autores norte-americanos dá por suposto, naturalmente, que a mobilidade descendente é em princípio uma experiência mais penosa que a mobilidade ascendente. Isto vem de encontro à noção de prestígio numa sociedade que dá muito valor a esse atributo, dependa ele da realização profissional ou de outros critérios. Nada mais lógico do que esperar que a mobilidade ascendente tenha efeitos mais positivos, pois representa o êxito, a aquisição de *status*, objetivo tão intensamente valorizado pelos norte-americanos.

O impacto da mobilidade é diferente, porém, em países com outras tradições. Num país onde a ascensão social é vista como aberração ou transgressão, obviamente suas conseqüências são bem diferentes das que se podem observar nos Estados Unidos ou na Europa ocidental.

Em sociedades com elevado grau de tradicionalismo, como a Índia, o *status* é atribuído – ou seja, é uma condição que o indivíduo adquire com o nascimento – e a mobilidade, constituindo uma ameaça em potencial para os sistemas de estratificação, é ao mesmo tempo difícil de acontecer e desvalorizada.

Num artigo escrito em 1964, Gino Germani sustenta que nas sociedades tradicionais a mobilidade de pessoas até então desprotegidas tende a ter conseqüências muito sérias para a estabilidade da estrutura social, a menos que se criem condições especiais para absorver os grupos de mobilidade recente. Se muitas pessoas passam a espirar padrões mais elevados de consumo, mas não se criam empregos suficientes para a realização desse sonho, a insatisfação criada pela disparidade entre aspirações e oportunidades pode provocar a irrupção de movimentos revolucionários.

– UMA CRÍTICA AOS ESTUDOS DE MOBILIDADE.

Diz Miller, sociólogo norte-americano citado páginas atrás, que a mobilidade social implica "um movimento significativo na posição econômica, social e política de um indivíduo ou de um estrato".

No entanto, praticamente a totalidade dos estudos de mobilidade social tomam o indivíduo como unidade de observação, já que a mobilidade de grandes grupos inteiros tem mais a ver com a mudança estrutural e esta, como vimos, envolve outros problemas teóricos.

Os estudos de mobilidade baseiam-se no fato de que os sistemas de estratificação nas sociedades contemporâneas não são rígidos, mas permitem a passagem dos indivíduos de um grupo de *status* ou classe para outro grupo de *status* ou classe superior ou inferior. Desde que partem da identificação de um sistema de estratificação dado, tais estudos dizem respeito, naturalmente, à mobilidade vertical. Normalmente, o indicador de mobilidade adotado são as mudanças no emprego ou na ocupação do indivíduo.

A proliferação dos estudos de mobilidade na Sociologia contemporânea, notadamente entre os sociólogos norte-americanos, tem implicações teóricas que devem ser destacadas:

1º teoricamente, a mobilidade vertical supõe, ou a disponibilidade de "*status* vazios", isto é, a falta de pessoas para ocupar posições num dado estrato social, ou o intercâmbio de *status*, isto é, a coincidência de movimentos ascendentes e descendentes. Na prática, porém, os estudos de mobilidade se fixam na mobilidade ascendente, ignorando a descendente. Isso distorce a realidade. Fenômenos sociais relevantes, como a "queda" de muitos pequenos empresários independentes para o *status* de trabalhadores assalariados – tendência característica do desenvolvimento capitalista, – são sistematicamente deixados de lado;

2º a maior parte dos estudos de mobilidade social tem um enfoque nitidamente psicologizante, enfatizando os aspectos de motivação, atitudes, etc. dos indivíduos em mobilidade, sem levar em conta as condições sociais e econômicas da aquisição ou perda de *status*;

3º muitos estudiosos, afirmam com base nesses estudos, que os Estados Unidos, por exemplo, constituem uma sociedade com alto grau de mobilidade. Vimos, no entanto, que o grau de mobilidade na sociedade norte-americana é bem menor do que geralmente se supõe – menor ainda que em alguns países da Europa ocidental. A verdade é que os sociólogos conservadores gostam de imaginar que a crescente mobilidade nos países capitalistas desenvolvidos levou à superação definitiva dos antagonismos de classes do século XIX; assim, os "velhos" conceitos de classe, quer dizer, a teoria marxista, já não teriam qualquer validade;

4º em alguns casos os estudos de mobilidade social revelam claros propósitos políticos. Muitos deles visam provar a qualquer custo que a sociedade ocidental é igualitária – já que todos têm as mesmas oportunidades estatísticas de ascender socialmente – e que a passagem dos indivíduos de uma classe para outra supera os conflitos de classes.

A mobilidade social deve, sem dúvida, ser considerada um aspecto dos mais importantes para a caracterização global de uma sociedade, sobretudo do ponto de vista do poder político e da mudança social. Mas os estudos de mobilidade não substituem os da estrutura de classes, como querem os sociólogos adeptos da teoria da estratificação.

4. Movimentos Sociais.

Nossa discussão sobre a dinâmica social se encerra, neste capítulo, pela exposição do conceito de "movimentos sociais".

Vimos que a teoria marxista da luta de classes, voltada primordialmente para a interpretação do desenvolvimento do capitalismo, apanha a dinâmica social num plano estrutural e macrossociológico, no qual a ação dos agentes históricos coletivos que são as classes sociais é vista como fator de mudança da estrutura global da sociedade. Vimos também que os estudos de mobilidade social, baseados na teoria da estratificação e inspirados num modelo estrutural-funcionalista da sociedade, apanham a mudança, em contraste, num plano microssociológico, em que o indivíduo é a unidade de observação e análise e as implicações mais profundas da mudança estrutural tendem a ser ignoradas.

Pode-se dizer que a noção de movimentos sociais nos coloca, de certo modo, a meio caminho entre esses extremos. Isto porque, embora um movimento social possa visar ou ser de molde a resultar em mudanças sociais mais ou menos importantes – caracterizando-se assim como uma forma de organização da ação histórica, – muitos movimentos do gênero têm implicações bem mais limitadas. Para adotar novamente a terminologia de Parsons, muitos movimentos sociais se restringem, desse ponto de vista, ao âmbito das "mudanças de equilíbrio".

Mas o que é, exatamente, movimento social no sentido aqui empregado?

Segundo uma definição geralmente aceita na Sociologia, movimento social é uma organização nitidamente estruturada e identificável cuja finalidade explícita é arregimentar um número maior ou menor de pessoas para a defesa ou promoção de certos objetivos precisos, geralmente com uma conotação social.

Uma das características mais salientes dos movimentos sociais é o fato de serem essencialmente reivindicativos: procuram fazer reconhecer e triunfar idéias, interesses, valores claramente definidos. Não se confundem, por isso, com outras formas de organização "contemplativas", como um clube literário ou uma seita de meditação. Para atingir seus objetivos, todo movimento social precisa "sair às ruas", em sentido literal ou figurado. Em outras palavras, precisa conquistar adeptos, atrair a atenção do público em geral ou de um círculo mais restrito, como uma categoria profissional ou as elites dirigentes.

Formam-se movimentos sociais em torno de toda sorte de objetivos: a abolição completa da ordem vigente, a proibição de fumar em público, o reconhecimento da igualdade jurídica e política da mulher, o desarmamento nuclear, a defesa do verde – tudo isto, para só citar alguns exemplos, é motivo para a constituição de movimentos sociais.

Os meios empregados para a conquista dos objetivos propostos também variam muito, desde a publicidade até a pressão moral e a violência física. Mas, quaisquer que sejam os objetivos e os meios empregados, todo movimento social se caracteriza sempre por um fundo de *proselitismo;* o movimento não cresce se não conquistar adeptos.

Fica bem clara, nesta definição, a diferença entre movimentos sociais e formas mais permanentes de organização. Uma família, por exemplo, é um grupo cuja organização de certo modo é anterior a este ou àquele objetivo que se proponha eventualmente – construir uma nova casa ou fazer uma viagem de férias, digamos. Um movimento social, ao contrário, sempre se organiza em torno da ação reivindicatória. Sua organização não é, portanto, anterior aos objetivos visados, mas está para estes numa relação de meios para fins.

– TOURAINE E A ANÁLISE DOS MOVIMENTOS SOCIAIS.

O sociólogo francês Alain Touraine, um dos teóricos que mais a fundo se dedicou ao estudo dos movimentos sociais, propõe um esquema geral destinado a facilita a análise da sua ação e ao mesmo tempo da sua organização.

Segundo Touraine, todo movimento social, para chegar a existir enquanto organização reivindicatória, precisa inicialmente resolver certos problemas relativos à sua própria definição. Deve, nas palavras do autor, "reunir certos princípios de existência". O que confere especificidade a um movimento social e lhe orienta a ação é a resposta que oferece a esses problemas, ou seja, a maneira como estabelece seus "princípios de existência".

Todo movimento social precisaria definir-se em relação a três desses princípios, de acordo com Touraine: o "princípio de identidade", o "princípio de oposição" e o "princípio da totalidade".

Examinemo-los separadamente.

O Princípio de Identidade

Todo movimento social precisa, em primeiro lugar, assumir uma identidade reconhecível aos olhos do público em geral e de seus próprios militantes. Isto significa que o movimento deve definir a quem representa, em nome de quem fala e age, quais os interesses que protege ou defende. A questão a resolver neste plano é a da *definição do grupo reivindicatório,* de forma que seja socialmente identificável e significativa.

Um movimento social pode identificar-se como porta-voz de um setor determinado da sociedade: a classe operária, os estudantes, as mulheres, os negros, os índios. Ou pode apresentar-se como defensor dos interesses da sociedade global, como é o caso, por exemplo, de um movimento patriótico ou nacionalista. Pode ser também que um movimento se identifique com um grupo quase global, isto é, que inclua quase toda a sociedade; um movimento de defesa dos consumidores, por exemplo, se enquadra nessa categoria.

O que é requisito prático para o próprio movimento é requisito teórico para quem o estuda. Para compreender a natureza e a ação de um movimento social é preciso, portanto, levantar duas questões preliminares: Em nome de que grupo ou grupos ele fala ou pretende falar? Que interesses ele se destina a defender ou promover?

O Princípio da Oposição

Se todos na sociedade fossem "a favor" de determinados interesses ou valores, dificilmente eles seriam objeto da organização de movimentos sociais. Um movimento social chega a se organizar não só porque conta com adeptos em potencial mas também porque certos valores não são geralmente reconhecidos ou certos interesses não são geralmente atendidos.

Assim, todo movimento social sempre luta contra uma resistência, um obstáculo, uma força de inércia que impede a consecução de seus objetivos; procura vencer a oposição, a apatia ou a indiferença; e conta necessariamente com adversários. Este, de acordo com Touraine, é o segundo princípio de existência dos movimentos sociais. Na ausência de qualquer oposição, um mvoimento social deixa de existir como tal. No mínimo, muda de natureza. Pode então se transformar, por exemplo, num partido no poder, numa instituição estabelecida. Mas já não será movimento social, pois perdeu uma característica essencial para isso: o proselitismo.

Por conseguinte, é tão importante identificar os adversários de um movimento social como aqueles cujos interesses o movimento representa. As duas tarefas, de resto, tendem a ser complementares: geralmente um movimento se identifica *a favor* dos interesses de um dado grupo *contra* um grupo ou grupos adversários.

No decorrer de sua atuação, um movimento pode, contudo, mudar de adversários. Assim, um movimento operário que começa enfrentando os patrões poderá chegar a se voltar contra o Estado; um movimento religioso deixará de combater com tanta ênfase "os males do mundo" em geral para se voltar contra outra igreja em particular.

Uma mudança de adversários pode, às vezes, indicar uma mudança importante na orientação de um movimento social. Em alguns casos, este pode ser o primeiro sinal de uma transformação no princípio de identidade, revelando que o movimento está em vias de mudar de "público". Em outras circunstâncias, é verdade, pode não passar de uma manobra tática, de caráter provisório. Seja como for, para a análise dos movimentos sociais uma mudança de adversários nunca é um fato negligenciável, e o seu alcance deve ser examinado em cada caso concreto.

O Princípio da Totalidade

Um movimento social, mesmo quando se propõe objetivos de alcance bastante limitado, precisa ser capaz de justificar sua ação em nome de valores superiores, de ideais universais que podem se expressar numa filosofia ou teologia. Ao menos aos olhos dos militantes, os objetivos propostos devem corresponder, portanto, às intenções mais corretas e elevadas que se possam imaginar.

Com efeito, mesmo quando represente evidentemente os interesses de grupos bastante restritos, um movimento social o faz em nome de valores e ideais que são ou deveriam ser aceitos por todos: a "segurança nacional", os "direitos humanos", a "livre iniciativa", a "saúde pública", a "vontade divina", etc.

A isto Touraine denomina o princípio da totalidade.

Assim como os dois princípios anteriores, o princípio da totalidade é importante para explicar a natureza e a orientação de um movimento social. Uma mudança na orientação do movimento tende a se fazer acompanhar por uma mudança no princípio da totalidade. Por exemplo, um movimento patriótico de inspiração religiosa que se laiciza deixará de invocar a "ordem desejada por Deus" para falar, talvez, no "sentido da História", o que pode levá-lo a adotar objetivos mais decididamente radicais ou revolucionários.

O esquema analítico proposto por Touraine para os movimentos sociais tem, na verdade, ambições mais gerais que a identificação destes "princípios" ou requisitos formais de existência.

O objetivo de Touraine é elaborar um método de análise da ação histórica chamado por ele de "análise acionalista". Por meio dessa análise, o autor se propõe explicar como surgem novos valores na sociedade, qual a lógica e os caminhos que os fazem aparecer e inspirar a ação organizada de determinados grupos ou da sociedade inteira.

A análise acionalista parece ser encarada por Touraine como um complemento e extensão da abordagem estrutural-funcionalista. Enquanto esta toma os valores existentes como um *dado*, o acionalismo visaria remontar à origem desses valores.

O pleno significado do estudo dos movimentos sociais para Touraine só é compreendido no contexto da análise acionalista. De fato, ele considera os movimentos sociais como o "lugar" estratégico onde se criam e se tornam explícitos os novos valores na sociedade. Por isso a análise da ação histórica e da mudança social deve fazer dos movimentos sociais um objeto central de estudo. É essencialmente neles e através deles que os agentes inovadores – assim como seus oponentes – organizam a ação e procuram influenciar a história de sua sociedade.

Algumas implicações dessa constatação devem ser mencionadas.

Em primeiro lugar, verifica-se uma multiplicação dos movimenos sociais nas sociedades modernas, em comparação com as sociedades tradicionais. Esse fenômeno está relacionado, segundo Touraine, com a multiplicação das elites dirigentes. E liga-se também, ao mesmo tempo como causa e efeito, à aceleração do processo histórico em nossa época.

Nas comunidades arcaicas praticamente não se observa a existência de movimentos sociais. É mais fácil encontrá-los nas sociedades rurais; estiveram na origem, por exemplo, das revoltas de camponeses que sacudiam periodicamente a Europa medieval. Nesse contexto, porém, tendem a ser pouco duradouros. E não são na verdade característicos das sociedades modernas.

Na sociedade moderna, a opinião pública e os governantes são constantemente solicitados por inúmeros movimentos sociais, voltados para a defesa dos interesses e causas mais variados. Significativamente, a primeira atitude das ditaduras contemporâneas, quando se instalam, é liquidar os movimentos sociais de contestação ou potencialmente contestatórios. Mas tais movimentos sempre ameaçam renascer na clandestinidade e acumular forças para enfrentar o governo ditatorial.

A grande quantidade e a diversidade dos movimentos sociais na sociedade moderna são um índice seguro de sua importância. Por isso Touraine faz deles o eixo de sua abordagem da mudança social.

– AS FUNÇÕES DOS MOVIMENTOS SOCIAIS.

Da identificação dos princípios de existência dos movimentos sociais, a análise acionalista de Touraine passa à definição de suas funções características. Estas são três, segundo o autor: a "função de mediação", a "função de clarificação (ou esclarecimento) da consciência coletiva" e a "função de pressão".

Função de Mediação

Segundo Touraine, os movimentos sociais são fatores preponderantes de mediação entre os indivíduos, por um lado, e as estruturas e "realidades" sociais, por outro. Das várias maneiras pelas quais se realiza tal função, duas serão aqui discutidas.

Em primeiro lugar, os movimentos sociais, à medida que defendam, critiquem ou busquem mudar aspectos da estrutura social ou a estrutura como um todo, servem para revelar tais aspectos às pessoas que os experimentem de maneira direta mas pouco reflexiva. Desse ponto de vista, os movimentos sociais desempenham o papel de agentes socializadores: servem para "mostrar" a realidade social ao maior número possível de agentes.

Em segundo lugar, os movimentos sociais constituem um meio poderoso de participação. Em virtude das suas dimensões e da sua diferenciação, argumenta Touraine, a sociedade urbana e industrial exige formas de participação na vida coletiva mais complexas do que a sociedade tradicional.

Já Durkheim, na defesa do corporativismo, que examinamos no Capítulo 3, mostrava a importância dos agrupamentos intermediários destinados a integrar os indivíduos nas sociedades complexas. Na linguagem durkheimiana, tratava-se de uma exigência correlativa da solidariedade orgânica.

Mais recentemente, Daniel Lerner evidenciou o fato de que, na passagem da sociedade tradicional para a sociedade moderna, os membros de uma sociedade têm de adquirir aptidões novas que lhes permitem adaptar-se a modalidades de participação mais complexas.

Touraine sublinha que na sociedade de massas os movimentos sociais se transformaram numa das principais formas de agrupamento intermediário. Através deles, os agentes podem proteger seus interesses ou defender suas idéias, participando, dessa maneira e em diferentes graus, da ação histórica.

Função de Clarificação da Consciência Coletiva

A análise do papel da consciência de classe em Marx mostra a importância de uma consciência coletiva politizada para a mudança social. Para Touraine, os movimentos sociais, pela sua própria natureza, desenvolvem e alimentam uma consciência coletiva esclarecida e combativa numa sociedade ou num setor particular da sociedade.

Essa noção é útil porque, do ponto de vista do autor, ajuda a delimitar uma realidade por vezes difícil de descrever, à qual se pode dar o nome de "estado coletivo da consciência clara". Corresponde ele ao estado da coletividade que descobre seu interesse ou aquilo que julga ser seu interesse, assim como as ações ou as mudanças que a situação exige.

Evidentemente, esta segunda função dos movimentos sociais é a que está mais diretamente ligada à ação histórica.

Um determinado grau de consciência coletiva deve ser considerado, de fato, um elemento essencial de toda ação histórica. Faz parte da natureza dos movimentos sociais, em virtude da sua organização, do seu proselitismo e também dos três princípios enumerados por Touraine, tentar incessantemente "esclarecer" ou "clarificar", dentro da sua perspectiva, a consciência de uma coletividade. Os movimento contribuem, desse modo, para provocar ou manter certo estado de alerta permanente na consciência coletiva – como se fossem o "Grilo Falante" da sociedade.

É exatamente pela influência que exercem sobre os estados da consciência coletiva que Touraine reserva um papel-chave aos movimentos sociais na história.

Função de Pressão

Finalmente, os movimentos sociais têm influência sobre o desenvolvimento histórico das sociedades na medida em que exercem pressões sobre as pessoas investidas de autoridade, sobre as elites governantes. Tais pressões podem ser exercidas de várias maneiras: mediante campanhas de publicidade ou propaganda junto à opinião pública, ameaças, ação sistemática junto aos órgãos do legislativo e do executivo, etc.

Na verdade, as pressões sobre autoridades são apenas uma das formas de ação dos movimentos sociais. Trata-se, porém, de uma forma de ação tão difundida e corriqueira que muitas vezes é tomada como a função mais característica dos movimentos sociais. Criou-se mesmo uma expressão especial para designá-la: nesses casos, fala-se dos movimentos sociais como "grupos de pressão".

– MOVIMENTOS SOCIAIS E GRUPOS DE PRESSÃO.

Movimentos sociais e grupos de pressão não são termos sinônimos, mesmo que por vezes sejam empregados como tais. O que causa alguma confusão é o fato de que ambos se referem eventualmente a mesma realidade: os movimentos sociais agem freqüentemente como grupos de pressão, e a maior parte dos grupos de pressão são movimentos sociais.

O que se deve entender, nesse caso, por grupos de pressão?

O cientista político Jean Meynaud propõe uma definição bastante clara. Diz ele:

"Os grupos de interesse só se transformam em organismos de pressão a partir do momento em que os reponsáveis utilizam a ação sobre o aparelho governamental para fazer triunfar as suas aspirações ou reivindicações. Um sindicato de produtores se comporta como grupo de interesse, por seus próprios meios, institui e vigia a repartição da clientela entre os membros que o compõem, transformando-se em grupo de pressão se tentar obter dos poderes públicos uma lei que regulamente a entrada de novos elementos no seu domínio. Globalmente, a categoria 'grupos de pressão' abrange um setor de atividade dos grupos de interesse: mais exatamente, consiste na análise destes últimos sob um aspecto determinado."

Esta definição permite entender por que os movimentos sociais podem ao mesmo tempo constituir grupos de pressão: falar em grupos de pressão, no caso, é ressaltar "um aspecto determinado" dos movimentos sociais ou dos grupos de interesse. Ou melhor, é pôr em evidência uma das funções principais dos movimentos sociais: sua função de pressão sobre as autoridades governamentais.

— MOVIMENTOS SOCIAIS GERAIS.

Outra maneira de definir os movimentos sociais é como empreendimentos coletivos voltados para o estabelecimento de uma nova configuração de vida. Desse ponto de vista, segundo Herbert Blumer, suas origens se encontram num estado de inquietação social, e seu impulso decorre da insatisfação com a vigência de uma dada forma de vida social, por um lado, e dos desejos e esperanças de um novo modo ou sistema, por outro.

Destacam-se, nesse sentido, os "movimentos sociais gerais", que são movimentos como o trabalhista, o da juventude, o feminista e outros.

A essência desse tipo de movimento social consiste em mudanças gradativas e amplamente difundidas nos valores das pessoas — mudanças que podem ser chamadas de tendências culturais. Tais tendências refletem uma alteração geral nas idéias das pessoas, principalmente quanto às concepções que têm de si próprias, de seus direitos e privilégios.

Geralmente, num certo período da vida, as pessoas podem desenvolver uma nova visão do que acreditam ser seus direitos — uma visão que se inspire, em larga medida, em seus desejos e esperanças. Isto significa o surgimento de um novo conjunto de valores que influenciam as pessoas na maneira como encaram suas próprias vidas.

A história cultural recente do mundo ocidental é rica em exemplos desse tipo de tendência. Contam-se entre eles o crescente valor atribuído à saúde, a crença na educação livre, a extensão do direito de voto à mulher, a emancipação feminina, o crecente cuidado com as crianças e o prestígio crescente da ciência.

O desenvolvimento dos novos valores surgidos com essas tendências culturais implica mudanças na psicologia individual que fornecem a motivação para os movimentos sociais gerais. Essas mudanças significam, num sentido amplo, que as pessoas chegaram a formar novas concepções de si mesmas, não adequadas às posições efetivas que ocupam na sociedade. As pessoas adquirem novas disposições e interesses, tornando-se desse modo sensíveis em novas direções; ao mesmo tempo, experimentam insatisfação diante do que antes lhes pareciam condições naturais de vida.

As novas idéias a respeito de si mesmas que as pessoas começam a desenvolver em resposta às tendências culturais são vagas e imprecisas. Conseqüentemente, as formas de ação correspondentes a tais idéias são incertas e sem objetivos bem definidos.

Isso permite compreender por que os movimentos sociais gerais assumem geralmente a forma de esforços titubeantes, descoordenados. Eles contam apenas com uma orientação geral, segundo a qual avançam de maneira lenta, hesitante, mas persistente. Enquanto movimentos, não têm organização, nem lideranças formalmente estabelecidas, nem reconhecimento formal da participação de seus membros. Apresentam, portanto, escassa direção e controle.

Por exemplo, o movimento feminista, por se orientar pelo objetivo genérico e impreciso de emancipar a mulher, apresenta esse aspecto de fluidez característico dos movimentos sociais gerais. Como todos os movimentos dessa natureza, opera num âmbito bastante amplo: o lar, o casamento, a educação, o mundo do trabalho, a política, o lazer – enfim, em todas as áreas onde seja possível a busca de uma ordenação correspondente às novas idéias da mulher a respeito de sua participação na sociedade.

Movimentos como esse são episódicos, com a alternância de períodos de atividade muito intensa e períodos de refluxo. Podem despertar grande entusiasmo num momento e relutância ou inércia em outro; podem ter sucesso num setor e fracassar em outro. Em certas ocasiões, são militantes de uma dada região ou cidade que dão ímpeto ao movimento; em outras ocasiões, o pólo de irradiação pode transferir-se para outro local. No conjunto, o movimento tende a avançar pelos esforços de muitas pessoas anônimas que lutam em diferentes setores, sem que seu empenho e resultados se tornem geralmente conhecidos.

Normalmente, as idéias que orientam um movimento social geral encontram expressão numa literatura tão variada e indefinida como o próprio movmento. Ela tende a ser uma expressão de protesto, com uma descrição genérica de uma espécie de existência utópica. Dessa maneira, esboça vagamente uma filosofia baseada em novos valores e em concepções pessoais.

Embora imprecisa, tal literatura é muito importante para a difusão de uma mensagem ou concepção e, assim, para firmar sugestões, despertar esperanças e provocar insatisfações.

Analogamente, os "líderes" de um movimento social geral desempenham papel importante – não no sentido de exercer controle diretivo sobre o movimento, mas para lhe dar andamento. Esses líderes "clamam no deserto", são pioneiros que não têm seguidores firmes nem muito conscientes de seus próprios objetivos. Mas seu exemplo ajuda a desenvolver sensibilidades, desperta esperanças e neutraliza resistências.

Pode-se perceber que o movimento social geral se desenrola basicamente de modo informal, não ostensivo e em grande parte subterrâneo. Suas formas de interação principais são a leitura, as conversas, discussões e a percepção de exemplos. Suas realizações e intervenções ocorrem antes de tudo no plano da experiência individual, mais do que no da ação conjugada e perceptível de grupos.

Em função disso, compreende-se que os movimentos sociais gerais sejam em grande parte dominados pelos mecanismos de comportamento de massa. Principalmente em suas fases iniciais, não passam de um agregado de linhas individuais de ação baseadas em decisões e escolhas individuais.

Os movimentos sociais gerais são bastante amorfos na organização e inarticulados na expressão, o que é característico da massa e do camportamento de massa.

– MOVIMENTOS SOCIAIS ESPECÍFICOS.

Assim como as tendências culturais constituem o terreno para o surgimento dos movimentos sociais gerais, um movimento social geral pode ser a base de um ou de muitos "movimentos sociais específicos".

Tal como o entende Blumer, um movimento social específico tende a ser a cristalização de grande parte da motivação – insatisfações, esperanças, desejos – despertada por um movimento social geral que lhe prepara o caminho. Por meio do movimento social específico, essa motivação converge para um objetivo preciso.

Por exemplo, o movimento antiescravagista do século XIX foi, nesse sentido, uma expressão particularizada do movimento humanitarista difuso que dominava o cenário cultural do Ocidente desde a época do Iluminismo.

Já sabemos que os movimentos sociais específicos são aqueles que procuram alcançar um objetivo bem definido. Deve-se acrescentar que, na busca desse objetivo, eles tendem a desenvolver uma organização suficientemente nítida para ser considerados verdadeiras associações.

À medida que se torna uma associação, um movimento social específico dota-se de uma liderança reconhecida e aceita e de uma ligação definida entre seus membros que se traduz numa "consciência do nós". Forma um corpo de tradições, um conjunto de valores orientadores, uma filosofia, conjuntos de regras e um sistema geral de expectativas aplicáveis à ação de seus membros. Estes são levados a desenvolver atitudes de fidelidade e lealdade em relação ao movimento.

No interior do movimento, desenvolve-se uma divisão do trabalho, principalmente sob a forma de uma estrutura hierárquica em que os militantes ocupam posições diferenciadas. Nos militantes, desenvolvem-se traços de personalidade e autoconcepções que são a contrapartida individual dessa estrutura.

Os movimentos reformistas e revolucionários, que serão abordados em detalhe mais adiante, constituem as formas típicas de movimento social específico.

Neste ponto, podemos continuar abstraindo o tipo de objetivo dos movimentos sociais específicos para só considerar-lhe o processo de organização.

Um movimento social específico não nasce, naturalmente, com uma organização acabada. Pelo contrário, sua organização, bem como sua cultura própria, terão de se desenvolver enquanto o movimento avança. É como coisa "em construção" ao longo do tempo, portanto, que os movimentos sociais específicos devem ser encarados.

No começo o movimento pode ser fracamente organizado e caracterizado por formas de ação e de pensamento muito influenciadas pelas flutuações da inquietação coletiva. Contudo, à medida que se desenvolve, sua ação, originalmente dispersiva, tende a tornar-se organizada, solidificada e persistente.

Alguns autores procuraram delinear as fases de amadurecimento que os movimentos sociais específicos tendem a atravessar rumo à organização consolidada. Dawson e Gettys, por exemplo, sugerem um esquema de quatro fases: "inquietação social", "excitação popular", "formalização" e "institucionalização":

1º na fase de *inquietação social,* as pessoas estão ansiosas e agem descoordenadamente, como já dissemos. São sensíveis aos apelos e sugestões que vêm ao encontro de seu descontentamento e por isso, nessa fase, a figura do "agitador" tende a desempenhar papel importante para pôr o movimento em marcha. O comportamento desordenado e dispersivo é significativo para fazer que as pessoas se sensibilizem umas às outras, o que torna possível dirigir sua inquietação sobre certos objetos;

2º na fase de *excitação popular* também é marcante a desorientação dos agentes sociais, embora atenuada em comparação com a fase anterior. Surgem noções mais definidas quanto à condição das pessoas e ao que se deve fazer para mudá-la. Desse modo, o movimento avança na direção de uma definição mais precisa de seus objetivos. Nessa fase, o líder tende a ser um profeta ou reformador;

3º na fase de *formalização,* o movimento adquire uma forma definida de organização, com regras, políticas, tática e disciplina. O líder tende, a essa altura, a ser da natureza de um estadista;

4º na fase de *institucionalização,* finalmente, o movimento cristalizou-se numa organização fixa, com um corpo de militantes permanentes e uma estrutura para a execução de seus objetivos. Agora, o líder tende a ser um administrador.

Esse esquema de fases nos diz muito pouco, entretanto, sobre a dinâmica dos movimentos sociais específicos, a menos que o vejamos à luz dos *mecanismos* e meios pelos quais os movimentos avançam e se organizam de uma fase para outra. Examinemos, portanto, esses mecanismos.

A Agitação

Foi Lenin certamente o primeiro a formular com toda clareza a tremenda importância da agitação no movimento revolucionário. O mesmo se pode dizer a propósito de qualquer movimento social específico.

A agitação tem papel particularmente importante no nascimento e nas fases iniciais de um movimento, embora possa conservar alguma importância nas fases mais adiantadas. Ela é importante porque desperta as pessoas e as torna potencialmente recrutáveis para o movimento. Consiste basicamente num meio de excitar o "público" ao qual o movimento se dirige, despertar-lhe novos impulsos e idéias que o tornem inquieto e insatisfeito.

Como se vê, a agitação atua no sentido de diminuir a influência das ligações anteriores das pessoas e de eliminar seus modos anteriores de pensar e de agir.

Para que um movimento conquiste seu "público" e dessa maneira se inicie e ganhe ímpeto, é preciso que as pessoas se desprendam de suas formas costumeiras de pensar, de suas crenças habituais, e que nelas surjam novos impulsos e desejos. Por conseguinte, para ter êxito a agitação deve, em primeiro lugar, conquistar a atenção das pessoas. Depois, deve excitá-las e despertar nelas sentimentos e impulsos. Por fim, deve dar alguma direção a esses impulsos e sentimentos por meio de idéias, sugestões, críticas e promessas.

A agitação é um mecanismo particularmente eficaz em duas espécies de situações.

Primeiro, ela funciona em situações caracterizadas por abuso, discriminação e injustiça, os quais, entretanto, são aceitos com naturalidade pelos grupos que os sofrem. Embora tais situações sejam potencialmente carregadas de sofrimento e protesto, as crenças tradicionais das pessoas as reduzem à inércia. Nesse caso, a função da agitação consiste em levá-las a desafiar e questionar seus próprios modos de vida. Assim ela pode criar inquietação social onde antes não existia.

Outro tipo de situação em que a agitação tem papel destacado a desempenhar é aquele em que as pessoas já estão despertas, inquietas e descontentes, mas continuam tímidas demais para agir ou mesmo para pensar no que fazer. Neste caso, a função da agitação não é tanto a de semear a inquietação como de intensificar, liberar e dirigir as tensões que já existem nas pessoas.

A cada um desses dois tipos de situação parece corresponder um tipo de agitador.

Há, por um lado, o indivíduo excitado, inquieto e agressivo, cujo comportamento vivo e exuberante atrai a atenção das pessoas e cuja inquietação tende a contagiá-las. Esse tipo de agitador tem geralmente mais êxito nas situações em que as pessoas já se encontrem perturbadas e desnorteadas. Sua exuberância pode facilmente despertar outras pessoas já predispostas ao mesmo tipo de comportamento.

O segundo tipo de agitador é mais calmo. Agita, não pelo que faz, mas pelo que diz. Mesmo que não fale muito, é capaz de dizer o que está "atravessado na garganta" das pessoas, ajudando-as a ver as coisas de um novo ângulo. Sua atuação é, portanto, mais adequada ao primeiro tipo de situação acima mencionado, isto é, aquelas situações em que as pessoas sofrem privações ou discriminações sem desenvolver atitudes de ressentimento. Aqui, a função do agitador é tornar as pessoas conscientes de suas próprias posições e das desigualdades, deficiências e injustiças que marcam suas vidas. O agitador leva as pessoas a pôr em dúvida o que antes lhes parecia natural.

A agitação libera as pessoas para que elas se movimentem em novas direções. Especificamente, ela funciona no sentido de mudar as concepções que as pessoas têm de si mesmas e as noções que possuem de seus direitos e deveres. As novas concepções difundidas pela agitação fornecem a força motivadora dominante para o movimento social.

O *Esprit de Corps*

A agitação é somente um meio de despertar o interesse das pessoas e assim levá-las a participar de um movimento. Ela serve, portanto, para recrutar adeptos, para dar o impulso inicial e alguma direção ao movimento, mas por si só não bastaria para organizá-lo e dar-lhe continuidade. Baseados exclusivamente na agitação, os movimentos sociais nunca passariam do estágio da ação esporádica, desconexa e de curta duração.

Para dar solidez e persistência a um movimento social, outros mecanismos são necessários.

Um desses mecanismos é o desenvolvimento do "*esprit de corps*".

Existe *esprit de corps* num movimento social quando os sentimentos das pessoas se configuram em função de sua participação no movimento. Em si mesmo, ele representa os sentimentos de coparticipação e identificação mútua que levam a pessoa a se definir como membro ou militante de um movimento X.

Ao desenvolverem sentimentos de camaradagem e proximidade, os membros de um movimento adquirem o senso de participar de uma experiência comum, de constituir um grupo à parte. Reunidos, eles se sentem à vontade e entre iguais. Não há mais reserva pessoal e desaparecem os sentimentos de estranheza, indiferença ou alheamento. Nessas condições, as relações tendem a ser de cooperação, e não de competição. O comportamento de um tende a facilitar o desencadeamento do comportamento de outros. As pessoas se inspiram e infundem confiança mutuamente. Essas condições de simpatia mútua e correspondência contribuem para o comportamento conjugado.

Há outras maneiras pelas quais o *esprit de corps* é importante para o movimento social.

Por exemplo, ele serve para reforçar a nova concepção de si próprio que o indivíduo formou como resultado do movimento e de sua participação nele. Daí que, mantidas e revigoradas suas representações de si próprio e dos objetivos do movimento, o desenvolvimento do *esprit de corps* ajuda a aumentar a vinculação das pessoas com o movimento.

O *esprit de corps* representa, assim, um meio importante de desenvolver a solidariedade e, desse modo, de dar solidez a um movimento social.

Pode-se portanto definir o *esprit de corps* como uma organização do sentimento grupal e, essencialmente, como uma forma de entusiasmo grupal. É ele que dá vida a um movimento.

Porém, do mesmo modo que a agitação, a existência pura e simples do *esprit de corps* é insuficiente para o desenvolvimento de um movimento social. Como a adesão que ele inspira somente se baseia no entusiasmo intenso, tende a desaparecer ao primeiro abalo sofrido por esse entusisamo.

Para se sustentar com sucesso, principalmente nas fases de refluxo, um movimento deve inspirar uma lealdade mais firme e persistente do que a derivada do mero entusiasmo. E o que pode produzir tal lealdade é o "desenvolvimento do moral".

O Desenvolvimento do Moral

O moral é o que confere persistência e determinação a um movimento social. Uma prova decisiva para a vitalidade do movimento é a manutenção da sua solidariedade na adversidade. Nesse sentido, o moral pode ser considerado como um propósito coletivo persistente ou um querer grupal.

Diz Herbert Blumer que o moral parece estar baseado num conjunto de convicções das quais decorre. Num movimento social, tais convicções seriam de três tipos.

Primeiro, existe a convicção a respeito da retidão de propósitos do movimento. Esta é acompanhada pela crença de que a realização dos objetivos propostos conduzirá a algo muito próximo de uma situação ideal, onde toda uma série de coisas más, injustas e erradas não teriam lugar. A meta visada é, assim, sempre supervalorizada. Mesmo ilusória, no entanto, essa crença produz nos membros do movimento uma acentuada confiança em si próprios.

Um segundo tipo de convicção, intimamente ligado ao anterior, é a fé de que *aquele* movimento em particular alcançará os objetivos propostos. Geralmente, os militantes põem nisso certo senso de fatalismo, como se seu movimento estivesse inevitavelmente destinado a ter êxito. Sendo o movimento visto como um agente necessário de regeneração do mundo, para os seus militantes ele aparece como se estivesse na linha dos valores morais superiores do universo e, por assim dizer, divinamente favorecido. Daí a crença de que o êxito é inevitável, mesmo que somente à custa de duros esforços.

Por fim, integrando esse complexo de convicções, há a crença de que o movimento está encarregado de uma missão sagrada.

Combinadas, essas convicções contribuem para dar persistência e tenacidade aos membros de um movimento na busca de seus objetivos. Obstáculos, restrições e derrotas transformam-se em motivo de esforços renovados e não de desânimo, desde que não enfraqueçam seriamente a fé na retidão do movimento e na inevitabilidade da sua vitória final, conclui Blumer.

Como se vê, o desenvolvimento do moral de um movimento social aproxima-se, para Blumer, do surgimento de atitudes de sectarismo e fé religiosa.

Segundo o autor, é a partir daí que se podem compreender os meios mais importantes pelos quais se constitui o moral num movimento. Um desses meios é a adoção de alguma forma de culto, observável em qualquer movimento social duradouro e persistente. Em geral esse culto envolve um "santo" principal e vários outros santos menores, escolhidos estes entre os líderes populares do movimento.

Hitler, Lenin e Marx seriam bons exemplos de santos maiores, que despertam uma admiração próxima da adoração religiosa e se revestem de poderes miraculosos aos olhos dos militantes comuns. São tidos como enormemente superiores, inteligentes e infalíveis. As pessoas se ofendem com as tentativas de descrevê-los como seres humanos comuns.

Os heróis e mártires de um movimento também passam a ser considerados figuras sagradas. O desenvolvimento de todo esse culto é um meio importante de dar ao movimento uma fé religiosa e de ajudar a constituir aquele tipo de convicções que garante a solidariedade nos períodos difíceis.

O surgimento de um credo e de uma literatura sagrada tem função parecida. É possível encontrá-los em todos os movimentos sociais persistentes. Assim, Blumer coloca no mesmo plano *Minha Luta,* de Hitler, e *O Capital,* de Marx, como bíblias do movimento nazista e do movimento comunista, respectivamente. Evidentemente, o papel de um credo e de uma literatura dessa natureza deve ser o de dar a solidez da convicção religiosa aos movimentos.

Por fim, uma grande importância deve ser atribuída aos mitos no desenvolvimento do moral dos movimentos sociais. Os mitos podem ser os mais diversos: o do povo eleito, o da desumanidade dos adversários, mitos sobre o destino do movimento, mitos que descrevem as glórias da sociedade sob a égide dos objetivos do movimento.

Em geral esses mitos nascem dos desejos e esperanças dos participantes dos movimentos e respondem, ao mesmo tempo, a esses desejos e esperanças. Por seu caráter coletivo, adquirem solidez, permanência e aceitação ampla. É principalmente por meio deles que os militantes conseguem a rigidez dogmática de suas convicções e procuram justificar suas ações perante o resto da humanidade.

A Ideologia Grupal

Um quarto mecanismo que impulsiona o avanço dos movimentos sociais é a ideologia grupal.

Se não tivesse ideologia, um movimento social caminharia de modo incerto, titubeante, e dificilmente poderia manter-se em face da oposição de grupos externos. Por isso a ideologia é tão importante na vida de um movimento; ela é um mecanismo essencial para a sua persistência e desenvolvimento.

A ideologia de um movimento consiste num corpo de doutrinas, crenças e mitos.

Mais detalhadamente, a ideologia grupal parece consistir, primeiro, numa exposição dos objetivos, propósitos e premissas do movimento. Segundo, num conjunto de críticas e condenações da estrutura vigente, que o movimento está atacando e procurando mudar. Terceiro, num conjunto de doutrinas de defesa, que serve como justificação do movimento e de seus objetivos. Quarto, num conjunto de crenças referentes a políticas, táticas e à operação prática do movimento. E quinto, nos mitos do movimento.

Blumer vê um duplo caráter na ideologia.

Por um lado, grande parte dela é erudita e acadêmica, pois sob essa forma ela é desenvolvida pelos intelectuais do movimento. A exposição acadêmica tende a consistir em tratados sofisticados de caráter abstrato e altamente coerentes, e procura obter, para os princípios doutrinários do movimento, uma posição de respeitabilidade no plano do conhecimento e dos valores intelectuais.

Por outro lado, a ideologia assume também uma versão popular. Como tal, procura apelar às massas, tomando a forma de símbolos emocionais, lemas, estereótipos e argumentos mal burilados. Refere-se também, sob essa forma, aos princípios doutrinários do movimento, mas apresenta-os de maneira a torná-los de fácil compreensão e aceitação.

A ideologia fornece a filosofia e a psicologia de um movimento. Por meio dela o movimento se mune de direção, justificação, armas de ataque e de defesa no plano doutrinário, inspiração e esperança.

Para ser eficaz em cada um desses aspectos, a ideologia deve ter respeitabilidade e prestígio. No entanto, mais importante que isso é a necessidade de a ideologia responder à aflição, aos desejos e às esperanças das pessoas. Para alcançar sua finalidade, portanto, a ideologia precisa ter apelo popular.

A Tática

Finalmente, o sucesso ou insucesso dos movimentos depende da sua capacidade de dotar-se de uma tática que se desdobre em três direções: recrutamento de adeptos, conservação dos que já aderiram ao movimento e busca dos objetivos propostos.

A tática sempre depende da natureza da situação em que o movimento atua, bem como de seu fundo cultural. Seria inútil, por exemplo, aplicar exatamente as mesmas táticas do século XIX aos movimentos revolucionários de hoje. Assim como seria inútil a tentativa de transplantar táticas que tiveram sucesso num país para outro marcado por condições culturais muito diferentes.

Enfim, pode-se dizer que as táticas são flexíveis e variáveis, assumindo sua forma determinada segundo a natureza da situação, as exigências das circunstâncias e a criatividade dos membros de cada movimento social.

– REFORMA E REVOLUÇÃO.

Como já dissemos, os movimentos sociais específicos são basicamente de dois tipos: reformistas e revolucionários. Ambos têm por objetivo a introdução de mudanças na ordem social estabelecida e nas instituições. Seus ciclos de vida são semelhantes, envolvendo, em ambos os casos, os mecanismos acima descritos.

Fora isso, há grandes diferenças entre os dois tipos de movimentos.

Eles diferem, desde logo, pelos objetivos que se propõem. O movimento reformista visa mudar um aspecto parcial ou uma área limitada da ordem social – por exemplo, a abolição do trabalho infantil, a redução do custo de vida, a proibição do uso do fumo em público. O movimento revolucionário tem objetivo mais amplo: visa reconstruir a ordem social segundo princípios inteiramente diferentes.

Blumer assinala que a diferença nos objetivos se associa a uma "vantagem diferencial enquanto ponto de ataque".

Ao esforçar-se para mudar apenas um aspecto parcial da ordem social, o movimento reformista aceita os princípios básicos dessa mesma ordem, ou seja, aceita os valores existentes. Aliás, invoca esses valores para atacar os defeitos sociais que combate. O movimento reformista parte, assim, do código ético dominante, o que torna difícil atacar um movimento reformista ou seus militantes com base em seus valores morais. O ataque normalmente se realiza em forma de caricatura; por exemplo, os reformadores podem ser caracterizados como pessoas sem espírito prático.

Ao contrário, o movimento revolucionário sempre desafia os valores existentes e propõe um novo sistema de valores morais. Por isso, expõe-se ao ataque do ponto de vista dos valores vigentes.

Liga-se a essa diferença o fato de que o movimento reformista tem uma "respeitabilidade" que é negada ao movimento revolucionário. Aceitando a ordem social existente e orientando-se por seu código ético, ele dirige suas reivindicações às instituições existentes. Em conseqüência, usa essas instituições – como a escola, a igreja, a imprensa, o governo.

Em contraste, o movimento revolucionário, atacando a ordem social e rejeitando-lhe os valores, tende a ser perseguido e conduzido, afinal, subterraneamente. O eventual uso que faça de uma ou outra instituição tem de ser disfarçado. Normalmente, toda agitação, todo proselitismo e manobras efetuadas pelos movimentos revolucionários têm de ser realizados fora das instituições existentes.

É verdade, lembra Blumer, que, se um movimento reformista for considerado ameaça a uma classe poderosa ou a interesses ocultos, também ele tende a ter barrado o acesso às instituições. Isso, porém, pode facilmente transformar o movimento reformista em movimento revolucionário, pois seus objetivos se ampliam para incluir a reorganização ou supressão das instituições que lhe impedem o avanço.

Dessas diferenças decorre mais uma, relativa ao que Blumer denomina o "procedimento geral e tática" dos movimentos reformistas e revolucionários.

O movimento reformista esforça-se para avançar conquistando uma opinião pública favorável a seus objetivos. Dessa maneira, procura criar acontecimentos públicos e fazer uso do processo de discussão. Sua mensagem é dirigida ao grande público indiferente ou desinteressado, no esforço de obter seu apoio.

O movimento revolucionário, ao contrário, não busca basicamente influenciar a opinião pública, mas alcançar a "conversão" das pessoas em moldes muito parecidos com os de uma religião, diz Blumer.

Por conseguinte, há uma grande diferença nos grupos onde um e outro tipo de movimento conduz sua agitação e recruta adeptos. O movimento reformista, apesar de surgir normalmente falando em nome de algum grupo oprimido ou explorado da população, pouco faz para estabelecer nesse grupo a base da sua força. Em vez disso, tenta conquistar a lealdade de um público de classe média que lhe é exterior, buscando aí simpatia para com o grupo desfavorecido. Por isso a liderança ou a militância num movimento reformista raramente vem do grupo cujos direitos estão sendo defendidos.

Já a agitação revolucionária dirige-se aos que são considerados oprimidos ou explorados. Ela se esforça por estabelecer a força do movimento com base no recrutamento dessas pessoas para suas fileiras. Por isso o movimento revolucionário é normalmente um movimento de classe baixa que age entre os não-privilegiados.

Finalmente, há diferenças também nas funções de um e outro tipo de movimento.

Diz Blumer que a função básica do movimento reformista provavelmente não é tanto a mudança social como a reafirmação dos valores ideais de uma dada sociedade. Quanto ao movimento revolucionário, sua tendência é dividir o mundo entre os que "têm" e os que "não têm", organizando estes últimos como um grupo forte, unido e sem compromissos. Daí que sua função seja a de introduzir um novo sistema de valores "essencialmente religiosos".

POSSÍVEIS OBJETIVOS DO ESTUDANTE

Depois de completar o estudo deste capítulo e discuti-lo, se necessário, você deverá ser capaz de:

1. Definir evolução social e mudança social, assinalando a diferença entre esses conceitos.
   a) Estabelecer a diferença entre ação histórica e mudança social.
   b) Expor o conceito de processo social no contexto da mudança, destacando os agentes, fatores e condições que aí intervêm.
2. Explicar em que sentido a teoria da mudança social em Marx pode ser qualificada de histórica, estrutural e macrossociológica.
   a) Especificar o significado do desenvolvimento do capitalismo para essa teoria.
   b) Discutir o papel da ideologia, e notadamente da tradição, no "modelo" marxista de mudança social.
   c) Discutir a possibilidade de aplicação do "modelo" marxista a contextos históricos diferentes do europeu-ocidental.
   d) Expor as limitações identificadas por Giddens na visão marxista da passagem do capitalismo para o comunismo.
3. Conceituar a mobilidade social e seus tipos.
   a) Dar exemplos reais ou imaginários de mobilidade vertical.
   b) Dar exemplos reais ou imaginários de mobilidade horizontal.
   c) Discutir a relação entre teoria da mobilidade e teoria da estratificação social.
   d) Resumir as principais críticas que costumam ser dirigidas aos estudos de mobilidade.

4. Expor o conceito geral de movimentos sociais.
   a) Explicar os princípios de existência e funções dos movimentos sociais, segundo Touraine.
   b) Discutir o significado dos movimentos sociais do ponto de vista da ação histórica.
   c) Distinguir movimentos sociais e grupos de pressão.
   d) Resumir a distinção entre movimentos sociais gerais e movimentos sociais específicos, segundo Blumer.
   e) Discutir as semelhanças e diferenças entre movimentos reformistas e revolucionários.

SUGESTÕES PARA LEITURA

Aschcraft, Richard, *In:* Gabriel Cohn, *Sociologia: Para Ler os Clássicos.* São Paulo, Livros Técnicos e Científicos, 1977.

Blumer, Herbert. Movimentos Sociais. *In*: Luis Pereira, org. *Subdesenvolvimento e Desenvolvimento.* Rio de Janeiro, Zahar, 1976.

Giddens, Anthony, *A Estrutura de Classes nas Sociedades Avançadas.* Rio de Janeiro, Zahar, 1975.

Mendras, Henry. *Princípios de Sociologia.* Rio de Janeiro, Zahar, 1969.

Rocher, Guy. *Sociologia Geral IV.* Lisboa, Presença, 1971.

Stavenhagen, Rodolfo. Classes Sociais e Estratificação social. *In*: Foracchi e Martins, orgs. *Sociologia e Sociedade.* São Paulo, Livros Técnicos e Científicos, 1978.

Tumin, Melvin N. *Estratificação Social.* São Paulo, Pioneira, 1970.

Fotografia ABRIL PRESS

capítulo 7

A Dinâmica Social: Institucionalização e Socialização

Plano do capítulo

1. A INSTITUCIONALIZAÇÃO
   - *A Conduta Institucionalizada*
   - *Os Hábitos e as Instituições*
   - *A Dialética do Social, Legitimação e Controle*
   - *Instituições e Papéis: Participação e Representação Social*
   - *A Reificação*
2. A SOCIALIZAÇÃO
   - *Integração da Cultura na Personalidade*
   - *A Adaptação ao Ambiente Social*
   - *Os Mecanismos da Socialização*
   - *A Aprendizagem*
   - *A Interiorização de Outrem*
   - *Os Agentes da Socialização*

     A Família e a Escola
     Os Grupos Etários
     Empresas, Sindicatos, Movimentos Sociais
     As Técnicas de Comunicação de Massa
   - *Os Meios de Socialização*

     Meio Rural e Meio Urbano
     Grupo Racial, Étnico, Cultural
     Classe Social
   - *A Socialização como Momento da Dialética do Social*
3. SOCIALIZAÇÃO PRIMÁRIA E SOCIALIZAÇÃO SECUNDÁRIA
   - *Socialização Primária*
   - *Identificação com os Outros e Auto-Identificação*
   - *A Interiorização do Outro Generalizado*
   - *Socialização Secundária*

     Os Processos Formais
     As Técnicas
   - *Alternação e Re-Socialização*
   - *Socialização Bem-sucedida e Malsucedida*
   - *A Identidade e a Dialética entre Indivíduo e Sociedade*

Neste capítulo continuaremos estudando a dinâmica da vida social. Desta vez, porém, abordaremos dois dos processos mais abrangentes e fundamentais através dos quais as sociedades se constituem, se mantêm e se transformam: a *institucionalização* e a *socialização*. Estes dois processos são responsáveis tanto pela estabilidade como pela mudança social. Em verdade, ambos compõem um conjunto que Peter Berger, sociólogo norte-americano contemporâneo, denominou "a dialética do social". Mais adiante esse conjunto será exposto em detalhe.

1. A Institucionalização.

Em sociologia o termo "institucionalização" refere-se tanto ao processo pelo qual uma norma, ou conjunto de normas, é aceita por um grupo social e inculcada na personalidade de seus membros como ao resultado final desse processo.

O processo de institucionalização pressupõe, portanto, o processo de socialização, na medida em que esta possa ser grosseiramente definida como a internalização de normas pelos agentes sociais. No entanto, devemos deixar a socialização para mais tarde, a fim de, por enquanto, tratar mais profundamente da institucionalização.

Como vimos no Capítulo 4 deste livro, as normas sociais são regras de comportamento que, ao pressuporem mandatos e proibições, estipulam direitos e obrigações dos indivíduos no exercício de seus papéis sociais. Assim, elas conferem um mínimo de estabilidade social aos grupos que orientam.

Quando não estamos falando de grupos sociais restritos (como, por exemplo, os sócios de um clube, os funcionários de uma repartição, etc.) mas da sociedade em sua totalidade, nos referimos a um complexo de normas institucionalizadas que denominamos "instituição social". A instituição do casamento, por exemplo, é uma instituição social.

Tanto as sociedades contemporâneas de hoje como as do passado, inclusive as chamadas sociedades "primitivas" têm sua vida modelada pelas instituições sociais. Como padrão normativo reconhecido, a instituição social se aplica a determinado conjunto de relações. É o que ocorre com o casamento. O casamento como instituição refere-se a um complexo padrão normativo – padrão, esse, seguido em graus variáveis pelo comportamento efetivo. No entanto, é conhecido e reconhecido por todos os membros da sociedade como moralmente válido e obrigatório, mesmo por aqueles indivíduos que se situam em casos desviantes.

Embora o termo instituição sempre se refira a padrões normativos complexos, amplamente aceitos e obrigatórios, muitas vezes é utilizado pelos sociólogos para designar determinados grupos sociais, como escolas, igrejas, empresas, etc. Essa utilização do termo instituição só é indevida se nos esquecermos de que o comportamento efetivo dos indivíduos componentes desses grupos não é necessariamente correspondente ao estipulado pelo padrão. Em outro ponto deste livro (no Capítulo 4) chamamos a atenção para o fato de que havia uma distinção possível entre os termos "estrutura social" e "organização social" – o primeiro representando o nível dos princípios normativos que orientam a ação; o segundo representando a própria ação, conformista ou desviante em relação àqueles princípios. A distinção entre instituições e grupos sociais definidos é, portanto, equivalente à distinção entre *estrutura* e *organização.*

Mas, nem todos os setores da vida social são institucionalizados. Segundo Eisenstadt, estudioso norte-americano da institucionalização, somente os "problemas básicos perenes de qualquer sociedade ou vida social organizada" são suscetíveis de se institucionalizar. Ou seja, seriam institucionalizadas apenas as *esferas* da vida social humana cuja importância é crucial para sua sobrevivência, qualquer que seja a sociedade considerada.

A primeira das esferas institucionais mais importantes é a *da família e do parentesco.* Ela está baseada na regulação das relações procriativas e biológicas entre os indivíduos de uma sociedade, e na socialização inicial dos novos membros de cada geração.

Outra esfera importante é a *da educação.* Ela vai além das relações familiares e de parentesco, pois ocupa-se da socialização dos jovens até que eles se transformem em adultos, e da transmissão – de geração em geração – da herança cultural de uma sociedade.

De relevo é também a esfera da *economia.* Esta regula a produção, a distribuição e o consumo de bens e serviços no interior de uma sociedade.

A esfera *política* se refere ao controle do uso da força na sociedade e à manutenção da paz interna e externa, bem como ao controle da mobilização de recursos para a realização de diversos objetivos e a articulação e fixação de certas metas para a coletividade.

A esfera das *instituições culturais* trata da provisão das condições que facilitem a criação e a conservação de bens culturais (religiosos, científicos, artísticos) e de sua distribuição diferencial entre os vários grupos da sociedade.

Finalmente, entre as esferas mais importantes encontra-se a da *estratificação.* Ela regula a distribuição diferencial de posições, recompensas e recursos. Regula, também, o acesso a eles por parte dos indivíduos e grupos dentro de uma sociedade.

As instituições estão muito próximas, mas não são idênticas aos grupos que se organizam em função de objetivos especiais ou funções sociais. Assim, os princípios da regulamentação política não somente são eficazes com respeito aos grupos cuja função primordial é algum tipo de atividade política, mas também regulam diversos aspectos de grupos cuja finalidade ou função predominante é econômica, cultural ou educativa. Da mesma forma, os princípios da regulamentação econômica organizam outros aspectos de grupos que são predominantemente culturais ou políticos. De fato, isso vale para qualquer esfera institucional em relação a qualquer outro grupo social.

Em toda sociedade existem grupos definidos que se ocupam predominantemente de cada uma das principais áreas de problemas institucionais. Esses grupos têm algumas características estruturais "medulares", que se explicam por sua função ou localização institucional mais importante. Por exemplo: os pequenos grupos domésticos estruturados de acordo com o parentesco, com funções reprodutivas, reguladoras da atividade sexual e socializadoras, parecem constituir as unidades fundamentais da esfera institucional familiar. Analogamente, cada uma dessas esferas institucionais possui seus próprios recursos específicos, tais como trabalho, bens ou dinheiro, na esfera econômica – ou apoio e identificação, na esfera política.

Pode-se compreender, assim, que uma das preocupações fundamentais do estudo comparado das instituições é analisar até que ponto os diferentes fins ou funções sociais são realizados pelos mesmos grupos ou por grupos diferentes.

– A CONDUTA INSTITUCIONALIZADA.

As instituições básicas podem ser encontradas em toda sociedade, mas as sociedades variam grandemente em relação aos princípios reguladores concretos que são mantidos por tais instituições. Variam particularmente no que se refere às cristalizações institucionais *parciais* mais específicas (tais como, por exemplo, são as diversas cerimônias rituais ou o acervo de costumes, por um lado, e o conjunto de tradições folclóricas ou os estilos artísticos, por outro). Esses princípios e estruturas institucionais concretos podem variar quanto à magnitude de sua universalidade, isto é, quanto à medida em que são discerníveis numa ampla multiplicidade de sociedades, quanto ao nível em que se encontrem difundidos dentro de determinada sociedade e quanto ao grau em que se achem institucionalizados.

A existência de instituições, tanto como normas reguladoras quanto como esferas institucionais básicas, é algo que se considera inerente à própria natureza da sociedade. As instituições constituem parte da definição essencial da sociedade e são concomitantes à própria existência de qualquer vida social ordenada.

É por essa razão que se pode encarar a conduta institucionalizada como o universo evolutivo mais geral na história da sociedade humana. Ela constitui uma das características emergentes fundamentais da sociedade humana.

– OS HÁBITOS E AS INSTITUIÇÕES.

Qualquer atividade humana está sujeita ao hábito. Uma ação que se repete com muita freqüência acaba se moldando a um padrão. Tal padrão pode, em seguida, ser reproduzido como economia de esforço.

Ora, a ação em questão pode ser novamente executada no futuro da mesma maneira e com a mesma economia de esforços. Essa é uma afirmação que vale tanto para a atividade não social como para a atividade social. Até mesmo uma pessoa totalmente isolada do resto do mundo torna habitual sua atividade, bastando para isso que desempenhe metodicamente um trabalho cotidiano. E, realmente, é isso que acontece. Daí dizer-se que o homem solitário tem sempre, no mínimo, a companhia de seus *procedimentos operatórios.*

As ações que se tornam habituais mantêm seu caráter plenamente significativo para o indivíduo que as executa, apesar de o significado a que nos referimos passar a ser incluído como rotina em seu acervo geral de conhecimentos, admitidos por ele como corretos e sempre prontos para projetos futuros. O estabelecimento do hábito proporciona importante conforto psicológico porque reduz a necessidade de tomar decisões sobre o número de opções. Por exemplo, se teoricamente há muitas maneiras de construir uma jangada, o hábito de fazê-la reduz as muitas maneiras a uma única. Isso libera as pessoas da carga de todas as decisões necessárias para fazer uma jangada, proporcionando-lhes um alívio psicológico que tem por base a estrutura instintiva, não dirigida, do ser humano. O hábito fornece a direção e a especialização da atividade – e desse modo alivia o acúmulo de tensões resultantes dos impulsos não dirigidos. E ainda mais: ao fornecer um fundamento estável, no qual a atividade humana pode prosseguir com um mínimo de tomada de decisões alternativas durante a maior parte do tempo, o hábito poupa energia que pode ser liberada para decisões eventualmente necessárias, e até imprescindíveis, em certas ocasiões. O fundamento da atividade tornada habitual reserva, assim, maior espaço para a deliberação e para a inovação.

Em relação ao significado que o indivíduo atribui à sua atividade, o hábito torna desnecessário que cada situação seja novamente definida, etapa por etapa. Com o hábito, uma enorme quantidade de situações variadas pode ser reunida sob definições prévias. Assim, a decisão sobre a atividade a ser realizada nessas situações pode ser antecipadamente conhecida.

A formação de hábitos é constituída de processos que precedem a institucionalização. Contudo, empiricamente, a parte mais importante da formação do hábito é coextensiva com a institucionalização. Então, resta saber como se originam as instituições.

Berger e Luckmann indicam que a institucionalização ocorre sempre que há uma tipificação recíproca de ações habituais por tipos de agentes. Sendo assim, qualquer dessas tipificações é uma instituição. Aqui há dois aspectos que devem ser ressaltados:

1º a reciprocidade das tipificações institucionais;

2º o caráter típico não só das ações mas também dos agentes nas instituições.

As tipificações das ações habituais que constituem as instituições são sempre partilhadas. Elas são *acessíveis* a todos os membros do grupo social particular em questão, e a própria instituição tipifica os agentes individuais e as ações individuais.

A instituição pressupõe que ações do tipo "x" serão executadas por agentes do tipo "x". Por exemplo: a instituição da lei determina que a norma jurídica tal deverá ser aplicada de maneiras específicas, em circunstâncias específicas, e o encarregado de aplicá-la será um indivíduo determinado – nesse caso, um juiz.

Além disso, as instituições implicam historicidade e controle. As tipificações recíprocas das ações são constituídas no curso de toda uma história. Não podem ser criadas instantaneamente. As instituições são produtos de sua história, de maneira que é impossível compreender corretamente uma instituição sem entender o processo histórico pelo qual foi ela produzida. Pelo simples fato de sua existência, as instituições também controlam a conduta humana, estabelecendo padrões previamente definidos de conduta que a canalizam numa direção por oposição às muitas outras direções teoricamente possíveis. Esse caráter controlador é inerente à institucionalização como tal, anterior a quaisquer mecanismos de sanções especificamente estabelecidos para apoiar uma instituição ou independente desses mecanismos. Tais mecanismos – cuja soma costuma-se chamar de "sistema de controle social – existem evidentemente em muitas instituições e em todas as aglomerações de instituições que denominamos sociedades. Sua controladora, no entanto, é do tipo secundário ou suplementar. O controle social primário é dado pela existência de uma instituição como tal.

Quando uma parcela da atividade humana é institucionalizada, isso significa de imediato que tal parcela foi submetida ao controle social. Novos mecanismos de controle são exigidos somente se os processos de institucionalização não forem completamente bem-sucedidos. Assim, a lei pode determinar que aquele que praticar incesto será preso. Mas não tem sentido dizer que a sexualidade humana é controlada pela prisão de certos indivíduos. Ao contrário, a sexualidade humana é socialmente controlada por sua institucionalização ao longo da história particular em pauta. O tabu do incesto, em si mesmo, não passa do lado negativo de um conjunto de tipificações que define em primeiro lugar qual a conduta sexual considerada incestuosa e qual a que não é assim julgada.

– A DIALÉTICA DO SOCIAL, LEGITIMAÇÃO E CONTROLE.

Repetidas uma ou mais vezes, as ações tendem a se tornar habituais até certo ponto, assim como todas as ações observadas por outra pessoa envolvem alguma tipificação por parte dessa outra pessoa. Mas para que tal tipificação recíproca se realize é necessário haver uma situação social duradoura, em que se entrelacem as ações habituais de dois ou mais indivíduos. Que ações têm probabilidade de ser reciprocamente tipificadas dessa maneira?

Uma resposta geral a essa questão é: aquelas ações que são importantes para A e para B em sua situação comum. Evidentemente, as áreas que têm probabilidade de ser importantes nesse sentido variarão com as diferentes situações. Algumas serão as que se referem a A e a B em termos de suas biografias prévias; outras resultarão das circunstâncias naturais, pré-sociais da situação. Em todos os casos, o que terá de ser tornado habitual é o processo de comunicação entre A e B. O trabalho, a sexualidade e a territorialidade têm probabilidades de ser outros tantos focos de tipificações e hábitos. Nessas várias áreas a situação de A e de B é paradigma da institucionalização que ocorre em sociedades maiores.

Contudo, a qualidade das situações nem sempre é a mesma. Se imaginarmos que A e B têm um filho, a situação muda qualitativamente. O surgimento de um terceiro participante altera o caráter da interação social em curso entre A e B; interação que se alterará ainda mais com a inclusão de novos indivíduos. O mundo institucional que existia de modo incipiente na situação original de A e B passa a comunicar-se a outros indivíduos. Nesse processo a institucionalização se aperfeiçoa. Na vida comum de A e B havia hábitos e tipificações que antes tinham a qualidade de concepções eventuais de dois indivíduos, mas agora tornam-se instituições históricas.

Ao adquirir a historicidade desses hábitos e tipificações a situação adquire também outra qualidade decisiva, isto é, aperfeiçoa uma qualidade que era incipiente desde que A e B começaram a tipificação recíproca de sua conduta. Essa qualidade é a objetividade. E isto quer dizer que as instituições que agora estão cristalizadas – por exemplo, a instituição da paternidade tal como é encarada pelos filhos – são experimentadas como existindo acima e além dos indivíduos que eventualmente as estão corporificando no momento. Ou melhor: experimentam-se as instituições como se elas tivessem uma realidade própria, realidade com a qual os indivíduos se defrontam na condição de fator externo e coercitivo.

Pelo modo como se originam, as instituições nascentes são construídas e mantidas apenas pela interação de A e B. Em verdade, mesmo quando atingem certo grau de objetividade, no decurso da formação sua objetividade se conserva fraca e facilmente variável. Isto quer dizer que o universo tornado rotina de A e B se mantém bastante acessível à intervenção deliberada de A e B. Embora, uma vez estabelecidas, as rotinas contenham a tendência a permanecer, a possibilidade de mudá-las ou mesmo de aboli-las continua ao alcance da consciência de A e B, seus elementos formadores. De fato, apenas A e B são responsáveis por terem construído esse universo, esse espaço rotinizado. Apesar disso, A e B mantêm-se incapazes de modificá-lo ou aboli-lo. E mais: como foram ambos que configuraram esse universo no curso de uma biografia compartilhada, da qual podem lembrar-se, A e B têm clara compreensão do que seja tal universo. Contudo, essa situação vai mudar no processo de transmissão à nova geração.

Para os filhos e, por reflexo especular (efeito de espelho), também para os pais, a objetividade do mundo institucional se torna mais *espessa.* Digamos que, para eles, ela *endurece,* torna-se bem mais rígida. Então, as coisas devem ser feitas de acordo com seus padrões instituídos. Um universo assim considerado alcança a firmeza no plano da consciência. Torna-se muito mais maciçamente real e já não pode ser mudado com tanta facilidade. Para os filhos, pelo menos na fase inicial de sua socialização, esse mundo institucionalizado é *o próprio mundo.* Ao mesmo tempo, para os pais esse mundo passa a ser algo "sério". Os filhos não vêem cristalinamente o mundo transmitido pelos pais – como não participaram de sua formação, ele se apresenta como uma realidade pré-existente. Assim, pelo menos em algumas de suas facetas, é uma realidade opaca, difícil de penetrar.

A partir desse instante é possível falar, então, num mundo social, no sentido de uma realidade ampla e determinada, com a qual o indivíduo se defronta de maneira análoga à realidade do mundo natural. Somente como mundo objetivo é que as formações sociais podem ser transmitidas a uma nova geração. Nas fases iniciais de socialização, a criança é incapaz de distinguir entre a objetividade dos fenômenos naturais e a objetividade das formações sociais. O aspecto mais importante da socialização – a linguagem – aparece à criança como inerente à natureza das coisas. Para a criança as coisas já nascem com nome; coisa e nome são unívocos, porque ela não pode perceber a noção de que as palavras se revestem de caráter convencional. Para ela uma coisa jamais poderia ser chamada por nome diferente do que tem.

Todas as instituições aparecem da mesma maneira, como dadas, inalteráveis e evidentes. Mesmo no exemplo apresentado, o de os pais terem construído um mundo institucional *de novo*, a objetividade desse mundo aumenta para eles pela socialização de seus filhos. Isso ocorre porque a objetivação experimentada pelos filhos se reflete sobre sua própria experiência desse mundo. O exemplo oferecido é empiricamente improvável, mas é evidente que, na verdade, o mundo institucional transmitido pela maioria dos pais já tem caráter de realidade histórica e objetiva. O processo de transmissão simplesmente reforça o sentido que os pais já têm da realidade.

Sendo assim, um mundo institucional é experimentado como realidade objetiva. Sua história antecede o nascimento do indivíduo e continuará depois da morte dele. Essa própria história, assim como a tradição das instituições existentes, tem caráter de objetividade. A biografia do indivíduo é tomada como um episódio da história objetiva da sociedade. As instituições, com seu caráter de historicidade e objetividade, surgem para o indivíduo na qualidade de fatos inegáveis. As instituições estão aí, exteriores a ele, persistentes em sua realidade, queira ou não queira. Elas resistem à tentativa de alterá-las ou de fugir delas. Exercem um poder coercitivo sobre ele, pela força que têm em si mesmas, mas também pelos mecanismos de controle geralmente ligados às mais importantes. O indivíduo pode considerar incompreensíveis grandes setores do mundo social, talvez até opressivos por serem tão opacos, mas não pode deixar de considerá-los reais. E, tendo as instituições como realidade exterior, ele não as pode entender por introspecção. Para apreender o que elas são, o indivíduo tem de *sair de si*, da mesma maneira que tem de fazê-lo para apreender o que se refere à natureza.

É bom não esquecer que a objetividade do mundo institucional é produzida e construída pelo homem. O mundo institucional é a atividade humana objetivada, e isso em cada instituição particular. Ou seja: apesar da objetividade que marca o mundo social na experiência humana, ele não adquire por isso um *status* ontológico alheio à atividade humana que o introduziu. A relação entre o homem (o produto) e o mundo social (produto do homem) é, e continua sendo, uma relação dialética – ou seja: o homem (em coletividade) e seu mundo social atuam reciprocamente um sobre o outro. O produto reage sobre o produtor. A exteriorização e a objetivação são momentos de um processo dialético contínuo e permanente. O terceiro momento desse processo é a interiorização, pela qual o mundo social objetivado é reintroduzido na consciência no decurso da socialização.

Examinemos, então, a relação fundamental desses três momentos dialéticos na realidade social.

Cada um dos momentos do processo corresponde a uma caracterização essencial do mundo social. Assim, temos:

1º a sociedade é um produto humano;
2º a sociedade é uma realidade objetiva;
3º o homem é um produto social.

É fácil, pois, perceber que qualquer análise do mundo social que ignore um desses três elementos será distorcida. Além disso, pode-se acrescentar que somente com a transmissão do mundo social a uma nova geração (ou seja, a interiorização efetuada na socialização), a dialética fundamental aparece em sua totalidade. Em outras palavras, só com o aparecimento de uma nova geração é que se pode falar propriamente de um mundo social.

O universo institucional exige, ao mesmo tempo, legitimação. Explicando melhor, ele exige maneiras pelas quais possa ser *explicado*. E isso não acontece porque o mundo social apareça como menos real. De fato, já sabemos que, durante sua transmissão, a realidade do mundo social se torna cada vez mais maciça. No entanto, essa realidade é histórica, e por isso chega à nova geração como tradição, não como memória biográfica. No exemplo aqui oferecido, A e B, os criadores originais do mundo social, podem sempre reconstruir as circunstâncias em que seu mundo – e qualquer parte dele – foi estabelecido. Isso quer dizer que podem chegar ao significado de uma instituição apenas exercendo sua capacidade de lembrança, usando a memória. No entanto, os filhos de A e B se encontram numa situação completamente diferente, porque conhecem a história por *ouvir contar.* Para eles, o significado original de uma instituição (ou de todas) é inacessível em termos de memória. É preciso, então, interpretar para eles esse significado, usando-se para isso várias fórmulas legitimadoras. Essas fórmulas terão que ser consistentes e amplas no que se refere à ordem institucional, a fim de conseguirem convencer a nova geração. Pode-se, pois, dizer que uma mesma *história* tem de ser contada a todas as crianças. Desse modo a ordem institucional em expansão cria um correspondente manto de legitimações, que sobre si estende uma cobertura protetora de interpretações cognitivas e normativas. As novas gerações aprendem essas legitimações durante o mesmo processo que socializa tais legitimações na ordem institucional.

É a legitimação que *explica* a ordem institucional, outorgando validade cognitiva a seus significados objetivados. A legitimação justifica a ordem institucional, dando dignidade normativa a seus imperativos práticos.

Portanto, é importante compreender que a legitimação tem um elemento cognitivo assim como um elemento normativo. Ou seja: a legitimação não é só uma questão de *valores*, mas sempre implica também *conhecimento* dos papéis que definem tanto as ações *corretas* quanto as ações *erradas*, no interior da estrutura. Exemplificando: se um indivíduo não deve casar no interior de seu clã, para ele poder cumprir o preceito é preciso, primeiro, saber que é membro desse clã. E esse conhecimento lhe chega por meio de uma tradição que *explica* o que são os clãs, em geral, e o que é o seu clã, em particular. Tais *explicações* são tanto elementos legitimadores quanto elementos éticos da tradição. A legitimação não só diz ao indivíduo por que deve realizar uma ação e não outra, mas também por que as coisas são o que são. Isso quer dizer que o *conhecimento* precede os *valores* na legitimação das instituições.

Com as instituições historiadas e objetivadas torna-se também necessário o desenvolvimento de mecanismos específicos de controle social. É provável que os cursos de ação institucionalmente, digamos, *programados* sofram desvios, já que as instituições passam a ser realidades divorciadas da importância original que tinham nos processos sociais concretos de que surgiram. Em outras palavras, é mais provável que o indivíduo se desvie de programas para ele estabelecidos por outras pessoas do que de programas que ele próprio ajudou a estabelecer. Desse modo, a nova geração cria o problema da transigência, e sua socialização na ordem institucional exige o estabelecimento de sanções.

As instituições pretendem ter autoridade sobre o indivíduo, independentemente das significações subjetivas que este possa atribuir a qualquer situação particular. O mundo institucional reserva-se a prioridade das definições institucionais, mantendo-as coerentemente preservadas das tentações individuais de redefinições. Assim, as crianças devem *aprender a comportar-se* e, mais tarde, a *manter-se na linha.* O mesmo acontece com os adultos, naturalmente. Quanto mais a definição é institucionalizada, tanto mais é previsível e controlada. Se a socialização das instituições foi eficiente, é possível aplicar medidas coercitivas completas, econômica e seletivamente. Na maioria das vezes a conduta "correta" se processa "espontaneamente" nos canais estabelecidos de modo institucional. Ao nível das significações, como afirmam Berger e Luckmann, quanto mais a conduta é julgada certa e natural, tanto mais são restringidas as possíveis alternativas de *programas* institucionais. E a conduta é cada vez mais previsível e controlada.

— INSTITUIÇÕES E PAPÉIS: PARTICIPAÇÃO E REPRESENTAÇÃO SOCIAL.

Os papéis sociais são cursos de ação no contexto de um acervo objetivado de conhecimentos comuns a uma coletividade de atores. A construção de tipologias dos papéis é um correlato necessário da institucionalização da conduta. É através dos papéis que as instituições se incorporam à experiência do indivíduo. Os papéis constituem um ingrediente essencial do mundo objetivamente acessível de qualquer sociedade. Quando desempenha papéis, o indivíduo participa de um mundo social. E quando interioriza esses papéis, o mesmo mundo social torna-se subjetivamente real para ele.

Existem padrões de desempenho de papéis que são acessíveis a todos os indivíduos de uma sociedade, ou pelo menos aos que são executantes potenciais dos papéis em questão. Essa possibilidade de acesso geral é parte do acervo comum do conhecimento, pois não só os padrões de determinado papel são universalmente conhecidos como *se sabe* que eles são conhecidos. Conseqüentemente, todo suposto ator de determinado papel pode ser considerado responsável por conformar-se com os padrões. Isso porque tais padrões podem ser julgados parte integrante da tradição institucional e usados para verificar as credenciais de todos os executantes. E, é claro, além disso, podem servir como controle.

Os papéis têm sua origem no mesmo processo fundamental de formação de hábitos e objetivação que dá origem às instituições. Eles surgem assim que um acervo comum de conhecimento, contendo tipificações recíprocas de conduta, se encontra em processo de formação. E esse processo é endêmico na interação social e precede a institucionalização propriamente dita.

Mas, quais são os papéis que se institucionalizam?

A questão é idêntica à de definir quais são as áreas de conduta afetadas pela institucionalização, e pode ser respondida da mesma forma. Toda conduta institucionalizada envolve certo número de papéis. Assim, os papéis participam do caráter controlador da institucionalização. Tão logo os atores são tipificados como executantes de papéis, sua conduta se torna suscetível de reforço. A concordância e a não concordância com os papéis-padrão socialmente definidos deixa de ser o ideal, embora, é claro, a severidade das ações possa variar de um caso para outro.

Os papéis *representam* a ordem institucional. O termo "representar" é aqui usado em íntima relação com o uso que Durkheim dele fazia, só que com alcance mais amplo.

A representação que os papéis fazem da ordem institucional se efetua em dois níveis. Em primeiro lugar, a execução do papel representa a si mesma. Julgar, por exemplo, é representar o papel de juiz. O indivíduo que julga não está atuando por conta própria, mas *como* juiz. Em segundo lugar, o papel representa uma completa necessidade institucional de conduta. O papel de juiz se relaciona com outros papéis, cujo conjunto forma a instituição da lei. O juiz atua como representante dessa instituição.

Só por meio dessa representação em papéis desempenhados é que a instituição se pode manifestar na experiência real. Como já fizemos em outro capítulo, pode-se comparar a instituição, com seu conjunto de ações "programadas", ao libreto não escrito de um drama. A realização do drama depende do repetido desempenho dos papéis prescritos por parte de atores vivos. Em verdade, os atores corporificam papéis e efetivam o drama ao representá-lo em determinado palco. Nem o drama nem a instituição existem empiricamente separados dessa realização repetida. Então, dizer que os papéis representam as instituições é dizer que os papéis tornam possível a existência das instituições continuamente, como presença real na experiência de indivíduos vivos.

— A REIFICAÇÃO.

Denomina-se reificação a apreensão dos fenômenos humanos como se fossem coisas. Em outras palavras, a reificação é a apreensão dos produtos da atividade humana como se fossem algo diferente de produtos humanos, como se fossem fatos da natureza, resultados de leis cósmicas ou manifestações da vontade divina.

A reificação implica o fato de que o homem é capaz de esquecer sua própria autoria do mundo humano, e também que a dialética entre o homem (o produtor) e seus produtos é perdida de vista pela consciência. O mundo reificado é por definição um mundo desumanizado, sentido pelo homem como um fato estranho à sua própria atividade.

Desde o momento em que se estabelece um mundo social objetivo a possibilidade de reificação jamais se encontra afastada. A objetividade do mundo social significa que este faz frente ao homem como algo situado fora dele. O fundamental é saber se o homem ainda conserva a noção de que o mundo social, embora objetivado, foi feito pelos homens e, portanto, pode ser refeito por eles. Pode-se dizer que a reificação constitui o grau extremo do processo de objetivação, pelo qual o mundo objetivado perde a inteligibilidade que possui como empreendimento humano e se fixa como um fato não humano, não humanizável — um fato inerte.

A verdadeira relação entre o homem e seu mundo é invertida no plano da consciência. O homem, produtor de um mundo, é apreendido como sendo produto deste mundo. E a atividade humana é apreendida apenas como fenômenos secundários de processos não-humanos. Os significados humanos deixam de ser entendidos como produzindo o mundo e passam a ser compreendidos como sendo produtos da *natureza das coisas.*

A reificação é, pois, uma modalidade da consciência ou, mais precisamente, uma modalidade da objetivação que o homem faz do mundo humano. Mesmo apreendendo o mundo em termos reificados, o homem continua a produzi-lo. Em síntese, isso quer dizer que, paradoxalmente, o homem é capaz de produzir uma realidade que o nega.

A reificação é possível no nível pré-teórico e no nível teórico da consciência. Os sistemas teóricos completos podem ser descritos como reificações, embora presumivelmente tenham suas raízes em reificações pré-teóricas estabelecidas nesta ou naquela situação social. Sendo assim, é certo que a reificação existe na consciência do homem comum, tanto quanto (e não apenas) na do intelectual. É igualmente certo que seria um erro considerar a reificação como uma perversão de uma apreensão do mundo social originariamente não reificada. Seria um erro considerá-la uma espécie de queda de um estado de graça do conhecimento. Ao contrário, a documentação etnológica e sociológica disponível parece indicar o oposto, ou seja, que a apreensão original do mundo já é consideravelmente reificada. Isso implica a apreensão da reificação como modalidade da consciência dependendo de uma *desreificação*, ao menos relativa, da consciência.

A totalidade da ordem institucional – e também alguns segmentos dela – pode ser apreendida em termos reificados. Por exemplo, a ordem inteira da sociedade pode ser concebida como um microcosmo que reflete o macrocosmo do universo total, feito pelos deuses. Tudo que acontece *aqui embaixo* é um tênue reflexo do que ocorre *lá em cima*. De fato, certas instituições podem ser apreendidas de modo parecido. A "receita" fundamental para a reificação das instituições consiste em outorgar-lhes um *status* ontológico independente da atividade e da significação humanas. As reificações particulares são variações sobre esse tema geral, segundo afirmam Berger e Luckmann.

Ora, da mesma forma que as instituições, os papéis também podem ser reificados. O setor da autoconsciência que foi objetivado num papel é, assim, também apreendido como fatalidade inevitável – o que permite ao indivíduo negar qualquer responsabilidade de opção. Ele age como se não tivesse escolha para estar na posição que ocupa: é a *natureza das coisas* que o faz agir como governante, sacerdote, diretor de banco, bandido ou carrasco. Isso quer dizer que a reificação dos papéis faz diminuir a distância subjetiva que o indivíduo pode estabelecer entre si mesmo e o papel que desempenha. É evidente que se mantém a distância implicada em toda objetivação, mas a distância provocada pela desidentificação vai se reduzindo até desaparecer.

Por fim, a própria identidade (ou a totalidade do *eu*) pode ser reificada. E isso ocorre tanto com a identidade do indivíduo como com a dos outros. Há então uma identificação total do indivíduo com as tipificações que lhe são socialmente atribuídas. Ele é apreendido como *não sendo nada senão esse tipo*. E tal apreensão pode ser positiva ou negativamente acentuada em termos de valores ou emoções. Um anti-semita pode reificar negativamente a identificação de *judeu*, ao mesmo tempo que um judeu, evidentemente, a reifica positivamente. Do exemplo pode-se deduzir que – mais uma vez – as reificações podem estender-se desde o nível pré-teórico até o pensamento científico, ou seja, o nível teórico. A reificação estará no nível pré-teórico no momento em que se refere "àquilo que qualquer um sabe sobre os judeus"; passará ao nível teórico quando abordar as teorias mais complexas sobre o judaísmo.

2. A Socialização.

A aquisição da cultura é socialização.

Em verdade, a socialização é o processo de aquisição de conhecimentos, padrões, valores, símbolos. É, ainda, a aquisição de maneiras de agir, pensar e sentir próprias dos grupos, da sociedade, da civilização em que o indivíduo vive. Esse processo tem início no instante em que o indivíduo nasce, continua ao longo da vida e só termina quando o indivíduo morre.

No decorrer da vida, o período de socialização mais intenso é, sem dúvida, a primeira infância. É nela que o ser humano tem mais coisas a aprender. E é também nela que o indivíduo é mais "maleável" e está mais apto a aprender, o que faz então com uma facilidade e rapidez que jamais terá pelo resto da vida.

Tendo passado pela aquisição da cultura na infância, e depois na juventude, o adulto continua a socializar-se. Em certas etapas da vida conhecerá uma socialização mais intensa. Por exemplo, ao procurar adaptar-se ao primeiro emprego na sociedade industrial moderna terá que adquirir conhecimentos, novas técnicas, passará por interações, comunicações, sanções; terá de adaptar-se a novos métodos e novos ritmos de trabalho, a novas condições de vida. Por vezes, terá até mesmo de se adapta a um novo padrão de vida. Assim, uma eventual promoção, ou uma mudança de emprego, abrirão igualmente novos períodos de socialização. O casamento, o nascimento do primeiro filho, o casamento do primeiro filho, etc. são etapas que provocam novas adaptações. Considera-se a imigração para outro país como sendo uma das mais difíceis provas de *ressocialização* que o indivíduo pode experimentar na idade adulta. Em verdade, o sucesso do imigrante depende de outros indivíduos, da idade, das condições. E tudo isso faz que a aculturação do imigrante (sua socialização numa nova sociedade e numa nova cultura) em geral só se complete depois de duas ou três gerações. A "arte de saber envelhecer", por seu turno, nada mais é do que a socialização em um novo papel, o "papel de velho", que a sociedade impõe aos indivíduos idosos.

Até mesmo o dia-a-dia, independentemente dessas etapas de maior importância, requer constantemente a adaptação a novas situações, impondo a aquisição de novos elementos do amplo código social que regula cada uma de nossas vidas.

— INTEGRAÇÃO DA CULTURA NA PERSONALIDADE.

Mediante a socialização, elementos da sociedade e da cultura se tornam *parte integrante* da estrutura da personalidade psíquica, a ponto mesmo de se transformarem em parte do *conteúdo* dessa estrutura. Não se pode determinar a proporção da cultura e do sistema social dessa forma integrada na personalidade. Além disso, a medida da integração varia de pessoa para pessoa. No entanto, pode-se afirmar que, uma vez integrados na personalidade, a cultura e o sistema social se tornam obrigação moral, norma de consciência e maneira de agir, de pensar ou de sentir do indivíduo. A integração se processa de tal modo que a pessoa integrada parece estar agindo, pensando ou sentindo de maneira *natural* ou *normal,* e não segundo a cultura e o sistema social.

É devido a essa integração dos elementos sócio-culturais na personalidade que o peso do controle social, dos imperativos e exigências do meio social acaba por ser pouco sentido, pelo menos no plano da consciência, pelos agentes sociais. O agente social não sente que a todo momento obedece à pressão de uma autoridade exterior; não tem o sentimento de ser objeto de constrangimento por parte das instituições ou dos outros indivíduos. No entanto, a conformidade nasce de sua própria consciência – e muitas vezes isso ocorre não só para se assegurar o conforto de não parecer excêntrico, como para se sentir respeitado diante de si mesmo e de testemunhas invisíveis, como Deus ou um ente querido já morto.

– A ADAPTAÇÃO AO AMBIENTE SOCIAL.

Do ponto de vista sociológico, a principal conseqüência da socialização é a adaptação do indivíduo ao seu ambiente social. A pessoa socializada passa a "pertencer" ao seu meio, à família, ao grupo, à empresa, ao partido, à religião. Tendo suficientes coisas em comum com os outros membros dessas coletividades, o indivíduo socializado *pode* comunicar-se com eles (comunicar sentimentos, dividir aspirações, compartilhar gostos, necessidades, atividades). Isso ocorre porque, afinal, o indivíduo se parece com os outros, não fisicamente – o que aliás pode acontecer – mas mental e psiquicamente.

Pertencer a uma coletividade é partilhar com os outros membros dela um número suficiente de idéias ou traços comuns que permita reconhecermo-nos no "nós" por ela formado, ou seja, é identificarmo-nos com esse "nós" a ponto de extrair dele, pelo menos em parte, nossa identidade psíquica e social.

Obviamente essa adaptação tem muito a ver com a personalidade, pois se produz simultaneamente ao nível biológico ou psicomotor, afetivo e mental. Ao nível biológico e psicomotor, o indivíduo que foi socializado em determinada cultura e em determinada sociedade desenvolveu necessidades fisiológicas, gostos, atitudes corporais que exigiram condicionamento do seu organismo neurofisiológico e do seu aparelho sensitivo-motor. É por isso que o italiano, o árabe, o norte-americano podem ser reconhecidos a partir de determinados gestos, de uma determinada mímica, de certos modos de comportamento que os caracterizam. O brasileiro, por exemplo, ingere com prazer alimentos que outros povos rejeitam como terrivelmente apimentados; o inglês começa o dia ingerindo um vasto desjejum, enquanto que o francês se satisfaz com uma xícara de café e um pedaço de pão com manteiga. É claro, pois, que o corpo e os gestos sofrem uma socialização destinada a adaptá-los a determinado ambiente sócio-cultural.

Ao nível afetivo, não só a expressão dos sentimentos é canalizada pelas modalidades, restrições, sanções de uma cultura, como há também sentimentos que podem ser abafados, reprimidos e até negados por uma cultura e uma sociedade. Estudos etnológicos demonstram que certas sociedades favorecem mais que outras o desenvolvimento e a expressão da agressividade, da ternura ou do amor. Na sociedade moderna é louvável o casamento por amor ou romântico, e há uma tendência para depreciar de diversas formas o matrimônio por interesse ou o casamento racional. Mas em muitas sociedades, e durante longo tempo, o casamento, combinado entre os pais dos noivos, era sobretudo um negócio. Esse tipo de casamento era mais estável que o resultante do amor romântico. De fato, a valorização do amor romântico é um fenômeno cultural relativamente recente na história da humanidade. Em *As Duas Fontes da Moral e da Religião,* Henri Bergson diz que "a mulher deve ter sempre inspirado no homem uma inclinação diferente do desejo, que, no entanto, lhe é contígua e a ela está ligada, inclinação essa que participa simultaneamente do sentimento e da sensação. Mas o amor romântico tem uma data: surgiu na Idade Média, no dia em que se decidiu absorver o amor natural num sentimento de certo modo sobrenatural, na emoção religiosa tal como o cristianismo a criara e lançara no mundo. Quando se critica o misticismo por exprimir-se como paixão amorosa, esquece-se que foi o amor que começou a plagiar a mística, que lhe copiou o fervor, os impulsos, os êxtases, de maneira que ao utilizar a linguagem de uma paixão que prefigurara, a mística não fez mais que recuperar o que já era seu".

Em nossos dias é quase ponto pacífico que o casamento cujo amor acabou deve ser desfeito e que o homem e a mulher devem procurar um *novo amor.* Como se pode constatar, em comparação com outras civilizações e outras épocas, a sociedade moderna favorece entre seus membros a eclosão, o desenvolvimento e a expressão do sentimento amoroso. E não se pode negar o amor nem abafar-lhe o desenvolvimento em pessoas socializadas nesse tipo de sociedade.

Ao nível do pensamento, a socialização fornece categorias mentais, representações, imagens conhecimentos, preconceitos, estereótipos, ou melhor, maneiras de pensar sem as quais a inteligência, a memória, a imaginação não poderiam desabrochar, desenvolver e produzir. É através da incorporação dos elementos da cultura que as faculdades intelectuais se desenvolvem e podem criar novos elementos culturais.

Do ponto de vista sociológico, o resultado normal da socialização e, assim, a produção de uma conformidade suficiente das maneiras de agir, de pensar e de sentir em cada um dos membros de uma coletividade para que, por um lado, cada pessoa se adapte e se integre nessa coletividade, e para que, por outro, essa coletividade possa se manter e continuar. Mas não se pense que o resultado da socialização é necessariamente o conformismo das condutas e atitudes, e que qualquer outro resultado indique o fim da civilização.

– OS MECANISMOS DA SOCIALIZAÇÃO.

Para compreender os mecanismos que regem a socialização do indivíduo, devemos voltar nossa atenção para os psicólogos pertencentes a diversas escolas. Não é necessário fazermos aqui a reconstituição do processo de desenvolvimento e de estruturação da personalidade, visto que a sociologia se contenta com ir buscar nos trabalhos dos psicólogos o que se refere à formação daquilo que se pode chamar *personalidade social* ou, mais precisamente, o desenvolvimento da capacidade para a ação social e a aquisição dos seus requisitos: normas, valores, símbolos, etc.

O problema deve ser colocado em termos de motivação e pode formular-se da seguinte maneira: como poderá uma pessoa – principalmente a criança, mas também o adulto – ser levada a orientar sua ação segundo os motivos, as aspirações, os fins que lhe são propostos por um cultura e que são dominantes em determinada coletividade, de tal forma que, vista do exterior, sua conduta pareça sofrer o constrangimento de uma pressão que oferece a imagem da padronização? Ou ainda: como a pessoa desenvolve a motivação necessária com vistas a uma ação orientada por normas?

Se agindo de acordo com as normas e os valores de uma coletividade ou de uma cultura, uma pessoa responde a sua própria consciência moral e a uma necessidade que considera "normal", isso ocorre porque essa pessoa está positivamente motivada para agir dessa maneira. Ora, sabe-se que tal motivação não é inerente à natureza biológica do homem, e que também não faz parte da *essência da natureza humana,* pois várias maneiras de agir a podem satisfazer. De fato, o homem ocidental, por exemplo, que prefere comer com garfo e faca e sabe distinguir quais são e quais não são as boas maneiras no uso dos talheres, não herdou essa preferência nem essa capacidade de juízo juntamente com a necessidade biológica de comer. Ao contrário, é a ordem da *cultura* que determina a preferência e a capacidade de juízo.

Mas, como a ordem da cultura se impõe ao homem?

Foi exatamente esse o problema que Hobbes levantou em *O Leviatã,* publicado em 1651. Thomas Hobbes sublinhou ser preciso explicar as razões pelas quais a sociedade existe e continua, sem ser "uma guerra de todos contra todos". Explicando melhor: o que faz que os homens todos não recorram à fraude e à violência no desejo de alcançar seus objetivos individuais? Por que podem manter uma sociedade relativamente estável em lugar de combaterem entre si e de se matarem uns aos outros? Por que é o homem geralmente motivado a seguir as normas sociais, a aderir aos valores de seu meio e a identificar-se com eles?

Ao menos parte da resposta a essas questões encontra-se nos mecanismos psíquicos da socialização humana. Pode-se dizer que existem dois mecanismos principais de socialização: a *aprendizagem* e a *interiorização de outrem.* Examinemos agora cada um deles, sem esquecer, porém, que estão intimamente ligados entre si.

– A APRENDIZAGEM.

A aprendizagem consiste na aquisição de reflexos, hábitos, atitudes, etc., que se instalam no organismo e no psiquismo do indivíduo e lhe guiam a conduta. Por exemplo: o cão de Pavlov, que salivava depois de ouvir uma campainha ou de receber um choque elétrico, vivia um período de aprendizagem. Pavlov inculcava nele o que chamou *reflexo condicionado.*

Quando os pais ensinam ao filho as noções de higiene, boas maneiras, etiqueta social, a criança também passa por uma aprendizagem. Essa aprendizagem ocorre mediante a repetição dos mesmos gestos destinados a desenvolver nela reflexos condicionados e, sobretudo, hábitos.

No entanto, para aprender um jogo novo a criança observa o que as outras fazem e passa a imitá-las. Em seguida, ela própria faz suas tentativas e corrige seus erros – esta é outra forma de aprendizagem.

Da mesma forma, quem decora um texto através da repetição e da correção dos erros que vai cometendo impõe à memória uma aprendizagem destinada a inscrever uma série de sons sucessivos no seu cérebro.

Por outro lado, os pais costumam castigar o filho que os desobedece, mas também o recompensam por sua generosidade, na esperança de vê-lo desenvolver hábitos de atenção e de bondade.

Mediante os exemplos acima citados, podemos constatar que a *repetição,* a *imitação,* as *tentativas* e os *erros* e a *aplicação de recompensas e de punições* constituem os quatro processos principais pelos quais se realiza a aprendizagem. O agente socializador e/ou socializado recorrem constantemente a qualquer desses processos de aprendizagem.

– A INTERIORIZAÇÃO DE OUTREM.

O segundo mecanismo da socialização, a *interiorização de outrem,* vem completar o primeiro, a aprendizagem. Já em 1902, o sociólogo Charles H. Cooley desenvolveu a idéia de que o *si-mesmo,* o sentimento de ser-se uma entidade, isto é, uma pessoa que pode dizer "eu" ou "meu", é profundamente social em suas origens e em seu conteúdo. É contemplando-se no olhar que os outros lhe dirigem que uma pessoa constrói o seu si-mesmo, pela imagem de si que pensa dar-lhes e através de juízos sobre si própria que lhes atribui. Cooley chamava a isso *looking glass self,* isto é, o si-mesmo refletido no espelho do olhar de outrem. A consciência de se existir e de se ser si-mesmo é portanto, ao mesmo tempo, da intuição das percepções de si por outra pessoa (outrem) – que Cooley chamou de simpatia – e da comunicação com outrem.

Mas, segundo Cooley, não só o si-mesmo é social como também o é a consciência moral: o sentimento do bem e da obrigação resulta da síntese de influências que uma pessoa sofre devido a sua sensibilidade *simpática* ao juízo alheio.

– OS AGENTES DA SOCIALIZAÇÃO.

Tantos são os agentes da socialização que se torna impossível enumerá-los. No entanto, vale a pena conhecer os mais importantes, que podem ser classificados segundo três critérios.

Antes de tudo, pode-se distinguir entre a socialização que se verifica no interior dos grupos identificáveis, de corpos institucionalizados, como a família ou a escola – por um lado – e a socialização que se efetua de uma forma mais difusa porque toca o conjunto de uma coletividade e é dirigida a uma massa, como é o caso, por exemplo, da socialização pelo rádio ou pela televisão – por outro. Este constitui o primeiro critério de classificação.

Os agentes de socialização também podem ser classificados segundo seu fim. Partindo desse ponto de vista teremos, de um lado, aqueles que têm por fim explícito e reconhecido formar, educar, inculcar princípios, ministrar conhecimentos; de outro lado, os que exercem a socialização de uma forma apenas instrumental, com vistas a outras atividades ou a outros objetivos que procuram alcançar como propósitos explícitos. Trata-se, então, do segundo critério de classificação.

Finalmente, uma vez que exercem uma função socializadora, os grupos e as instituições podem também se distinguir, segundo formem grupos etários heterogêneos (os membros desses grupos ou instituições têm idades diferentes), grupos etários homogêneos (os membros desses grupos ou instituições têm idades iguais) ou, ainda, grupos de idades simultaneamente homogêneas e heterogêneas. Esse, enfim, é o terceiro critério de classificação dos agentes de socialização.

Vejamos como tais critérios servem para a distinção.

A Família e a Escola

A família e a escola se distinguem muito claramente entre si. Na escola a criança convive com outras da mesma idade, com as quais partilha a vida e o trabalho. Os contatos entre crianças da mesma idade são concebidos como elemento de *formação*. Ao mesmo tempo, na escola a criança está submetida à autoridade dos adultos encarregados do ensino e da disciplina.

Na família há também distinção entre adultos e crianças, mas nem todas as crianças têm a mesma idade, e esse fato torna-se elemento importante na socialização: está provada a influência que a posição de idade ocupada numa família pode exercer sobre a personalidade.

A mesma distinção vale para o caso de parentesco, quando se lhe atribui função explícita na educação – o que já não ocorre na sociedade industrial. Mas no agrupamento familiar numeroso, por exemplo, em que várias famílias dividem a mesma moradia, as crianças são educadas conjuntamente, em geral sob a autoridade de várias pessoas além do pai e da mãe (tios, avós, primos mais velhos, etc.). Nesse caso, à semelhança do que acontece na escola, podem formar-se "estratos" de crianças da mesma idade.

Os Grupos Etários

Os grupos etários, como os movimentos de juventude, podem ser de três tipos diferentes. O primeiro é constituído pelos que têm um fim explícito de socialização e só agrupam pessoas da mesma idade. Temos poucos exemplos deles, mas podemos citar alguns círculos de pessoas idosas que tendem a multiplicar-se em determinados países nos dias de hoje.

O segundo tipo é constituído por grupos e movimentos que têm a socialização como fim explícito e em que os adultos têm alguma responsabilidade na formação dos jovens. Esse tipo é muito mais fácil de encontrar: todo os movimentos de jovens de caráter educativo, como o escotismo, as colônias de férias, os jovens pioneiros dos países socialistas, etc. são dirigidos, conduzidos ou animados por adultos ou jovens mais velhos.

O terceiro tipo compõe-se de grupos etários ou associações que, para desempenhar suas funções ou exercer determinadas atividades têm de socializar seus membros. A socialização surge então como meio para a realização de determinadas funções ou atividades, sendo portanto instrumental. As famosas *gangs* de Chicago, por exemplo, tinham em vista determinadas atividades, buscavam determinados fins. Nesse caso, processos mais ou menos "oficiais" ou explícitos de socialização estavam previstos para a iniciação ou para a aceitação de novos membros, mas a socialização não é um fim. O sindicalismo estudantil é outro exemplo. Esses movimentos juvenis são orientados para uma noção estudantil, social ou política e preparam seus membros em função de seus objetivos. Finalmente, a maioria dos grupos etários das sociedades tradicionais desempenha principalmente funções econômicas ou políticas através das quais exercem função socializadora indireta ou não explícita.

Empresas, Sindicatos, Movimentos Sociais

Muitos outros grupos exercem função socializadora secundária, fundada, em geral, nas atividades desses próprios grupos. As empresas industriais, por exemplo, prevêem modalidades mais ou menos organizadas de integração dos seus novos empregados: períodos de aprendizagem, de aperfeiçoamento e, às vezes, até de "educação", cujo tempo de duração varia de acordo com a natureza da empresa ou do cargo.

O sindicalismo – outro exemplo – desenvolveu estruturas de "educação social" ou de "formação sindical". Da mesma forma, movimentos sociais das mais variadas origens têm grupos de estudos, jornadas de trabalho, etc.

De maneira geral, a função socializadora presente nesses casos se exerce sobre pessoas de diferentes idades. Partidos políticos e movimentos sociais desenvolvem suas seções de jovens em seus próprios quadros, de modo que, dentro dessas organizações, encontram-se grupos etários nitidamente afirmados.

ATENÇÃO: Agora já é possível tirar duas conclusões importantes. A primeira é a de que os grupos e instituições que têm a socialização como fim explícito adotam, em geral, uma atitude global e difusa: pretendem socializar a pessoa total, exercer sobre ela uma influência que perdure por toda sua vida ou, pelo menos, por todos os aspectos de sua vida. Incluem-se nesse caso a família, a escola, as igrejas, as seitas e numerosos movimentos educativos. Os grupos e instituições que não têm a socialização como fim explícito, têm, por seu turno, uma função socializadora mais restrita, que influencia apenas parte da personalidade. É o caso das empresas, dos movimentos sindicais e sociais, dos partidos polí-

ticos; e não tanto o de grupos etários homogêneos que muitas vezes possuem ambições mais amplas.

A segunda conclusão é a de que a socialização não é necessariamente uma transmissão da cultura pelos mais velhos aos mais novos. Essa transmissão , na verdade, se realiza também entre pessoas da mesma idade. O que pode dar impressão errada é que, nos grupos e instituições que têm a socialização como fim explícito, são sobretudo os adultos que têm autoridade sobre os mais novos ou que têm a responsabilidade da educação ou da formação destes. Ao contrário, em muitos dos grupos etários homogêneos que não têm a socialização como fim explícito, realiza-se uma socialização interna e eficaz entre pessoas da mesma idade, principalmente entre os jovens (nos movimentos de jovens, por exemplo).

As Técnicas de Comunicação de Massa

Os agentes de socialização que se dirigem ao conjunto de uma coletividade ou a uma "massa" popular pertencem a uma categoria especial. Na sociedade moderna, o fenômeno da comunicação de massa ganha mais força e persistência que nunca devido às técnicas que – pela imprensa, pelo cinema, pelo rádio e pela televisão – se tornaram importantes agentes de socialização, tanto de jovens como de adultos.

Parte da função socializadora exercida através das técnicas de comunicação de massa é um objetivo explícito. Por exemplo, os programas educativos e informativos no rádio e na televisão, os impressos e os filmes de caráter didático, etc. Na maioria das vezes, no entanto, essas novas técnicas exercem a socialização de forma indireta, sobretudo quando se dirigem ao indivíduo receptor para diverti-lo, distraí-lo, para fazê-lo "esquecer o resto".

Uma pesquisa demonstrou que as crianças aprendem e retêm mais dos programas dramáticos que não apresentam finalidade informativa ou instrutiva, que dos programas explicitamente didáticos. É sobretudo através dos valores e modelos idealizados que apresenta que a televisão (a inglesa, na pesquisa em questão) exerce sua influência. Os autores desse estudo – Himmelweit, Oppenheim e Vince – chegaram à conclusão de que a televisão idealizava modelos e valores de classe média (tipos de emprego, condições de vida, residências, traços de comportamento) e que as crianças telespectadoras são muito mais sensíveis a esses modelos do que as não telespectadoras. Por sua vez, outro autor – Komorowska – destaca que "a televisão trouxe um argumento suplementar à *luta de classes* da mulher, da mãe e da filha para alcançar um novo estilo de vida, para realizar um modelo ideal", resultando disso o fato de se haver "reforçado o processo de nivelamento da função social dos rapazes e das moças da família".

Enfim, pode-se dizer que as técnicas de comunicação de massa sugerem, propõem, exprimem modelos, valores, ideais que podem se impor com tanto mais força e persuasão quanto se apresentam em contexto dramático ou emotivo que contribui para inibir o juízo crítico.

– OS MEIOS DE SOCIALIZAÇÃO.

Para melhor compreender a influência dos principais agentes da socialização, é necessário situá-los nos meios a que pertencem ou, ainda, conhecer os meios de que se inspiram em sua tarefa de transmitir modelos, valores e símbolos. Pode-se aqui fazer uma distinção entre os *meios de pertença* e os *meios de referência.*

São de *pertença* os diversos meios em que os agentes de socialização e os socializados estão integrados ecologicamente, economicamente, sociologicamente. São os meios de que fazem parte, aqueles a que pertencem tanto os agentes de socialização como os socializados.

A família é, sem dúvida, o melhor exemplo de um meio de pertença em que se realiza uma socialização profunda: a socialização dos filhos pelos pais e, às vezes, a socialização dos pais pelos filhos – sobretudo em épocas de rápida mudança social ou no caso de emigrantes. Mas pelos antepassados, pelo parentesco e também pelos pais e pelos filhos, a família faz igualmente parte de diversos meios de pertença. De fato, para conhecer a socialização que se verifica no interior de uma família, é indispensável conhecer os meios de pertença dessa família.

Tais meios são: o rural ou o urbano; o grupo racial, étnico, cultural; a classe social. Vejamos mais detalhadamente.

Meio Rural e Meio Urbano

A família pode pertencer ao meio rural ou ao meio urbano. A família do meio rural oferece à criança menos possibilidade de desenvolvimento mental que a família do meio urbano. Além disso, a educação da criança no campo é mais uniforme de família para família do que na cidade. O desenvolvimento da sociabilidade na criança rural é retardado devido ao atraso na aprendizagem da língua, às restrições impostas aos jogos coletivos, à carência de contatos culturais e a mais e maiores períodos de solidão. A educação da criança no meio rural é mais marcada pela alternância do descompromisso e do constrangimento segundo a idade, e por uma importância maior dada ao trabalho como dever. Por seu turno, a criança urbana obtém sua autonomia mais cedo e de forma mais completa, mas encontra-se diante de uma pluralidade de influências menos coerentes em comparação com as defrontadas pela criança rural.

Grupo Racial, Étnico, Cultural

A família pertence a um grupo racial, étnico, cultural, ou a um grupo minoritário que pode ser menos ou mais favorecido. A influência desse fator na psicologia da criança e a maneira como a criança e o adolescente aprendem a se identificar com as normas, com constrangimentos e limites que regem a conduta dos membros do seu grupo, foram destacadas, por exemplo, em estudos realizados nos Estados Unidos sobre a educação das crianças e jovens negros.

Esses estudos, efetuados há cerca de quarenta anos (embora estejam superados nos dias de hoje, continuam servindo de ilustração para o caso em pauta), mostravam que, explícita ou implicitamente, vendo os pais, os amigos e os brancos agirem, e tomando progressivamente consciência dos limites que lhe são impostos, o jovem negro norte-americano aprendia que aos olhos dos brancos havia uma distância enorme entre eles, que os negros estavam longe de possuir a inteligência dos brancos, que por esse motivo faziam sempre os trabalhos menos bem remunerados e que os brancos tinham todos os direitos sobre eles. Através da família e do seu meio, a criança negra norte-americana compreendia que se situava num meio inferior sob todos os pontos de vista e *aprendia* o comportamento e as atitudes que convinham às pessoas de seu *status.*

Classe Social

Os métodos empregados pelos pais na educação dos filhos também diferem segundo as classes sociais. Existem, além disso, diferenças nas aspirações e nas esperanças dos pais em relação aos filhos, aspirações estas que variam segundo as classes sociais.

Sociólogos e psicólogos norte-americanos estudaram a motivação que leva as pessoas a estabelecer objetivos cada vez mais elevados, a fixar padrões de competência, a desejar realizar o que de antemão se propuseram atingir e a querer vencer na vida. Alguns desses estudos revelaram que os pais das diferentes classes sociais dos Estados Unidos não incentivam nos filhos essa motivação para a superioridade ou o sucesso, nem com a mesma intensidade nem do mesmo modo. As crianças de classe média, por exemplo, são evidentemente mais incitadas a desenvolver esse tipo de motivação que as crianças de classe operária. Sabe-se também que o *status* social da família, os principais valores de classe e as atitudes daí decorrentes condicionam grandemente o nível de aspiração dos jovens com relação à instrução e à profissão. Sendo assim, os estudiosos e os educadores dão cada vez maior importância ao *status* sócio-econômico dos pais como fator de maior certeza do sucesso escolar dos filhos.

A influência socializadora da classe social foi resumida pelo sociólogo francês Maurice Halbwachs da seguinte maneira:

> "*(. . .) não se nasce camponês, grande ou pequeno proprietário, trabalhador agrícola, naquele sentido que logo ao nascimento se trariam, no organismo, marcados e pré-formados, todos os traços que caracterizam os homens que exercem essas profissões. Tampouco se nasce burguês, comerciante, advogado, magistrado ou operário da grande indústria. A natureza do empregado, do pequeno funcionário, do pequeno comerciante, não é um fruto que nasce espontaneamente da planta humana. Mas, em contrapartida, essas categorias existem. Na maioria das vezes são marcadas: bem marcadas quando se passa das classes rurais às classes urbanas, dos operários aos que não o são; e, ao contrário, são mal delineadas ao compararem-se os empregados superiores com os comerciantes, os empregados modestos com os operários. De qualquer mo-*

do, cada uma delas determina a conduta dos membros que compreende, impõe-lhes motivos de ação bem definidos; imprime-lhes sua marca, uma marca própria e distinta para cada grupo, com tal força que os homens pertencentes a classes sociais diferentes, embora vivam em meio idêntico e na mesma época, parecem às vezes pertencer a espécies diferentes. Assim, os motivos dos homens e as suas tendências surgem como sendo, na maioria dos casos, inteiramente relativos às condições que preenchem na sociedade."

Por sua vez, são de referência aqueles meios dos quais um agente de socialização extrai os modelos, os valores de que se abastece em sua ação socializante, sem no entanto fazer parte deles.

Vimos que a televisão inglesa busca sua referência principalmente nas normas e nos valores da classe média. Numerosos autores verificaram que a escola norte-americana também se inspira em normas e valores da classe média, fazendo que isso resulte em conflito nas crianças de classe operária – elas vacilam entre a adesão aos valores da classe a que pertencem e a aceitação dos valores da classe média, adotada pela escola como meio de referência.

De fato, os meios de referência são tão importantes no processo de socialização quanto os meios de pertença. Numerosas razões fazem que, muitas vezes, os agentes de socialização exerçam sua função não de acordo com as normas do grupo ou meio de pertença, mas segundo normas de outros meios com os quais pretendem se identificar. É esse o caso, por exemplo, dos pais que desejam ter os filhos ascendendo a um *status* social mais elevado que o seu e acabam por educá-los de acordo com as normas de uma classe social superior, classe essa que lhes serve de meio de referência. Outro exemplo é o da família de imigrantes que na educação dos filhos se inspira nos valores e modelos do país de adoção, embora os pais continuem a se referenciar aos modelos e valores da terra natal.

Nesses casos, como em outras situações semelhantes em que grupos de referência não correspondem à situação atual do que se socializa, mas se referem a sua provável situação futura, pode-se entendê-los como agentes de uma socialização *antecipada* ou *antecipatória,* que previamente prepara o agente para o exercício de seus futuros papéis.

Pode-se, então, dizer que os meios de pertença e os meios de referência possuem uma dupla função na socialização. Em primeiro lugar, são eles que fornecem as normas, os valores, os símbolos em que se inspiram os agentes de socialização. É objetivando uma adaptação a esses meios e também, em certa medida, uma ação sobre eles, que o processo de socialização prossegue. Em segundo lugar, é pelos diversos meios a que pertence ou a que se refere, e através deles, que um indivíduo desenvolve a própria *identidade,* isto é, a definição que se dá a si e aos outros daquilo que é, como pessoa simultaneamente individual e social. Aquilo que se pode chamar "personalidade social" é, afinal, esta identidade, que assegura à pessoa um lugar na sociedade e certa unidade ou coerência do seu ser e do seu agir. A identidade é necessária tanto psíquica como socialmente. Ela contribui para a estabilidade psíquica e é uma condição essencial da maturidade da personalidade. É requisito indispensável para o funcionamento social harmonioso do indivíduo no ambiente e um elemento essencial para a coesão dos grupos.

Cada pessoa se define e age através de suas diversas identidades sociais: nacional, étnica, religiosa, profissional, de classe, de região, etc. Por seu turno, um grupo, uma coletividade, uma associação são coesos na medida em que procurem nos membros que os constituem um sentimento de pertença e de identificação com uma entidade realmente existente, distinta das outras e bem caracterizada, na medida em que estas coletividades, associações, grupos, possuam eles próprios uma espécie de identidade coletiva.

– A SOCIALIZAÇÃO COMO MOMENTO DA DIALÉTICA DO SOCIAL.

A sociedade é uma realidade ao mesmo tempo objetiva e subjetiva. Sendo assim, sua compreensão teórica deve abranger esses dois aspectos. Tais aspectos serão corretamente analisados se a sociedade for entendida em termos de um processo dialético em curso, composto de três momentos: exteriorização, objetivação e interiorização, conforme vimos neste capítulo.

Qualquer membro individual da sociedade exterioriza seu próprio ser no mundo social e, ao mesmo tempo, interioriza esse mundo social como realidade objetiva. Ou seja, estar em sociedade significa participar da dialética da sociedade.

Como acabamos de ver porém, o indivíduo não nasce membro da sociedade. Nasce com a predisposição para a sociabilidade e só posteriormente torna-se membro da sociedade. Por isso, na vida de cada indivíduo existe uma seqüência temporal, durante a qual é ele induzido a tomar parte na dialética da sociedade.

O ponto inicial desse processo é a interiorização, ou seja, a apreensão ou interpretação imediata de um acontecimento objetivo tomado como dotado de sentido, como manifestação de processos subjetivos de outrem, que, assim, se torna subjetivamente significativo para o indivíduo que se socializa. Isso, no entanto, não quer dizer que o indivíduo compreenda o outro adequadamente. Ele, de fato, pode compreender mal o outro, mas a subjetividade do outro é objetivamente acessível ao indivíduo e torna-se dotada de sentido para ele, haja ou não congruência entre os processos subjetivos do outro e os dele. A total congruência entre os processos subjetivos e o conhecimento recíproco dessa congruência pressupõe a significação.

Nesse sentido geral, a interiorização constitui a base da compreensão dos nossos semelhantes, em primeiro lugar, e, em segundo lugar, a base da apreensão do mundo como realidade social dotada de sentido.

Tal apreensão, porém, não resulta de criações autônomas de significado por indivíduos isolados, mas começa com o fato de o indivíduo "assumir" o mundo em que os outros já vivem. Esse "assumir" em si mesmo constitui, em certo sentido, um processo original para cada organismo humano e o mundo, uma vez "assumido", pode ser modificado de maneira criadora ou até ser recriado – o que é menos provável. De qualquer modo, mediante a interiorização, o indivíduo não só "compreende" os processos subjetivos do outro, mas "compreende" também o mundo em que vive, e esse mundo se transforma no seu próprio. Ora, isso pressupõe que o indivíduo e o outro participem de modo duradouro, e numa ampla perspectiva, do tempo que liga intersubjetivamente as seqüências de situações. Agora os dois não só compreendem as definições das situações partilhadas como são capazes de as definir reciprocamente. Assim, estabelece-se entre ambos um sentido de motivações que se estende para o futuro. Mais importante ainda, porém, é o fato de que agora passa a haver uma contínua identificação mútua entre ambos. Os dois não só vivem no mesmo mundo como partilha cada qual do ser do outro.

Só depois de ter realizado esse grau de interiorização é que o indivíduo se torna membro da sociedade. O processo pelo qual esse fenômeno se realiza é a socialização. Portanto, a socialização pode ser definida como a introdução, ampla e consistente, de um indivíduo no mundo objetivo de uma sociedade ou de um setor dela.

3. Socialização Primária e Socialização Secundária.

A primeira socialização que o indivíduo experimenta na infância é a socialização primária, em virtude da qual se torna membro da sociedade. Qualquer processo posterior que introduz um indivíduo socializado em novos setores do mundo objetivo da sociedade é um processo de socialização secundária.

– SOCIALIZAÇÃO PRIMÁRIA.

Deve-se observar que a socialização primária é geralmente promovida por grupos e instituições que, conforme já vimos, têm a socialização como fim explícito, e uma orientação global e difusa. Em contrapartida, por se referir a aspectos específicos da vida social, a socialização secundária tende a ser exercida por agentes que têm função socializadora derivada e restrita.

É evidente que a socialização primária tem em geral para o indivíduo valor mais importante, e que a estrutura básica de toda socialização secundária deve assemelhar-se à da socialização primária. Todo indivíduo nasce numa estrutura social objetiva, dentro da qual encontra os outros significativos que se encarregam de sua socialização. Esses outros significativos, no entanto, lhe são impostos, e selecionam aspectos do mundo de acordo com sua própria localização na estrutura social. Além disso, como já vimos, fazem sua escolha também em virtude de suas características individuais, cujo fundamento se encontra implantado na biografia de cada pessoa. De sorte que, através dessa dupla seletividade, o mundo social é sempre "filtrado" para o indivíduo.

Quais são as conseqüências disso?

São muitas. Por exemplo, a criança de uma classe inferior não apenas absorve uma perspectiva própria de sua classe a respeito do mundo social, mas observa essa percepção com a coloração particular que lhe é transmitida pelos pais (ou encarregados de sua socialização primária). A mesma perspectiva da classe inferior pode introduzir um estado de espírito de contentamento, de resignação, de ressentimento ou de rebeldia. Assim, uma criança de classe inferior terá um mundo muito diferente do próprio da criança de classe superior, mas também poderá chegar a ter um mundo inteiramente diferente do mundo das outras crianças de sua própria classe.

— IDENTIFICAÇÃO COM OS OUTROS E AUTO-IDENTIFICAÇÃO.

A socialização primária implica mais do que o aprendizado do mero conhecer. Ocorre em circunstâncias emocionais. E, realmente, há boas razões para se acreditar que sem essa ligação emocional com os outros significativos o processo de aprendizado seria difícil, ou até mesmo impossível.

Mediante múltiplos modos emocionais a criança se identifica com os outros significativos. Quaisquer que sejam esses modos, a interiorização só se efetua quando há identificação. A criança absorve os papéis e as atitudes dos outros significativos, ou seja, interioriza-os, tornando-os seus. Por meio dessa identificação com os outros significativos a criança se torna capaz de identificar a si mesma, de adquirir uma identidade subjetivamente coerente e plausível. Em outras palavras, a personalidade é uma entidade reflexa, que retrata as atitudes tomadas pela primeira vez pelos outros significativos com relação ao indivíduo: o indivíduo torna-se o que é pela ação dos outros (para ele) significativos.

Não se trata, porém, de um processo unilateral ou mecânico. Implica uma dialética entre a identificação pelos outros e a auto-identificação, entre a identidade objetivamente atribuída e a identidade subjetivamente apropriada. A dialética que está presente em cada momento em que o indivíduo se *identifica* com os outros (para ele) significativos, é, digamos, a particularização na vida individual da dialética geral da sociedade.

Assim, o indivíduo absorve os papéis e atitudes dos outros, mas nesse mesmo processo assume o mundo deles. De fato, a identidade é objetivamente definida como localização em certo mundo e só pode ser subjetivamente apropriada *juntamente* com esse mundo. A criança aprende que *é* aquilo que é chamada. Todo nome implica uma nomenclatura, que por sua vez implica uma localização social determinada. Receber uma identidade implica a atribuição de um lugar específico no mundo. Do mesmo modo como essa identidade é subjetivamente apreendida pela criança ("eu sou Fulano de Tal") ocorre com o mundo para o qual essa identidade aponta. A apropriação subjetiva da identidade e a apropriação subjetiva do mundo social são apenas aspectos diferentes do *mesmo* processo de interiorização, por meio dos *mesmos* outros significativos.

– A INTERIORIZAÇÃO DO OUTRO GENERALIZADO.

A socialização primária cria na consciência da criança uma abstração progressiva dos papéis e atitudes dos outros particulares para os papéis e atitudes *em geral.* Na interiorização das normas, por exemplo, há uma progressão que vai da expressão "mamãe está braba comigo *agora*" a esta outra "mamãe fica braba comigo *toda vez* que falo palavrão". Desde que outras pessoas significativas (como o pai, o avô, a irmã mais velha, etc.) apóiam a atitude da mãe, a criança estende subjetivamente a generalidade da norma. Em seguida, ela reconhece que *todos* são contra o falar palavrão, e a norma se generaliza tomando a seguinte expressão: "não *se* deve falar palavrão". A partícula *se* parte de uma generalidade que inclui, em princípio, toda a sociedade, na medida em que é significativa para a criança.

Essa abstração dos papéis e atitudes dos outros significativos concretos é chamada *o outro generalizado.* Sua formação na consciência significa que o indivíduo se identifica agora não só com os outros concretos mas com uma generalidade de outros, ou seja, com uma sociedade. Somente em virtude dessa identificação generalizada é que sua identificação consigo mesmo alcança estabilidade e continuidade. Além de uma identidade em face deste ou daquele significativo, o indivíduo tem agora uma identidade *em geral,* que para ele é constante, não importando que outros, significativos ou não, sejam encontrados. Essa identidade incorpora em si todos os vários papéis e atitudes interiorizados, inclusive, entre muitas outras coisas, a auto-identificação como pessoa que não fala palavrão.

Quando o outro generalizado se forma na consciência, ocorre uma fase decisiva na socialização. Essa fase significa a interiorização da sociedade como tal e da realidade subjetiva nela estabelecida, mas, ao mesmo tempo, significa o estabelecimento subjetivo de uma identidade coerente e contínua. A sociedade, a identidade e a realidade se cristalizam subjetivamente no mesmo processo de interiorização. Tal cristalização ocorre juntamente com a interiorização da linguagem. De fato, a linguagem constitui o conteúdo mais importante e o instrumento principal da socialização.

– SOCIALIZAÇÃO SECUNDÁRIA.

Uma sociedade que não apresentasse outra socialização depois da primária teria forçosamente de possuir um cabedal de conhecimentos muito simples. Todo conhecimento seria geralmente importante e os diversos indivíduos se diferenciariam apenas em suas perspectivas em relação ao próprio conhecimento.

Mas não há sociedade, pelo menos conhecida, que deixe de ter alguma divisão do trabalho e, ao mesmo tempo, alguma distribuição social do conhecimento. E logo que isso ocorre a socialização secundária se torna necessária.

A socialização secundária e a interiorização de *submundos* institucionais ou baseados em instituições. A extensão e o caráter desses submundos são, portanto, determinados pela complexidade da divisão do trabalho e a concomitante distribuição social do conhecimento. De fato, pode-se dizer que a socialização secundária é a aquisição do conhecimento de funções específicas, direta ou indiretamente enraizadas na divisão do trabalho. Essa definição assim estrita tem sua razão de ser, mas isso não significa que contenha toda a questão. A socialização secundária exige a aquisição de vocabulários específicos de funções, o que implica a interiorização de campos semânticos estruturadores de interpretações e condutas rotineiras numa área institucional. Ao mesmo tempo, verifica-se também a aquisição de "compreensões tácitas", avaliações e colorações afetivas desses campos semânticos.

Os submundos interiorizados na socialização secundária são geralmente realidades parciais, em contraste com o *mundo básico* adquirido na socialização primária. No entanto, eles também são realidades mais ou menos coerentes, caracterizadas por componentes cognitivos, bem como normativos e afetivos. Além disso, tais submundos requerem pelo menos os rudimentos de um aparelho legitimador, normalmente acompanhado de símbolos rituais ou materiais. Por exemplo, pode surgir uma diferenciação entre soldados de infantaria e de cavalaria. Estes últimos praticam um exercício especial que ultrapassa a aprendizagem das simples habilidades físicas necessárias para lidar com cavalos militares. A linguagem da cavalaria torna-se diferente da usada pela infantaria. De fato, nasce uma terminologia referente aos cavalos, suas qualidades e usos, e às situações decorrentes da vida da cavalaria, que não tem qualquer importância para o soldado de infantaria. Além disso, a cavalaria usa uma linguagem diferente mais do que no sentido puramente instrumental. Um soldado de infantaria pode praguejar fazendo referência à dor nos pés, enquanto o cavalariano mencionará as costas do cavalo. Ou seja, surge um corpo de imagens e alegorias tendo por base instrumental a linguagem da cavalaria.

A linguagem específica de uma função e interiorizada pelo indivíduo à medida que vai se exercitando para o combate montado. Ele se torna um cavalariano não só por adquirir as habilidades exigidas para desempenhar sua função, mas por ser capaz de compreender e usar essa linguagem. Pode então comunicar-se com seus camaradas de armas em alusões ricas de sentido para eles, mas inteiramente sem sentido para os componentes da infantaria. Esse processo de interiorização acarreta a identificação subjetiva com a função e suas normas adequadas. E o cavalariano passa a usar máximas como estas:

> "Um cavalariano nunca deixa o inimigo ver o rabo de seu cavalo."
> "Nunca deixe uma mulher esquecer a sensação das esporas."
> "Rápido cavaleiro na guerra, rápido cavaleiro no jogo."
> "Coices de garanhão para a égua carinhos são."

Havendo necessidade, esse corpo de significados será sustentado por legitimações que vão de simples máximas, como as apresentadas acima, até complexas construções mitológicas. Finalmente, pode haver uma multiplicidade de cerimônias e objetos físicos representativos, tais como, por exemplo, a celebração anual da festa do deus-cavalo e o oferecimento de miniaturas de relhos ou de esporas aos cavalarianos recém-iniciados.

O caráter dessa socialização secundária depende do *status* do corpo de conhecimentos em questão no interior da totalidade do universo simbólico. O treinamento do cavalariano é necessário para que aprenda a fazer um cavalo puxar uma carroça de esterco ou entrar em combate. Mas, como sublinha Peter Berger, uma sociedade que limita o uso dos cavalos às carroças de esterco, muito pouco provavelmente embelezará essa atividade por meio de ritos ou fetichismos. Além disso, é pouco provável que o pessoal a quem se atribui a tarefa de lidar com carroças de estrume se identifique de maneira profunda com tal função. Tal como existem, as legitimações devem ser de natureza compensatória. E isso significa que há ampla variabilidade sócio-histórica nas representações implicadas na socialização secundária. Na maioria das sociedades, contudo, alguns rituais acompanham a transição da socialização primária para a secundária.

Os Processos Formais

Como verificamos antes, o exercício da socialização secundária pressupõe a existência de socialização primária. Portanto, os processos formais da socialização secundária devem tratar com uma personalidade já formada e um mundo já interiorizado. De fato, isso constitui um problema, porque a realidade já interiorizada tende a persistir, determinando que os novos conteúdos a serem absorvidos tenham, de alguma forma, de se sobrepor à realidade já presente no indivíduo. Surgem, então, problemas de coerência entre as interiorizações primitivas e as novas. Por exemplo, tendo aprendido que a higiene é uma virtude em relação à própria pessoa, o cavalariano facilmente transferirá a mesma virtude para seu cavalo. Mas tendo aprendido que uma criança não deve dizer palavrões, exigirá certa explicação mostrar-lhe que os palavrões são de bom-tom para os cavalarianos. É por isso que, para estabelecer e conservar a coerência, a socialização secundária pressupõe procedimentos conceituais com a finalidade de integrar diferentes corpos de conhecimento.

Enquanto a socialização primária não pode ser realizada sem a identificação, carregada de emoção, a maior parte da socialização secundária pode dispensar esse tipo de identificação e prosseguir eficientemente apenas com a quantidade de identificação mútua incluída em qualquer comunicação entre seres humanos. De fato, a criança *deve* amar a mãe, mas não a professora.

Na socialização primária, a criança interioriza o mundo dos pais como sendo *o* mundo, e não como o mundo que pertence a um contexto institucional específico. Já maiorzinha, porém, pode reconhecer que o mundo dos pais não é o único e que tem uma localização social bem particular. Às vezes esse reconhecimento pode ocasionar uma crise, pois o mundo dos pais talvez tenha uma conotação pejorativa em relação ao mundo objetivo.

Na socialização secundária não ocorre exatamente o mesmo, porque, em geral, o contexto institucional é percebido – embora isso não implique a requintada compreensão de todas as implicações do contexto institucional. Assim, a criança compreende que sua professora é uma funcionária institucional, de um modo diferente daquele pelo qual compreende seus pais. Ela entende a função da professora como representando significados institucionalmente específicos, como os da nação em oposição aos da região. Portanto, apesar de ser freqüente o envolvimento emocional de alunos, crianças e adolescentes, com seus mestres, a interação social entre mestres e alunos pode ser formalizada. Os mestres não precisam ser outros significativos em qualquer sentido do termo: são funcionários institucionais, com a atribuição formal de transmitir conhecimentos específicos.

Em verdade, as funções da socialização secundária possuem um alto grau de anonimato; por isso são facilmente destacáveis dos agentes individuais. O conhecimento transmitido (ensinado) por um professor pode também, em princípio, ser ensinado por outro, ou por muitos outros.

Na socialização secundária, o formalismo e o anonimato estão ligados ao caráter afetivo das relações sociais. Disso resulta a importância de se conferir ao conteúdo daquilo que é ensinado uma inevitabilidade muito menos subjetiva do que a possuída pelo conteúdo da socialização primária. É necessário que ocorram graves choques na vida para que a realidade interiorizada na primeira infância se desintegre. Mas é preciso muito menos para destruir as realidades interiorizadas mais tarde. E é relativamente fácil anular a realidade das interiorizações secundárias. Queira ou não, a criança vive num mundo definido pelos pais, mas pode tranqüilamente deixar atrás o mundo da tabuada logo que sai da aula de Aritmética.

Ora, essa condição torna possível ressaltar uma parte da personalidade e da concomitante realidade, fazendo-as ter importância apenas para a situação funcional específica em questão. O indivíduo estabelece então uma distância entre seu eu total e sua realidade, de um lado, e o eu parcial funcionalmente específico e a realidade deste, de outro lado. Essa possibilidade só existe após a socialização primária, não antes. Por isso é mais fácil para a criança *esconder-se* da professora do que da mãe. Inversamente, pode-se dizer que o desenvolvimento dessa capacidade de *esconder-se* é um aspecto importante do processo de crescimento e passagem para o estado adulto.

Na socialização primária o tom de realidade do conhecimento interiorizado é dado quase automaticamente. Na secundária, tem de ser reforçado por técnicas pedagógicas específicas, "domesticadas" para o indivíduo. Afinal, a realidade original da infância é o lar. Isso se impõe a ela inevitavelmente e, por assim dizer, *naturalmente.* Em comparação com essa, todas as outras realidades são, digamos, *artificiais.* Por isso a professora procura "domesticar" os assuntos que está transmitindo, tornando-os atraentes à criança, a fim de que esta se destaque de seus objetos *naturais* e passe para outros mais *artificiais.* Tais manobras – ou técnicas – são necessárias devido à existência de uma realidade interiorizada que se encontra constantemente em vias de novas interiorizações.

As Técnicas

Quanto mais as técnicas pedagógicas tornam subjetivamente plausível a continuidade entre os elementos originais do conhecimento e os novos, tanto mais facilmente adquirem elas o tom da realidade.

Peter Berger demonstra que o fato de os processos de socialização secundária não pressuporem alto grau de identificação e de seu conteúdo não possuir a qualidade da inevitabilidade pode ser muito útil na prática. Sua utilidade reside na possibilidade de permitir seqüências de aprendizado racional e emocionalmente controladas. Mas, como o conteúdo desse tipo de interiorização possui uma realidade subjetiva frágil e pouco digna de confiança (se comparada com as interiorizações da socialização primária), em alguns casos é necessário criar técnicas especiais para produzir a identificação e a inevitabilidade julgadas indispensáveis. A necessidade dessas técnicas pode ser intrínseca em relação ao aprendizado e à aplicação dos conteúdos e da interiorização, ou pode ser estabelecida em favor dos interesses adquiridos dos agentes que realizam a socialização em questão.

Por exemplo, um indivíduo que deseja tornar-se grande escultor deve envolver-se em seu assunto até um grau que seria inteiramente desnecessário para um indivíduo que está aprendendo engenharia. Por que existe tal diferença? Simplesmente porque a educação para a engenharia pode ser efetuada eficientemente através de processos formais, altamente racionais, emocionalmente neutros. Mas a educação para as artes plásticas implica forçosamente uma identificação muito mais alta com o mestre e uma imersão muito mais profunda na realidade, no caso, da escultura. Essa diferença decorre das diferenças intrínsecas entre o conhecimento da engenharia e o da escultura, e entre os modos de vida em que esses dois conjuntos de conhecimento são aplicados na prática.

Vejamos outro exemplo. Comparado com um engenheiro, um político revolucionário profissional também necessita de um grau muitíssimo mais alto de identificação e de inevitabilidade. Nesse caso, porém, a necessidade não se origina nas propriedades intrínsecas do próprio conhecimento – que pode ser muito simples e disperso em seu conteúdo – mas na dedicação pessoal requerida de um revolucionário em relação aos interesses adquiridos do movimento revolucionário a que serve. Por outro lado, às vezes a necessidade das técnicas intensificadoras pode provir de fatores tanto intrínsecos quanto extrínsecos. É esse o caso da socialização do pessoal dedicado ao sacerdócio.

As técnicas aplicadas nesses casos têm o objetivo de intensificar a carga afetiva do processo de socialização. Elas implicam a institucionalização de um processo de iniciação complexo, um noviciado, no curso do qual o indivíduo se entrega inteiramente à realidade que está interiorizando. Quando o processo exige uma transformação da realidade doméstica do indivíduo, constitui uma réplica, tão exata quanto possível, do caráter da socialização primária. Mas mesmo sem essa transformação, a socialização secundária adquire uma carga de afetividade de tal grau que a imersão na nova realidade e o devotamento a ela são institucionalmente definidos como necessários. O relacionamento do indivíduo com o pessoal que o socializa torna-se proporcionalmente carregado de "significação" – ou seja, os agentes socializadores se revestem do caráter de outros significantes em face do indivíduo que está sendo socializado. Então, o indivíduo entrega-se completamente à nova realidade. "Entrega-se" à escultura, à revolução, à religião. Essa "entrega" não é parcial, mas total com o que é subjetivamente a totalidade de sua vida. Como explica Berger, a facilidade com que se sacrifica é evidentemente a conseqüência final desse tipo de socialização.

Um dos fatores que pode criar a necessidade dessa intensificação da carga afetiva é a competição entre o pessoal das várias instituições encarregado da definição da realidade. No treinamento revolucionário, por exemplo, o problema intrínseco é a socialização do indivíduo numa contradefinição da realidade – em outras palavras, contra as definições dos legitimadores *oficiais* da sociedade. Também terá de haver intensificação na socialização do escultor numa sociedade que oferece grande competição quanto aos valores estéticos da comunidade dos artistas plásticos. Pode-se admitir que um escultor em formação nos Estados Unidos de hoje tem que se dedicar a sua arte com uma intensidade emocional muito maior do que seria necessário na Itália do Renascimento, precisamente porque na atualidade norte-americana existe uma poderosa competição daquilo que subjetivamente aparece como sendo o "mundo materialista" e a "cultura de massa". De modo semelhante, a educação religiosa numa situação pluralista cria a necessidade de técnicas "artificiais" de acentuação da realidade, desnecessárias numa situação dominada por um monopólio religioso.

Dependendo das tarefas atribuídas a diferentes categorias do pessoal, podem existir variações semelhantes no mesmo contexto institucional. É assim que o grau de compromisso com a profissão militar exigido dos oficiais de carreira é muito diferente do requerido dos convocados, e isso se reflete claramente nos respectivos processos de treinamento. Há, portanto, sistemas muito diferenciados de socialização secundária em instituições complexas. Às vezes esses sistemas são montados de modo muito sensato, pois acompanham as diversas exigências das várias categorias do pessoal institucional.

A distribuição das tarefas institucionalizadas entre a socialização primária e a secundária varia de acordo com a complexidade da distribuição social do conhecimento. Enquanto esta é relativamente pouco complicada, o mesmo órgão institucional pode conduzir a socialização primária à secundária e exercer esta última em considerável extensão. Nos casos em que a complexidade é elevada, torna-se necessário criar órgãos especializados na socialização secundária, com pessoal em tempo integral, sobretudo para as tarefas educacionais. E também pode haver uma série de órgãos socializadores que combinam essa tarefa com outras. Para esse caso pode-se tomar como exemplo o menino que após certa idade é transferido do lar materno para o quartel dos soldados, onde receberá exercício para tornar-se cavalariano. Sua socialização secundária não implicará necessariamente um pessoal educacional em tempo integral. Os cavalarianos veteranos podem ensinar os novos. Por outro lado, o desenvolvimento da educação moderna é o melhor exemplo da socialização secundária realizada por organizações especializadas.

– ALTERNAÇÃO E RE-SOCIALIZAÇÃO.

Com freqüência uma transformação do indivíduo é apreendida subjetivamente como sendo total. Trata-se, no entanto, de uma compreensão errada do fenômeno. Como a realidade subjetiva nunca é totalmente socializada, não pode ser totalmente transformada por processos sociais. Afinal, o indivíduo transformado terá no mínimo o mesmo corpo e viverá no mesmo universo físico. Porém, existem casos de transformação que parecem ser totais quando comparados com modificações de menor porte. Vamos denominar *alternações* as transformações desse tipo.

Toda alternação requer processos de re-socialização. Esses processos se parecem com a socialização primária porque têm de atribuir tons à realidade e, assim, devem reproduzir em grau considerável, como na infância, a identificação fortemente afetiva com o pessoal socializante. Contudo, esses processos diferem da socialização primária porque não começam do "nada", com o indivíduo "em branco". Por isso devem enfrentar o problema de desintegrar a estrutura precedente da realidade subjetiva. Vejamos como se pode fazer isso.

Entre os ingredientes da alternação bem-sucedida devem incluir-se condições sociais e conceituais. Evidentemente, as condições sociais devem servir de matrizes para as conceituais. A condição social mais importante é a possibilidade de dispor de uma estrutura efetiva de plausibilidade, isto é, de uma base social que sirva de "laboratório" da transformação, a fim de dar-lhe a condição de plausível. Essa estrutura de plausibilidade será oferecida ao indivíduo pelos outros significativos com que ele estabelecerá forte identificação afetiva. Sem essa identificação, que inevitavelmente repete as experiências infantis da dependência emocional com relação aos outros significativos, não é possível a transformação radical da realidade subjetiva (incluindo, é claro, a identidade). São os outros significativos os guias que conduzem à nova realidade. Eles representam a estrutura da plausibilidade nos papéis que desempenham com relação ao indivíduo e mediatizam o novo mundo para o sujeito da transformação. O novo mundo do indivíduo encontra seu foco de conhecimento e afeto nessa estrutura de plausibilidade. Do ponto de vista social isso significa uma intensa concentração de toda interação significante dentro do grupo que corporifica a estrutura de plausibilidade, e particularmente no pessoal a quem é atribuída a tarefa de re-socialização.

A conversão religiosa é o protótipo histórico da alternação. Somente dentro da comunidade religiosa a conversão pode ser efetivamente mantida como plausível. Isso, porém, não nega que a conversão pode antecipar-se à filiação a uma comunidade. O mais importante, contudo, é ser capaz de conservar a conversão, levando-a a sério, mantendo o sentimento de sua plausibilidade. É aqui que entra a comunidade religiosa, fornecendo a estrutura de plausibilidade indispensável à nova realidade.

A relação entre conversão e comunidade não é um fenômeno particularmente cristão. A religião de modo geral exige uma comunidade religiosa, e a vida num mundo religioso requer a filiação a essa comunidade. As estruturas de plausibilidade da conversão religiosa foram, por isso, imitadas por organizações leigas de alternação. Os melhores exemplos disso se encontram nas áreas de doutrinação política e da psicoterapia.

Segundo Berger, a estrutura de plausibilidade deve tornar-se o mundo do indivíduo, e fazê-lo de tal forma que desloque todos os outros mundos, sobretudo aquele que o indivíduo "habitava" antes da sua alternação. Ora, isso exige a separação do indivíduo dos "habitantes" dos outros mundos, principalmente dos seus co-habitantes no mundo que abandonou. De modo ideal, isso representa segregação física. Mas se por qualquer razão essa segregação não for possível, ela tem de ser estabelecida por definição, isto é, por uma definição dos outros que os aniquila. Assim, o indivíduo que executa a alternação se desengaja de seu mundo anterior e da estrutura de plausibilidade que o sustentava, se possível corporalmente, mas no caso de essa possibilidade não existir, o fará mentalmente. Tanto no primeiro como no segundo caso deixará de estar ligado aos "infiéis", ficando dessa maneira protegido da influência potencial destruidora da realidade exercida por aqueles "infiéis". Essa segregação é especialmente importante nas etapas iniciais da alternação, a fase do "noviciado". Logo, porém, que a nova realidade se consolida é possível restabelecer relações circunspectas com estranhos, embora os estranhos que costumavam ser biograficamente significativos continuem a ser "perigosos". Seu perigo advém da possibilidade de invocarem significativamente a velha realidade, concitando o alternado a retornar a ela.

Fica claro, então, que a alternação implica a reorganização do aparelho de conversa. Os participantes da conversa significativa mudam. E na conversa com os novos outros significativos a realidade subjetiva é transformada, mantendo-se pela permanente conversação com eles ou na comunidade que representam. Isso quer dizer que o indivíduo tem que tomar muito cuidado com as pessoas a quem fala, evitando sistematicamente aquelas que apresentem idéias discrepantes das novas definições da realidade. Como raramente é possível fazer isso com sucesso, inclusive porque a realidade antiga está presente na memória, a nova estrutura de plausibilidade fornecerá caracteristicamente vários procedimentos terapêuticos para tratar das tendências de, digamos, *deserção.*

A exigência conceitual mais importante da alternação é a disponibilidade de um aparelho legitimador para a série completa da transformação. O que tem de ser legitimado não é apenas a nova realidade, mas as etapas pelas quais ela é apropriada e mantida, e o abandono ou o repúdio de todas as outras realidades. O lado aniquilador do mecanismo conceitual é particularmente importante em vista do problema de desintegração que deve ser resolvido. A velha realidade, assim como as coletividades e os outros significativos que a mediatizavam para o indivíduo, deve ser reinterpretada *dentro* do aparelho legitimador da nova realidade. Essa reinterpretação produz uma ruptura na biografia subjetiva do indivíduo em termos de "antes" e "depois". Tudo que precede a alternação é agora compreendido como conduzindo a ela; tudo que a segue passa a ser compreendido como decorrendo de sua nova realidade. Isso implica uma interpretação total da biografia passada, segundo a fórmula: "antes eu *pensava,* agora *sei*". Freqüentemente essa situação inclui a retroprojeção para o passado dos esquemas interpretativos presentes ("antes eu já sabia, mas pouco claramente"), e motivos que não eram subjetivamente presentes no passado mas são agora necessários para a reinterpretação do que aconteceu então ("*realmente* fiz isso porque . . .). Desse modo, a biografia anterior à alternação é aniquilada globalmente, sendo envolvida numa categoria negativa que ocupa posição estratégica no novo aparelho legitimador: "quando eu ainda vivia em pecado", "quando eu ainda tinha mentalidade burguesa", "quando eu ainda era motivado por necessidades neuróticas inconscientes" – segundo o modelo dos exemplos construídos por Peter Berger.

Isso, porém, não basta. Além da reinterpretação global deve haver reinterpretações particulares de acontecimentos e pessoas com significação passada. O indivíduo que sofre a alternação estaria indubitavelmente melhor se pudesse esquecer inteiramente alguns desses acontecimentos e pessoas. Mas esquecer inteiramente é quase impossível, por isso é necessário fazer uma reinterpretação radical do significado desses acontecimentos e pessoas na biografia do indivíduo. Como é mais fácil inventar coisas que nunca ocorreram do que esquecer as que realmente aconteceram, o indivíduo pode fabricar acontecimentos fictícios e inseri-los nos lugares adequados, sempre que isso se tornar necessário para harmonizar o passado lembrado com o passado reinterpretado. A partir daí é a nova realidade, e não a antiga, que agora lhe aparece como dominante plausível. E essa ficção lhe pode perfeitamente parecer "sincera", porque subjetivamente ele não está mentindo a respeito do passado, mas fazendo-o harmonizar-se com *a* verdade, que necessariamente abrange tanto o presente como o passado.

Mas enquanto ocorre a re-socialização, a socialização secundária continua a ser construída sobre as interiorizações primárias. E estas últimas experimentam transformações parciais da realidade subjetiva ou de setores particulares dela. Na sociedade contemporânea essas transformações parciais são comuns em relação à mobilidade social do indivíduo e o treinamento profissional. Contudo, Berger demonstra que as transformações desse tipo estão longe da re-socialização. Elas são construídas com base nas interiorizações primárias e geralmente evitam descontinuidades abruptas na biografia subjetiva do indivíduo.

De modo geral, é possível dizer que na socialização secundária o presente é interpretado de modo a manter-se em relação contínua com o passado, existindo a tendência a minimizar as transformações realmente ocorridas. Na re-socialização, porém, o passado é reinterpretado para se harmonizar com a realidade presente, havendo tendência a retrojetar no passado vários elementos que subjetivamente não eram acessíveis naquela época. Em outras palavras: enquanto que para a socialização secundária a realidade básica é o passado, para a re-socialização a realidade básica é o presente.

– SOCIALIZAÇÃO BEM-SUCEDIDA E MALSUCEDIDA.

Considera-se socialização bem-sucedida o estabelecimento de um elevado grau de simetria entre a realidade objetiva e a subjetiva. A socialização malsucedida, ao contrário, deve ser compreendida em termos de assimetria entre a realidade objetiva e a subjetiva.

A socialização totalmente bem-sucedida é antropologicamente impossível. Por seu turno, a socialização totalmente malsucedida é no mínimo extremamente rara, limitada a indivíduos com graves condições patológicas orgânicas, o que impede a obtenção até mesmo da socialização mínima. Por isso, evitando os extremos, vamos nos referir a uma escala de gradações ao efetuar uma análise que é útil por permitir alguns enunciados gerais a respeito das condições e conseqüências da socialização bem-sucedida.

O sucesso máximo na socialização provavelmente se verifica em sociedades com uma divisão muito simples de trabalho e mínima distribuição de conhecimento. Nessas condições, a socialização produz identidades que são pré-definidas e delineadas em alto grau. Uma vez que cada indivíduo se defronta com o mesmo programa institucional para sua vida na sociedade, a força total da ordem institucional é levada a pesar de modo mais ou menos igual sobre cada indivíduo, e isso produz a coação maciça da realidade objetiva que deve ser interiorizada. Assim, a identidade é consideravelmente delineada, no sentido de representar a plenitude da realidade objetiva em que se localiza. Vale dizer: cada pessoa é mais ou menos aquilo que se supõe que seja.

Numa sociedade desse tipo as identidades são facilmente reconhecíveis, tanto objetiva como subjetivamente. Todos sabem quem são todos e quem a própria pessoa é. Um nobre é um nobre, um camponês é um camponês, tanto para os outros como para si próprios. Não existe, portanto, o problema da identidade. Pode ser que surja na consciência a pergunta "quem sou eu?", já que a resposta socialmente definida por antecipação é maciçamente real subjetivamente e coerentemente confirmada por todas as interações sociais significativas. Mas, segundo Berger, é improvável que as pessoas formadas nas condições descritas se concebam a si mesmas em termos de "profundidades ocultas", em sentido psicológico. O eu de *superfície* e o eu *abaixo da superfície* só se diferenciam em função da escala da realidade subjetiva presente à consciência em dado momento, não em função de um diferenciação permanente de "camadas" do eu. Assim, por exemplo, o camponês apreende-se a si mesmo num papel quando está surrando a mulher, e em outro quando se curva diante de seu senhor. Nos dois casos o outro papel fica *abaixo da superfície,* ou seja, não é levado em conta pela consciência do indivíduo, nesse caso o camponês. Mas nenhum dos dois papéis é estabelecido como um eu "mais profundo" ou "mais real". Nessa sociedade o indivíduo não somente é aquilo que se supõe que seja, mas o é de maneira unificada, não estratificada.

Em situações assim a socialização malsucedida só ocorre como resultado de acidentes biográficos, biológicos ou sociais. A socialização primária de uma criança pode ser prejudicada por uma deformação física socialmente estigmatizada ou por um estigma baseado em definições sociais. Os protótipos desses dois casos são o aleijado e o filho bastardo. Além disso, a socialização pode ser também intrinsecamente impedida por deficiências biológicas, como no caso da extrema debilidade mental.

Numa sociedade dessa espécie o indivíduo bastardo ou aleijado não tem defesa subjetiva contra a identidade estigmatizada que lhe é atribuída. Ele *é* o que se supõe que seja, tanto para si mesmo como para seus outros significativos e para toda a comunidade. De fato, ele pode reagir ao destino que lhe foi imposto, com ressentimento ou raiva. Mas é *enquanto* ser inferior que mostra ressentimento ou raiva, sentimentos estes que podem até ratificar-lhe a identidade socialmente definida como ser inferior, uma vez que seres melhores do que ele não se mostram ressentidos ou enraivecidos. Ele é prisioneiro da realidade objetiva de sua sociedade, ainda que essa realidade lhe seja subjetivamente presente de maneira estranha e truncada.

Berger mostra que não há sucesso na socialização de indivíduos assim. Ele assegura textualmente que "haverá alto grau de assimetria entre a realidade socialmente definida em que *de fato* se encontra, como num mundo estranho, e sua própria realidade subjetiva, que só escassamente reflete aquele mundo". No entanto, o próprio Berger assegura que tal assimetria não terá conseqüências cumulativas do ponto de vista das estruturas, visto não possuir base social em que possa cristalizar-se em contramundo. Assim, o indivíduo socializado sem sucesso é socialmente pré-definido como um tipo delineado – o aleijado, o bastardo, o cretino, o idiota, etc. Disso resulta que qualquer auto-identificação contrária que possa surgir em sua própria consciência não tem nenhuma estrutura de plausibilidade. Portanto, esse tipo de auto-identificação será sempre uma fantasia efêmera.

As coisas, porém, não ocorrem de modo tão simples quando um indivíduo assim se congressa em grupos socialmente duráveis de indivíduos socialmente pré-definidos. Logo que isso ocorre tornam-se presentes incipientes contradefinições da realidade e da identidade. Desencadeia-se, então, um processo de mudança que pode introduzir uma distribuição de conhecimentos mais complexa. Nesse caso, o grupo dos incompletamente socializados pode começar a objetivar uma contra-realidade e dar início a seus próprios processos de socialização.

Tomemos como exemplo o caso de serem os leprosos e seus filhos estigmatizados numa sociedade. Nesse caso, os indivíduos podem ser definidos como leprosos desde que nascem, e essa pré-definição afetará seriamente a socialização primária, a cargo seja de quem for que os mantenha fisicamente vivos fora dos limites da comunidade e lhes transmita um mínimo das tradições institucionais da comunidade. Se esses indivíduos não formam uma contracomunidade própria, sua identidade (objetiva e subjetiva) estará pré-definida de acordo com o programa institucional que a comunidade estabeleceu para eles. *Serão* simplesmente leprosos.

Mas a situação é outra quando existe uma colônia de leprosos suficientemente grande e durável para servir como estrutura de plausibilidade a contradefinições da realidade e do destino de quem é leproso. O fato de ser leproso pode, então, ser considerado entre os leprosos como, por exemplo, um sinal de eleição divina. Os membros da colônia podem, a partir daí, ser socializados na contra-realidade de uma colônia de leprosos.

A socialização malsucedida pode também resultar da mediação de mundos amplamente discordantes por outros significativos durante a socialização primária. Quando a distribuição do conhecimento se torna mais complexa, surgem em evidência mundos discordantes que podem ser mediatizados por outros significativos diferentes. Por exemplo, uma criança pode ser educada não só pelos pais mas também por uma babá proveniente de uma subsociedade étnica ou de classes. Os pais transmitem à criança o seu mundo de, digamos, uma aristocracia dominadora pertencente a uma etnia, enquanto a babá transmite a ela o mundo do campesinato subjugado de outra etnia. Por pré-definição, o mundo dos pais será predominante. A criança se reconhecerá (e será reconhecida por todos) como pertencente ao grupo dos pais e não ao da babá. Contudo, a pré-definição das duas realidades pode ser transformada por vários acidentes biográficos. Agora, porém, a socialização imperfeita acarreta a possibilidade da alternação interiorizada como aspecto permanente da auto-apreensão subjetiva do indivíduo. A escolha ao alcance da criança implica mundos diferentes e não versões diferentes do mesmo mundo.

Finalmente, quando existem discordâncias entre a socialização primária e a secundária, aparece uma terceira situação que conduz à socialização imperfeita. A unidade da socialização primária se mantém, na secundária surgem realidades e identidades opostas, como opções subjetivas. Essas opções, no entanto, são naturalmente limitadas pelo contexto sócio-estrutural do indivíduo. Este pode, por exemplo, desejar ser cavalariano, mas sua posição social torna essa idéia uma ambição fora de propósito. Aqui, a socialização secundária se diferenciou a ponto de tornar possível a desidentificação subjetiva do "lugar adequado" do indivíduo na sociedade, mas ao mesmo tempo a estrutura social impede a realização da identidade escolhida. Então, nesses casos, ocorre um desenvolvimento interessante. A identidade subjetivamente escolhida torna-se identidade de fantasia. Dentro da consciência do indivíduo ela é objetivada como seu "ego real".

Obviamente, é admissível que muitas pessoas sonhem com a realização de desejos impossíveis. Mas a peculiaridade da fantasia apresentada no exemplo do cavalariano está na objetivação (ao nível da imaginação) de uma identidade diferente da atribuída e anteriormente interiorizada na socialização primária. É evidente que a ocorrência desse fenômeno em larga escala provocará tensões e inquietudes na estrutura social, ameaçando os programas institucionais e sua realidade.

A possibilidade de o indivíduo ter relações com mundos discordantes é outra conseqüência importante da discordância entre a socialização primária e a socialização secundária. Se na primária surgem mundos discordantes, o indivíduo pode optar pela identificação com um deles e não com os outros. Essa opção contém elevado grau de afetividade. Aliás, na socialização primária, a identificação, a desidentificação e a alternação são sempre acompanhadas de crises afetivas, pois sempre dependem da mediação de outros significativos. Mas a apresentação de mundos discordantes na socialização secundária produz uma configuração muito diferente.

Na socialização secundária a interiorização não é obrigatoriamente acompanhada pela identificação com outros significativos. O indivíduo pode interiorizar diferentes realidades sem com elas se identificar. Essa interiorização pode não envolver qualquer afetividade. Desse modo, se um mundo diferente aparece na socialização secundária, o indivíduo a pode preferir apenas em forma de manobra, "a frio". Ele interioriza a nova realidade, mas em lugar de fazer dela a *sua* realidade, utiliza-a somente como realidade para fins especiais. Na medida em que isso implique a execução de certos papéis, o indivíduo conserva o desligamento subjetivo com relação a esses papéis, "vestindo-os" deliberadamente. É fácil compreender que se esse fenômeno se torna amplamente distribuído a totalidade da ordem institucional começa a assumir o caráter de uma rede de manipulações recíprocas.

Numa sociedade em que mundos discrepantes são geralmente acessíveis numa base de mercado haverá particulares constelações da realidade e da identidade subjetivas. Assim, haverá uma consciência geral cada vez maior da relatividade de *todos* os mundos, inclusive o do próprio indivíduo, pois este passará a ser subjetivamente apreendido como *um mundo,* e não como *o mundo.* Então a conduta institucionalizada do indivíduo será apreendida como um papel, do qual poderá desligar-se em sua própria consciência e que desempenhará com finalidade de manobra, sem afetividade.

— A IDENTIDADE E A DIALÉTICA ENTRE INDIVÍDUO E SOCIEDADE.

A identidade é um elemento fundamental da realidade subjetiva e, é claro, encontra-se em relação dialética com a sociedade. A identidade é formada por processos sociais e, uma vez cristalizada, é mantida, modificada ou remodelada pelas relações sociais. Os processos sociais pelos quais a identidade se forma e se conserva são determinados pela estrutura social. Contudo, as identidades produzidas pela interação do organismo, da consciência individual e da estrutura social reagem sobre a estrutura social determinada, mantendo-a, modificando-a ou até mesmo remodelando-a. É conhecido o fato de que as sociedades têm histórias no decurso das quais emergem identidades particulares. Essas histórias, porém, são feitas por indivíduos com identidades específicas.

Se considerarmos essa dialética podemos evitar a noção equivocada de *identidades coletivas,* sem ser necessário recorrer à unicidade da existência individual. As estruturas sociais históricas particulares produzem *tipos* de identidade, reconhecíveis em casos individuais. Nesse sentido, pode-se afirmar que um norueguês tem uma identidade diferente da de um brasileiro, que um habitante do Sul é diferente de um habitante do Norte, que um diretor de banco é diferenciado de um mendigo, e assim por diante. A orientação e o comportamento na vida cotidiana dependem dessas tipificações. Como os tipos de identidade podem ser observados na vida cotidiana, isso significa que as afirmações como as feitas acima podem ser constatadas (ou refutadas) por qualquer homem comum dotado de bom senso.

Ora, se a identidade é um fenômeno que decorre da dialética de um indivíduo e a sociedade, os *tipos* de identidade são produtos sociais, elementos relativamente estáveis da realidade objetiva (e, por seu turno, o grau de estabilidade é socialmente determinado). Sendo assim, os *tipos* de identidade resultam de alguma forma de teorização, mesmo quando são estáveis e a formação das identidades individuais é relativamente desprovida de problemas. As teorias sobre a identidade sempre se encaixam numa interpretação mais geral da realidade – elas são, por assim dizer, embutidas no universo simbólico e em suas legitimações teóricas, variando com o caráter destas últimas. Se não é localizada num mundo, a identidade se torna ininteligível. Portanto, qualquer teorização sobre a identidade – e sobre os tipos específicos de identidade – tem que se realizar no quadro das interpretações teóricas em que a teorização se localiza. É claro, porém, que isso só diz respeito às teorias sobre identidade como fenômeno social, teorias estas que Berger denomina "psicológicas". Berger, aliás, inclui na classificação de "teoria psicológica" qualquer teoria sobre a identidade que pretenda explicar o fenômeno empírico de maneira mais ampla, quer essa explicação seja válida ou não para a Psicologia.

De fato, as teorias "psicológicas" se diferenciam consideravelmente de outros tipos de teorização. Como os problemas da socialização incompleta são os que mais conduzem a esse tipo de teorização, não é de admirar que as teorias "psicológicas" possuam efeitos socializadores com maior facilidade. A razão disso é que as psicologias produzem uma realidade que, por sua vez, serve de base para a verificação delas mesmas.

O camponês haitiano que interioriza a psicologia vodu torna-se possesso logo que descobre certos sinais bem definidos do fenômeno. O intelectual de um grande centro metropolitano, interiorizando a psicologia freudiana, fica neurótico logo que identifica certos sintomas bem conhecidos de neurose. De fato, é até possível que, dado certo contexto biográfico, os sinais ou sintomas sejam produzidos pelo próprio indivíduo. Nesse caso o haitiano não produzirá sinais de neurose, mas de possessão, enquanto o intelectual construirá sua neurose com a sintomatologia reconhecida. Isso está relacionado à impressão de tipos de identidade social sobre a realidade subjetiva individual de pessoas comuns dotadas de bom senso. O grau de identificação variará com as condições da interiorização, como já vimos, dependendo, por exemplo, de efetuar-se no curso da socialização primária ou da secundária. O estabelecimento social de uma psicologia depende naturalmente de várias circunstâncias sócio-históricas. Mas quanto mais socialmente estabelecida essa psicologia se torna, mais abundantes serão os fenômenos que ela serve para interpretar.

Admitindo a possibilidade de certas psicologias se tornarem adequadas no curso de um processo de realização, Berger coloca a questão de saber por que uma psicologia dever substituir outra na história. E responde afirmando que "essa mudança ocorre quando a identidade aparece com o problema, por algum motivo. O problema pode surgir da dialética da realidade psicológica e da estrutura social". Assim, grandes transformações na estrutura social (como as produzidas pela Revolução Industrial) podem resultar em alterações concomitantes na realidade psicológica. Então, como as teorias antigas já não explicam adequadamente os fenômenos empíricos imediatos, surgem novas teorias psicológicas capazes de dar essa explicação. Nesse caso, a teorização sobre a identidade procura tomar conhecimento das transformações da identidade que realmente aconteceram, e ela própria é transformada nesse processo. Por outro lado, a identidade pode tornar-se problemática no nível da própria teoria, como resultado de outros desenvolvimentos teóricos. Quando isso ocorre, as teorias psicológicas são elaboradas antes do fato, por assim dizer. Seu estabelecimento social *subseqüente* e seu concomitante poder gerador da realidade podem ser realizados por qualquer número de afinidades entre o pessoal teorizador e os vários interesses sociais. A manipulação ideológica deliberada, por grupos politicamente interessados, é uma possibilidade de que não faltam exemplos históricos.

POSSÍVEIS OBJETIVOS DO ESTUDANTE

Depois de ler atentamente este capítulo e discuti-lo, quando necessário, você deverá ser capaz de:

1. Conceituar a institucionalização.
   a) Definir as esferas institucionais mais importantes.
   b) Definir a conduta institucionalizada.
   c) Descrever a relação entre os hábitos e as instituições.
   d) Entender a dialética do social, a legitimação e o controle social.
   e) Explicar participação e representação social.
   f) Enunciar o conceito de reificação.

2. Conceituar a socialização.
   a) Descrever o processo de integração da cultura na personalidade.
   b) Descrever o processo de adaptação ao movimento social.
   c) Explicar os mecanismos da socialização.
   d) Reconhecer os agentes da socialização.
   e) Explicar os meios da socialização.
   f) Explicar os meios de referência.
   g) Entender a socialização como momento da dialética do social.
   h) Descrever a socialização primária e a socialização secundária.
   i) Expor os processos de alternação e de re-socialização.
   j) Diferenciar a socialização bem-sucedida da malsucedida.
   l) Explicar a identidade e a dialética entre indivíduo e sociedade.

SUGESTÕES PARA LEITURA

Berger, Peter e Luckmann, Thomas. *A Construção Social da Realidade.* Rio de Janeiro, Vozes, 1973, p. 77 – 104, 122 – 126, 208 – 236.

Trata-se de leitura obrigatória para o aprofundamento deste capítulo, sobretudo quanto a temas referentes às origens da socialização, as origens dos universos simbólicos, e a formação dos hábitos e suas funções. Merecem igualmente destaque as questões sobre instituição e controle sociais; dialética do social (legitimação e controle); instituições sociais e papéis sociais; reificação; socializações primária e secundária; conservação e transformação da realidade subjetiva; e teorias sobre a identidade.

Eisenstadt, Shmuel N. Instituciones Sociales, *in Enciclopedia Internacional de las Ciências Sociales.* Madrid, Aguilar, 1975, vol. 6, p. 85–95.

Apresentação do conceito de instituição social e das esferas institucionais mais importantes; explicação da conduta institucionalizada; a institucionalização como processo; a interdependência das esferas institucionais; desempenho de papéis e mudança institucional.

Johnson, Harry M. *Introdução Sistemática ao Estudo da Sociologia.* Rio de Janeiro, Lidador, 1967.

O autor analisa a questão das instituições sociais.

Rocher, Guy. *Sociologia Geral II.* Lisboa, Presença, 1971, p. 12–30, 103–104.

Nas passagens citadas o autor explana as questões da socialização como aquisição de cultura, a integração da cultura na personalidade e a adaptação ao ambiente social. Explica também quais são os mecanismos, os agentes e os meios da socialização.

Índice Remissivo

GRÁFICA PAYM
Tel. (011) 4392-3344
paym@terra.com.br